Paraphrase Der Institutionen Justinian's, Volume 1

Des
Antecessor Theophilus
Paraphrase
der
Institutionen Justinian's.

Aus dem Griechischen übersetzt und mit Anmerkungen begleitet.

von

Karl Wüstemann.

Erster Band.

Berlin,
in der Myliussischen Buchhandlung.
1823.

J. rom f. 143 $\frac{2}{1}$

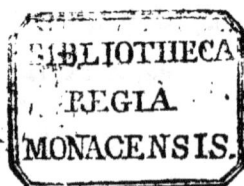
442 BG

Dem

Herrn Geheimen Justizrath

Ritter Hugo

zum Zeichen

innigster Verehrung und Dankbarkeit

gewidmet.

Vorrede.

Seit der mit ausgezeichneter holländischen Gelehrsamkeit und Vollständigkeit ausgestatteten Ausgabe von
Reitz (1751), hat die griechische Paraphrase der Institutionen von Theophilus keine neue Bearbeitung erlangt. Sie war vielmehr ziemlich in Vergessenheit gerathen, und nur von Wenigen, überdies wie es scheint,
fast meistens bei gewissen hergebrachten Fällen, benutzt
worden, bis Hugo zu seinen vielen Verdiensten um
die Rechtsgelehrsamkeit auch Das hinzufügte, von
Neuem auf den großen Werth jenes Werkes für das
bessere Verständniß des römischen Rechts aufmerksam
zu machen und ihm in der Literatur die wahre Stelle
anzuweisen. Die Reitzische Ausgabe war vergriffen,
die wenigen, verkäuflichen Exemplare sind theuer, und
so schien vor Allem eine deutsche Uebersetzung Bedürfniß: eine griechische Handausgabe würde ihr, hinläng-
lich verbreitet, nachfolgen können. Zuerst gab Herr
Consul Dr. Degen zu Lüneburg Hoffnung zu einer
deutschen Bearbeitung des Theophilus, und die von
ihm im Jahre 1809 herausgegebnen, bei der gegenwärtigen Uebersetzung gebührend erwähnten „Bemerkungen über das Zeitalter und die Institutionen-
paraphrase des Theophilus" (Lüneburg, 8.) zeugen

* 2

von einer so genauen Bekanntschaft mit dem behandel=
ten Gegenstand, daß es doppelt zu bedauern war, als
überhäufte Berufsarbeit die Erfüllung der gegebnen
Zusage hinderte. Der verstorbene Professor Fincke
gab 1805 eine deutsche Uebersetzung des ersten und
1809 der zwei ersten Bücher heraus: letztere ist nicht in
den Buchhandel gekommen, ein Verlust, der jedoch
kaum zu beklagen sein wird. Die gegenwärtige Ueber=
setzung ist daher die erste vollständige; sie ward aus
Liebe zur Sache und auf Hugo's Ermunterung un=
ternommen. Ihr Verfasser konnte ihr bei mancherlei
Geschäftsverhältnissen nicht so viel Sorge widmen, daß
er nicht gern einem Andern diese Arbeit überlassen
hätte: doch wird sie eine Lücke in der juristischen Litera=
tur einigermaßen auszufüllen im Stande sein. Als
Fremdling unter den gelehrten Juristen hofft er eine
freundliche Aufnahme für seinen Versuch. Er wird
bemüht sein, ihn auch ferner zu vervollkommnen,
und die Berichtigungen, um deren Mittheilung er
angelegentlich bittet, noch nachträglich bekannt machen.
Uebrigens kann er nicht umhin, auf die Schwierigkeiten
einer treuen Uebersetzung und ersten Bearbeitung dieser
Schrift aufmerksam zu machen, deren besondere Ver=
hältnisse die Uebersetzung ungemein erschweren und
mühsam machen.

Es kann nicht die Absicht dieser Vorrede sein, sich
weitläuftig über die Beschaffenheit, die Entstehung und
das Zeitalter der Paraphrase auszusprechen, worüber
wir vielmehr auf Reitz Vorrede und Prodromus, in=
gleichen auf Degen's Bemerkungen verweisen. Schon
früher ist ermittelt worden, daß in der Paraphrase
der Novellen nicht gedacht wurde, welche schon zwei

Jahre nach Herausgabe der Institutionen zu erscheinen begannen; noch bestimmter wird das Zeitalter der Paraphrase dadurch nachgewiesen, daß ihr Verfasser, der Antecessor Theophilus, Mitarbeiter an den Institutionen Justinian's, nicht mehr bei Umarbeitung des Codex (beinahe ein Jahr nach Herausgabe der Institutionen) genannt wurde, derselben auch bei der Paraphrase so wenig in der Einleitung, welche eine kurze Geschichte von Justinian's Rechtsbüchern enthält, und genau nur so weit reicht wie die Institutionen, als bei einzelnen Gelegenheiten[1]) gedenkt. Ist es hiernach ausser Zweifel gesetzt, daß die Abfassung der Paraphrase von der Publication der Institutionen nur um ein Jahr verschieden sei; so ist es auch überflüssig, die Meinung Derer besonders zu widerlegen, die aus manchen Uebereinstimmungen zwischen der Paraphrase und der Glosse des Accursius, Theophilus für jünger als diesen erklärten.

Eben so gewiß ist es[2]), daß das Buch nicht unmittelbar von Theophilus selbst geschrieben sei, sondern daß es ein, von einem Zuhörer bei seinen Vorträgen über die Institutionen nachgeschriebenes Heft ist. Man sieht dieß aus der ganzen Beschaffenheit des Buchs, und — möchte man sagen — Niemand fühlt Das besser als ein Uebersetzer. Der Styl des Werks, welcher Vordersätze ohne Nachsätze läßt[3]), oft die Construction der

---

1) Band I, S. 105, N. 2).

2) Vergl. Degen, S. 18 ff.

3) Dergleichen Mängel sind in der Uebersetzung durch Punkte (.....) angedeutet. Einzelne Worte, deren Hinzufügung der Zusammenhang oder die deutsche Sprache verlangte, sind in Klammern [—] eingeschaltet.

der Sätze unterbricht; die häufigen Wiederholungen ¹), unerfüllt bleibende Zusagen ²), offenbare Fehler, aus Mißverstehen erzeugt ³), Anreden in der zweiten Person, die häufige Abwechselung des erzählenden Vortrags mit dem dialogisirenden ⁴), das Umkleiden eines allgemeinen Rechtssatzes in einen einzelnen, ihn darstellenden Fall ⁵), die eingeschalteten Protheorien — Alles dieß beweist jene Annahme. Eine flüchtige Ansicht zeigt sogar genau nach, wie Theophilus beim Vortrage verfahren ist: er wiederholte bei jeder neuen Lehre kürzlich die vorige oder leitete jene durch eine Protheorie oder geschichtliche Notizen ein, zeigte den Zusammenhang und übersetzte dann wörtlich den lateinischen Text, den er hierauf umschrieb ⁶) (daher der Name Paraphrase), und durch Beispiele erläuterte. Bei weitem nicht immer hat der Zuhörer Alles aufgezeichnet, ja es finden sich sehr viele Institutionenstellen ganz übergangen ⁷): indessen trifft man überall auf Belege dafür. Unsere Uebersetzung scheidet die blos übersetzten Stellen von den hinzugefügten sorgfältig aus, indem sie letztere, nach Doujats Vorgang besonders bezeichnet. ⁸)

---

1) Z. B. Bd. II. S. 90, 96.

2) Bd. I. S. 164, Bd. II. S. 122.

3) Bd. II. S. 89, 886 u. s. w.

4) Z. B. Buch II. Tit. 6. §. 2.

5) Meistens in der ersten oder zweiten Person, z. B. II. Buch XIV. Titel.

6) Z. B. Bd. II. S. 173.

7) Sie sind durch Punkte . . . . . . angedeutet.

8) Die Zusätze der Paraphrase stehen zwischen Sternchen (* . . . . *), und Zeilen, welche deren enthalten, sind am

Dieß ist denn auch die Ursache, warum Theophilus im Prooemium selbst erwähnt wird; die dabei gebrauchten Ausdrücke sind blos die lateinischen, treu übersetzt. Eine Folge des mündlichen Vortrags ist auch der häufige Gebrauch lateinischer Kunstwörter, die wir gleichfalls immer beibehalten und durch Cursivschrift hervorgehoben haben.

Daß ein beim Vortrage niedergeschriebnes Heft so merkwürdig wurde, rührt vornehmlich aus der, von Justinian selbst oft genug hervorgehobenen ausgezeichneten Gelehrsamkeit des Theophilus und noch aus dem Umstande her, daß letzterer so bald starb. Ist die Bemerkung S. 327 des zweiten Bandes gegründet, so würde man füglich annehmen können, daß wenigstens zwei Hefte aus den Vorlesungen vorhanden gewesen; indessen spricht eben die sorgsame Aufbewahrung des unsrigen, wahrscheinlich noch am sorgfältigsten nachgeschriebenen, dafür, daß der Lehrer vielleicht nur ein einziges Mal über die Institutionen las.

Die Verehrung, in welcher Theophilus bei seinen Zeitgenossen und den spätern griechischen Juristen stand, war sehr groß. Seine, ihn überlebenden Collegen und Nachfolger berufen sich in streitigen Fällen immer auf „den seligen Theophilus." Vieles aus seiner Paraphrase ist übergangen in die Basiliken, die griechischen Glossarien und den Harmenopulus. Wir haben dieß jederzeit bemerkt,

<hr />

Rand mit Anführungszeichen (,,) angedeutet. Uebrigens ist durch den Druck nach Möglichkeit für das leichtere Lesen gesorgt, und allzugroße Perioden sind durch Absonderung der Einschaltungen übersehbarer geworden (z. B. Bd. I. S. 371, 455 u. s. w.).

und müssen dankbar die Hülfe erkennen, die uns beim
Gebrauch der Basiliken, Haubold's Manual gewährt hat.

Hat Justinian durch die von ihm veranstaltete
Compilation wirklich seinen Zweck erreicht und die
Schriften der ältern Rechtsgelehrten entbehrlich gemacht, so waren auch die Vorträge des Theophilus zuverlässig die letzten, in welchen das Studium derselben,
wozu ihm seine Beschäftigung bei der Compilation hin-
reichende Veranlassung gab, vorleuchtete. In der That
geben hiervon die Institutionen von Cajus den deutlichsten Beweis. Man sieht genau, daß Theophilus
dieses Buch stets vor sich gehabt [1]; viele seiner Bemerkungen und Angaben werden erst jetzt durch diesen neu-
aufgetretenen Zeugen gerechtfertigt [2], und die Glaub-
würdigkeit der übrigen eben dadurch gar sehr erhöht.

Wir haben durchgängig die Institutionen Justinian's
mit dem Theophilus verglichen und die Abweichungen angegeben, um die Benutzung des Theophilus zu erleichtern u.
zu vermehren; wir haben auch alle übereinstimmenden
Stellen in den Pandekten [3] und übrig gebliebenen klassi-
schen Juristen, insbesondere beim Cajus angegeben, um
eine fortlaufende Vergleichung zu veranlassen, die nicht

1) S. Bd. I. S. 232, 435, 465, 525. Bd. II. S. 151,
202, 218.

2) Z. B. Bd. I. S. 61, 296, 361.

3) Die übereinstimmenden Stellen der Pandekten sind von
den blos zur Erläuterung angeführten dadurch unterschieden,
daß bei jenen zugleich das Werk des Klassikers angegeben ist,
woraus sie entlehnt sind. (Z. B. Bd. I. S. 51. Note 1,
S. 52. N. 1. u. s. f.).

anders als intereſſant ſein kann, und welche um ſo nö-
thiger ſchien, als die gegenwärtige, wenigſtens mittel-
bare Bearbeitung der Inſtitutionen die erſte ſeit der
Auffindung des Cajus iſt.

Die Benutzung dieſes letztern und die, uns uner-
läßliche Aufmerkſamkeit auf den Inſtitutionentext hat
uns oft Veranlaſſung gegeben, Muthmaßungen über
den letztern zu äuſſern und das Anſehn der Paraphraſe
geltend zu machen. Für die Inſtitutionenkritik öffnet
ſich bei ſorgfältigem Gebrauch von Cajus ein neues
Feld, und wir wünſchen nichts mehr, als daß eine bal-
dige Auflage der verdienſtvollen Bienerſchen Ausgabe (1812) uns dieſen Genuß verſchaffe. Abgeſehen von ihr iſt in der That für den Text der Inſtitutionen in mehrern Jahrhunderten wenig genug geſchehen.
In der großen Göttinger Ausgabe des Corpus Juris
hatten die Inſtitutionen bei weitem ein ungünſtigeres
Schickſal als die auf Brencman's mühſeligen Arbeiten ruhende Pandektenausgabe, und die von Span-
genberg mit großem Fleiße beſorgte Bearbeitung des
Codex und der Novellen. Gebauer hatte[1]) verſi-
chert, „er habe die Inſtitutionen recenſirt und nach den
beſten Ausgaben emendirt,“ und verſprach zugleich, die
kritiſchen Noten beizufügen. Seines Stellvertreters
Köhler Arbeit beſtand nun, nach Spangenbergs
Angabe, darin, daß er die Ausgabe des Cujas
von 1585 abdrucken ließ, Haloander's Varianten,
Otto's kritiſche und einiger Anderer (a. Coſta,
Muretus, Marcilius, v. d. Water's) erklä-

---

1) Narratio de meis conſiliis atque laboribus, hinter
Narrat. de Brencmano, p. 172.

rende Noten hinzusetzte. Otto hatte jedoch, neben dem
vermeintlichen Texte von Cujas, die Varianten von
Contius, Charondas und Hotman geliefert:
man war daher bis zu Erscheinung der Bienerschen
Ausgabe um keinen Schritt weiter als das sechzehnte
Jahrhundert, wie dieß noch bei mehrern andern Theilen der Rechtsquellen der Fall war. Durch diese neue
Ausgabe, eigentlich eine Verbesserung der Recension
von Cujas, ist mit Hülfe mehrerer noch unverglichner
Handschriften[1]), der Editio princeps und anderer wich-
tiger Ausgaben, und unter Benutzung des Theophilus,
der Pandekten und des Codex, dann der Glosse, der
Text allerdings wesentlich verbessert worden.

Abgesehen von dem Gebrauch des Cajus, der Pandekten und des Codex stellen sich mehrere Klassen von
abweichenden Recensionen (literis) bei den Institutionen dar, deren jede genaue Beachtung verdient.

Die erste Recension würde eine aus der Paraphrase des Theophilus hergeleitete sein; sie würde
noch mehr zu berücksichtigen sein als das florentinische
Manuscript der Pandekten. Theophilus übersetzt bei
weitem die meisten Stellen wörtlich, und daß er „fal-
sche Lesarten" habe, ist nicht wohl denkbar. Man hat
wohl neuerlich in dieser Beziehung einige Stellen angeführt; wir wissen indessen kaum, mit welchem Rechte,

---

1) Wir bedauern, daß unter andern die Vergleichung der leicht
   zugänglichen Colladonischen (verglichen am Rande der Vin-
   centischen Ausgaben von 1568, 1570, 1571) und Schwarzi-
   schen Handschrift unterblieben ist.

da ein Mißverständniß des Nachschreibenden wohl nur selten hiebei wirksam sein dürfte. [1]

Eine Recension nach Theophilus würde, wie schon die von Schrader [2] gegebnen Proben darthun, selbstständig sein und von der gewöhnlichen Re-

1) Jene Stellen sind erstens: [§. 1.] J. 1, 15. Th. ließt hier ἐπιτροπή ἐστιν ... δίκαιόν τι καὶ ἐξουσία, während die Pandekten und Basiliken δύναμις καὶ ἐξουσία geben und Theophilus selbst §. 2. δύναμις hat. Allein 1) Fabrot und Otto, welche ebenfalls diese Abweichung bemerken, führen mehrere Pandekten=Stellen an, wo jus et potestas gerade so gebraucht wird, als vis et potestas. Die Institutionen konnten also wohl hier (wie es auch die besten Handschriften haben), jus und im §. 2. vis lesen. — 2) Außer Harmenopul las auch Mich. Psellus (Vers 263, vergl. Bosquet's Anmerk. zu V. 233) jus. — 3) Im Griechischen ist ἐξουσία und δίκαιον gleichbedeutend, so z. B. Theophilus I, 8, §. fin.; §. 1 J. 2) 12. vergl. mit Theophilus. — Dann zweitens den Titel de Atiliano Tutore. Hier kann entweder gemeint sein §. 5., wo Theophilus id est ließt und Cujas, Fabrot, Otto u. A. aus dem Coder gern vel einschieben möchten; aber fast alle Institutionenhandschriften lesen mit Theophilus id est.; oder §. 3., wo Theophilus statt der Worte ex inquisitione — gelesen haben soll: ex jurisdictione. Reitz ließt wirklich κατὰ ἐγκυρίσσιονα und seine Variante 20 lautet: jurisdictionem ante F. v. N., in dieser Note l sagt Fabrot: (inquisitionem): sic est in MSS. Perperam igitur antea legebatur κατὰ jurisdictionem. — Als die dritte Stelle wird bezeichnet der Titel quib. mod. test. infirm:, wo Theophilus im §. 1. eodem statu non manente testatore ließt, während die Institutionen non hinweglassen. Da indessen zwei Handschriften des Theophilus dieses non gar nicht haben, so bedürfen wir nicht ein Mal Reitz'ens Rechtfertigung.

2) Hugo's civ. Mag. IV. S. 414.

cenfion fehr abweichen. Bekanntlich unterschrieben die Gloffatoren[2]) selbst häufig zwischen der Litera communis und Pisana[3]) bei den Pandekten, zwischen der gemein gewordnen und ursprünglichen Lesart, mag sich jene durch allmählige Uebereinkunft der Lehrer, oder durch einen Befehl von oben[4]) gebildet haben; und wie die Litera vulgata von der florentinischen abweicht, so wird auch die nach Theophilus gebildete Lesart von der Litera Bononiensis verschieden sein, wie wir die vulgata nach dem von Niebuhr[5]) und Schrader[6]) gebilligten Vorgange Cramer's in der wichtigen Vorrede zu seiner Ausgabe des Titels de Verb. Sign. nennen möchten. Gerade bei den Institutionen muß die Lesart der Gloffe doppelt wichtig sein, da die letztere nach Diplovatacci[7]) vorzüglich geschätzt wurde. Diese Recenfion herzustellen, müffen die mehr oder minder von einander abweichenden Handschriften und Ausgaben, die nicht selbstständig erscheinen, verglichen werden. Auf viele Varianten macht die Gloffe selbst durch ihr alias aufmerksam, auch wir haben die wich-

---

2) *G.L.* zu *fr. 1 §. 5. D. 43, 3; fr. 8. D. 46, 4. Odo fr. ad fr. 1. D. 1, 1.*

3) f. *Grupen observ. 1763. 4. Obs. 16.* S. 286. 305 ff.

4) Man möchte das wohl nach ähnlichen bei [*Sarti*] *de claris archigymn. Bonon. prof. Tom. I. part. II. p. 224. 225.* vorkommenden Verordnungen des Populus Bononienfis von 1259 und 1289 nicht unglaublich finden.

5) Röm. Geschichte II, S. 547.

6) a. a. D. S. 459.

7) Bei *Fattorini*, B. 1. Th. 2. S. 252.

tigern Abweichungen der Vulgatausgaben und insbe-
sondre alle, von der Glosse selbst angegebnen, in den
Noten bemerkt. — Die dritte Litera und erste
Wiederherstellung des Textes ist die von Haloander,
welcher nicht allein Manuscripte [1], sondern auch alte
Drucke [2] gebrauchte. Seine Hauptidee war, die Institutionen vornehmlich aus den Pandekten und dem Codex zu emendiren: ein Verfahren, welches ihm eigenthümlich ist. Die Haloandersche Ausgabe ist selten und
liegt der Russardschen zum Grunde. — Die vierte
unabhängige Lesart ist die Ausgabe von Cujas 1585, welche Köhler genau [3] abdrucken ließ.
Ihr Herausgeber wendete auf die Institutionenkritik
viele Mühe [4], und insbesondere enthalten die erstern
Noten einen Schatz trefflicher Bemerkungen, doch ist
der Text wohl viel zu frei behandelt. Gegen Haloander
war die zwischen den ersten Noten und der Textausgabe
des Cujas erschienene Recension von Contius
(die fünfte), welche auf fünf Handschriften ruhte
und sich sehr bald empfahl. Alle spätere Ausgaben folgen mehr oder minder getreu einer der vorbenannten
und sind erst dann einer besondern Beachtung werth,
wenn sie vielleicht noch Varianten aus Handschriften
mittheilen.

---

1) f. Vorr. am Ende; Schwarz, Schol. p. 18.

2) Cramer Dispunct. p. 55.

3) Vergl. Hugo's civ. Mag. 3, 240, der dort bemerkte
Druckfehler ist auch in die neueste Institutionenausgabe übergegangen.

4) Obs. 3, 13; 9, 37.

Die Herstellung des griechischen Textes ist weniger verwickelt: sie würde ungleich sicherer sein, wenn Fabrot genauere Rechenschaft über den Gebrauch und die Beschaffenheit der von ihm verglichenen Handschriften gegeben hätte. Mehrere Handschriften liegen noch unbenutzt in Bibliotheken. So oft wir in einigermaßen wichtigen Lesarten von Reitz abgewichen sind, ist dieß treulich angegeben worden. Reitz hat mit bewundernswürdiger Sorgfalt alle Varianten, und in den Anmerkungen alle, ihm bekannt gewordenen Erklärungen und Conjekturen zusammengestellt: ein sehr verdienstliches Werk, welches seiner Ausgabe ewigen Werth zusichert. Der Zweck der gegenwärtigen Uebersetzung gestattete nur wenige und kurze erklärende Anmerkungen, doch sind sie nicht übergangen worden wo sie nöthig schienen.

Zur Paraphrase des Theophilus gibt es griechische Scholien, aus sehr später Zeit: auch sie sind übersetzt worden, obgleich sie nur einen ganz untergeordneten Werth haben. Sie erwähnen das neueste Recht und dienen so gleichsam zu Ergänzung des Theophilus. In eben diesem Betracht haben wir es für passend gehalten, die lateinischen Auszüge aus den Novellen einzutragen, welche in den Institutionen = Handschriften eingeschaltet sind. [1])

---

1) In der Ausgabe von Cujas 1585 stehen die Authentiken nicht unter den Registern, deren die Vorrede des Studiosi cujusdam nur 5. erwähnt, sondern vor denselben: Novellae ... In der Fabrotschen Institutionenausgabe 1643 (der aber in der Vorrede nichts darüber sagt), in Cujac. Opp. 1658 und 1722 sind sie am gehörigen Ort eingeschoben,

In Ansehung der Ueberschriften, der Titel und der Inschrift des Buchs müssen wir gedenken, daß diese auf keine Weise von Theophilus herrühren, sondern das Erzeugniß eines Andern, vielleicht viel Spätern sein.

Die Inhaltsübersicht am Schlusse des zweiten Bandes wird nicht unangenehm sein. Die Vereinigung der Obligationen und Actionen zum dritten Theil des Privatrechts gebot Theophilus; sie wurde auch seit der Wiederaufnahme juristischer Studien lange als ganz streitlos angenommen, wie eine genauere Verfolgung der Schriften aus jener Zeit lehrt: ein Gegenstand, der uns hier zu weit führen würde.

Dieses systematische Inhaltsverzeichniß ist zugleich dazu benutzt worden, um die Quellen zusammenzustellen, aus denen, mit Ausschluß der Constitutionen, die Institutionen entnommen sind. Diese Uebersicht wird wenigstens auf die Verfahrungsart schließen lassen, welche die Compilatoren bei der Abfassung der Institutionen angewendet haben. Cajus ist freilich die Grundlage und sein System ziemlich getreu beibehalten worden, doch fehlen uns noch so viele Lehnstellen, daß unter andern Conradi's und Galvani's Meinung über die gleichstarke Benutzung der res quotidianae von demselben Verfasser, als einer vornehmlich practischen Schrift, sehr bestärkt wird. Auch Merille's Ansicht[1]):

---

cursiv gedruckt, und die Novellen angegeben, woher sie entlehnt sind. Janus a Costa (zu §. 12. J. 3, 6.) hielt Irnerius für ihren Epitomator.

1) In der Vorrede zum Institutionen-Comment. §. 3.

daß die Erwähnung von Refcripten der Kaifer Severus und Antoninus auf die Benußung von Marcianus Inftitutionen fchließen laffe, welcher fie hauptfächlich angeführt, und daß diefe überhaupt ftark benußt worden, glauben wir hier gedenken zu müffen, da fie uns wahrfcheinlich geworden ift.

Die

Constitution,

welche

die Instituten bestätigt.

Die Constitution [1], welche die Instituten [2] bestätigt.

Der Kaiferlichen Majestät ist es eigenthümlich, sich nicht nur durch Waffen zu verherrlichen, sondern auch durch Gesetze zu bewaffnen, damit eine jede, sowohl die Zeit des Friedens, als die des Kriegs, gehörig regiert werde, und der Römische Kaiser Siege davon trage, — nicht nur, indem er in Treffen mit den Feinden Ruhm erwirbt, sondern

*

---

1) Ueber die Aechtheit diefer, so wie der Ueberschriften im Theophilus überhaupt, vergleiche man die Vorrede.

2) Die Griechen haben meiftens die Form: ipstituta (nicht institutiones), welche auch in früherer Zeit im Deutschen, und in neuerer Zeit im Französischen die üblichere war.

auch, indem er durch gesetzliche Anordnungen die Bosheit
der Ränkesüchtigen vernichtet, — und eben so ehrwürdig
durch Rechtspflege werde, als siegreich er über seine Feinde
2 triumphirt.   §. 1.   Jeden dieser Wege hat unser Kaiser,
   unter einem Uebermaaß von Nachtwachen, und dem größ=
„ ten Bedacht *auf die Zukunft*, mit Gottes Beistand, zu=
   rückgelegt.   Seinen Schweiß in den Kriegen verkünden die
„ unterjochten Barbarischen Völker, *durch die Erfahrung
„ seine Uebermacht erkennend*; und sowohl Africa, als an=
„ dere, *der Menge nach* unzählige Provinzen, welche nach
   vieler Jahre Verlauf, durch seine, von Oben begünstigten
   Siege, wiederum dem Römischen Reiche und seiner Herr=
3 schaft hinzugefügt sind, bezeugen [ihn] *laut.*   §. 2.   Das
„ ganze Volk aber wird durch, von ihm theils ausgesprochene,
   theils gesammelte Gesetze geleitet, so wie die Rechtswissen=
   schaft selbst ¹).   Zuvörderst nämlich hat er die vorher ver=
„ worrenen *und einander widersprechenden* Kaiserli=

---

1) Καθὸ καὶ νόμος αὐτός. In den Ausgaben der Ueberse=
   tzung von Curtius Theils: sicut et jus ipsum, Theils:
   quasi ipse lex sit; von Fabrot hinweggelassen; von
   Reitz übersetzt: quemadmodum et lex ipsa, unter Bezie=
   hung auf Nov. 105. am Ende („der Kaiser..., welchem
   Gott selbst die Gesetze unterwarf“).   Der Zusammenhang
   und Sprachgebrauch rechtfertigen aber wohl unsere Er=
   klärung. — Uebrigens ziehen die lateinischen Instituto=
   nen=Ausgaben diesen Satz meistens zum vorhergehenden
   Paragraph.

chen Constitutionen in den deutlichsten Einklang gebracht. *Denn da es drei Codices gab, ich meine den „
Gregorianischen, Hermogenianischen und Theo= „
dosianischen, und außer diesen noch viele andere Consti= „
tutionen, welche nach dem Theodosianischen gegeben waren, „
und da in den, den erwähnten Sammlungen einverleibten „
Constitutionen häufiger Widerspruch Statt fand, so ließ „
unser mächtigster Kaiser die unanwendbaren, und Daßelbe „
sagenden, und die, den gültigen widersprechenden, hinweg= „
nehmen, und einen neuen Codex verfertigen, welcher mit „
Seiner Heiterkeit [1]) gleichen Namen führt.* Sodann wür= „
digte er seiner Sorgfalt auch die zahllosen [2]) Werke
der alten Juristen, und brachte ein, alle Erwartung
übersteigendes Werk zu Stande, gleich als schritt er mitten
durch das Meer, *und faßte die gut gefundenen Meinun= „
gen der Alten in Einem Werke zusammen.* §. 3. Und
als er Dieß vollbracht, gab er dem Tribunianus, ruhm=
vollstem Magister und Exquästor des göttlichen Pallastes,
weniger nicht auch dem Theophilus und Dorotheus,
berühmten Männern *und [3])* Antecessoren — deren Alter „
Einsicht und Kenntnisse in der Rechtswissenschaft, und

---

[1]) Griechischer Curialstyl, welchem unser Ausdruck: Se-
renissimus entspricht.

[2]) Im Lateinischen: immensa.

[3]) Dieses und fehlt in den lateinischen Instituten.

größte Pünktlichkeit gegen die Kaiſerlichen Befehle, aus
vielen Beweiſen unſer göttlichſter Kaiſer erkannt hatte, —
„ *nachdem er die Erwähnten* zuſammen gerufen hatte, den
6 beſondern Auftrag, unter ſeiner Autorität, und ſeiner An-
„ leitung nachgehend, die Inſtituten *oder die Einlei-
„ tung in die Rechtswiſſenſchaft* zuſammen zu faſſen [1]), da-
„ mit es *den Anfängern* vergönnt ſei, den erſten Unterricht
„ in der Rechtswiſſenſchaft nicht aus alten Mährchen zu
„ ſchöpfen, *(denn Wer Das, was ſonſt galt, jetzt aber au-
„ ßer Gebrauch gekommen iſt, lieſt, gleicht Dem, der ſich
„ mit Mährchen abgiebt)*, ſondern dieſelben, ihn von dem
„ Kaiſerlichen Glanz erlernend, ſowohl mit ihren Ohren als
„ mit ihrem Geiſte, nichts Unnützes oder Vorgebliches, viel-
„ mehr nur Was bei der wirklichen Ausübung der Ge-
„ ſchäfte gilt, ſtudiren mögen. Und Was vorher kaum nach
7 einer dreijährigen [2]) Zeit *den Lernenden* vergönnt war,
„ daß ſie nach Verlauf einer ſolchen Zeit an die Kaiſerlichen
„ Conſtitutionen kamen, Das beginnen ſie jetzt, *ſo zu ſagen,
„ mit der That ſelbſt [ipso facto]*: einer ſolchen Ehre ge-
„ würdigt, und eines ſolchen Glücks ſich erfreuend, daß ih-

---

1) Nicht: zu verfertigen.

2) So leſen alle Handſchriften des Theophilus. — Die
Inſtit. haben: vierjährigen, übereinſtimmend mit
§. 5. der Conſtit. Omnem. Doch lieſt die Collado-
niſche Handſchrift der Inſtitutionen: dreijährig.

nen sowohl der Anfang der Rechte, als auch das Ende 8
des Studiums derselben aus Kaiserlichem Munde zu Theil
wird. *Denn auch das gegenwärtige System ist aus dem
Munde des Kaisers abgefaßt [1]), und dient als Einleitung
in die Rechtswissenschaft; und nach vollendeter Erklärung
der alten Gesetze muß Der, welcher sich der Rechte
befleißigt, dem Studium der Constitutionen sich widmen.*
§. 4. Nachdem also [die] [2]) Bücher der Digesten oder 9
Pandekten abgefaßt waren, in denen die ganze Rechtskunde der Alten begriffen ist, und die durch den berühmten Tribunianus und die übrigen angesehenen und be-
redtesten Männer abgefaßt sind; so befahl unser heiterster
Kaiser in diesen vier Büchern die Anfangsgründe *der erwähnten Digesten* zu vertheilen [3]), so daß sie die erste
Einleitung der ganzen Rechtskunde sein sollen.   §. 5. In 10
ihnen ist sowohl kürzlich enthalten, Was sonst galt, als
auch Das durch Kaiserliche Hülfe aufgehellt, was nachher

---

1) So daß Letzterer redend eingeführt wird.

2) Die Instit.: die funfzig Bücher.

3) Die Instit.: in hos. libros easdem Institutiones
partiri jussimus. Die Lesart des Theoph. giebt einen
sehr guten Sinn, vergl. auch Schrader in Hugo's civil. Mag. Bd. IV. S. 414. — Mehrere klassische
Rechtsgelehrte hatten weitläuftige Werke, und zugleich,
als Einleitung dazu, kürzere Systeme geschrieben. Diese
ahmt Justinianus nach.

durch Nichtanwendung verdunkelt worden. §. 6. Dieſe
„ *Einleitung* haben die erwähnten drei *ſehr* weiſen Män-
„ ner aus allen, von den Alten *geſchriebenen* Inſtituten,
und vorzüglich aus den Heften des ¹) Cajus, ſowohl denen
11 *wie* in ²) Inſtituten [geſchriebenen], als auch aus den
„ *Büchern deſſelben, wo er von den täglich* vorkommenden
„ Geſchäften *handelt*, und aus vielen andern Werken, zu-
ſammengeſtellt, und dem großen Kaiſer vorgelegt, deſſen
Heiterkeit ſie durchlas und erklärte, es müſſe ihnen durch
eine Conſtitution ³) eigne und ausgedehnteſte Kraft ver-
12 liehen werden. §. 7. *Es ermahnt daher durch die
„ gegenwärtige Conſtitution unſer gnädigſter Kaiſer Die, an

---

1) Inſtit.: unſers Cajus.

2) D. h.: nach Art der Inſtituten. Ein Ausdruck, welcher
die Note 3) der vorhergehenden Seite beſtätigt.

3) In den Inſtitutionen: „Wir haben ſie geleſen, genehmigt, und ihnen die vollefte Kraft unſerer Conſtitutionen
beigelegt“. — Unſere Ueberſetzung giebt die gewöhnliche
Lesart. Vigliuß las urſprünglich: ἀναγνοῦσα ταῦ-
τα, ἐπέγνω τέως οἰκείαν, καὶ πληρεςάτην αὐταῖς
διατάξεσιν ἰσχυν φιλοτιμήσασα. Reitʒ ſchlägt nun
(Seite LXI. der Vorrede) nachträglich eine Aenderung
in φιλοτιμήσασθαι vor: haec legens, decrevit ante omnia
proprium et plenissimum [una cum] ipsis constitutionibus
robur [iis] largiri, geſteht aber noch die Krankheit der
Stelle. — Allein dieſe Conjectur ſcheint nicht grammatiſch empfehlbar; mit einer kleinen Aenderung (διατάξεσιν in διατάξεων, und φιλοτιμησαμένη für φιλοτι-

welche er, diefe Anrede ¹) gerichtet hat; daß fie *mit dem „
größten Eifer und unermüdeter Anftrengung die vorliegen-
ben Gefetze aufnehmen und fich *durch das Studium derfelben* fo unterrichtet erweifen mögen, daß fie von der „
fchönften Hoffnung, nach Zurücklegung der ganzen jurifti-
fchen Laufbahn, verfchiedenen Theilen feines Staats vor-
zuftehen, belebt *und ermuntert* werden.   „

μῄ σασα, was die Kritiker leicht erlauben), möchten wir
lefen: deffen Heiterkeit fie durchlas, beftä-
tigte, und ihnen die eigenthümliche und vollefte Gewalt der Conftitutionen ertheilte.

1) Refcript.

Erstes Buch.

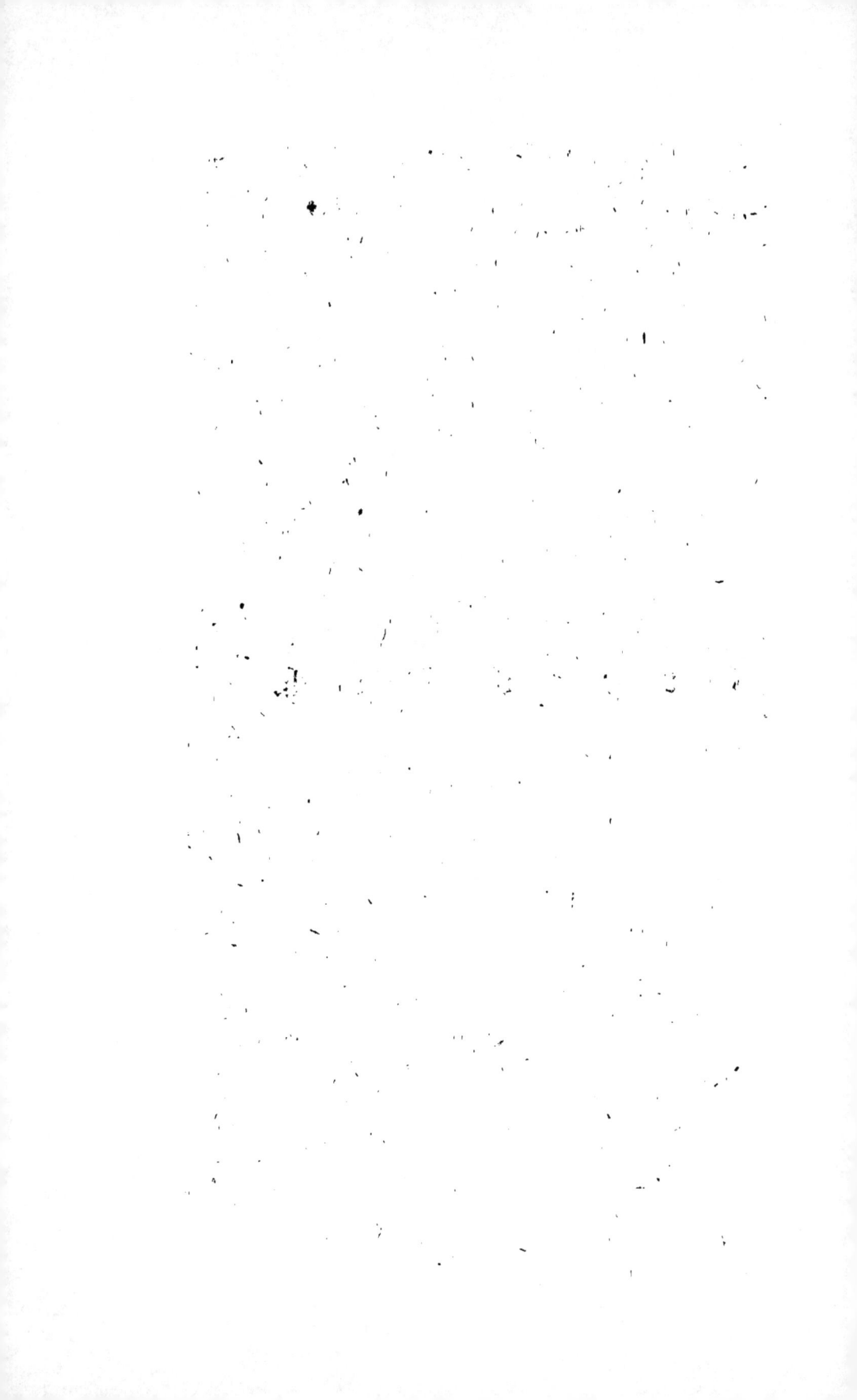

Erstes Buch.

Erster Titel.
Ueber Gerechtigkeit und Recht.
[De Justitia et Jure.]

Anmerkung. Dieser Titel fehlt in allen Handschriften
des Theophilus; die neuern Ausgaben liefern gewöhnlich Statt der Paraphrase eine Uebersetzung
von Viglius [1]).

Zweiter Titel.
Vom Natur=, Völker= und Civilrecht.
[De Jure naturali, gentium et civili.]

Natürliches Recht ist dasjenige, welches sich über 17
alle lebenden Wesen *auf der Erde, im Wasser und in
der Luft* erstreckt [2]); denn die Natur schränkte sich nicht
blos auf Menschen ein, sondern sie sorgte für die [Be-

---

1) Auch in dem ächten Cajus fehlt dieser Titel. — Das
   Pr. und die §. 1. 3. 4. in den Institutionen sind vielmehr
   aus Ulpianus entlehnt.

2) Instit.: dasjenige, welches die Natur allen Thieren gelehrt hat. Denn jenes Recht ist nicht nur dem Menschen-

wohner] der Luft, und traf Einrichtungen für die [Ge=
schöpfe] in der Erde. Ein Beispiel des natürlichen Rech=
tes ist die Verbindung des männlichen [Geschlechts] mit
18 dem weiblichen, was wir Ehe nennen, und die Ernährung
der Kinder und die Sorge [für sie]. Denn wir sehen, daß
nicht nur Menschen, sondern auch die übrigen Geschöpfe
„ zu den Verehrern dieses Gesetzes gezählt werden [1]. *Denn
„ als die Natur sah, daß das einzelne Geschöpf durch den
„ Tod dahin gerafft wurde, so ersann sie ihnen darauf,
„ durch die Ehe, und die Kindererzeugung daraus, und die
„ Liebe zu den Erzeugten, und [deren] Auferziehung und
„ Nachfolge eine ewige Fortdauer.*

19 *Wir haben im Vorhergehenden gesagt, daß unter
„ den Gesetzen einige natürlich, andere völkerrechtlich, noch
„ andere bürgerlich sind. Da wir nun den Begriff und
„ Beispiele des Naturrechts abgehandelt haben, so müssen
„ wir folglich auch über das Völkerrecht reden. Denn wenn
„ Jemand einen Staat einrichten und mit Gesetzen ihn
„ versehen will, bewirkt er die Gesetzgebung, indem er sol=

.... geschlecht eigen, sondern auch allen Thieren, die in der
Luft..... entstehen.

1) Also las Theophilus wohl: istius juris perita censeri,
oder peritis secenseri. Viele Ausgaben der Institutio=
nen haben: peritia censeri. Der verstorbene Schömann
(Fragmente. 1814. S. 150.) emendirte peritia con=
ciri (s. concieri).

gende zwei Wege befolgt. Er giebt nämlich entweder völlig rechtliche Gesetze, die wir uneigentlich auch natürliche
nennen, oder bürgerliche; und entweder geschriebene oder
nicht geschriebene. — Was heißt Völkerrecht? Völ- 20
kerrecht ist das, was unter allen Menschen, wenigstens
denen, die vernunftgemäß leben wollen, ausgedehnt ist.
Beispiele desselben: daß man die Mörder köpft, (denn
man muß sie damit strafen, womit sie sündigten) [1]);
die Ehebrecher entmannt [2]); den Dieb an Vermögen straft,
wo er uns an Vermögen beschädigte; daß der Schuldner
sich dankbar erweist gegen Den, der sich ihm in der Zeit 21
der Noth hülfreich zeigte; daß der Sklave den vernünf-
tigen Befehlen der Herren gehorcht; daß Verträge, Käufe,
Verkäufe, Vermiethungen, Miethen, Hinterlegungen, Gemeinschaften [d. h. Societäten], Darlehnungen Statt finden, daß es Geschenke giebt, daß Testamente niedergeschrieben werden.

Was ist bürgerliches Recht, — welches man
auch örtliches und bedingtes [3]) nennt? das, was auf den
Ort beschränkt ist, des Ortes Bedürfniß erfüllt, und das

---

1) Dieser Zusatz ist von Fabrot eingeschaltet, und wahrscheinlich ächt.

2) Entmannt, nicht gestraft, wie frühere Uebersetzer.

3) Χρειῶδες, bedingtes, modificirtes, nicht
nützliches, noch nothwendiges.

22 ihm Nachtheilige entfernt. Zum Beispiel: Athen be-
„ durfte eingeführtes Getraide, weil es einen magern Bo-
„ den hatte, und der größte Unfall für dasselbe war die
„ Last des Getraidemangels. Wer Dem nun abhelfen woll-
„ te, was konnte Der Anderes verordnen, als daß die Ge-
„ traide-Einführer Zollfreiheit genießen sollten? Denn so-
„ bald Das bekannt wurde, schifften Viele nach Attika, Die-
„ des berechnend, sowohl daß der Verkauf des Getraides
23 wegen des Mangels schnell vor sich gehen werde, als
„ dann, daß sie wegen dieses Handels keinen Zoll erlegten:
„ Schifften aber Viele dahin, so wurde natürlich auch vie-
„ les Getraide eingeführt.

„   Dieses Gesetz war aber nur für die Athener nütz-
„ lich; Wer aber so etwas für die Alexandriner oder An-
„ dere, die Ueberfluß an Getraide haben, verordnen wollte,
„ wäre nicht nur unnütz, sondern auch lächerlich. Ein
„ zweites Beispiel des bürgerlichen Gesetzes ist die Stadt
„ der Lakedämonier, die nach einer Bestimmung des Lykur-
„ gus alle Ausländer ausschloß, damit durch die Zumi-
„ schung der Fremden die Sitte der Lakedämonier nicht ver-
„ dürbe und schlechter würde. Ein solches Gesetz wurde
„ bei den Lakedämoniern beobachtet; die Athener verschmäh-
24 ten es; [sie waren] so weit von der Fremden-Ausschlie-
„ ßung entfernt, daß bei ihnen sogar ein Altar des Frem-
„ den-Mitleids verehrt wird, und [sie] nahmen die sich zu
„ ihnen Wendenden so bereitwillig auf, daß sie oft aus Ue-

bermaaß von Menschenliebe nicht anstanden, ihretwegen „
Kriege zu führen. „

§. 1. ¹) Jedes Volk bedient sich also entweder ge= 25
schriebner oder ungeschriebner Gesetze, und Theils wieder
eigner, d. h. bürgerlicher, Theils allgemeiner, *d. h. des „
Juris gentium. So viel Gesetze nun jeder Staat für „
sich erläßt ²), *und [die] innerhalb desselben bestehen*, „
diese nennt man *Jus civile.* So viel aber das Princip der
Natur *oder des Staatenverhältnisses ³)* unter allen Mey=
schen erzeugte, diese werden bei allen Völkern ⁴) beobachtet
und *Jus gentium* benannt. ⁵)

Das Römische Volk bedient sich demnach auch zum Theil
civilrechtlicher ⁵), zum Theil völkerrechtlicher Gesetze; „
wie werden am gehörigen Ort angeben, was für welche es
ins Besondere sind, und von welcher Beschaffenheit sie sind.

§. 2. Das bürgerliche Recht, welches aus einem ein= 26
zelnen Staate hervorgeht, in dem es auch gilt, erhält den

---

1) Der Instit. Text sendet voran: Das bürgerliche Recht
   wird vom Völkerrecht unterschieden, so wie jedes Volk....

2) Die Institutionen: Das Recht, welches sich jedes Volk
   festsetzt, ist diesem Staate eigen und heißt Jus civile,
   gleichsam das eigenthümliche Jus dieser Civitas.

3) Wörtlich das Natur= oder Völkerprincip.

4) Allen Völkern. So auch Cajus; die Pandekten
   meistens: alle Menschen; einige Ausgaben nur *omnes.*

5) Die latein. Institut.: weil sich dieses Rechts alle Völker
   bedienen.

6) Die Institut.: zum Theil seiner eignen.

2

„Namen z. B. der Athener *oder Lakedämonier.* Denn
„wenn Jemand [die Gesetze] des Solon, *des Athenischen
„Gesetzgebers*, oder des Drako, [1] *des Lakedämonischen,*
„*Jus civile Atheniensium *vel Lacedämoniorum,* d.
„h. bürgerliches Recht der Athener *oder Lakedämonier,*
„nennen will, so irrt er nicht; *noch tritt er der Wahrheit
„zu nahe,* auf gleiche Weise auch das Recht, dessen der römische Staat sich bedient, *Jus Quiritum* [nennend], d. h.
27 dessen sich die Quiriten bedienen, denn die Römer werden
„nach Quirinus, d. h. Romulus, *der sich, vom Ares den
„Ursprung zu haben, rühmte,* Quiriten genannt. Sagt
„man aber unbestimmt *Jus civile,* ohne zuzusetzen: das
jener Stadt, so meint man das römische, wie man durch
den Ausdruck: [der] Dichter, ohne einen Eigennamen hin-
zuzusetzen, bei den Griechen den [2] Homerus, bei den Rö-
28 mern den Virgilius meint. — Aber das Völkerrecht
ist dem ganzen menschlichen Geschlechte gemeinschaftlich.
„Denn, wie die Erfahrung *es erheischte* und das mensch-
„liche Bedürfniß erforderte, *gerieth unser Geschlecht auf
„gar Vieles,* oder setzte [es] doch fest. So entstanden
Kriege, auf diese folgten Gefangennehmungen, Sklaven-
„schaften *wurden eingeführt,* was Alles dem natürlichen

---

1) Offenbar irrig; es soll heißen: Lykurgus. Diese ge-
ringe Aenderung macht die Stelle lesbar.
2) Die Instit.: herrlichen.

Rechte zuwider läuft; denn die Natur sah alle Menschen vom Anfang frei geboren werden. Aus diesem Völkerrechte sind auch fast alle Contrakte eingeführt worden, wie: Kauf, Verkauf, Miethen, Vermiethen, Gemeinschaft, [1]) Hinterlegung; Anlehn und noch viele andere Contrakte.

*　　　*　　　*

§. 3. *Wir haben nun die erste Eintheilung der Gesetze abgehandelt, daß [nämlich] einige natürliche, andere völkerrechtliche, noch andere bürgerliche sind, [haben] jedes erklärt und mit Beispielen erläutert. Gehen wir nun zur zweiten Eintheilung der Gesetze über!* Von den Gesetzen[2]) sind einige geschriebne, andere ungeschriebne.

Geschriebne Gesetze sind *zum Beispiel*: die Lex, die Plebiscita, Senatus-Consulta, Kaiserlichen Constitutionen, Edikte der Magistrate; Gutachten der Rechtsgelehrten.

§. 4. Ich möchte gern erfahren, wie viel der Gesetzgeber bei den Römern sind, und wer diese sind, und wie die von einem jeden ausgehenden Gesetze genannt

2 *

---

1) Societas.

2) Die Inftit.: Jus nostrum. Einige Codices mit dem Zusatze: quo utimur.

werden? Es gibt sechs Gesetzgeber bei den Römern[1]: das Volk, die Gemeinen[2], der Senat, der Kaiser, die Magistrate von Rom, die Rechtsgelehrten. "Und was ist Volk? Die Versammlung des gemeinen Wesens,[3] in Eins gerechnet die Bürger und die Senatoren." Das vom Volk gegebne Gesetz heißt Lex.

31 *Weil das Volk schriftlich Gesetze gab, so ist auch Lex der allgemeine Name der geschriebenen Gesetze[4]; so wie von ihm die übrigen Gesetzgebungen abgeleitet werden, (da das Volk der oberste Gesetzgeber ist), so muß auch seine Gesetzgebung mit dem allgemeinen Namen der geschriebenen Gesetze geschmückt werden. Folgendes aber war der Hergang.* Auf die Frage eines Senatorischen Magistrats, z. B. des Consul, ob man Das gesetzlich bestimmen müßte, bejahte das Volk.

32 *Die Gemeinen sind die ganze übrige Masse, mit Ausnahme der Senatoren und Patricier[5]. Das von ihnen gegebne Gesetz heißt Plebiscitum, d. h. das von dem ge-

---

1) Man hat neuerlich als Vorwurf wiederholt, daß Rom nie zu gleicher Zeit sechs Gesetzgeber gehabt habe; allein Theophilus sagt Dieß nirgends.

2) Plebs.

3) Κοινῆς τύχης, reipublicae.

4) Cicero de Leg. 1. 6.

5) Und Patricier, nach einem Manuscript des Pithou in dieser Uebersetzung hinzugefügt.

meinen Volk Berathene und Genehmigte; denn auf die „
Frage des plebejischen [1]) Magistrats, d. h. des Tribunus, „
(das ist der Demarchos [2]) —), gab das gemeine Volk Ge= „
setze.* Das gemeine Volk unterschied sich vom Volk, 33
wie das Geschlecht von der Art sich unterscheidet; denn
unter dem Namen Volk werden alle Bürger begriffen,
mitgezählt die Patricier und Senatoren; durch die Be=
nennung der *Plebs* werden, mit Ausschluß der Patricier
und Senatoren, die übrigen Bürger bezeichnet [3]).

§. 5. *Drittens gibt bei den Römern der S e n a t 34
Gesetze. Senat heißt die Versammlung von auserwählten „
Männern, rein von jedem Gemeinen. Das von ihnen „
gegebene Gesetz heißt mit einem eignen Namen *Sena-* „
tus-Consultum, d. h. Senats=Beschluß. Aber, könnte „
man sagen, da das Volk zusammen kommen, und eine „
Lex oder ein Gesetz machen konnte, wodurch ist es in „
Ansehung der Gesetzes=Benennungen in verschiedene [Thei= „
le] gespalten [4])? Der Grund ist der: In Rom, als ei= „
ner bevölkerten [Stadt], erzeugte sich, wie zu geschehen 35

---

1) In den Manuscripten verdorben, statt plebejisch — ple=
biscit.
2) D. h. Volksvorsteher.
3) Hier fügen die latein. Instit. hinzu: sed et plebiscita
lege Hortensia lata non minus valere quam leges coe=
perunt.
4) Andere: wodurch ist das Gesetz in verschiedene Benen=
nungen gespalten?

„ pflegt, Zwieſpalt und Uneinigkeit zwiſchen den Senatoren
„ und dem gemeinen Volk, da vielleicht die Senatoren Vor-
„ rang zu haben wünſchten.   Deswegen entfernten ſie ſich
„ von einander und lebten für ſich, und führten eigne Ver-
„ waltung.   Da es nun nicht möglich war, daß [Leute]
„ in einem Staatsverband ohne Geſchäfte leben konnten,
„ ſo wurden von den Senatoren, um die entſtehenden Miß-
36 helligkeiten und Streite zu ſchlichten, Geſetze gegeben.
„ Es gab aber auch abgeſondert das gemeine Volk Geſetze.
„ Natürlich erhielten nun die von ihnen gegebnen Geſetze
„ verſchiedene Namen; das vom Senat gegebene konnte
„ nicht *Lex* heißen, weil des Volkes Beiſtimmung fehlte,
„ und wurde folglich nach den Urhebern Senatus-Conſultum
„ genannt, d. h. Rathsſchluß; denn *Senatus* heißt Rath,
„ *conſulere* Vorſehung treffen.   Da nun der Senat Geſetze
37 gab, um für die in Streit Gerathenden Vorſehung zu
„ treffen, ſo hieß es folglich *Senatus-Conſultum.* — Auch
„ bei den Gemeinen bildeten ſich Urſachen zu Streiten, und es
„ ward auch von ihnen ein Geſetz gegeben, welches nicht
„ *Lex* genannt werden konnte, weil es nicht nach der Mei-
„ nung der Senatoren gemacht war.   Es wurde alſo *Ple-*
„ *biſcitum* genannt, d. h. der Menge Erwägung und Be-
38 ſchluß.   Da aber die Feindſeligkeiten zwiſchen ihnen nicht
„ ewig ſein konnten, ſo rieth ihnen ein vaterlandsliebender
„ [Mann], Hortenſius, die gegenſeitige Feindſchaft ab-
„ zulegen und ſich zur Eintracht zu bekehren, und er brachte

sie, durch Darstellung der durch den Haß entstehenden Ue- „
bel, und durch Zureden zur Versöhnung. Als sie sich nun „
wieder vereinigten, wollte das gemeine Volk, daß die von „
ihm gegebnen Gesetze auch bei den Senatoren gelten soll- „
ten; der Senat verlangte wieder: daß die *Senatus-Con-* „
sulta auch bei den Gemeinen Kraft haben sollten. Beide 39
waren [einander] entgegen; die Senatoren verschmähten es, „
die Plebiscita anzunehmen, das gemeine Volk war [dar- „
über] erzürnt und wollte den Senatus-Consultis sich „
nicht unterwerfen. [Schon] wollte die Feindschaft wieder „
ausbrechen, als derselbe Hortensius ihren Widerspruch en- „
digte und sie bewog, die gegenseitigen Gesetzgebungen an- „
zunehmen und ihnen zu gehorchen. Und so konnte zwar „
das von Einem Theil gegebene [Gesetz] nicht *Lex* hei- „
ßen, weil es nicht im Anfang mit Zustimmung beider „
Theile erlassen war; weil aber auch [1]) das vom gemeinen 40
Volk gegebene Plebiscitum denselben Erfolg hatte und die- „
selbe Wirkung erhielt, daß es nämlich in Ansehung Aller „
galt, *legis vigorem habet*, d. h.: so erhält es auch „
die Stelle eines Gesetzes*. Im Verlauf der Zeit und bei „
der Vermehrung der Römer zu einer großen Anzahl, so
daß eine Zusammenkunft derselben an einem Ort, des Ge-

---

1) Die Worte: das vom gemeinen Volk gegebne
  Plebiscitum — werden von Einigen für verdächtig
  gehalten.

sehgebens wegen schwierig war, wurde es für das Paß=
sendste gehalten, daß Statt des ganzen Volkes der Se=
nat allein [1]) Gesetze geben sollte.

41   §. 6. *Wir haben drei Gesetzgeber abgehandelt, das
„ Volk, das gemeine Volk, den Senat. Von jedem haben
„ wir den Begriff, und wie die von ihnen gegebenen Ge=
„ setze heißen, erwähnt; reden wir also auch vom vierten
„ Gesetzgeber!* Der vierte Gesetzgeber bei den Rö=
mern ist der Kaiser. Und was ist Kaiser? Kaiser
ist, wer die Gewalt zu Regieren vom Volke erhalten
hat [2]). Das von ihm gegebene Gesetz heißt mit besonde=
rem Namen Constitution, d. h. Festsetzung oder An=
ordnung. Sie theilt sich in drei [Arten]: in Epistel,
in Edikt, in Decret.

42   Und was ist Epistel? ein Rescript des Kaisers auf
„ den Bericht eines Magistrats, erlassen wegen eines zwei=
„ felhaften Gegenstandes [3]). Es traf sich z. B. in einer

---

1) Gesetze geben sollte. Die Instit. haben: Senatum
    vice populi consuli. Cajus hat Statt des ganzen
    §. 5. nur: SC: est, quod Senatus jubet et constituit,
    idque legis vicem obtinet; quamvis fuit quaesitum.
2) Der Text hier: Sed et quod principi placuit legis
    habet vigorem, cum Lege Regia, quae de imperio
    ejus lata est, populus ei et in eum omne suum impe=
    rium et potestatem concessit [die Pandekten: conferat],
    was unten Ziffer 50.
3) Die allgemeinen Instruktionen an Beamte oder Statt=
    halter heißen Mandata; Epistolae oder Rescripta, bezie=

Provinz, daß bei einem Todesfall Erben weder auf= noch „
absteigender [Linie] vorhanden waren, und Zwei über jene „
Erbschaft in Proceß geriethen, der Bruder und der Oheim „
des Abgelebten. Jeder von Beiden wollte die Erbschaft al= 43
lein haben, der eine als Bruder, der andere als Oheim. „
Da nun kein Gesetz vorhanden war, welches diese Unge= „
wißheit aufhob, so wurde ein Bericht an den Kaiser [er= „
stattet] von Seiten des Magistrats der Provinz. Der Kai= „
ser rescribirte, nachdem er den Bericht gelesen hatte, daß „
der Bruder des Verletzten vorzuziehen sei.

Aber der Kaiser gibt auch im Dekret Gesetze. Und 44
was ist Dekret? Entscheidung des Kaisers, gegeben zwi= „
schen zwei vor ihm streitenden Partheien; so wie im vo= „
rigen Fall: es streiten sich Zwei über eines Verstorbenen „
Nachlaß, ich meine den Bruder und den Oheim des Ver= „
ewigten, darüber, wer bei Berufung zur Erbschaft den „
Vorzug habe; der Kaiser hört Beide an, und entscheidet, „
daß der Bruder den Vorzug habe. Auch das ist ein Ge= „
setz des Kaisers. Dekret hat seinen Namen von *decernere*, 45
d. h. bestimmen, denn er bestimmt in seinem Geiste, was „
ihn recht dünkt, und spricht es aus. Zwar heißt auch „
die Entscheidung des Magistrats Dekret, aber sie unter= „

---

hen sich auf einzelne Fälle. — Subscriptio oder Adnota-
tio, Subnotatio, sind Signaturen; Befehle oder Reso-
lutionen, unmittelbar auf der Eingabe niedergeschrieben.

„scheiden sich darin, daß das Kaiserliche Dekret nicht nur
„jenen, sondern auch [jeden] andern ähnlichen Fall entschei-
„det, er entstehe wenn er wolle, das des Magistrats aber
„[nur] jenen, und zuweilen nicht einmal jenen, wenn näm-
„lich eine Berufung erfolgt.

46　　Der Kaiser gibt ferner auch im Edikt Gesetze. Und
„was ist Edikt? Alles, was der Kaiser, aus eigenem
„Antrieb bewogen, zum Wohl und Nutzen seiner Unter-
„thanen verordnet. Edikt heißt es von *edicere*, d. h.
„vorher sagen und zum Voraus entfernen, was einst den
„Unterthanen Schädliches begegnen könnte. Denn oft über-
„legt der Kaiser bei sich, daß das von seinen Unterthanen
47 Geschehende unstatthaft sei, so wie wenn Jemand 100
„Goldstücke verlieh, und sich unter dem Vorwand der Zin-
„sen bedingen wollte, daß ihm jährlich 8 [1]) Goldstücke ge-
„geben würden. Dieß hielt der Kaiser bei sich für un-
„statthaft, und erzürnt gegen Solches Verübende, erläßt
„er eine Verordnung, daß jährlich wegen 100 geborgter
„Goldstücke 6, zum Beispiel, gegeben werden.*

　　Daß aber die vom Kaiser gegebenen Gesetze mit der
48 *Lex* einerlei Kraft haben, das ist ausgemacht. *Aber,
„könnte man einwenden, woher [kömmt es, daß,] da die
„Gesetzgeber der Senatus-Consulte viele waren, [ihre]
„Meinung nicht gegen die Gemeinen galt, und wiederum,

　　1) Fabrotus lieſt 50, Reitz ſchlägt 20 vor.

[daß,] da das gemeine Volk zahllos war, seine Gesetzes- „
bungen nicht gegen die Senatoren galten, wenn nicht ein „
gewisser Hortensius [sie] bewogen hätte, daß die von bei- „
den [gegebenen Gesetze] gegenseitig gelten sollten — [wo- „
her kömmt es, daß] der Kaiser, als einzelner Mensch, „
Gesetze gibt und Niemand sich seinen Anordnungen wider- „
setzt? [Hierauf] würden wir erwidern, wenn Jemand 49
den Grund davon wissen wollte, so müßte er den Begriff „
des Kaisers ins Auge fassen, daß* Kaiser ist, wer die
Gewalt zu regieren vom Volke empfangen hat; *das Volk
aber begreift in sich den Senat und die Plebejer; deswe- „
gen nun war so wenig die gemeine Menge seinen Consti- „
tutionen zuwider, als der Senat sie von sich wieß. Denn 20
thäten sie Dieß, so würden sie ihrer eignen Wahl ent- „
gegen handeln, denn* das Volk erhob ihn, nach einer „
Bestimmung des königlichen Gesetzes, welches, wegen der
Kaiserwürde gegeben, dem Kaiser volle Gewalt gegen das
Volk bewilligte ¹). Alles von ihm Festgesetzte heißt mit
einem allgemeinen Namen *Constitutiones.*

---

1) **Cajus** Seite 3: Constitutio principis est, quod Imperator decreto, vel edicto, vel epistola constituit;
   nec unquam dubitatum est, quin id legis vigorem
   obtineat, cum ipse Imperator per legem imperium
   accipiat. Die lateinischen Institutionen haben die Seite
   24 angeführten Worte. — **Cajus** hat das Beiwort regia noch nicht, welches erst nach ihm ausdrücklich hinzugesetzt worden zu sein scheint, wo das Odium gegen

Einige von diesen sind persönlich und werden
nicht zur Folgerung gezogen, weil der Kaiser das nicht
51 wollte. Denn wenn er Jemand, der sich *um seinen
„ Staat* verdient gemacht, begnadigte, *so daß ihm etwa
„ gestattet wird, keine öffentlichen Abgaben zu entrichten;

---

dasselbe immer mehr abnahm. Auch hat er nicht die
Wörte: ei et in eum, welche jedoch in der Pandektenstelle vorkommen; vielleicht dienen sie nur zur Verstär-
kung, wie im Deutschen: übertrug, ihm und auf
ihn, vielleicht stände in eum, wie ei bei Cicero de Orat.
l. 54, für se. Gewiß scheint es indessen, daß die hier
genannte Lex Regia eine förmliche, bei jeder Regierung wiederkehrende Anerkennungsakte war. Die historischen Spuren dieser Förmlichkeit, wie sie dem Geiste
des Römischen Volkes so sehr entspricht, findet sich bei
mehrern Kaisern analog, bei Cäsar, Augustus u. s. w.
Nur scheint das Kunstwort spätern Ursprungs; dagegen
gewiß auch in späterer Zeit die Förmlichkeit der Unter-
werfung wieder aufhörte. — Mit diesen Annahmen
stimmen die Ausdrücke überein. Cajus nennt blos eine
Lex, spricht aber im Präsens: accipiat, (wie auch die
Florent. Pandektenhandschrift: conferat,) während Justinianus Regia zusetzt, aber in der Vergangenheit
redet. Und hätte nicht, wäre die Lex Regia nur ein
einziges, nicht wiederholtes Gesetz gewesen, der Sprachgebrauch und die Sitte der Juristen eine nähere Bezeichnung der historischen Umstände erfordert? Dieß
schließt jedoch nicht aus, daß nicht die bei der Huldi-
gung der einzelnen Regenten ausgefertigten Urkunden
unter einander ähnlich oder gleich gewesen wären, was
Justinianus und anderer Schriftsteller Ausdrücke um
so eher erklärt.

das edictum perpetuum, das schon vor ihm in gewis=
sen Theilen unverändert geblieben war, nun nach einer
bestimmten Vorschrift unverändert fortdauern oder nur
auf die vorgeschriebne Weise geändert werden sollte.

Es hieß nach seinem Redakteur: das Edikt des Ju=
lianus; nach dem Kaiser, dessen Autorität es sich er=
freute: das Edikt des Hadrianus.

So wie Ulpians Werk ad edictum die Grundlage
der Pandekten ist, so führt Ulpianus wieder kaum einen
frühern Juristen häufiger und öfter im Allgemeinen an,
als den Julianus, (Hugo Rechtsgesch. S. 575.); auch
schrieben Scävola, Marcellus, Paulus und Andere An=
merkungen zu seinen Werken, was alles seine Wichtig=
keit beweist, und vielleicht mit seinem Antheil am Edikt
in Verbindung steht; daß er im Florent. Index zuerst ge=
nannt wird, ist wohl nicht leicht absichtlich; dagegen ist
Julianus unter den stark benutzten Klassikern der älteste.

Wahrscheinlicher Weise sind die Bruchstücke des Edikts,
welche unsere Rechtsbücher aufbewahren, nur aus Julians
Umarbeitung; Das scheint aus ihrem gleichförmigen Ton
und ihrem systematischen Zusammenhang zu folgen, und
wird bei einer Vergleichung mit andern Ueberbleibseln
des Römischen Gerichtsstyls noch glaublicher.

So oft auch Julianus in den Pandekten genannt
wird, so kommen im Florent. Index nur: 90 Bücher
Digesten, 10 Bücher Noten zum Minucius, 4 Bücher
zum Ursejus Ferox und eines de ambiguitatibus vor.

Dagegen kömmt in den Pandekten selbst (Fr. 1. D.
3. 2.) eine Stelle mit der Ueberschrift: Julianus libro
I. ad edictum vor. Diese Inscription ist von Vielen
für unächt gehalten worden, ohne es doch zu sein, da
nicht nur alle Handschriften des C. J., sondern auch die
Basiliken und deren Scholien sie übereinstimmend haben.

Jene Stelle enthält nur Worte des Edikts, (viel=
leicht ist sogar der Eingang: praetoris verba dicunt erst

„　§. 8. *Sechstens gaben die Rechtsgelehrten
„ Gesetze*. Rechtsgelehrte nenne ich, Wem *entweder das
„ Volk, oder der Senat, oder* der Kaiser Gesetze zu ge-
„ ben[1]) vertraute[2]). *Das von ihnen gegebene Gesetz heißt
„ mit einem allgemeinen Namen *Responsum prudentum*,
„ d. h. Antwort der Rechtsgelehrten, weil sie mittelst Be-
„ rathung und Antwort Gesetze gaben*. Das *Responsum*
„ theilt sich in Sententia und Opinio. *Und was ist
„ *Sententia*? die bestimmte und unumwundene Entschei-
„ dung, z. B. es ist erlaubt, Das zu thun; es ist nicht er-
„ laubt, Das zu thun. Opinio aber ist eine unbestimmte
„ und zweifelhaft vorgetragene Antwort; z. B. ich halte

---

durch Justinianus hinzugekommen); sie stehen an der
Spitze des Titels, und werden im Laufe desselben, hauptsächlich aus Ulpians Schrift: ad edictum, erläutert.
Die im Titel vorkommenden Worte stimmen genau mit
dem aus Julians Entlehnten überein. Erwägt man
nun, daß das von uns gesuchte Werk Julians blos Text
des Edikts enthalten, und nicht groß sein darf, so ist
wohl die Annahme nicht zu kühn, daß jenes Bruchstück
aus Julians Umarbeitung des Edicti perpetui herrühre,
(Hugo Rechtsgesch. S. 575.). Sehr interessant ist übrigens
nun die Vergleichung der Art, wie die Klassiker das
Edikt bearbeiteten, und wie Justinians Compilatoren aus
ähnlichen Schriften zu ergänzen suchten, wenn sie ihr
treuer Ulpianus verließ, oder sie mit ihm unzufrieden
waren.

1) Jus respondendi.

2) Permissum *erat.* Cajus permissum *est.*

dafür, daß Das geschehen darf; ich halte dafür, daß Das „
nicht geschehen darf*. Es wurde aber Denen anvertraut, „
öffentlich *Gesetze zu geben, oder die Gesetze zu erläu= „
tern*¹), die *Juris-Consulti* genannt wurden, *(d. h. „
die um das Recht Befragten, denn *consulere* heißt befra= „
gen)*. Ihre Sententiae und Opiniones haben das Anse= „
hen, daß der Richter nicht wagt, von ihren Entscheidungen „
abzuweichen, so wie auch die *Kaiserliche* Constitution be= „
sagt ²).

---

1) Die Institutionen: das Recht zu respondiren.

2) Ueber diese Stelle, deren Verhältniß zu Cajus und
Pomponius und die Sache selbst, sehe man Hugo's
Rechtsgeschichte, VII. Auflage Seite 577 ff. Aber selbst
nach diesen scharfsinnigen Erläuterungen bleiben viele
Schwierigkeiten, die sich noch vermehren, je genauer
man die Sache und Ausdrücke erwägt; wir erlauben
uns daher, hier einige abgerissene Bemerkungen über
diesen Gegenstand niederzulegen.
        Daß *publice respondere, publice interpretari*, nicht
auf den Platz gehen kann, wo Dieß geschah, ist wohl
klar: warum hätte solche nähere Bezeichnung gerade bei
diesem Gegenstande sein sollen, während bei vielen an=
dern, eben so öffentlichen Handlungen das Beiwort
fehlt? Ferner bedürfen wir noch immer einer Nachwei=
sung, wie es möglich war, die in dem großen Rom le=
benden Rechtsgelehrten in einzelnen Fällen zu einem ge=
meinsamen Verhandeln zu bringen; auf welche Weise es
möglich war, über einzelne Gegenstände die vereinigte
Meinung Aller zu vernehmen, und wie die Sententiae
der sämmtlichen Juris=Consulti abgefaßt werden konn=

ten, z. B. Fr. 4. D. III. 2., wo es heißt: Athletas autem *Sabinus et Cassius responderunt* omnino artem ludi-
cram non facere: „Et generaliter ita *omnes opinantur*
et sane utile videtur. Eben so ist es dunkel, warum
so oft im Pluralis von Auctores juris, Juris Consuli,
Juris periti im Allgemeinen, ohne einzelne Namen zu
nennen, die Rede ist, warum im Griechischen noch neben dem Plural der Artikel die steht, so daß man nicht
an einige, zufällig befragte Rechtsgelehrte denken kann,
(Theoph. §. 2. pr. h. lit. zweimal m. a. m. D.).

Dieß führt auf die Idee, daß zwischen den Rechtsgelehrten Roms ein gewisser Verkehr, ein Zusammen-
treten, gemeinsames Verhandeln Statt finden mußte;
auf das Dasein eines Collegiums von Rechtsgelehrten,
welches so gut vorhanden sein konnte, als so viele andere Collegien in Rom. Dieses Collegium wird bezeichnet, wenn von der Autoritas Prudentium, von deren
Sententiis und Opinionibus u. s. w. die Rede ist.

Zur Begründung dieses Satzes übergehen wir einst-
weilen den Pomponius, den wir weiter unten erläutern
wollen.

Der Ausdruck: *publice respondere, publice* inter-
pretari, bedeutet *populo* respondere, wie unten *pu-*
blice scribere mit *populo* respondere parallel gebraucht
wird. Der Respondens ertheilte nicht wie ehedem nur
der Patron seinem Clienten Rechtsbelehrungen, sondern
publice, Jedem der ihn befragte. Dieß konnte nicht
anders, als mit ausdrücklicher oder stillschweigender Genehmigung des Staates geschehen, und so enthält jenes publice zugleich den Begriff: unter Autorität des
Volks, officiell, von Staatswegen. So sagt Cicero
(ad *Div. XV. 1.* im Anfang): publice scribere an den
Senat, d. h. einen officiellen Bericht erstatten; so heißt
publice capitolium restituere, von Staatswegen das
Kapitolium wieder herstellen, *Tac. hist. IV. 9. 4.*;

so publice vesci *Liv.* 41. 20., publice alere *Corn. Nep.*
Aristid. 3. und über δημοσίᾳ vergl. man Sturz (*Le-*
xic. Xenoph. I. p. 666.).

Publice jus respondere kömmt deswegen immer
absolut vor, ohne eines bestimmten Processes, bei welchem etwa der Rechtsgelehrte Anwald gewesen wäre, zu
gedenken. So spricht Plinius auch von einem Juristen,
qui jus publice respondebat (*Epist. VI. 15.*). — Nimmt
man obige Vermuthung an, so kann man auch begreifen,
wie von einer Behauptung, Antwort, Streitigkeit, Vereinigung der Juris Autores, Juris periti, Juris Consulti,
in der Gesammtzahl, die Rede sein kann, was doch so
häufig, und nicht bei solchen Fällen vorkömmt, die, als
von besonderer Wichtigkeit, etwa ein Herbeirufen der
Juristen aus allen Orten und Enden erfordert hätten.
Darum heißt es auch z. B. juris peritis adhibitis (Fr.
17. D. 37. 14.), nicht: quibusdam, und nicht mit Angabe von Namen. Darum heißt es: οἱ Σοφοί, die
Rechtsgelehrten; bei Theophilus wird das pr. Inst. II.
25. (Augustus dicitur convocasse prudentes) übersetzt:
τοὺς τότε σοφούς, die damaligen Rechtsgelehrten, d.
h. wohl: die damals zu dem Collegium der Juristen Ge-
hörenden.

Vielleicht erhält der juris peritus Apollo des Juve-
nal, und die Note seines Scholiasten (,,weil beim Tempel des Apollo die Jure Consulti sedebant et tractabant")
dadurch ihren richtigen Platz.

Die Institutionenstelle lautet so:

Responsa prudentum
sunt, sententiae et opiniones eorum, quibus per-
missum erat jura condere.

Die Antworten der
Rechtsgelehrten sind die
Entscheidungen und Mei-
nungen Derer, welchen
anvertraut [wohl nicht:
überlassen] war, Rechts-
sätze fest zu stellen. [Also

Nam antiquitus con- | nur Derer, gewisser,
stitutum [oder institutum] | nicht aller Juristen].
erat, ut essent, qui ju-

Denn vor Alters ist
ra publice interpretaren-

angeordnet worden, daß
tur; quibus a Caesare jus

[Leute] vorhanden wären,
respondendi datum est,

welche die Rechte dem
qui Juris - Consulti ap-

Volke [oder: von Staats-
pellabantur, quorum om-

wegen] erläuterten; wel-
nium sententiae et opi-

chen vom Kaiser das Recht,
niones eam auctoritatem

Rechtsbelehrungen zu er-
tenebant, ut judici re-

theilen, gegeben worden,
cedere a responso eorum

welche Juris-Consulti hei-
non liceret, ut est consti-

ßen, und deren Aller
tutum.

Entscheidungen und Mei-
nungen das Ansehen hat-
ten, daß der Richter nicht
von ihrem Gutachten ab-
weichen durfte, wie eine
Constitution besagt."

Also aller Juris-Consulti, und zwar derjenigen,
welchen Rechtsbelehrungen zu ertheilen übertragen war,
die deswegen ausdrücklich vorhanden waren — ... Aber
wie hätten von allen Juristen Gutachten in einzelnen Fällen erstattet werden können, wenn sie nicht ein zusam-
mengehörendes Ganzes gebildet hätten? — Konnte sich
jenes Collegium nicht vereinigen, dann kann der Richter einer der [von demselben gegebnen] Ansichten folgen.
A Caesare hat man von dem Citiergesetz oder von Augustus (wie die Glosse) verstanden, aber mit Unrecht; die
Worte des Theophilus beweisen, daß es für Kaiser überhaupt zu erklären ist. Die Institutionen enthalten nur
etwas undeutlicher die Notiz, welche Theophilus genauer
hat: vor Alters, zu Zeiten der Republik, war die Einrichtung schon da, und die Kaiser trugen die Bewilli-

gung des Jus respondendi späterhin auf sich über. So gerade auch Cajus:

Responsa prudentum sunt sent. et opin. eorum quibus permissum est, [also eine damals bestehende Einrichtung, die zu Justinanus Zeit Antiquität war, weshalb dieser die Erklärung antiquitus .... hinzugefügt], jura condere, quorum omnium si in unum sententiae concurrant, [die einzelnen Vota übereinstimmen], id quod ita sentiunt, legis vicem obtinet; si vero dissentiunt, judiei licet, quam velit sententiam, [das Votum was er will], sequi, idque rescripto D. Hadriani significatur.

Theophilus sagt wesentlich Dasselbe, nur setzt er historisch hinzu: Juris-Consulti sind die, denen das Volk, oder der Senat, oder der Kaiser übertrug, Rechtssätze zu machen. Wie die Institutionen sagt er: Publice Gesetze zu machen war aber Denen übertragen, welche JCti hießen, also nicht jedem Rechtskundigen, sondern nur solchen, die den Namen: Juris-Consulti, führen, in die Classe derselben gehören.

Diese Stellen scheinen uns nun so mit einander überein zu stimmen, daß wir die oben geäußerte Ansicht nicht für zu gewagt halten.

Aber noch bleibt uns die Stelle aus Pomponius übrig, um deretwillen Theophilus schwer gezüchtigt worden ist. Sie lautet §. 47.:

Massurius Sabinus in equestri ordine fuit, et publice primus scripsit, posteaque hoc coepit beneficium dari a Tiberio Caesare, hoc tamen illi concessum erat. Et, ut obiter sciamus, ante tempora Augusti publice respondendi jus non a principibus dabatur, sed qui fiduciam studiorum suorum habebant, consulentibus respondebant. Neque responsa utique signata dabant: sed plerumque judicibus ipsi scribebant, aut testabantur, qui illos consulebant. Primus divus Augu-

*...tus, ut major juris auctoritas haberetur, constituit, ut
ex auctoritate ejus responderent, et ex illo tempore peti hoc pro beneficio coepit: et ideo optimus princeps
Hadrianus, cum ab eo viri praetorii peterent, ut sibi liceret respondere, rescripsit eis, hoc non peti sed praestari solere; et ideo si quis fiduciam sui haberet, de-
lectari se, populo ad respondendum se praepararet.
Ergo Sabino concessum est a Tiberio
Caesare, ut populo responderet, qui in equestri
ordine jam grandis natu et fere annorum L recep-
tus est: huic nec amplae facultates fuerunt, sed plu-
rimum a suis auditoribus sustentatus est.*

Wenn man diese Stelle genau lieſt, ſo wird man
ſogleich ſehen, daß ſie unverſtändlich, wenigſtens ſehr
verworren iſt. Worauf geht das *hoc* auf *scripsit* wohl
nicht. Er ſchrieb, und nachdem ...., ſo wurde es ihm
nachgelaſſen; Das wäre kaum begreiflich. Wozu ſodann
tamen? das iſt ganz entbehrlich; denn nirgends iſt
ein Gegenſatz. Dann wie ſchleppend iſt die Wiederholung im letzten Satz: Ergo Sabino concessum est....,
und nun [wird etwas ganz anders für ihm zugeſtanden
erklärt, (populo respondere), als oben (publice scribere) zugeſtanden geweſen wäre, wenn man das *hoc*
auf p. scribere beziehen will.

Der ganze Satz: et ut obiter sciamus bis praepararet, iſt ein Einſchiebſel bei Abfaſſung der Pandekten. Pomponius ſchrieb:

Massurius Sabinus ... publice primus scripsit;
posteaque, (wohl posteaquam) hoc coepit beneficium
dari a Tiberio, hoc tamen illi concessum est (a Tiberio Caesare), ut populo responderet.

Die Compilatoren bemerkten bei dieſer Stelle, daß
ſie noch nichts vom publice respondere geſagt hatten,
und wie ſie in tauſend ähnlichen Fällen den Satz des
einen Klaſſikers zerreißen, um aus einem andern eine

Erläuterung einzuschalten, so schoben sie auch hier die Erklärung ein, welche Veränderung mit dem Respondere vorgegangen wäre. Dieß kündigt sich ganz deutlich durch das solenne: et ut obiter sciamus an. Vermuthlich fanden sie keine passende Stelle, die sie hätten so geradehin einschieben können, deswegen thaten sie vielleicht diese historische Notiz aus ihrem Eignen hinzu, und eben deswegen fehlte die Inscription, und die Parenthese wurde irrig mit den vorhergehenden und nachfolgenden Worten des Pomponius in Eins gebracht.

Wir haben also mit zwei verschiednen Stellen zu thun; die erste ist die mit Antiqua gedruckte Stelle des Pomponius, die zweite die mit *Cursiv-Schrift* gedruckte von den Compilatoren. Scribere in jener kömmt bei Aufzählung der Obliegenheiten der Rechtsgelehrten vor. So Cic. pro Muraena 9: hanc urbanam militiam respondendi, *scribendi*, cavendi... vrgl. Cicero ad Diversos VII. 14., noch deutlicher sagt Cicero (de Oratore II...) Si tu Scaevola omnium testamenta *scripseris*. Scribere heißt also wohl von Juristen, schriftliche Aufsätze für Fremde machen. Es ist bekannt, daß zu solchen Geschäften Rechtsgelehrte zugezogen wurden. *Publice scribere* erhält durch den Gegensatz: *populo respondere*, seine Bedeutung. Also:

M. Sabinus war im Ritterstande, und machte zuerst für das Volk [für Jedermann] schriftliche Aufsätze; als aber Tiberius Dieß als Beneficium zu vergeben begann, so wurde dem Sabinus wenigstens Das verstattet, daß er dem Volke Responsa ertheilen durfte.

Dieses Verstattet, *Concessum*, wird nun erläutert.

Beiläufig gesagt, würde das Recht, Jedermann [oder unter öffentlicher Autorität] Rechtsbelehrungen zu ertheilen, vor Augustus Zeiten, nicht von den Prin-

cipes gegeben', sondern Die, welche Vertrauen auf
ihre Kenntniſſe hatten, antworteten den Anfragen=
den . . . . Zuerſt ſetzte Auguſtus, damit das recht=
liche Anſehen [der Juris = Conſulti] größer würde,
feſt, daß ſie unter ſeiner Autorität reſpondiren möch=
ten, und ſeitdem wurde dieß als Beneficium erbeten.

Daß die Principes vor Auguſtus Zeiten das
Recht zu reſpondiren nicht ertheilt hätten, ſchließt aber
nicht aus, daß Dieß nicht vom Senat, und früher vom
Volk geſchehen wäre, wie Theophilus ſagt. Vielleicht
war auch in dieſer Zeit die Autoriſation durch das Volk
wieder abgekommen; vielleicht war letztere nur ſchwei=
gend, während nun die Autoriſation des Auguſtus eine
förmliche war.

Warum aber wurde dieſe Autoriſation pro benefi=
cio erbeten?

Wahrſcheinlich aus dem Grunde, aus welchem zur
Kaiſerzeit die Aemter, noch neben dem Honor, geſucht
wurden, weil ſie beſoldet wurden. Abgeſehen von der
Stelle bei Dionys Halic. (IV. p. 2549 Reiske: Ἀλλ'
αὐτή [Rom] παρέχει τοῖς πρὸς τὰ κοινὰ προϊοῦ-
σιν ἅπαντα ὅσον δέονται, kommen nun häufiger
Nachrichten vor, daß Staatsbeamte bezahlt wurden; z.
B. die Magiſtrate in den Provinzen, (von Auguſt zuerſt
Dio LII. 23, 25. LIII. 15.), die Rechtsgelehrten, wel=
che die Proconſuln in die Provinzen begleiteten, Lehrer
der freien Künſte, Sueton. Tib. 46. Nero 10.; ſo heißt
es auch bei Lamprid. Alex. Sever. 44. med.: In pro-
vinciis oratoribus forensibus multum detulit, plerisque
etiam annonam dedit, quos constitisset gratis agero.

Die Gloſſe verweiſt ſehr gut auf Fr. 4, §. 1. D.
5. 2. (Locus iste hodie a principe non pro modico beneficio datur).

Der Ausdruck: Publice respondere, ist sehr wohl verträglich mit dieser Vermuthung, publice heißt ja auch auf öffentliche Kosten, (Capitolium publice restituere. Tac. histor. IV. 9. 4. und oben S. 40.)

Daß über den Gehalt der Juristen keine ausdrückliche Nachricht vorhanden ist, darf nicht befremden. Wissen wir doch nichts Genaueres vom Gehalt z. B. der Pontifices, während doch gewiß ist, daß sie besoldet wurden.

Das Publice respondere konnte nun wohl als beneficium angesehen, und deshalb gesucht werden, während jedoch nicht zu behaupten ist, daß gerade jeder Juris-Consultus besoldet worden wäre. Pomponius sagt also, daß, als Sabinus zuerst geschrieben, und Tiberius auch Dieß als Beneficium verliehen, jener sodann wenigstens dem Volke Rechtsbelehrungen, mit Bewilligung des Kaisers, ertheilt habe. — Wenigstens *tamen;* weil Sabinus wahrscheinlich nach alter Sitte dem Volke ohne Salarium oder Commoda vom Staate respondiren wollte. Dieß hebt denn auch den Zusatz, daß er nicht vermögend gewesen wäre; und steht im Zusammenhang mit der artigen Aeußerung Hadrians, welche nur bei Viris praetoriis, reichen Männern, geschah, denen kein Salarium angeboten werden konnte, und die darum unsere Vermuthung nicht ausschließt.

— Wäre die gewöhnliche Ansicht von der Disputatio fori haltbar, so würde man sie sehr gut mit dem oben Vorgetragnen in Verbindung bringen können. Wenn man aber die Stelle des Pomponius:

His legibus latis coepit, (— ut naturaliter evenire solet, ut interpretatio [die Auslegung und Anwendung] desideraret prudentium autoritatem [die Autorität, das Ansehen; den Vorgang, auf welchen man sich berufen kann] —) necessariam esse et disputationem fori,

„   *Hierin besteht nun das geschriebne Recht, d. h.
„ in den [Gesetz]gebungen des Volks, oder des gemeinen
„ Volks, oder Senats, oder Kaisers, oder der Magistrate
„ von Rom, oder der Antwort der Rechtsgelehrten*.

§. 9. Das nicht geschriebne Recht ist[1]), was
die lange Gewohnheit unter Zustimmung der [sie] Habenden festsetzte, und zur Analogie des geschriebenen Rechtes brachte.

§. 10. Mit Recht könnte man also sagen, daß die
„ [2]) bürgerliche Gesetzgebung in *folgende*[3]) zwei Gattun-

---

ohne vorgefaßte Meinung und ohne in einem zufällig
gewählten, nicht wiederkehrenden Ausdruck, sogleich ein
wahres Kunstwort finden zu wollen, ansieht, so wird
man leicht sehen, daß sie weiter nichts sagt, als: nachdem die neuen Gesetze gegeben worden, wären Erörte-
rungen der Redner und Anwalde vor dem Richter nothwendig geworden; diese mußten einen Gerichtsgebrauch
begründen, welcher eben deswegen nicht nach den Advocaten oder Richtern, sondern Jus civile benannt wurde, weil er keinem Stande und keiner Person bestimmt
zugeschrieben werden konnte.

Dagegen ist das Citiergesetz vielleicht ein Ueberbleib-
sel der alten Einrichtung mit dem Collegium der Juris-Consulti, so daß die bewährtesten, schriftlich voti-
rend, eine geistige und unvergängliche Versammlung
von Rechtsgelehrten bilden sollten.

1) Cajus hat nichts vom nicht geschriebnen Rechte.

2) Reitz: diese bürgerliche.

3) Reitz läßt: folgende weg.

gen zerfalle: *In geschriebnes Recht und ungeschriebnes*. „
Der Ursprung derselben scheint aus dem Vorgange der
beiden Städte — Athen meine ich und Lakedämon — ge-
stossen zu sein. Denn in diesen beiden Städten pflegte
Das zu gaschehen *und beobachtet zu werden*, daß die „
Lakedämonier ihre Gesetze dem Gedächtnisse anvertrauten,
die Athener aber diejenigen [Gesetze] ehrten und sie bewahrten, welche sie niedergeschrieben wußten.

§. 11. Dagegen die *Jura gentium* 1), oder die völ- 66
kerrechtlichen Gesetze, werden bei allen 2) Völkern beobachtet, [in sofern sie] vermöge einer göttlichen Vorsehung
erfunden [sind]; weshalb sie fest und unveränderlich sind.
Was aber das *Jus civile* 3), d. h.: welches jeder Staat
für sich festsetzt, betrifft, so pflegt es oft abgeändert zu
werden, entweder durch stillschweigende Uebereinkunft des
Volkes, oder durch die Aufstellung eines andern Gesetzes *).

---

1) Die meisten Institutionenhandschriften: naturalia.

2) Die Institutionen: peraeque.

3) Jura civilia: Fabrot; besser.

4) Die latein. Institutionen ziehen das Principium des folgenden Titels noch zum gegenwärtigen, wie auch die
Ausgaben des Theophilus von J. Godefroi thun.

4

Dritter Titel.

Perſonenrecht.
[De Jure Personarum].

67 *Wir haben nun abgehandelt, was Gerechtigkeit iſt,
„ haben die Haupteintheilung der Geſetze durchgangen und
„ gelernt, wie Viele ſonſt Geſetze gaben, und wie das von
„ Jedem gegebne Geſetz heißt, ingleichen daß von den Geſe=
„ tzen einige geſchrieben, andere nicht geſchrieben ſind; — ge=
„ hen wir daher zu etwas Anderm über, und lernen wir, was*
68 die Römiſche Geſetzgebung betrifft. *Sie* betrifft[1]) dreier=
„ lei: Perſonen, Sachen und Actionen; *und zwar Perſo=
„ nen, wenn wir ſagen: Das iſt ein Senator oder ein Ge=
„ meiner; Sachen, wenn wir unterſuchen, ob ein von
„ Jemand gemachtes Teſtament gültig oder ungültig iſt;
„ Actionen, wenn beſtritten wird, ob Einem ein Klag=

---

1) Cajus I. §. 8. S. 4. Fr. 1. Dig. 1, 5. (Cajus).

recht zusteht oder nicht zusteht. Zuvörderst[1]) aber muß „
von den Personen gehandelt werden, *dann von den Sa- „
chen, und nach diesen von den Actionen. Diese Ordnung 69
stimmt mit der Zweckmäßigkeit völlig überein; denn es ist „
gewiß, wenn Personen da sind, daß auch Sachen[2]) ent- „
stehn, und wenn Sachen vorhanden sind, so ist es nö- „
thig, auch über Actionen nachzuforschen. Also von den „
Personen müssen wir handeln*, denn unnütz und zwecklos „
ist die Lehre von den Gesetzen, wenn uns die Personen „
unbekannt sind, um derentwillen die Gesetze erfunden sind[3]).

Die oberste[4]) Eintheilung der Personen[5]) nun ist 70
die, daß von den Menschen einige frei sind, andere
Sklaven[6]).

§. 1. [7])*Von der* Freiheit, von der die Benen- „
nung der Freien herkömmt, *muß man folgenden Begriff „

4*

---

1) Fr. 2. Dig. 1, 5. (Hermogenianus lib. 1. Epitom.) Basil. 46. 1. Bd. VI. S. 143.
2) Handlungen; denn πράγματα heißt Beides.
3) Vergl. Stephanus zu den Basiliken 46, 1.
4) Cajus §. 9. Fr. 3. Dig. 1, 5. (Cajus).
5) Die Institutionenausgaben lesen meistens: de jure personarum. Der Glosse zu den Basiliken sind die Worte
   de jure fremd. Cajus hat sie.
6) Die Institutionen: daß alle Menschen entweder Freie
   oder Sklaven sind. — Cajus hat das Folgende vom
   Titel nicht, bis auf den letzten Satz.
7) Der §. 1. gehört in den lateinischen Institutionen noch
   zum Proömium.

„ haben. Freiheit* ist [1]) die natürliche Unbeschränktheit, die
„ Jedem gestattet, zu thun, was er will, wenn ihm nicht
„ Gesetz oder Gewalt daran hindert; Gewalt, wenn ich
„ vielleicht Etwas thun will, was durch die Gesetze nicht ver-
„ boten ist, und mich Jemand durch Uebermacht bewältigend
71 abhält; Gesetz, wenn ich durch Strafdrohung gehindert
„ werde, zu thun, was ich will. Denn der Sklave wird
„ auch durch die Furcht vor seinem Herrn abgehalten, et-
„ was nach seiner Meinung zu thun*.

      §. 2. [2]) Die Sklaverei ist ein Institut des Völker-
„ rechts, vermöge dessen Einer dem Willen des Andern
„ unterworfen wird, dem natürlichen Rechte zuwider. Denn
„ die Natur hat alle Menschen frei gebildet; die Einfüh-
„ rung der Kriege hat die Sklaverei erfunden. Denn das
„ Recht des Kriegs will, daß die Besiegten Eigenthum
72 des Siegers werden*. §. 3. [3]) Die Sklaven heißen
„ Servi, und haben ihren Namen daher, [4]) weil die
„ Feldherrn die Gefangnen, welche sie verkaufen wollten,

---

1) Fr. 4. Dig. 1, 5. (Florentinus lib. IX. Instit.) Basil.
   46. 1. 2. Bd. VI. S. 140.

2) In den lateinischen Institutionen §. 1. — Fr. 4. §. 2.
   Dig. eod.

3) In den latein. Instit. §. 2. — Fr. 4. §. 2. Dig. eod.

4) Latein. Instit.: quod Imperatores captivos vendere
   jubent, ac per hoc servare nec occidere solent. In
   den Pandekten und Basiliken fehlt jubent, was wenigstens
   vendi erforderte.

bewahrten, und nicht tödten ließen; *sie heißen Servi „
von serviare, d. i. bewahren*, und haben auch den „
Namen mancipia, quia [1]) manu capiuntur, *weil „
sie von den Feinden mit der Hand gefangen wurden*. „

„ §. 4[2]) Die Sklaven sind entweder geborne oder ge: 73
wordne; geborne, wenn sie [uns] von unsern Sklavinnen
hinzu geboren werden; gewordne, vermöge des Völker:
rechts, d. h. durch Gefangennehmung, oder durch das bür:
gerliche Recht, z. B. wenn ein mehr als zwanzigjähriger
Freier sich verkaufen läßt, um [3]) an dem Kaufgelde Theil
zu nehmen; *z. B. wenn ich zu Jemand sage, er solle „
mich, etwa um 20 Goldstücke, verkaufen, und daran 5 74
gewinnen, mir aber 15 geben. Denn ein Solcher er: „
fährt nach der besondern Gesetzgebung der Römer den Ver: „
lust der Freiheit, da er sie beschimpft, und die ihm da: „
her gebührende Selbstständigkeit gegen feiles Gold aufge: „
opfert hat*.

---

1) In den latein. Instit.: quod *ab hostibus* manu capiuntur, so auch in den Pandekten und Basiliken, also wohl
   zu suppliren.

2) In den latein. Instit. §. 3. — Fr. 5. §. 1. Dig. 1, 5.
   (Marcianus — so auch in den Basil. S. 140. — lib. 1.
   Instit.); Basil. S. 146.

3) Reitz hat die Worte: um an dem Kaufgelde Theil
   zu nehmen, griechisch, Fabrot lateinisch, und weil dieselbe Stelle in den Gloss. nomic. erläutert wird, so ver-
   theidigt Köhler (Interpr. et observat. 1. p. 65.) Fabrots Lesart.

§. 5. 1) Das Verhältniß der Sklaven ist keiner Eintheilung fähig; *denn man kann nicht von ihnen sagen, mehr Sklave oder weniger Sklave; die Sklaverei ist also untheilbar*.

In Ansehung der Freien aber finden wir viele Verschiedenheiten; denn 2) sie sind entweder freigeboren, oder freigelassen.

Vierter Titel.

Die Freigebornen.
[De Ingenuis].

75   *Wir haben gesagt, die Freien theilen sich in zwei [Klassen], in Freigeborne und Freigelassene*: Freigelassen 3) ist, wer sogleich bei der Geburt frei ist, *und noch nicht das Joch der Sklaverei gekostet hat*; sei er nun in der Ehe zweier Freien erzeugt, oder von zwei Freigelassenen, oder sei die eine Person freigeboren, und die andere freigelassen.

---

1) Im Instit. Text §. 4. — s. unten im fünften Titel am Ende des Princip. — Fr. 5. pr. Dig. 1, 5.
2) Cajus §. 10.
3) Cajus §. 11.

Wenn [1]) aber jemand von einer freien Mutter und einem unfreien Vater erzeugt ist, so wird er eben so frei sein, als der von einer freien Mutter und einem ungewissen Vater [2]), d. h. der außer der Ehe [Geborne]. *Denn es schadet der freien Geburt des Kindes 76 nicht, daß es außer der Ehe empfangen ist*. Es reicht hin, wenn die Mutter zur Zeit der Geburt frei ist, wenn sie auch die Zeit der Empfängniß unfrei sah; und im Gegentheil, wenn sie frei empfing, und nachher als Sklavin — *weil sie sich *ad pretium participandum* hatte verkaufen lassen* — gebar, so ist doch das Kind frei. Denn das unter dem Herzen Getragne wird nicht von einem die Mutter betreffenden Unfall verletzt.

Da wir gesagt haben, es reiche zur Freiheit des 77 Kindes hin, wenn die Mutter bei der Geburt frei sei, und daß, wenn die Empfängniß im freien Stand erfolgt, die Geburt aber in der Sklaverei, das Kind frei sei, so achte nun [auf Folgendes], was zur Sprache kam: [Ein Frauenzimmer], welches zu der Zeit, wo es empfing Sklavin war, wurde aber von der Sklaverei frei; kurze Zeit darauf wurde sie wieder Sklavin; sie gebar in dieser Sklaverei: — wir wollen sehen, ob ihr Kind frei

---

1) Mit dem folgenden vergleiche man die Basiliken, 46, 1. Bd. VI. S. 144.

2) Die Institutionen: quoniam vulgo conceptus est.

oder unfrei ist? und wir[1]) behaupten, es sei frei, denn es genügt dem [Kind] im Mutterleibe, daß die Mutter in der Zwischenzeit frei war: Und Dieß ist auch richtig.

78 §. 1. Wenn der Freigeborne, *in Unwissenheit über
„ seine Verhältnisse*, Sklave geworden, und nachher freige=
„ lassen wird, so erleidet er *durch die Freilassung* keinen
„ Nachtheil *in Ansehung seiner freien Geburt*. Denn es
ist oft in den Kaiserlichen Constitutionen gesagt, daß die
„ *überflüssig* gegebene Freiheit der freien Geburt unnach=
„ theilig sei. — *Und wie geschieht es, daß ein Freigebor=
„ ner freigelassen werde? Wir wollen einen Fall setzen: Ich
„ hatte ein freies Weib zur Aufwartung; diese gebar und
„ starb, mit Hinterlassung des — etwa einjährigen — Kin=
79 des. Zufällig starb auch ich bald darauf. Mein Erbe fand
„ unter meinem Eigenthum auch das Kind, glaubte, es sei
„ sein Sklave; auch das Kind kannte, herangewachsen, seine
„ Geburt nicht. Aber das Gesetz verändert, wenn es die
„ Wahrheit erfährt, nicht die freie Geburt des Kindes we=
„ gen des Irrthums des Erben oder des Kindes, und wenn
„ mein Erbe, durch Wohlwollen bewogen, es freigelassen hat,
„ so bringt diese, wie [eben] gesagt, unnöthiger Weise hin=
„ zugefügte Freiheit der wahrhaft freien Geburt keinen
„ Nachtheil*.

1) Text: Marcellus oder Marcianus ait. Die Inscrip=
tion in den Pandekten und Basiliken hat Marcianus.

Fünfter Titel,

Freigelassene[1],

[De Libertinis].

Wir haben [davon] geredet, wer freigeboren ist; reden wir nun von Denen, die freigelassen sind. Freigelassen[2]) ist, wer aus einer rechtmäßigen Sklaverei entlassen ist. *Setze hinzu: und einer gesetzlichen. Also: freigelassen ist, wer aus einer rechtmäßigen und gesetzlichen Sklaverei freigelassen ist. Es ist der Erklärung: rechtmäßig — beigefügt, damit ich den aus Unkunde seines Standes Dienenden ausnehme; gesetzlich aber ist hinzugesetzt, weil die Natur die Sklaverei nicht kennt, sondern

---

1) Περι απελευθερων. De Libertinis. Ernesti in Clavis Ciceron.: „Liberti iidem sunt, qui libertini, sed ita dicuntur in relatione ad patronum. Locus in Sueton. Claud. 24. induxit imperitos, ut existimarent, libertinos dictos esse libertorum filios, quod est falsissimum. Suetonius non hoc dicit, sed Appii Caeci temporibus nomen libertinorum mansisse etiam in posteris libertinorum, quamvis jam ingenuis." — Ein Wort Απελευθεριοι gibt es gar nicht, und so fällt der Tadel, daß Theophilus statt Απελευθεροι hätte sagen sollen: απελευθεριοι, von selbst hinweg.

2) Cajus §. 11. Fr. 6. Dig. 1. 5. (Cajus, lib. 1. Instit.) haben nur diesen Satz.

„ sie [1]) durch die Entstehung der Kriege eingeführt ist. Die
81 Freigebung heißt bei den Römern *Manumissio*. — Und
„ was ist *Manumissio*[*]? *Datio libertatis* [2]), *d. h.
„ Verleihung der Freiheit*. Denn so lange Jemand im
  Sklavenstande bleibt, ist er unserer Hand und Willkühr
  unterworfen; freigelassen wird er von der Gewalt befreit.
  Diese Freigebung hat ihren Ursprung aus dem *Jure Gen-*
„ *tium*, *d. h. dem Völkerrecht*, weil nach dem Natur-
82 rechte alle Menschen [3]) frei geboren werden. Denn die
  Freigebung war nicht bekannt, weil man nichts von der
  Sklaverei wußte; als aber das Völkerrecht die Sklaverei
  einführte, so [4]) erschien natürlich die Wohlthat der Frei-
„ gebung als beträchtlich. Und da *die Natur uns Eine
„ Benennung, — die des Menschen — verlieh, (denn*
„ wir alle werden Menschen genannt), so setzte das *Jus*
„ *Gentium* fest, daß es drei Arten Menschen gäbe: *denn*

---

1) Die Sklaverei.

2) De manu missio id est datio libert.: Contius mit
   Cramers Beifall. De manu datio Haloander. Datio
   libertatis scheinen auch die Glossatoren gelesen zu haben,
   indem sie sich auf ff. de acqui rer. do. l. adeo, §. cum
   quis in f. ibi: cum enim grana [Dig. 41, 1. Fr. 7. §. 7.]
   beziehend, sagen: i. e. detectio.

3) Nur wenige Institutionenhandschriften haben: Menschen; die meisten Omnes.

4) So folgte die Wohlthat der Freilassung:
   Institutionen.

es gibt* Freie, im Gegensatz *der Freien*, Sklaven; „
und die dritte Gattung *ist die* der Freigelassenen, „
d. h. Derer, welche aufgehört haben, Sklaven zu sein. „

— *Wir haben angeführt, daß ein Theil der Men= 83
schen Sklaven wäre, der andere frei; daß die Sklaverei „
untheilbar wäre, die Freiheit aber in zwei [Theile] zer= „
falle, in die Freigebornen und Freigewordnen. Die Frei= „
gebornen sind ohne Unterschied; es gibt kein Mehr oder „
Minder bei ihnen. Wir wollen nun über den Stand der „
Freigelassenen sehen, der gegenwärtig auch nicht weiter „
eingetheilt wird, sonst aber in drei Klassen zerfiel, wie „
wir im Verlauf des Vortrags bemerken werden. Den „
Begriff vom Freigelassenen haben wir schon im Vorher= „
gehenden festgestellt*. „

§. 1. Die Freilassung geschieht auf vielerlei Art. 84
*Wir können entweder nach den göttlichen Constitutionen „
in den allerheiligsten Kirchen *freilassen*; oder es kann „
vor dem Magistrat, was Vindicta *heißt (den „
Grund dieser Benennung werden wir [unten] lernen)*; „
oder unter Freunden, oder durch einen Brief, oder
im Testament, oder in irgend einem letzten Wil=
len und auf sehr viele andere Arten die Freiheit ver=
liehen werden, von denen einige durch alte, andere durch
die Constitutionen unsers Kaisers eingeführt worden.

85.   §. 2. Die Freiheit kann dem Sklaven zu aller
„ Zeit [1] *nach den Gesetzen* gegeben werden, *auch an
„ einem geschäftlosen Tage* [2], *nicht nur, wenn der Ma-
„ gistrat in seinem *Praetorium* ist, sondern* auch, wenn
„ er vorübergeht, kann man *ihn antreten, und* freilassen,
„ zum Beispiel, wenn der Prätor *in Rom*, oder der
„ Proconsul, oder der Befehlshaber [3] *der Provinz in den
„ Provinzen* zum Bad oder in's Theater geht, *oder
„ vielleicht zu einem öffentlichen Gebäude, oder wenn er
„ aus irgend einer Ursache an einem öffentlichen Orte
„ erscheint*.

86   §. 3. Die [4] Eintheilung der Freigelassenen war sonst
„ dreifach. Die vormals Freigelassenen erhielten zuweilen
„ die größere und umfassendste [5] Freiheit, und wurden
„ Römische Bürger [6]); zuweilen die geringere, und
„ wurden *Latini Juniani*, nach der *Lex Junia Nor-*

---

1) Cajus hat wie Theoph. semper; Haloander, Contius,
    Cujas lesen übereinstimmend mit ihnen; Andere saepe.

2) Siehe Paul. sent. rec. II, 25., feriato Die, auch an
    Festtagen. Fabrot hat die Worte: auch an einem ge-
    schäftlosen Tage nicht.

3) Praeses. — Dieser Zusatz ist Cajus fremd.

4) Status. — Vergl. Cajus Epitome I, 1. pr. Ulpian.
    lib. Reg. sing. I. §. 5.

5) Eigentlicher: am meisten gesetzliche Freiheit.

6) Cajus §. 16. 17.

bena, "welche die Unterscheidung derselben erfand". Die "

Dedititios [1] hat die Aelia Sentia eingeführt, "denn "

sie" sagt [2] "wenn jemand zur Zeit seiner Sklaverei in "

eine der von ihr bemerkten Bußen fällt, — z. B. wenn "

er wegen eines Verbrechens auf der Stirn Zeichen er 87

hält, oder in ein öffentliches Gefängniß geworfen wird, "

oder auch, wegen eines Vergehens geschlagen, das Ver "

gehen gestanden hat, — und dann mit seinem Herrn "

sich versöhnt und freigelassen würde, so würde er ein Li- "

bertinus dedititius. Sie nannte dieselben Dedititios, ".

nach der Analogie der Fremden. Denn [3] einst ergriffen "

einige Peregrini, die den Römern zinsbar waren, die "

Waffen gegen sie, und die [wider sie] aufgestellten Römer "

siegten, denn die Peregrini konnten ihre Tapferkeit nicht 88

---

1) *Cajus* §. *13—15.* *Epitome I,* 1, 3. *Ulpianus lib.*
Reg. sing. *I.* §. 11.

2) Cavetur: ut qui servi a dominis poenae nomine vincti
sint, quibusve stigmata [oder indicia, vestigia] in-
scripta sint, deve quibus ob noxam quaestio tormen-
tis habita sit, si in ea noxa fuisse convicti sint, quive, ut aut ferro aut cum bestiis depugnarent, traditi
sint, inve ludum custodiamve conjecti fuerint, et
postea vel ab eodem domino vel ab alio manumissi,
ejusdem conditionis liberi fiant, cujus conditionis sunt
peregrini dedititii. Cajus.

3) Cajus §. 14. Livius 7, 31. Cäsar 1, 27. Und so
wird Theophilus auch hier gegen frühere Anklagen gerechtfertigt.

„ ertragen; warfen die Waffen hinweg und ergaben ſich.
„ Die Römer ſchenkten ihnen hierauf aus Schonung das Leben,
„ und verſpotteten ſie nur durch den Namen, indem ſie die-
„ ſelben Dedititii nannten, weil ſie ſich ergeben hätten.
„ Und jene Freigelaſſenen nach der Aelia Sentia wurden
„ Dedititii genannt, da ſie mit ihnen die Schande gemein
„ hatten, bekamen ſie auch die Benennung gemein[1]).

89　　　Aber die[2]) Dedititii ſind ſchon ſeit ſehr vielen Jah-
　　ren in Vergeſſenheit gekommen, und der Name der La-
　　tini war[3]) nie häufig; deswegen hat auch unſer Kaiſer,
　　Alles vermehrend und in eine beſſere Ordnung bringend,
„ — in zwei[4]) Conſtitutionen *die Verſehen[5]) der Alten* be-
„ richtigt, indem er *den Zuſtand der Dedititii, und der
„ Latini aufhob*, die [Verhältniſſe] *der Freigelaſſenen*
90 in ihre vorige Lage zurück rief*, und die Libertinität ein-
„ förmig machte*. Denn der Römiſche Staat hatte vom
　　Anfang an nur Eine Art der Freigelaſſenen gekannt, d. h.

---

1) Cajus: Hujus... turpitudinis servos quocumque modo
　et cujuscunque aetatis manumissos, etsi pleno jure
　dominorum fuerint, nunquam aut cives Romanos aut
　Latinos fieri dicemus, sed omnimodo dedititiorum nu-
　mero constitui intelligemus.

2) Sed dedititiorum quidem pessima conditio... Inſtitut.

3) Nicht: Inſtitut.

4) c. 1. Cod. 7, 6; c. 1. Cod. 7, 5.

5) Statt: die Verſehen — in den Inſtitut.: hoc.

so, daß sie dieselbe Freiheit erhielten, die auch der Freilassende besaß, *und beide römische Bürger waren*, mit
dem einzigen Unterschiede, daß der Losgegebene ein Freigelassener war, wogegen der Losgebende ein Freigeborner
war. §. 4. Die Dedititii hob eine Constitution des
göttlichsten Kaisers auf, welche er [1] auf den Antrag des
vortrefflichsten Quästor Tribunianus erließ, und die, den
Decisionen beigesellt, er verkündigte, da er die Streit-
tigkeiten der Alten entschied. Aber auch die Latini Juniani und Alles, was in Ansehung ihrer gebräuchlich
war, [2] entfernte er aus dem Staate, auf den Antrag eben
dieses berühmtesten Quästors, durch eine andere Constitution, welche man auch unter den Kaiserlichen Constitutionen
[3] hervorleuchten sehen kann, so daß alle Freigelassene Römische Bürger sind, und kein Unterschied [mehr] Statt
findet, weder durch das Alter des Freigelassenen, noch
durch die Eigenthums[art] [4] des Freigebenden, noch durch

---

1) Institut.: per Constitutionem.. quam promulgavimus
    inter nostras Decisiones, per quas, suggerente nobis
    Triboniano, viro excelso, Quaestore [einige Cod: auch
    der Uffenbach'sche Exqu.] antiqui juris *omnes* [nur einige
    Cod: und verdächtig] altercationes placavimus.

2) Correximus, Institut.

3) Sanctiones, Institut.

4) Eigenthumsart; so liest denn auch die neueste In-
    stitutionenausgabe; während alle Codices [auch die Glos-
    se) domini liest. Indessen Viele schon die Lesart domi-

die Art der Freilassung, wie es vor Alters beobachtet wurde [1]).

93   Was Das aber heißt, muß erörtert werden. Nimm „ also Folgendes als vorläufige Uebersicht: Es gibt bei den „ Römern ein geſetzliches Alter und ein natürli= „ ches Alter [2]); ein geſetzliches Eigenthum und „ ein natürliches Eigenthum; eine geſetzliche

---

nii vorſchlugen, (z. B. *Ant. Auguſt.* Emend. 3, 7:, *H. Grot.* flor. sparsio zu d. St., Vinnius, Röver zum Do= ſith. S. 25. u. ſ. w.), glaubten Andere das Domini retten zu können. Otto bezieht domini auf aetatis und ſagt: non amplius haberi rationem aetatis in servo nec in domino manumittente; Dem widerſpricht aber §. 4. und §. 7. des folgenden Titels. — Köhler (und neuerlich) hat man zuſammenconſtruirt: nullo discrimine habito mit domini manumissoris, (ohne Unter= ſchied, was für ein Eigenthümer es ſei), al= lein dieſe Verbindung verſtößt gegen die Gleichheit der Rede, und dann möchte dominus manumissor wohl ſchwerlich vorkommen. — Die Lesart dominii als Be= ziehung auf die, c. un. Cod. 7, 25. geſchehene Abſchaf= fung des Unterſchieds zwiſchen dominium naturale und civile, welches erſtere blos Latinos, letzteres aber Cives machte, (*Ulpian.* lib. sing. reg. 1, 16.) iſt vielleicht der Vollſtändigkeit wegen nicht wohl zu entbehren. Ueber das ſtreng=Römiſche Eigenthum ſehe man übrigens Hu= go Rechtsgeſch. S. 128. ff.

1) Hier fügen die Inſtitut. hinzu: multis additis modis, per quos possit libertas servis cum civitate Romana, quae sola in praesenti est, praeſtari.

2) Eigentlich Mannesreife.

Art der Freigebung und eine natürliche Art der „
Freigebung.   „

Das natürliche Alter ist das unter dreißig Jah- „
ren; das gesetzliche ¹) über dreißig Jahre, ■ nicht, „
weil die Natur ein mehr wie dreißigjähriges Alter nicht „
anerkennte, (denn jedes Alter ist natürlich), sondern weil „
das Gesetz ausdrücklich des Alters über dreißig Jahre er- „
wähnt, deswegen nannte ich es gesetzlich. —   „

Es gibt ferner, wie ich sagte, ein natürliches Ei- 94
genthum und ein gesetzliches Eigenthum. Das „
natürliche heißt ²) *in bonis*, und der Eigenthümer *bo-* „
nitarius, das gesetzliche heißt *Jure Quiritium*, d. h. „
nach dem Rechte der Quiriten ³), (denn Quiriten [hei- „
ßen] die Römer von Romulus, von welchem sie den Ur- „
sprung haben), und der Eigenthümer *Jure Quiritium.* „
Wenn aber Jemand beide [Arten des] Eigenthums besaß, „ .
so hieß er *pleno jure Dominus*, d. h. Eigenthümer mit 95
vollem Rechte, so daß er beides besaß, das gesetzliche und „
das natürliche.   „

---

1) Nämlich bei dem freizulassenden Sklaven. *Ulpianus*
lib. reg. sing. I, 12.

2) *Ulpianus lib. reg. sing. I, 16; 3, 4; 19, 20.*

3) Fabrot liest: nach dem Recht der Römischen
Bürger; Reiz wie wir und cancellirt: τῶν Κουΐ-
ριτῶν [Ρωμαίων].

„ Es gibt auch eine gesetzliche Art der Freige-
„ bung und eine natürliche Art der Freigebung.
„ Die gesetzliche [1]) Art geschah auf dreierlei Weise:
„ vindicta, censu, testamento. *Vindicta* war die
„ vor dem Magistrat geschehene Freilassung; sie hieß *vin-*
„ *dicta, quia vindicabatur mancipium in natura-*
96 *lem libertatem,* weil der Sklave zur natürlichen Frei-
„ heit zurückgefordert wurde und zurückkehrte; oder von ei-
„ nem gewissen Vindicius, welcher Sklave war, einen
„ gegen die Römer gerichteten Aufruhr anzeigte und öf-
„ fentlich von den Römern freigelassen wurde, und dem
„ zu Ehren die vor dem Magistrat Freigegebenen: vindicta
97 freigelassen, hießen. — *Censu* geschah sie auf folgende
„ Weise. Census war eine Tafel oder ein Blatt, wo die
„ Römer ihr Vermögen aufzeichneten, um zur Zeit des
„ Kriegs nach dem Maaßstabe ihres Besitzthums beizutragen.
„ Wenn nun ein Sklave sich vielleicht auf Befehl seines
„ Herrn in diesem Census als frei einzeichnete, so wurde
„ er von der Sklaverei befreit.

98 *Testamento,* wenn Jemand seinen Sklaven im
„ Testament freiließ.

„ Natürliche Arten der Freilassung waren drei:
„ inter amicos, per mensam, per epistolam. — *In-*
„ *ter amicos,* wenn man Einen in Gegenwart von Freun-

---

1) Cajus §. 17. *Ulpianus lib. reg. sing. I. §. 12; 16.*

den freiließ; *per mensam*, wenn man den Sklaven, um „
ihm die Freiheit zu schenken, mit an dem Tisch essen „
läßt; *per epistolam*, wenn man ihm, während er an 99
einem andern Ort ist, durch einen Brief ankündigt, in „
freiem Stand zu leben.

Da Dir nun Dieß vorläufig bekannt ist, so achte jetzt „
auf den weitern Vortrag. Wenn drei gesetzliche [Erfor: „
dernisse] bei einem Freigelassenen zusammentrafen[1]), daß „
er nämlich das dreißigste Jahr überschritten, und sein Herr „
das gesetzliche Eigenthum über ihn hatte, d. h. das *ex* 100
jure Quiritium, ferner der Sklave *vindicta*, oder *cen-* „
su oder *testamento* freigegeben wurde — und kein Fehler „
vorlag, so wurde allerdings der Freigelassene Römischer „
Bürger. Wenn aber, ohne daß ein Fehler vorhanden war, „
jene drei gesetzliche [Erfordernisse] nicht zusammenkamen, „
[2]) entweder war der Sklave jünger als dreißig Jahre; „
oder der Herr nur *bonitarius*, und hatte nicht auch „
das gesetzliche Eigenthum; oder die Freigebung geschah „
per mensam, oder *per epistolam* oder *inter amicos*; „
oder es fehlten nur zwei gesetzliche [Erfordernisse] oder 101
alle drei; — so wurde der Freigelassene *Latinus Ju-* „

5 *

---

1) Cajus §. 17. *Ulpianus lib. reg. sing. I*, 12.
2) Die Stelle: entweder ... oder alle drei hat Cajus nicht.

„ *nianus* [1]). War aber ein Fehler vorhanden, ſo wurde
„ er *dedititius*. Aber Dieß fand ſonſt Statt; heut zu
„ Tage aber, da [der Zuſtand] der Freigelaſſenen ein einför=
„ miger iſt, wie erwähnt, wird der Losgelaſſene in je=
„ dem Fall Römiſcher Bürger, ohne daß wir weder wegen
„ des Eigenthums, noch wegen der Art der Freigebung,
„ noch wegen des Alters einen Unterſchied machten.

Sechster Titel.

Wer und aus welchen Gründen er nicht freilaſſen kann.

[Qui et quibus ex causis manumittere non póssunt].

102   *Das Vorhergehende lehrte uns, auf wie vielerlei
„ Weiſe die Freigebung erfolgt; nun iſt zu wiſſen nöthig,
„ daß* nicht [2]) jedem Herrn zuſteht, die Freiheit zu ver=
leihen.

„   Denn Wer *in fraudem creditorum* [3], *d. h. Wer
„ zum Schaden und Nachtheil ſeiner Gläubiger* freiläßt,

---

1) So weit *Cajus*.

2) *Cajus Epitome I, 1, 5.*

3) *Cajus* §. 37.: *vel in fraudem patroni.* So auch *Ul-
piauus lib. reg. sing. I, 15.*

thut etwas Ungültiges; die Aelia Sentia ist der Freiheit
entgegen, *denn sie haßt Solche, die zum Schaden Derjenigen ihr Vermögen verringern, welche zur Zeit der
Noth den Dürftigen Geld darliehen*.

*Eben dieses [Gesetz], welches Dieß verordnet, gab 103
Einigen die Erlaubniß, freizulassen, wenn auch dadurch
ihr Vermögen vermindert wird, nämlich den Ueberschuldeten. Ueberschuldet ist, [1] Wem nach Abzug der Schulden nichts übrig bleibt; oder: Ueberschuldet ist, Wer
mehr schuldet, als er besitzt. Der Ueberschuldete also befand sich in großer Verlegenheit, indem er nicht sowohl
die [ihm bei] seinem Leben zugefügten [Verdrießlichkei-
ten] bedachte, — denn diesen konnte er vielleicht auf
einige Weise entgehen, — als vielmehr die nach seinem
Tode erwog, und die ihm bevorstehende Schmach. Denn 104
kein Vernünftiger wird wagen, eine Erbschaft anzutreten,
aus der dem Antretenden kein Gewinn, wohl aber tausend Verdrießlichkeiten, Nachtheile und Prozeßverwickelun-
gen [erwachsen]; wenn sich nun Niemand diesem Nachlaß
unterzieht, so wird sein Vermögen nothwendig von den
Gläubigern getheilt und sein Andenken beschimpft, denn
die Creditores sagen nicht etwa, daß dieß Vermögen von

1) Einige halten die Worte: wem . . . . . oder für ein
Glossem.

„ diesem [oder jenem] Erben verkauft werde, sondern von
„ dem [oder jenem] Erblasser.

105 §. 1. *Die [1]) Aelia Sentia nun sagt dem Ueber=
„ schuldeten, daß, wenn er Sklaven hat, er einen dersel=
„ ben* zum Erben *cum libertate* ernennen möge, der [2])
„ *nach seinem Tode nothwendiger Erbe wird, und* *solus*
„ *et* [3]) *necessarius* heißt; *solus*, weil der Ueberschuldete
„ nur einen Einzigen und weiter Keinen zum Erben einse=
„ tzen darf, denn sie [4]) beschränkt [5]) ihre Verordnung auf Ei=
106 nen; und *necessarius*, weil er auch wider seinen Wil=
„ len Erbe wird*. Er wurde aber [erst] dann [6]) Erbe,
„ wenn kein anderer Testamentserbe da war — sey es,

---

1) Inſtiut.: Licet autem [Contius und Cramer:
tamen] dómino, qui solvendo non est testamento
servum suum.....

2) Die Inſtitut. ſetzen hinzu: *ut liber fiat,* heresque ei
s. et n.

3) In einigen Handſchriften der Juſtitutionen, und
den Fabrotiſchen Ausgaben des Theophilus fehlt er.

4) Die Lex.

5) Nach einer ſchönen Emendation von Gavel περιχα-
ράττει, für παραχαράττει.

6) Sonſt: ἐγίνετο δὲ οὗτος κληρόνομος: dieſer wurde aber Erbe; allein da die Juſtitutionen haben: si
modo nemo alius..... womit auch Ulpianus (*Lib.
Reg. Sing. I, 14.*) übereinſtimmt, ſo wird wohl οὕτως
zu leſen ſein, wie unſere Ueberſetzung annimmt.

daß kein anderer ernannt war, oder der ernannte ¹) nicht
erben wollte. — Von der größten Vorsicht war jene [An=
ordnung] des Gesetzes, daß die ²) Ueberschuldeten, deren Erb=
schaft Jeder ausschlug, von ihrem Sklaven beerbt würden,
welcher den Kreditoren Genüge leisten, *und ihnen ihre
Forderung befriedigen sollte*; oder wenn Dieß nicht ge= 107
schah, wurden die Sachen verkauft, aber nicht des Erb=
lassers, sondern des Erben, und so wurde dem Verewig=
ten Schmachlosigkeit verschafft, *und beiden wohlgethan,
dem Verewigten und dem Freigelassenen. Denn wenn auch
der Ueberschuldete um den Werth des Sklaven sein Ver=
mögen verringerte, so entging er doch der Schande; der
Sklave aber erhielt, wenn er auch beschimpft wurde, doch
die Freiheit zum Lohn des Schimpfes*.

§. 2. Wenn der Sklave aber auch ohne Freilassung 108
zum Erben eingesetzt wird, so erhält er seine Freiheit;
indem eine Constitution unsers Kaisers ³) Dieß im Allge=
meinen aus einer neuen Rücksicht der Menschenliebe be=
stimmt, daß, der Verewigte mag überschuldet oder wohl=
habend gewesen sein, der Sklave durch die Einsetzung ⁴)

---

1) Institut.: ex qualibet causa heres non extiterit.
2) Egentes homines, Institut.
3) Const. 5. Cod. VI, 27.
4) Institut.: scriptura institutionis.

allein frei werde; denn es ist unwahrscheinlich, daß [1]) der
Herr nicht gewollt hätte, daß Der, welchen er sich zum
Nachfolger wünschte, frei werde, sondern in Sklaverei
bleibe und Niemand Erbe seines Vermögens werde.

109   §. 9[2]) *Wir müssen untersuchen, Wer *in frau-*
dem creditorum freizulassen scheint*? Einige meinten,
"Der lasse *in fraudem creditorum* frei, der* [3]) mehr
"schulde als besäße; Andere, Der, welchem nach Abzug
"der Schulden nichts übrig bleibe; [so daß] dessen gegen-
"wärtiges Vermögen zwar hinreiche, die Kreditoren zu
"befriedigen, die Gläubiger aber durch die Freilassung
110 verkürzt werden, da auf diese Weise sein Vermögen auf-
"hört, die Kreditoren befriedigen zu können*. Es [4]) wür-
"de jedoch angenommen, *nicht blos* darauf zu sehen, ob
"der Freilasser *überschuldet* sei; sondern auch, ob er*
"den Gläubigern zum Betrug die Freiheit gegeben; *denn
"[5]) dann geschieht der Freigebung Einhalt, wenn *consi-*

------

1) Statt: der Herr — eum. Institut.

2) Vergl. *Fr.* 10. *D. h. tit.* 40, 9. (*Cajus l.* 1. *Rerum
Quotid*). — Basiliken Band *VI.* S. 441 und 449.

3) Institutionen: qui vel jam eo tempore, quo ma-
numittit, solvendo non est; vel qui datis libertatibus,
desiit solvendo non esse.

4) Institutionen: Praevaluisse tamen videtur......
Ein den Pandekten und Basiliken fremder Zusatz.

5) Institutionen: Saepe enim de facultatibus suis
amplius, quam in his est, sperant homines. Itaque

lium und *eventus* erblickt wird, so daß, wenn beides zusammentrifft, der Sklave nicht freikömmt, wenn aber eins fehlt, der Sklave frei wird*.

*Beides — *consilium* und *eventus* — kann man III in folgendem Falle antreffen. Es besaß Jemand ein Vermögen von dreihundert Goldstücken; derselbe war dreihundert Goldstücke schuldig. Er wollte seinen Gläubigern zum Schaden Sklaven freigeben, die hundert Goldstücke werth waren, und auf diese Weise kam sein Vermögen auf zweihundert Goldstücke. Hier nun ist beides, sowohl *consilium* als auch *eventus*, denn er that Dieß aus übler Absicht, und der Erfolg verkürzte die Kreditoren.

— Es fehlt der Erfolg auf diese Weise: Es hat Jemand 112 ein Vermögen von tausend Goldstücken, glaubte aber dreihundert zu besitzen, und war vierhundert schuldig. Er ließ seine Sklaven *in fraudem creditorum* los, die hundert Goldstücke werth waren. Hier ist das Consilium sehr schlecht, denn es ist zum Schaden der Kreditoren genommen, der Erfolg aber ist ihnen unschädlich. Denn nach Abzug des Werths der freigelassenen Sklaven bleibt noch hinlängliches Vermögen, um die Kreditoren zu befriedigen. —

---

tunc intelligimus, impediri libertatem, cùm utroque modo fraudantur creditores, et consilio manumittentis, et ipsa re, eo quod bona non sunt suffectura creditoribus.

113   Das *Consilium* fehlt z. B. in folgendem Fall. Es
„ hatte Einer ein Vermögen von tauſend Goldſtücken, [und]
„ war vierhundert ſchuldig. Es traf ſich, daß dieſer ſein
„ Vaterland verließ. Durch einen Unglücksfall wurde ſein
„ Vermögen verringert, etwa durch Niederbrennen oder Zu=
„ ſammenſtürzen der Wohnung, ſo daß es ſich auf dreihun=
114 dert Goldſtücke noch beläuft. Ohne die Verminderung
„ ſeines Vermögens zu kennen, ließ er einige Sklaven frei,
„ welche hundert Goldſtücke werth waren, und denen er
„ wegen [ihrer] Zuneigung zu ihm Wohlthaten zugedacht
„ hatte. In dieſem Fall iſt die Abſicht zwar nicht ſchlecht,
„ aber der Erfolg ſchadete den Gläubigern, denn das übri=
„ ge Vermögen reichte nicht aus, die Kreditoren zu befrie=
„ digen. Denn ſieh! Dort glaubte er, daß ſein Vermögen
„ groß wäre, und daß davon ſeinen Gläubigern Genüge
115 geſchehen könnte; er ließ die beſtgeſinnten Sklaven frei,
„ und bewies überall, daß keine ſchlechte Abſicht zu Grunde
„ lag. Der *Eventus* war aber ein ſehr ſchlechter, weil
„ ſein Vermögen in der That nicht, wie er glaubte, grö=
„ ßer war als ſeine Schulden; denn zuweilen urtheilen wir
„ aus Unkunde über unſer Vermögen anders, als es ſich in
„ der That verhält.
„   Man kann alſo, kurzgefaßt, ſagen, daß die Frei=
„ laſſungen dann ungültig ſind, wenn ich nicht nur die
„ Sklaven in ſchlechter Abſicht freigebe, ſondern auch dieſe
„ Handlung den Gläubigern nachtheilig iſt*.

§. 4. *Aus dem Vorhergehenden haben wir erſehen, 116
daß die Aelia Sentia die Freigebungen, welche *in frau-* „
dem creditorum verwilligt werden, ungültig macht, in- „
dem ſie die Abſicht, freizugeben, haßt, in ſofern dieſes „
zu Andrer Nachtheil geſchieht*. Eben dieſes Geſetz hindert „
die Freilaſſungen, welche von minder als Zwanzigjährigen
verwilligt werden, *nicht aus Haß, ſondern aus Wohl-* „
wollen zu den Freilaſſern, denn es wußte, wie leicht die „
in dieſem Alter Stehenden hintergangen werden, den „
Schmeicheleien ihrer Sklaven nachgeben, und ſo ihr Ver- „
mögen verringern. Da es Dieß wußte, ſo ſetzte es den 117
Nachſtellungen von daher ſeine Verordnung entgegen. Ob- „
gleich es aber Solche verhinderte, ihre Sklaven freizuge- „
ben*, ſo geſtattete es es 1) doch aus einer gegründeten Ur- „

---

1) Die Inſtitutionen leſen: non aliter manumittere
permittitur, quam ſi vindicta, apud conſilium juſta
cauſa manumiſſionis approbata, fuerint manumiſſi. —
Cajus hat eben ſo, nur fuerit, und manumiſſi fehlt
ganz. In den Inſtitutionen, wo die Stelle nun auch
freilich falſch interpungirt wird, (quam ſi vindicta
apud conſilium, j. c. m. a., f. m.) haben Einige vindicta hinweggelaſſen, auch im Cajus hat man es ſtrei-
chen wollen, weil: 1) weder Theophilus noch Ulpianus (1, 1ſ.) das Wort habe, 2) ein Minderjähriger
auch unter Freunden habe, cauſa probata manumittiren
können; 3) die Stelle, mit vindicta grammatiſch un-
richtig, aber ohne daſſelbe lesbar wäre. — Allein: zu
3) wird die Stelle ganz gut, wenn man, wie wir, interpungirt; nur muß man nach den Inſtitutionen

„fache, die Freiheit zu schenken, wenn diese [Ursache] *vor
„einer Magistratsperson* im [x]) Consilium dargethan ist.

---

im Cajus lesen; fuerint manumissi. — Zu 2), in
dem §. 41. bei Cajus heißt es: wenn ein Minderjäh=
riger einen Latinus habe machen wollen, so habe er
apud consilium die Sache untersuchen lassen müssen,
und dann erst unter Freunden manumittiren können. —
Zu 1), Ulpian hat nun zwar den Zusatz vindicta nicht;
aber Theophilus sagt statt dessen ἐπὶ ἄρχοντος, was
ihm gleichbedeutend ist, (siehe die van Reitz angeführ=
ten Stellen, Nummer 84. 95. 261. dieses Buchs); wie
denn auch die *Glossae nomicae* (Otto's Thesaurus
Bd. III. S. 1717) sagen:

Βινδίκτα. ἐπὶ ἄρχοντος.
Βινδίκτα ἐκδικουμένη, ἐλευϑέρα ἡ ἐκ τοῦ
ἄρχοντος γινομένη.

In dem Rubrum des 1. Titels vom VII. Buch des
Codex findet sich gleichfalls die Zusammenstellung wieder:
De vindicta libertate, et apud consilium manumis-
sione, und in den Basiliken (Band VI. Seite 281.
Note h) heißt es ganz bestimmt: „Als ich Prätor war,
„gab ich einige von meinen Sklaven bei mir vindicta
„frei."

Der *Vetus JCtus de juris spec. et manum.* §. 15.
scheint für die Beibehaltung des Wortes zu sprechen.

In der Institutionenstelle hat nur Hotman in sei=
nen Handschriften, die aber überhaupt oft ganz abwei=
chend, und Hotmans Ansichten gemäß lesen, vindicta
nicht gefunden. Alle übrigen scheinen es zu haben, wie
auch die Glosse.

1) Apud consilium. Institutionen.

*Erklären wir zuvörderst, was Consilium¹) ist, „
und dann werden wir die wohlgegründeten Ursachen ange- „
ben. Consilium ist eine Versammlung gewisser Männer,
welche zu einer bestimmten Jahreszeit zusammentritt. Die- „
ses Consilium fand nicht nur in Rom Statt, sondern 118
auch in den Provinzen, und kam zur Zeit des Conven- „
tus zusammen.

Und was ist der Conventus²)? eine bestimmte Zeit, „
angeordnet, um die Processe zu schlichten. Denn die Rö- „
mer, welche fast das ganze Jahr mit Kriegführen hinbrach- „
ten, und auf einige Zeit vom Winter und den Widerwär- „
tigkeiten in ihm [daran] verhindert wurden, legten — da „
sie in einem Staate lebten und nicht ohne Processe sein „
konnten — die Waffen nieder und beschäftigten sich mit „
Processen, zu welchem Behuf sie viele Richter niederset- 119
ten, die ihre Zwistigkeiten schlichteten und *Recuperato-* „
*res*³) hießen, *quia per eos unusquisque debitum re-* „

---

1) Consilium, nicht Concilium, wie Einige noch neuerlich lesen wollen. In das Concilium kömmt man zusammen um zu hören; in das Consilium, um zu bera-
then. Gronov zum Livius 44, 2. Namentlich
in der gegenwärtigen Beziehung wird stets consilium
gesagt.

2) Vergl. Theophilus zum pr. Inst. III. 12. [13]. *Sigo-
nius de antiq. jure Italiae T. 1. p. 724. T. II. p 184.*

3) *Festus* unter *Reciperatio: Per reciperatores reddan-
tur res recipianturque, resque privatae inter se per-*

„ *eipiebat*, weil durch sie Jeder seine Forderung erhielt.
„ Diese Zeit hieß Conventus, denn *convenire* ist: zu-
„ sammenkommen; und es kamen hier die Richter und die
„ Partheien zusammen.

„   Am letzten Tage des Conventus fand das Consi-
„ lium Statt, und [zwar] in den Provinzen auf folgende
120 Weise: Der Präses ging voran und setzte sich in sei-
„ nem Richterstuhl nieder, und mit ihm zwanzig Männer,
„ die *peregrini Recuperatores* [1]) hießen, *quia per eos*
„ *mancipium naturalem libertatem recipiebat*, weil
„ durch sie der Sklave die natürliche Freiheit erhielt, (denn
„ Du weißt, daß die Natur Alle frei schuf), und vor
„ ihnen wurden von den Freilassenden gegründete Ursachen
121 angegeben. Auch zu Rom [2]) hatte das Consilium Statt
„ an einem Tage des Conventus, wo der Prätor auf sei-
„ nem Richterstuhl saß, und bei ihm fünf Senatoren und
„ fünf Römische Ritter [3]) saßen; (die Würde der Römi-
„ schen Ritter ist unter der der Senatoren).

---

sequantur. Vor den Recuperatoren ist von *Cicero* die
   Rede für den *Cäcina* und die für den *Tullius*, welche
   M a i vor Kurzem zum Theil auffand, gehalten worden.

1) Vergl. S c h u l t i n g zum U l p i a n.

2) Siehe Cajus §. 20.

3) Cajus: quinque Eq. rom. puberum.

§. 5. *Da wir das Consilium erläutert haben, so „
wollen wir auch die gegründeten Ursachen erläu 122
tern*.
„

Eine¹) gegründete Ursache ist es, wenn ein *minder „
als Zwanzigjähriger* seinen Vater oder seine Mutter „
freilassen wollte, die die Natur dem Sohn zu Aeltern „
gab, der Wille des Herrn aber zu Sklaven machte. Und „
wie geht es zu, daß er in der Sklaverei geboren, frei „
und Römer ist, seine Aeltern aber in ihres Sohnes Ge= „
walt sich befinden? Nimm an, daß die Drei unter einem „
und demselben Herrn stehen, daß der sterbende Herr den 123
Sohn zum Erben einsetzt, der unter zwanzig Jahren ist, „
und daß es so sich ereignet, daß er neben andern Sachen „
auch Herr seiner Aeltern wird. Der Sohn nun wollte „
nicht seine Aeltern durch Sklaverei beschimpft sehen, und „
gab sie im Consilium frei. — Ferner ist es eine ge= „
gründete Ursache, zu sagen: es ist mein natürlicher „
Sohn; *es ist meine* natürliche Tochter. *Setze 124
nämlich den Fall, es ist Einer in seine Sklavin verliebt, „
und hat von dieser einen Sohn oder eine Tochter; das „
Kind war Sklave, als von einer unfreien Mutter geboren. „
Und weiter zu sagen: Es ist mein* natürlicher Bru= „

---

2) Cajus §. 19. — 39., wo die Zeitwörter, statt des
Imperfectum, im Präsens stehen. *Fr. 11. 13. Dig.*
4b, 2. (*Ulpianus de offic. procons.*)

„der *und es ist meine* natürliche Schwester; *denn
„mein Vater vermischte sich mit seiner Sklavin und hatte
„Kinder, die er nicht freiließ. Nach seinem Tode machte
„mich das Gesetz zu ihrem Herrn, ich aber ließ sie we
125 „gen der natürlichen Verwandtschaft frei*. *Auch ist es ein
„gültiger Grund, zu sagen, daß es* mein Lehrer [1])
„*ist, oder meine* Amme, oder mein Auferzie
„her [2]), *oder mein* *Alumnus*, *oder meine*
„*Alumna*, *(was man im gewöhnlichen Leben Aufzögling
„nennt)*, oder mein *Collactaneus* [3]), d. h. mein
„Milchbruder; [4]) oder ich will* einen Sklaven *procu
„ratoris habendi gratia* freigeben, *damit er [als
„dann] als Freier alle meine Geschäfte ungehindert be
„sorgen kann; oder ich lasse* eine Sklavin *frei*, *matri
126 „monii causa*, *d. h. um sie zur Frau zu nehmen, (denn
„weil zwischen einem Freien und einer Sklavin keine Ehe
„besteht, so habe ich sie freigelassen)*. Aber Wer *ma
„trimonii causa* freigibt, muß sie innerhalb sechs Mona

---

1) Institutionen: **Paedagogus.**

2) Institutionen: **Educator.**

3) Diese Worte haben wir eingeschaltet, nach dem Text
   der Institutionen und nach Cajus.

4) Die Pandekten setzen hinzu: vel *capsarius*, id est,
   qui portat libros. (Böttigers Sabina Bd. I.
   S. 70.) verschieden von den **Capsariis**, welche in den
   Bädern die Kleider aufbewahrten.

ten heirathen, wenn nicht eine gegründete Ursache hindert, *z. B. wenn der Freilassende Senator geworden ist, denn „ der Senator darf keine Freigelassene heirathen*. Und der „ *procuratoris habendi gratia* Freigelassene muß älter als [1]) siebenzehn Jahre sein.

§. 6. Wenn [2]) aber einmal die *gegründete* Ursache 127 [3]) angegeben ist *in consilio*, sie mag nun wahr oder „ nicht wahr sein, so wird sie nicht wieder erörtert [4]), *wenn die Freisprechung vor sich gegangen ist. Denn „ während sie besprochen wird, kann man widersprechen und „ deren Verleihung verhindern; ist sie aber zugestanden, so „ wird Jeder, der behauptet, die gegründete Ursache sei „ falsch, nicht gehört*.

§. 7. Weil *wir gesagt haben, daß* ein minder als 128 Zwanzigjähriger nicht freilassen könne, *wenn er nicht im „ Consilium eine gegründete Ursache angegeben, so *entsteht „

---

1) Institutionen: non minores XVII annis manumittantur, d. h.: sie müssen das achtzehnte Jahr angetreten haben. Nach §. 7. J. 1, 6. — Fr. 1. §. 3. Dig. 3. 1. — Fr. 13. Dig. 40, 2, und den Basiliken (Theil VI. S. 277 und 283) scheint wohl gewiß; *decem et octo annis* gelesen werden zu müssen.

2) Fr. 9. §. 1. Dig. 40, 2. (*Marcianus lib. 13. Instit.*); const. 1. Cod. 7, 1.

3) Institutionen: approbata [d. Collad. Codex: probata].

4) Institutionen: non retractetur.

6

„ daraus ein Paradoxon.   Denn es* tritt[1]) der Fall ein,
  daß ein mehr als Vierzehnjähriger Legate hinterlassen kann,
„ die viel Goldstücke werth sind*, daß er testiren, Erben
„ einsetzen, *und wie er will, über sein Vermögen verfügen
129 kann*; [daß er] einen Sklaven aber, *der zehn Gold-
„ stücke werth ist*, nicht freigeben darf. *Lächerlich für-
„ wahr ist das Gesetz, wenn es Wichtigeres zwar gestattet,
„ Geringeres aber nicht in den freien Willen gibt, [und]*
   weil es nicht erträglich zu sein schien, daß [Jemand]
   sein ganzes Vermögen vermacht an Wen er will, einen
   Sklaven aber nicht freigeben darf, so hat deswegen auch
   unser göttlichster Kaiser, *durch die Unstatthaftigkeit des
   Gesetzes bewogen*, befohlen, daß, so wie[2]) ein junger
130 Mensch über die andern Sachen verfügt, sie vermachend,
„ Wem er will, — eben so *dem minder als Zwanzigjäh-
„ rigen* gestattet sei, seine Sklaven im Testament frei-
„ zugeben. Weil aber die Freiheit *bei den Römern* eine
   unschätzbare Sache ist, und deswegen die[3]) Aelia Sentia verbot, vor dem zwanzigsten Jahre die Freiheit zu
   geben, so hat Er dieserhalb einen Mittelweg eingeschla-
   gen, und dem minder als Zwanzigjährigen nicht anders
131 erlaubt, in seinem Testament seinem Sklaven die Freiheit

---

1) Cajus §. 40.
2) Institutionen statt: ein junger Mensch: ei.
3) Institutionen: antiquitas statt Aelia Sentia.

zu geben, als wenn er das siebzehnte Jahr überschritten und das achtzehnte angetreten hat. Denn da die
Alten einem mehr als Siebzehnjährigen erlauben, für
Andere im Gericht aufzutreten; warum sollten wir nicht
sagen, daß seine Charakterfestigkeit [ihn] genug unterstü-
tze, um einen Sklaven von der Sklaverei zu befreien? „
Denn Wer Andere, als klug, durch rechtlichen Beistand „
unterstütze, der wird gewiß Schaden von sich entfernen. „
So daß also ein minder als Zwanzigjähriger *inter vivos* 132
zwar nicht freilassen, im Testament aber ein mehr als „
Siebzehnjähriger Dieß thun wird. Denn da zwischen dem „
vierzehnten bis zum vollendeten zwanzigsten [Jahre] sechs „
Jahre sind, so hat der Kaiser zwar in den drei ersten „
Jahren die Beschränkung der Aelia Sentia beibehalten, „
aber nach dem siebzehnten Jahr Dieß zu thun [1]) ge- „
stattet [2]).*

----

[1]) Nämlich: freizulassen.

[2]) CONSTITUT. NOVELLA: *Hodie autem ex quo
testari possunt, possunt et libertates relinquere, antiqua lege cessante* [Nov. 119. c. 2.].
Scholion zum Theophilus: Bemerke, daß
man vom vierzehnten oder zwölften Jahre gültig freigebe, nach der Verordnung einer neuen Constitution.

----

6 *

Siebenter Titel.

Ueber die Aufhebung des Furisch=Caninischen [1]) Gesetzes.

[De Lege Furia Caninia tollenda].

133 *Die Aelia Sentia gestattete einem minder als zwan-
„ zigjährigen Herrn nicht, seinen Sklaven freizugeben. Es
„ gab noch ein anderes Gesetz, welches über die Freigebung
„ handelt*, die Furia Caninia [2]), *welche* wollte, daß
[nur] gewisse Sklaven [3]) im Testament freigegeben würden.

---

1) Lex Fusia in den Institutionenausgaben, da doch Cicero pro Balbo c. 8; Ulpianus lib. reg. sing. 1, 24;
Theophilus, (nun auch Cajus) Furia haben. — Vergleiche über die L. F. C. noch Paulus sent. rec. IV, 14. 4.

2) Cajus §. 42.

3) Viglius gab heraus: ὃν ἀπὸ φανερῶν νόμων εὐ-
σεβέστατος..., schlug aber in den Emendandis vor:
ὃς φανερὸς ἐλευθεροῦσθαι ἠβούλετο ἐν διαθήκῃ.
Τοῦτον δὲ τὸν νόμον... Spätere Ausgaben lesen
nun: ὃς φανεροὺς oder φανερῶς; Reitz empfiehlt:
ὃς φανεροὺς ἀπὸ [id est ἐκ] φανερῶν ἐλευθ.
ἠβούλ..... Allein diese Lesarten haben ihre Schwierigkeiten, und drücken den Inhalt des Gesetzes nur
dürftig aus. Besser vielleicht ist folgende, auf die
Editio princeps gegründete: ὃς ἀπὸ φανερῶν νόμων
ἐλευθεροῦσθαι ἠβούλετο ἐν δ. Τοῦτον δὲ τὸν νο-
μόν... d. h.: welches nach gewissen Verhältnissen [Proportionen] die Freilassungen anordnete.....

Dieses Gesetz hat aber unser frommer Kaiser, als der Freiheit zuwiderstrebend, und *ihrer Verleihung* gehässig, *durch eine eigne Constitution* aufgehoben[1]); es für inhuman haltend, daß die Lebenden die Erlaubniß haben, alle ihre Sklaven freizugeben, wenn nicht ein anderer Grund im Wege steht, — *als: daß der Freilassende unter zwanzig Jahren ist, oder in fraudem creditorum die Freiheit gibt*, — den Sterbenden aber nicht gestattet wird, ihre Sklaven ohne Hinderniß freizugeben.

„
„
134
„
„
„

---

1) Cod. VII, 3.

Achter Titel.

Wer unter eigner oder fremder Gewalt steht.
[De his, qui sui vel alieni juris sunt].

135 *Es ist [nun] von uns die erste Eintheilung der Perso-
„ nen beendigt, in der gesagt wird, daß einige Menschen
„ frei sind, andere Sklaven; und daß die Sklaverei et-
„ was Untheilbares sei, die Freiheit aber in zwei [Theile]
„ zerfalle. Denn einige Freie sind freigeboren, andere frei-
„ gelassen. Der [Zustand der] freien Geburt [ist] untheil-
„ bar; der der Freigelassenen wurde sonst in drei [Theile]
136 getheilt; denn einige Freigelassene wurden Römische Bür-
„ ger, andere Latini Juniani, noch andere Dedititii.
„ Wir haben auch hinzugefügt, daß unser frömmster Kai-
„ ser den Zustand der Dedititii und Latini Juniani durch
„ verschiedne Constitutionen aufgehoben hat, damit in Zu-

kunft auch [der Zustand] der Freigelassenen einfach werde, „
wie [der] der Freigebornen*.   Handeln [1]) wir nun von 137
der zweiten Eintheilung's [2]) oder Personen. Denn
*von den Menschen sind einige in eigner, andere in frem= „
der Gewalt, d. h*.:. einige sind ihres eignen Rech= „
tes [3]), andere eines fremden Rechtes [4]). Wir
wollen [5]) nun zuerst über die fremde Gewalt reden, denn
dann wird uns Kunde auch von den in eigner Gewalt
Befindlichen werden; denn Wer unter jener nicht [befindlich
ist], der muß offenbar unter Denen sein, die in ihrer
eignen Gewalt sind.   *Diese Gewalt heißt potestas; „
wir haben sie entweder über unsere Sklaven, oder über „
unsere Kinder*.

---

1) *Cajus* §. 48. — *Fr. 1. Dig. 1, 6. (Cajus libro*
   1. Institutionum).

2) Institutionen und Cajus: de jure personarum.

3) Theophilus erklärt also jus und potestas für gleichbedeutend.

4) Institutionen: Rursus earum [personarum] quae alieno
   juri subjectae sunt, aliae *in potestate parentum, aliae*
   in potestate dominorum. Cajus statt der letztern Worte:
   in potestate, aliae in manu, aliae in mancipio sunt.
   Die Lehre von der Manus und dem Mancipium ist dem
   neuesten Rechte fremd.

5) Cajus §. 50.

138 §. 1. Zuerst wollen wir von Denen handeln, die
„ in potestate ¹) ihrer Herren sind ²). *Die Potestas
„ ist die unbeschränkteste Gewalt*; diese Gewalt gegen die
„ Sklaven ist juris gentium, denn *nicht nur bei den
„ Römern war Dieß verfassungsmäßig, sondern* auch bei
„ den andern Völkern ³), *und diese Gewalt ist in sofern
„ die größte, als wir gegen sie ⁴) vitae necisque potes-
„ tatem haben; d. h. Gewalt über Leben und Tod, und
„ uns zusteht, sie ungestraft zu tödten*, und Was durch
den Sklaven irgend erworben wird, Das geht dem
Herrn zu ⁵).

139 §. 2. Heut zu Tage ⁶) aber ist keinem Menschen,
der unter Römischer Herrschaft lebt, erlaubt, ohne eine;

---

1) Cajus: in aliena potestate.

2) Dieser Satz ist in den lateinischen Institutionen noch
zum Principium gerechnet.

3) Institutionen: peraeque animadvertere possumus,
dominis in servos v. n. q. pot. esse.

4) Die Sklaven.

5) Adquiritur liest Cajus, alle Institutionenhandschriften, die Pandekten; Adquiri (Savigny's Recht des
Besitzes, 2te Ausg. S. 55.) einige Ausgaben der Institutionen, wohl ohne zureichenden Grund.

6) Cajus §. 53. Fr. 2. Dig. I, 6. (Ulpianus lib.
8. de offic. Procons.) Mos. et Rom. leg. Collat. III, 3.
Basiliken Th. II. S. 662.

den Gesetzen bekannte[1]) Ursache, *seinen Sklaven umzu= „
bringen*, ja nicht einmal ohne Maaß ihn zu [2]) strafen. „
Denn eine Constitution des [3]) Kaisers Antoninus verordne=
te, daß, Wer seinen Sklaven ohne gegründete Ursache töd=
tet, eben so bestraft wird, als Wer einen fremden Sklaven
getödtet hat. *Eine gegründete Ursache ist es, wenn Je= „
mand seinen Sklaven mit seiner Frau Unzucht treibend „
findet, oder derselbe Hand an ihn legte und er ihm „
zuvorkam und mit dem Schwerd umbrachte. Wegen sol= „
cher [Ursachen] ist die Tödtung ungestraft*.

Aber der Kaiser hat *nicht allein das grundlose Um= 110
bringen der Sklaven verboten, sondern* auch übermäßige „
Mißhandlungen der Herren verboten in einer *andern* „
Constitution, *die durch folgende Ursache ihre Entstehung „
erhielt*. *Ein gewisser Julius Sabinus [4]) war gegen sei= „
ne Sklaven hart; diese ertrugen seine unmäßige Strenge „
nicht, verließen ihren Herrn und flüchteten zum Theil [5]) „
zu heiligen Gebäuden, zum Theil zu Kaiserlichen Sta= „

---

1) Den Gesetzen bekannte, fehlt im Cajus.

2) Institutionen: saevire.

3) So Cajus. — In den Pandekten und Institutionen
Einige: Divi Pii Antonini, Andere Divi Antonini.

4) Die Institutionen und Cajus nennen hier den Namen
nicht, und erzählen viel kürzer.

5) Die Institutionen, Pandekten und Collation nur: zu
der Statue.

„ tuen. Als nun Aelius Marcianus, der Präfes der Pro=
141 vinz ¹), vorbeiging, riefen sie seine Hülfe an. Dieser
„ erkundigte sich, erfuhr [ihre] Lage und unterrichtete sich
„ von der Ursache ihres Anrufens. Da er nun kein Gesetz
„ hatte, welches diesen Fall entschied, so frug er den Kai=
„ ser, Was er thun sollte, wobei er ihm alles Vorgefal=
„ lene erzählte. Der Kaiser befahl ihm, hierdurch bewogen,
„ er dürfe nicht den Sklaven ohne Weiteres glauben, (denn
142 der Sklave ist von Natur Feind des Herrn), sondern
„ [solle] einen Richter niedersetzen und zwischen ihnen er=
„ kennen. „Und wenn die Härte der Herren unerträglich zu
„ sein schien, so werden die Herren gezwungen werden, die
„ Sklaven, gegen die sie so grausam sind, unter einer gu=
„ ten Bedingung zu verkaufen, und der Kaufpreis wird
„ dem Herrn gegeben werden". Deswegen sagte er aber:
143 „unter einer guten Bedingung", damit nicht der Herr,
„ vielleicht aus Zorn gegen den Sklaven, schwere Bedin=
„ gungen beim Verkauf aufsetzte, (bedingend z. B., daß
„ er in Fesseln sein sollte, oder nie freigegeben würde,
„ oder in einer Gegend wohnen sollte, die für Unge=
„ wohnte ein sehr nachtheiliges Klima hat), und dem
„ verkaufenden Herrn die Möglichkeit verschafft würde,
144 durch den Vertrag den Sklaven noch nach dem Ver=
„ kauf zu züchtigen. Mit Recht hat der Kaiser auch

1) Baetica, Pandekten und Collation.

noch Das hinzugefügt, daß der Sklave zwar verkauft, „
aber der Kaufpreis dem Herrn gegeben würde; damit der „
Sklave durch den Verkauf [zwar] einem schlimmen Herrn „
entgeht, der Herr aber durch den Sklaven keinen Schaden „
leidet, (weil er den Werth desselben erhält). Und der „
Herr mag sich nicht beschweren, als sei ihm verwehrt, über „
seine Sklaven zu gebieten, denn der Kaiser erweist seinen 145
Unterthanen auch wider ihren Willen Gutes. Denn es „
war zu vermuthen, daß die Sklaven, einer Zuflucht be- „
raubt, sich selbst um's Leben brachten, oder die Flucht „
ergriffen und den Herrn um ihren Werth verkürzten. „
Auf diese Weise hat er für Beide Vorkehrung getroffen, „
für die Herren und die Sklaven, denn es ist für den „
Staat ersprießlich, daß Niemand mit seinem Vermögen „
schlecht umgehe*.

Die Worte der Constitution, an der Aelius Marcia: 146
nus gerichtet, sind im Folgenden:

„Die Gewalt der Herren über die Sklaven
muß unverkürzt sein, und *sie soll nicht durch die- „
ses Gesetz vermindert werden, d. h.*: es soll nichts „
von den Rechten 1) des Herrn verkürzt werden. „
Aber es gereicht auch den Herren zum Vortheil,
daß man den Sklaven beistehe, die von den Herren gemißhandelt werden, entweder durch unmäßigen

---

1) Neque cuiquam hominum jus suum detrahi. Text.

Zorn[1]), oder durch Hunger, oder durch unerträg=
liche Beschimpfung; *daher darf man die Sklaven
nicht abweisen, wenn sie Gerechtes fordern*. Un=
tersuche also die Beschwerde der [Sklaven], die
aus der Familia des Julius Sabinus *sind und*
zu den Statuen [2]) flohen. Und wenn Du *bei die=
ser Untersuchung* den Sabinus in Ansehung Ihrer
unmenschlicher findest, als billig, oder daß sie zu
einer sehr schändlichen Handlung gezwungen worden,
so laß sie verkaufen, so jedoch, daß sie nicht in
die Gewalt des Verkäufers wieder kommen; *denn*
wenn der erwähnte Sabinus sich beigehen ließe, zu
Umgehung dieser Constitution Etwas zu thun, —
*indem er nach dem ersten Scheine die Sklaven
verkauft, sich aber privatim bedingt, daß sie ihm
wieder gegeben werden* — so wird sich der Kaiser
sehr zornig gegen ihn erweisen, wenn er so Etwas
wagt *und seine Constitution umgeht*.

1) Saevitia. Institutionen.
2) Zur Statye, Institutionen.

Neunter Titel.

Von der väterlichen Gewalt.
[De patria potestate].

*Im Vorhergehenden haben wir gesehen, daß wir Das 148
in *potestate* besitzen gegen unsere Sklaven und gegen „
unsere Kinder. Da nun die Gewalt gegen die Sklaven „
abgehandelt ist, so ist übrig, auch von Dem *in potes-* „
tate oder der Gewalt gegen die Kinder zu reden*. *In* „
potestate 1) haben wir unsere Kinder, die wir aus ge- „
setzlichen Ehen erzielten.

§. 1. *Die Ehe heißt in Römischer Sprache*: *nup-* 149
tiae sive matrimonium. *Und was* ist *die Ehe*? Die „
Verbindung eines Mannes und einer Frau, welche eine „
unzertrennliche Eintracht des Lebens *verspricht oder* in „
sich faßt 2).

§. 2.3) Das *in potestate*, welches wir gegen unsere Kinder haben, ist nur den Römern eigen. Denn
kein Anderer hat gegen seine Kinder eine solche Gewalt,
wie die Römer; *so daß also dieses gesetzliche [Institut]* „

---

1) Cajus §. 55. *Ulpianus lib. reg. sing. 5. 1, Fr. 3.
Dig. 1. 6. (Cajus lib. 1. Instit.).*

2) Nicht: gewährt, und dann ist die Stelle richtig.

3) Cajus §. 55.

„ *juris civilis* ist, wogegen das gegen die Sklaven *juris*
„ *gentium* ist*.

150 §. 3. Wer ¹) also von mir und meiner Gattin er=
zeugt ist, ist in meiner Gewalt; eben so wie der von
„ meinem — *in meiner Gewalt befindlichen* — Sohn
„ und dessen Gattin Erzeugte, d. h.: mein Enkel und
„ meine Enkelin in meiner Gewalt sein werden. Dasselbe
„ gilt auch von den Ur= und Ur=Ur=Enkeln und so weiter.
„ Die Kinder meiner Tochter ²) werden nicht *der Gewalt
„ des Großvaters von der Mutter her — d. h.:* mei=
ner — unterworfen sein, sondern sie werden unter der
Gewalt ihres Vaters stehn.

———————

Zehnter Titel.

Von der Ehe.
[De nuptiis].

151 Eine ³) gesetzliche Ehe schließen Römer unter einan=
der, wenn sie das der Ehe halber in den Gesetzen Ver=
ordnete beobachten.

————————

1) *Fr. 4. Dig.* 1, 6. (*Ulpianus lib.* 1. *Institut.*)
2) *Fr. 196.* §. 1. *Dig.* 50, 16.
3) Cajus §. 56. *Paul. s. r.* II, 19, 2. *Ulpianus lib.
reg. sing.* V, 2. Nummer 151. 152. des Theophilus sind

Die Mannspersonen müssen nämlich reif sein, und
die Frauenzimmer mannbar; *d. h.: jene das vierzehnte
Jahr überschritten haben, diese älter als zwölf Jahre
sein*. Das verstehen wir, die sich Ehelichenden mögen 152
unter fremder oder eigner Gewalt sein.

Bei den unter fremder Gewalt Befindlichen fordern
wir aber noch etwas Anderes, daß die Zustimmung
der Aeltern [vorhanden] sei, in deren Gewalt die Hei-
rathenden stehen. Daß Dieß geschehen müsse, erheischt
ein civilrechtlicher und ein natürlicher Grund: *der civilrechtliche wegen des den Römern Eigenthümlichen, d. h.:
der Gewalt; der natürliche, weil es billig ist, daß Die,
welche bis zu einem solchen Alter erzogen, (die Aeltern 153
nämlich), dieser Ehre gewürdigt werden, d. h.: ihre Zustimmung zur Ehe zu geben)*.

Es muß also der Wille des Vaters vorangehen, d.
h.: der Vater muß einwilligen[1]), daher hat auch Folgendes Veranlassung zu einem Zweifel gegeben[2]). *Eines
wahnsinnigen Vaters Sohn oder Tochter wollen zur Ehe
schreiten. (Denn der vom Wahnsinn befallene Vater hört
nicht auf, die Kinder *in potestate* zu haben, weil nicht

übergegangen in die Basiliken Thl. IV. S. 255. und in
Harmenopulus IV, 4, 2.

1) Diese drei Parenthesen hält man für Glosseme.

2) An furiosi filia nubere, aut furiosi filius uxorem ducere possit. Institutionen.

„ der gesunde Verstand des Vaters die Kinder den Vätern

154 *in potestate* gibt, — so daß wir sagen [könnten], ein

„ des Verstandes beraubter Vater verliere auch die Gewalt

„ gegen die Kinder, — sondern die in einer gesetzlichen Ehe

„ erfolgte Geburt). Es wollten also die Kinder zu einer Ehe

„ schreiten, da sie aber in fremder Gewalt standen, so be-

„ durften sie der Zustimmung des Vaters; der Wahnsinnige

„ konnte diese nicht ertheilen. Wir fragen, ob sie [es]

„ können? wenn wir nun sagen, die Zustimmung geschehe,

„ wenn der Vater ausdrücklich erklärt: „ich bin zufrieden

„ mit dem Vorhaben“, so gestattet die Krankheit nicht, daß

155 diese Zustimmung vom Wahnsinnigen erfolge. — Wollen

„ wir aber annehmen: es sei Zustimmung, wenn der Vater

„ den Vorgang sieht, und ihm nicht widerspricht, so wird

„ die Verheirathung ungehindert Statt finden; aber Das

„ ist nicht wahr: denn der Wahnsinnige gibt durch Schwei-

„ gen nicht seine Einwilligung. (Denn Der gibt durch

„ Schweigen seine Einwilligung, der wahrnimmt, Was

„ vorgeht, und widersprechen kann, wenn es nicht gefällt;

„ aber der Wahnsinnige schweigt, weil er gezwungen ist

„ von der Krankheit, und nicht weil es ihm gefiele)*. Da

156 nun hierüber viele Streitigkeiten der Rechtsgelehrten ent-

standen waren, so erfolgte eine Constitution unseres Kai-

„ sers [1]), welche *diesen Streit schlichtete und* dem Sohn

---

1) *s.* 25. *Cod. V, 4.*

des Wahnsinnigen ¹) gestattete, sich eine Gattin gesetzlich zu nehmen, ohne die Einstimmung des Vaters zu erwarten; *so wie auch der Tochter, (denn in Ansehung der „ Tochter war es unzweifelhaft)*, Das jedoch [dabei] beob: „ achtet, was in der göttlichen Constitution enthalten ist.

§. 1. *Da wir gesagt haben, es sei eine gesetzliche 157 Ehe, wenn ein Römer, der das vierzehnte Jahr über: „ schritten, eine Römerin, die älter als zwölf Jahre ist, „ heimführt: wäre es [denn] nun eine erlaubte Ehe, wenn „ Jemand seine Mutter oder Schwester nähme? und wir „ sagen: Nimmermehr! denn es ist eine verbothe Ehe. „ Zum Verständniß der letztern nimm Folgendes als Vor: „ kenntniß: „

Cognatio ist ein allgemeiner Name; sie zerfällt in „ drei Theile, in aufsteigende, absteigende und Seiten: Ver: 158 wandte. Aufsteigende sind, die uns erzeugt haben, „ als: Vater, Mutter, Großvater, Großmutter und wer „ noch über diesen ist. Absteigende [sind] die durch uns „ Erzeugten, als: Sohn, Tochter, Enkel, Enkelin, und „ wer noch unter diesen ist. Seitenverwandte, wer uns „ weder erzeugt hat, noch durch uns erzeugt ist, aber mit „ uns einerlei Geschlecht und Stamm hat; als Bruder, „ Schwester, und wer von diesen abstammt. Die Seiten: 159 verwandtschaft zerfällt in zwei Theile, in Agnaten und „

---

1) Ad exemplum filiae furiosi. Institutionen.

7

„ Cognaten. Agnaten ſind, die durch männliches Ge=
„ ſchlecht mit uns verwandt ſind, als vatergleicher ¹) Brü=
„ der, oder vatergleiche Schweſter, und die Kinder des
160 Bruders, und der Enkel, die Enkelin durch des Bru=
„ ders Sohn ²), oder der Oheim vom Vater her und deſ=
„ ſen Kinder, der Enkel, die Enkelin vom Sohn des Oheim,
„ oder die Tante vom Vater [her]; kurz, man ſagt, die
„ Agnation gehe nach der Ordnung, wenn keine Weibsper=
„ ſon da iſt, welche die Verwandtſchaft verurſacht. C o g n a=
„ t e n ³) ſind, die uns durch weibliche Verwandtſchaft ange=
161 hen, wie der muttergleiche Bruder, (nicht der vater=
„ gleiche), und die von ihm Abſtammenden, oder die mut=
„ tergleiche Schweſter, oder die Kinder der vatergleichen
„ Schweſter. Auch dieſe ſind Cognaten, weil die Perſon
„ der Schweſter die Agnation unterbricht. Die Agnati
„ heißen auch legitimi, (d. h. geſetzliche), und cognati,
„ (d. h. natürliche), aber die Cognati nur natürliche,
162 nicht aber auch legitimi. Denn Wen das Geſetz aner=
„ kennt, den erkennt auch die Natur an; Wen aber die
„ Natur anerkennt, [den] erkennt das Geſetz nicht im=
„ mer an.

---

1) Von demſelben Vater; wie ſtammgleich von demſel=
   ben Stamm.
2) Ur = Neffen.
3) Vergl. *Fr. 10. §. 2. Dig.* 38, 10.

Diese Verwandtschaft¹) erfolgt doppelt, entweder durch „
die Natur, oder das Gesetz, d. h. die Adoption. Durch „
die Natur, wenn aus einer gesetzlichen Ehe Kinder er- „
zeugt werden; durch die Adoption, wenn Jemand einen „
Sohn hat, und einen andern an Kindesstatt annimmt; „
dadurch wird der Adoptirte Agnat meines natürlichen „
Sohns und seines Adoptiv-Bruders. Aber er ist auch „
sein Cognat, denn Wen die Adoption zu Agnaten macht, „
den macht sie auch zu Cognaten. Denn die civilrechtliche 163
Handlung, nämlich die Adoption, knüpft sich leicht an „
die Agnation, welche gleichfalls civilrechtlich ist, (denn das „
Civilrechtliche schließt sich an das Civilrechtliche an). — „
Uebrigens bringt die an die Adoption geknüpfte Agnation „
auch die Natur mit sich, d. h. die Cognation, und Wen „
der Adoptirte Agnat nennt, den nennt er auch Cognat; „
Wen er aber Cognat nennen würde, wenn er mein na- „
türliches Kind wäre, den nennt er, als Adoptivkind, „
weder Agnat noch Cognat. Denn man sagt: die Cogna- „
tion sei in der Natur, nicht in der Adoption. — „

———

— Da Dir nun Dieß vorläufig bekannt ist, so achte 164
auf den weitern Vortrag. Wir sagten im Vorhergehen- „

7 *

———

¹) Die Agnation nämlich.

„ den, nicht immer mache ein Römer, verbunden mit ei=
„ ner Römerin, eine gesetzliche Ehe, weil einige verboten
„ wären*.

     1)Und 2)in der That ist zwischen Ascendenten
und Descendenten die Ehe in's Unendliche verboten,
„ *auch 3)wenn sie nicht aus gesetzlichen Ehen sind*. Denn
Niemand kann seine Mutter, oder Großmutter, oder
Tochter, oder Enkelin nehmen, sie mögen nun natürlich
sein oder adoptiv, auch sogar, wenn die Adoption auf
dem Wege der Emancipation aufgelöst ist4); *denn die
„ alte Benennung des Vaters und Großvaters soll die nun
„ zu adoptirende 5) scheuen*.

---

1) Der Schluß dieses Paragraphen bis zum neunten (Nr.
183) ist fast wörtlich in den Basiliken Bd. IV. S.
284 — 286 und in Harmenopulus IV, 6, 21. f.
wiederholt.

2) Cajus §. 59. *Ulpianus lib. reg. sing. V. §. 6.* —
Fr. 10. §. 4. Dig. 38, 10. — *Fr. 53. 54. 68. Dig.
23, 2.* — *Coll. Ll. Rom. et Mos. 6, 1.*

3) Dieser Zusatz ist nach einigen Manuscripten, dem Harmenopulus und den Basiliken aufgenommen.

4) Institutionen: *Itaque eam, quae tibi per adoptionem filia aut neptis esse coeperit, non poteris uxorem
ducere quamvis eam emancipaveris.*

5) Benennung. Diese sprachgemäße Uebersetzung hebt
die sonst bemerkten Schwierigkeiten. Uebrigens bezieh
sich der Zusatz auf die Stelle: sie mögen nun natürlich
sein oder adoptiv.

§. 2. 1) Auch zwischen den Seitenverwands-165
ten giebt es eine Verhinderung, aber keine durchgängige.
Denn sehe: zwischen dem Bruder und der Schwester „
findet keine Ehe Statt, sie mögen vatergleich und muttergleich zusammen sein, oder nur vatergleich, oder nur
muttergleich.

Wenn 2) ich aber eine Adoptivschwester habe, so ist
die Ehe verboten, so lange die Adoption besteht; ist diese aber aufgelöst, weil ich oder sie emancipirt worden, so
kann die Ehe ungehindert vor sich gehen. *Denn da die 166
Adoption, die civilrechtlich ist, durch die Emancipation, „
die gleichfalls civilrechtlich ist, aufgehoben wird, so habe „
ich folglich keine Art Verwandtschaft gegen sie; denn vor- „
her, als wir in fremder Gewalt standen, nannte ich sie „
Agnatin und Cognatin, da aber die Emancipation die Adop- „
tion aufhebt, so nenne ich sie nicht [mehr] Agnatin. Denn „
die Adoption ist civilrechtlich und bezieht sich nur auf die „
civilrechtliche Verwandtschaft, d. h. die Agnation; und ist „
die Agnation aufgehoben, so wird auch die Cognation auf- „
gelöst, denn weil ich sie nicht Agnatin nennen kann, [so „
kann ich sie] folglich auch nicht Cognatin [nennen]*. „

Wenn 3) daher Jemand seinen Schwiegersohn adopti- 167
ren will, so muß er vorher seine Tochter emancipiren;

---

1) Cajus §. 60.
2) Fr. 17. Dig. 23. 2. Paul. sent. rec. 2. 19. 4.
3) Fr. 17. §. 1. Dig. 23. 2.

„ *und wenn Jemand einen Sohn und eine Schwieger-
„ tochter hat, und die Schwiegertochter adoptiren will, so
„ muß er zuvor seinen Sohn emancipiren. Thut er Dieß
„ nicht, so wird durch die Adoption des Schwiegersohns
„ oder der Schwiegertochter die Ehe aufgehoben werden;
„ es gäbe dann Geschwister, und unter Geschwistern findet
„ keine Ehe Statt, wären sie auch adoptiv*.

168   §. 3. Meines ¹) Bruders oder meiner Schwester Tochter zur Frau zu nehmen, ist nicht erlaubt,
aber auch nicht einmal deren Enkelin, obschon sie im
„ vierten Grade sind; *aus welchem Grade ich ²) zur

---

1) Cajus §. 62; *Ulpianus lib. reg. sing. 5, 6*; Beide:
   fratris filiam uxorem ducere *licet*, idque primum in
   usum venit cum Divus Claudius Agrippinam, fratris
   sui filiam uxorem duxisset. Vergl. *Cujacius obs.*
   13, 16. Noodt obs. 2, 5.

   Der Westgothische Cajus hat ducere *non licet*. —
   c. 9. *Cod.* 5, 5. Ab incestis nuptiis universi… nove-
   rint temperandum, nam rescripta quoque omnia, vel
   pragmaticas formas aut constitutiones impias, quae
   quibusdam personis tyrannidis tempore permiserant
   scelesto contubernio matrimonii nomen imponere, ut
   fratris filiam, vel sororis…. uxorem legitimam tur-
   pissimo consortio liceret amplecti…. viribus carere
   decernimus.

2) Hinter den Worten: ἐξ οὗ βαθμοῦ… ist ein οὗ;
   wahrscheinlich aus dem οὗ in βαθμοῦ entstanden, und
   offenbar irrig.

Frau nehmen darf, z. B. die Adoptivtochter des Oheims „
oder der Tante*.   „

*Allgemeine Regel sei Dir: Der Person, deren Toch- „
ter ich nicht zur Frau nehmen kann, deren Enkelin [kann „
ich] auch nicht [nehmen]. Wenn aber mein natürlicher 169
Vater ein Mädchen adoptirt hat, und von dieser eine Toch- „
ter geboren wird, so kann ich diese zur Frau nehmen, „
weil sie mir cognat ist, gleichsam durch das weibliche Ge- „
schlecht verwandt [1]); wir sagten aber, daß bei der Adop- „
tion eine natürliche Cognation Statt finde*.   „

§. 4. Zweier Brüder oder Schwestern Kinder, oder [die] eines Bruders und einer Schwester,
können nicht durch die Ehe verbunden werden [2]).

---

[1] Fr. 12. §. 4. Dig. 23, 2.

[2] Theophilus liest jungi *non possunt*, wie auch die besten Institutionenhandschriften, und mehrere sehr alte
Citaten haben, und was auch die Gleichförmigkeit der
Rede voraussetzt. Im epitom. Codex Theodosianus
sind dergleichen Ehen im Allgemeinen nicht erlaubt (*c.*
un. Cod. Theod. III, 10. vom Jahr 409), im epitom.
Cajus (*L. 416.*) schlechthin verboten, in der *c. 19.*
Cod. Just. V, 4. (vom Jahr 405) ausdrücklich erlaubt,
und so scheint auch Justinianus in diesem Gegenstand
inconsequent gewesen zu sein, und in den Institutionen
Etwas als noch verboten angegeben zu haben, was nachher in dem Codex repet. praelect. verstattet war.

170 §. 5. Meine Amita [1]), *(Amita ist die Tante vom
„ Vater her)*, kann ich nicht zur Frau nehmen, auch wenn
„ sie adoptiv ist; ja nicht einmal die Matertera, *(Mater-
„ tera ist die Tante von der Mutter her)*, weil sie Mut-
„ terstelle einnehmen. Aus demselben Grund auch nicht die
Groß-Amita und nicht die Groß-Matertera, *denn
„ sie nehmen Großmutterstelle ein. Die Groß-Amita ist
„ meines Großvaters Schwester, die mein Vater Amita,
„ und ich Groß-Amita nenne; die Groß-Matertera ist
171 meiner Großmutter Schwester, die meine Mutter Mater-
„ tera nennt, ich aber Groß-Matertera. — Von der
„ Amita hieß es, ich könnte sie nicht heirathen, auch
„ nicht, wenn sie adoptiv wäre; aber nicht von der Ma-
„ tertera*.

„   *Aber wann tritt der Fall ein, daß eine Amita
„ adoptiv oder eine Groß-Amita adoptiv sei? — Mein
„ Großvater vom Vater her hätte z. B. meinen Vater
„ zum Sohn, und mein Vater nannte diese: [seine] Adop-
„ tiv-Schwester, so [nenne] ich [sie]: Adoptiv-Amita.

172   Wann findet aber eine Adoptiv-Groß-Amita statt?
„ Stelle Dir vor, mein Urgroßvater vom Vater her hatte
„ meinen Großvater zum Sohn, und nahm ein Mädchen
„ an Kindesstatt an; diese nennt mein Großvater Adoptiv-

---

1) Fr. 17. §. 2. Dig. 23, 2.

Schwester, mein Vater Adoptiv-Amita, und ich Adoptiv-Groß-Amita.

Bei der Amita ist der [Fall] der Adoption deswegen hinzugesetzt worden, und nicht bei der Matertera,
weil sie eine Verwandte durch Mannesstamm und meine
Agnatin war. Sie war aber auch meine Cognatin, denn 173
der Agnat ist immer auch Cognat. Soviel die Matertera betrifft, so hindert die Adoption die Ehe nicht, da
sie eine Matertera ist[1]; denn da sie mir durch Weibesstamm verwandt ist, so ist sie Cognatin; tritt nun die
Adoption dazwischen, so hat sie keine Art Verwandtschaft
mehr gegen mich; denn die Regel sagt: die natürliche
Cognation wird bei der Adoption als nichtig angesehen.
Da nun die[se] Ehe nicht verboten ist, so habe ich auch
keine Adoptiv-Matertera angenommen.

Wie geht es aber zu, daß durch die Adoption eine 174
Matertera entstehe? — 3. B.: mein Großvater von
der Mutter her hat eine Tochter, meine Mutter, und
nahm ein Mädchen an Kindesstatt an, diese spricht meine
Mutter als Adoptiv-Schwester und ich als Adoptiv-Matertera an*.

§. 6. *In dem Vorhergehenden haben wir die wegen Cognation verbotenen Ehen angeführt*, es gibt noch
andere, welche, *nicht wegen des Bandes der Cognation,

---

1) Eine corrupte Stelle.

sondern* wegen Affinität[1]) nicht vor sich gehen.
175 *Affinität ist eine Verwandtschaft mit Personen, die mit
„ uns durch die Ehe, ohne Cognation in Verbindung
„ kommen*.

Ich kann z. B. meine Stief= oder Schwie=
gertochter nicht nehmen[2]), denn sie haben[3]) Tochter=
„ stelle. *Schwiegertochter ist die Gattin meines Sohnes;
„ Stieftochter ist die Tochter meiner Frau*. Aber man
176 muß hinzusetzen: vormalig, und sagen: ich kann
meine vormalige Schwiegertochter oder meine vor=
malige Stieftochter nicht zur Frau nehmen. *Denn
„ durch das vorgesetzte: vormalig — erkläre ich, daß
„ die Personen nicht mehr vorhanden sind, welche Ursache
„ der Verwandtschaft waren. Aber auch nicht einmal dann
„ kann ich mit [ihnen] verbunden werden, wenn die Per=
„ sonen nicht mehr leben, durch welche die Verwandtschaft
„ entstand; und wir enthalten uns aus Scheu der Ver=
„ wandtschaft dieser Ehe. Denn wenn ich sage: meine
177 vormalige Schwiegertochter, so zeige ich [dadurch] an,
„ daß mein Sohn, ihr Gatte, verstorben ist; und wenn

---

1) *Fr.* 4. §. 7. *Dig.* 38, 10. — *Fr.* 14. §. 4. *Dig.* 23,
   2. — *c.* 17. *Cod.* 5, 4. — *Paul. sent. rec.* 2, 19,
   5. *Coll. leg.* 6, 4.
2) Cajus §. 63. *Ulpianus lib. reg. sing.* 5, 6.
3) Beide. Institutionen.

ich fage: meine vormalige Stieftochter, so zeige ich an, „
daß ihre Mutter, meine Frau, verstorben ist*. Denn „
wenn noch jetzt die eine meine Schwiegertochter und die
andere meine Stieftochter ist, so werde ich durch eine
höhere [1]) Ursache abgehalten, sie zu heirathen; *es gäbe
dann entweder einen Mann, der zwei Weiber, oder eine „
Frau, die zwei Männer hätte*; denn nähme ich meine 178
jetzige Schwiegertochter zur Frau, so würde sie meinen
Sohn und mich haben, [nähme ich] aber meine jetzige
Stieftochter, so würde es der Fall sein, daß ich zwei
Weiber hätte, *meine jetzige Frau und deren Tochter,„
meine Stieftochter*.

*Es ist aber gegen Die, welche eine doppelte Ehe „
eingehen, eine Capitalstrafe verhängt; es wird also Nie- „
mand das größere Verbot [2]), ich meine die Todesstrafe „
— übergehen und das geringere anführen und sagen, die „
Verbindung sei zu Ehren der Affinität verboten*.   „

§. 7. [3]) Ich darf nicht heirathen, meine *vorma- 179
lige* Schwiegermutter oder meine *vormalige* „
Stiefmutter, denn sie haben Mutterstelle. *Schwie- „
germutter ist die Mutter meiner Frau; Stiefmutter ist „

---

1) Andere. Institutionen.
2) Verbot, wenn man κωλυειν, Strafe, wenn man
    κόλασιν liest.
3) Cajus §. 63.

„ Die Frau meines Vaters, von welcher ich nicht geboren
„ bin". [1] *Auch hier habe ich hinzugesetzt: vormalig, —
„ damit ich anzeige, daß die Personen nicht mehr vorhan=
„ den sind, welche Urheber der Verwandschaft waren, in=
„ dem meine Frau oder mein Vater gestorben ist; denn
190 leben diese noch, so wird eine doppelte Ehe herbeige=
„ führt*. Denn wenn ich meine [2] Schwiegermutter nähme,
„ so würde ich zwei Frauen haben, die Schwiegermutter
„ und deren Tochter; [nähme] ich aber meine jetzige Stief=
„ mutter, so würde diese die Gattin [von] zwei Personen
„ werden, von meinem Vater und von mir. *Du weißt
„ aber, daß die Strafe wegen der doppelten Ehe capi=
„ tal ist*.

181 §. 8. Patrimus hat einen Sohn von der Titia, und
nahm die Patrima, die eine Tochter vom Titius hat, oder
umgekehrt, er hatte eine Tochter, und sie einen Sohn.
Die Kinder von diesen, welche gewöhnlich zugebrach=
te [3] genannt werden, heirathen sich recht gut einander,
auch wenn ihnen [4] sogar in der Ehe, die nach der Ge=

---

1) Institutionen: quod et ipsum, dissoluta demum affi-
nitate, procedit.

2) Jetzige, nämlich.

3) Ἀλληλοπρογόνοι, auf beiden Seiten vorher Geborne — privigni. Fr. 34. §. 2. Dig. 23; 2.

4) Die Aeltern nämlich.

birt von jenen geschlossen worden, ein Sohn oder eine Tochter geboren würde.

§. 9. Meine Frau[1]) hebt die Ehe[2]) mit mir durch 182 repudium auf und heirathet einen zweiten Mann, von diesem hat sie eine Tochter. Wir fragen, darf ich die Tochter derselben nehmen? [Hierauf][3]) sage ich, sie ist zwar keine Stieftochter, (*denn Stieftochter ist die vor meiner Verheirathung geborne*), aber ich muß mich des Anstandes halber der Verbindung mit ihr enthalten. Eben so ist die Braut meines Sohnes nicht meine 183 Schwiegertochter *geworden*, weil die Hochzeit nicht nach= folgte; oder die Verlobte meines Vaters ist nicht meine Stiefmutter *geworden, weil die Ehe gehindert wurde*; *diese könnte ich, nach dem Vorhergehenden we= nigstens, zur Frau nehmen*; aber auch hier *räth uns Julianus*, des Anstandes halber nicht zu einer solchen Ehe zu schreiten.

§. 10. Ist[4]) aber eine Verwandtschaft in der Skla= 184 verei Hinderniß bei der Ehe? z. B.: Es wird Je=

---

1) Fr. 12. §. 1. §. 2. §. 3. Dig. 23. 2. (Ulpianus lib. 26. ad Sabinum).

2) Post divortium, Institutionen. Scholion: Dieß [die Ehescheidung] geschieht jetzt nicht mehr, es sei denn bei den Römern und Lateinern.

3) Julianus ait: Institutionen, Pandekten.

4) Fr. 14. §. 2. Dig. 23. 2. (Paulus lib. 35. ad Edictum).

mand nebst seiner Schwester in Freiheit gesetzt. Wir
fragen [nun], ob eine Verheirathung zwischen ihnen
Statt finden darf? Der Schärfe nach wird nicht dafür
gehalten, daß zwischen ihnen eine Cognation vorhanden
sei; allein die Verbindung ist *wegen des Rechts des
„ Bluts, d. h. *Jus sanguinis**, verboten.

185   §. 11. Es gibt auch noch andere Personen,
die ich aus verschiedenen Ursachen nicht heirathen darf [1]),
aber unser göttlichster Kaiser hat diese aus vielen Alten
gesammelt, in den Digesten oder dem Pandektes auf-
zeichnen [2]) lassen.

§. 12. [3]) Wenn nun Jemand dem Angeführten zu-
„ wider eine [4]) zur Frau nimmt — *indem er entweder
„ sich nicht vor der Verwandtschaft der Aufsteigenden oder

---

1) Man hat sie in folgenden Versen zusammengefaßt:
Aetas, conditio, numerus, monachatus et ordo;
Optio, nobilitas, sanguis, tutela, potestas;
Fons sacer, affinitas, raptus repugnat honestas;
Irrita quae faciunt connubia legibus, haec sunt.

2) Die Institutionen: rationes,.. quas in libris Dige-
storum seu Pandectarum, ex veteri jure collectarum
enumerare permisimus. — Theophilus collectas] recht
gut; der Pandektentitel de Ritu nuptiarum besteht aus
sehr vielen Stellen, und ist aus ungewöhnlich vielerlei
Büchern entlehnt. Eine Pariser Handschrift (bei Gronov. hist. II. p. 58.) las collectorum.

3) Cajus §. 64. *Ulpianus lib. reg. sing. 5. 7.*

4) Si...aliqui coierint. Institutionen.

Abſteigenden, oder vor den unter den Seiten[verwandten] 186
verbotnen Perſonen ſcheut, oder das Hinderniß der Affi- „
nität nicht achtet; oder auch ſeine Abſicht auf mit [ihm] „
freigelaſſene Cognaten richtet*; — ſo wird er nicht Ehe- „
mann und ſie nicht Ehefrau *heißen*, noch *die Hand- „
lung* eine Ehe, noch *das Erhaltne* Brautſchatz. *Aber „
weil Dieß das Vorhaben unzüchtiger [Menſchen] nicht „
abhalten konnte, ſo hat das Geſetz eine größere S t r a f e „
feſtgeſetzt; denn es ſagt, daß* die in einer ſolchen Ver- 187
bindung Gebornen nicht in ihres Vaters Gewalt ſtehen, „
*und [die Kinder], welche die Natur geſchenkt hat, er- „
kennt das Geſetz nicht an, als nicht nach ſeinem Willen „
erzeugt*; ſie ſind vielmehr, ſoviel die väterliche Gewalt „
betrifft, in den Verhältniſſen, in welchen ſich Die befin- „
den, die 1) unehlich geboren werden. Denn auch von „
dieſen glaubt man, ſie hätten keinen Vater, weil 2) die- „
ſer, *bei der Menge der Liebhaber*, unbekannt iſt, ſon- „
dern man pflegt ſie Spurios zu nennen, entweder nach dem „
Griechiſchen: *quasi* σποϱάδην 3) *concepti*, *gleichſam 188
σποϱάδην empfangen*, oder *quasi sine patre filii*, „
d. h. weil ſie gleichſam vaterloſe Kinder ſind. „

---

1) *Quas vulgo mater concepit.* Inſtitutionen.

2) In den Inſtitutionen iſt daher wohl die richtigere Lesart: *is etiam*.

3) Hie und da; zerſtreut.

Folgeweise muß man auch behaupten, daß, wenn eine solche[1] Verbindung aufgehoben ist, keine Zurückfor=derung des Brautschatzes Statt finde. Wer aber die un=erlaubte Ehe eingeht, duldet nicht allein die erwähnten Strafen, sondern auch noch andere, die aus den Kaiser=lichen Constitutionen[2] zu lernen sind.

189 §. 13. [3] Zuweilen aber ist [Folgendes] wahrzuneh=men: es ist Einer bei seiner Geburt nicht *in potestate* des Vaters, aber nachher kömmt er *in potestatem;* „und wer ist dieser? — *Ich[4] habe mich mit einem „Weibe abgegeben, mit welcher ich nicht gesetzlich behin= „dert war, eine Ehe einzugehen; ich gebe mich mit die= „ser ab, nicht daß sie meine Frau, sondern eine Hure „oder eine Beischläferin ist. Es werden Kinder hieraus „geboren. Diese sind nicht *in potestate,* weil keine Ehe 190 vorangeht, sondern es ist ein natürliches Kind. Nachher

---

1) Coitu. Institutionen.

2) *Const.* 4. 6. 9. *Cod.* 5. 5.

AUTHENTICA. Incestas *Cod.* de incestis et in=
utilibus nuptiis [Novella 12. cap. 1.]:
*Incestas nuptias contrahentis poena est confis=
catio bonorum omnium, exilium, spoliatio cin=
guli, verberatio, infamia.*

3) Cajus §. 65.

4) Institutionen: *qualis est is qui dum naturalis fuerat,*
postea curiae datus patri subjicitur. Non von is qui a
muliere libera...

übergebe ich es der Curie, [hierdurch] bekomme ich es „
in potestate*. — Daſſelbe gilt, wenn ich einem Frauenzimmer beiwohne, das nicht meine Frau iſt, welches aber
zur Frau zu nehmen, mich nicht das Geſetz, [1]) ſondern
Mangel meines Willens abhält. *Es wird ein Kind ge- „
boren; es iſt nicht in potestate*. Wenn aber nachher, „
ſo wie die Conſtitution [2]) unſers verehrungswürdigſten
Kaiſers beſagt, Brautſchatz-Verträge mit ihr [geſchloſſen]
werden, ſo kommen *nicht nur* die *vor dieſen Verträ- „
gen* Erzeugten, ſondern auch die noch nachher [Gebor- „
nen], *wenn deren zur Welt kommen ſollten*, in meine
Gewalt, nach [näherm] Inhalt der Conſtitution unſers
göttlichſten Kaiſers [3]).

---

1) Sed ad quam pater consuetudinem habuerat, Inſtitutionen; Einige: sed ad quam et solam p. c. h.

2) c. 10. Cod. 5, 27.

3) c. 11. Cod. 5, 27.

Die Vulgata in den Inſtitutionen lieſt: quod et aliis
liberis, qui ex eodem matrimonio fuerint procreati,
similiter nostra Constitutio praebuit, gerade wie Theophilus. — Weil nun die nachher gebornen Kinder nicht
der Beihülfe einer Conſtitution zu bedürfen ſcheinen, ſo
iſt an dieſer Stelle viel emendirt worden. Cujas und
Hotman leſen: q. si al. liberi ex eod. m. f. procr.,
Muret (Obs. j. c. 11.) ſchlug vor: quod ei similiter
aliis..., Bynkershoek: quod ut aliis, (vergl. Gebauer Ordo I. S. [297), Teiſterbant gen. Bil-
derdyk (Obs. et Emend. 1806. cap. 25.): quod ei aliis

lib. qui...... procreati, sim :..... — Allein wir fin=
den diese Emendationen bei der Uebereinstimmung der
Institutionen=Manuscripte mit Theophilus bedenklich;
zumalen auch die Basiliken Thl. IV. S. 258 und 280
(Note I) mit Beziehung auf Nov. 19. und 74. daffelbe
sagen:

Τὰ προικῷα ϭυμβό-	Die Brautschatzverträge
λαια γνηϭίους ποιοῦϭιν	machen nicht nur die Frü=
οὐ μόνον τοὺς προτέ-	hern, sondern auch die
ρους, ἀλλὰ καὶ δευτέ-	Spätern ehlich).
ρους.	

    Eine auf Nov. 89. cap. 8., und die Basiliken (Thl.
IV. S. 258) gegründete Erklärung bezieht die Stelle
auf solche Kinder, die vor Errichtung der Verträge
zwar empfangen, aber noch nicht geboren waren.

— *Authentica* De incestis nupt. §. Dubitatum [Nov. 12. c. 4; c. 11. Cod. 5, 27.]:

*Hoc jus locum habet licet ante hoc consortium
legitimorum pater sit ex alia conjuge, a qua
separatus sit legitime [vel ea mortua].*

Authentica De trient. et semisse §. penult.
[Nov. 18. c. ult.; im Codex daselbst]:

*Sed nova constitutio non permittit hoc in an-
cilla, nisi ei, qui sine legitimis reperitur.*

Authentica Ut lib. dec. §. si quis autem
[Nov. 78. c. 3.; im Codex daselbst]:

*Sed his qui ex ancilla sunt, ex ipsa dotis in-
scriptione simul et libertatem tribui et jus
suorum.*

Authentica Quib. mod. nat. effic. legit. §.
si vero solummodo und §. sed et aliud [Nov.
74; im Codex daselbst]:

*Qui prolem legitimam non habet, potest natu-
rales, ex hujusmodi consuetudine, precibus,
principi datis legitimos constituere sibi sine
matrimonio, si mulier jam defuncta sit, vel
deliquit, vel occultetur, vel aliás venire pro-
hibeatur, vel quoquomodo matrimonium im-
pediatur, ut sacerdotio.*

AUTHENTICA Quib. mod. nat. effic. legit. §.
illud autem [Nov. 74. c. 2.; im Coder daſ.]:

*Item sine legitimis [decedens] in'testamento scri-
bens, velle naturales sibi fore legitimos successores, licentiam habeat, ut post mortem
ejus filii supplicent, testamentum ostendentes,
ut principis et legis dono fiant heredes, si tamen voluntatem patris ratam habeant, quod
generaliter observatur.*

AUTHENTICA Ut liceat matri et aviae §. ad hoc
autem [Nov. 117. c. 2.; im Coder daſ.]:

*Si quis liberos naturales habens de libera, quae
ei uxor esse poterat, dicat instrumento, sive
publice sive propria manu conscripto, haben-
te subscriptionem trium testium fide digno-
rum, sive in testamento, sive sub gestis mo-
numentorum, hos filios suos esse, nec adjece-
rit naturales, hujusmodi filii ei legitimi successores erunt. Et si uni ex praedictis filiis
testimonium quodlibet ex praedictis modis
praebuerit, ceteris ex eadem muliere natis, ad
legitima jura sufficiet.*

8 *

Eilfter Titel.

Von den Adoptionen.
[De Adoptionibus].

191   Im Vorhergehenden haben wir gesehen, daß wir
„ das *in potestate* [1]) gegen [2]) unsere, *uns in gesetzlicher
Ehe geborne* Kinder haben; man muß aber wissen [3]),
daß diese *Potestas* auch auf die Adoptiv=Kinder übergeht.

„   *Und was ist die Adoption? eine civilrechtliche
„ Handlung [4]), welche die Natur nachahmt, erfunden zum
„ Trost der Kinderlosen [5]).   Es hatte Jemand vielleicht
192 keine Kinder, weil er entweder nicht zur Ehe schritt,
„ oder zwar schritt, aber keine Kinder erzeugte, oder zwar
„ erzeugte, aber sie wieder verlor.   Um nun den Natur=

---

1) *Tὸ in potestate*, bei den griechischen Juristen für potestas.

2) *Naturales liberos.* Institutionen.

3) Cajus §. 97. *Ulpianus lib. reg. sing.* 8, 1.

4) Cujas und Fabrot: *ratio* civilis.

5) Die meisten Ausgaben irrig: der Kinder [παίδων],
da doch Theophilus am Ende des Principium selbst
ἀπαίδων wiederholt. — Die Glosse: Adoptio: Est
autem ad: secundum *Pla:* et *Jo:* legalis actio ad so-
latium eorum, qui liberos non habent, pene i: fere
naturam imitans. Sed certe et ab iis, qui liberos habent, fit adoptio...., quare sic potest simpliciter de-
finiri: Adoptio est legitimus actus, per quem fit quis
filius, qui non est, pene naturam imitans.

mangel oder den erlittenen Verlust zu ersetzen, nahm "
er Einen an Kindesstatt an. — Dieß ist [aber mit der "
Einschränkung] gesagt, daß nicht allein Die in Adoption "
nehmen, welche keine Kinder haben; denn auch Jene "
werden ungehindert adoptiren, welche [deren] haben, wie "
schon im Vorhergehenden bei dem Falle gesagt wurde [1]), 193
wo wir anführten, daß, Wer den Schwiegersohn oder "
die Schwiegertochter adoptiren will, zuvor den Sohn oder "
die Tochter emancipiren müsse. In diesem Falle hinderte "
also, wenn die Ehe nicht entgegenstand, nichts die Adop- "
tions=Handlung. Ich habe aber [deswegen] hier gesagt, "
die Adoption sei zum Trost Kinderloser erfunden, um an- "
zuzeigen, was meistentheils geschieht*.

§. 1. *Die Annahme an Kindesstatt heißt in Römi- 194
scher Sprache *Adoptio.* Dieß ist ein allgemeiner Name, "
der in zwei [Theile] zerfällt*: in die Arrogatio und die "
gleichnahmige Adoptio*. Die Adoption [2]) erfolgt auf
zweierlei Weise, entweder [3]) nach einem Kaiserlichen Rescript, oder nach [4]) einer Weisung der Magistrate.

---

1) Vergl. den vorhergehenden Titel, Nr. 167.

2) Cajus §. 98. *Fr. 1. §. 1. Dig. 1, 7.* (*Modestinus lib. 2. regul.*).

3) Cajus: aut populi auctoritate, aut imperio magistratus, velut Praetoris, Consulisve. —. *Fr. 2. Dig.
1, 7.* (*Cajus lib. 1. Institut.*).

4) Imperio. Institutionen.

Nach einem ¹) Kaiſerlichen Reſcripte adoptiren wir
Diejenigen, welche unter eigner Gewalt ſtehen, und dieſe
195 Art der Kindes-Annahme heißt Arrogation. Auf das
Geheiß der Magiſtrate darf man die in ²) fremder Gewalt
„ Stehenden adoptiren, dieſe mögen nun *bei ihren natür-
„ lichen Aeltern* den erſten Grad ³) inne haben, — wie
der Sohn oder die Tochter, — oder den folgenden, —
„ wie der Enkel oder die Enkelin⁴). *Dieß heißt, mit ei-
„ nem ſowohl allgemeinen als beſondern Namen, eigent-
„ lich Adoption ⁵).

„ Vormals konnte man ohne Unterſchied einen unter
„ fremder Gewalt Stehenden adoptiren; und das *in po-
„ testate* des natürlichen Vaters ging auf den adoptiven
„ über*.

196 §. 2. Aber gegenwärtig iſt eine Conſtitution ⁶) unſeres glückſeligſten Kaiſers erfolgt, welche verordnet, daß,

---

1) Cajus §. 99. Populi auctoritate. — *Ulpianus lib.
reg. sing. 8*, 2. und 3. — Ueber die Form der Adoption vor Galba vergl. *Gellius N. Att.* 5, 19; *Cicero p. domo 13, Tacitus hist.* 1, 15.

2) In potestate parentum. Jnſtitutionen.

3) Liberorum. Jnſtitutionen.

4) Pronepos, proneptis. Jnſtitutionen.

5) Arrogo qui suus est, sed habet meus esse necesse.
Patris adopto suum, sed patris permanet idem. —
Gloſſe.

6) c. 10. Cod. 8, 48.

wenn Jemand einen in Gewalt Stehenden in Adoption
nimmt, die Gewalt des natürlichen Vaters nicht aufgelöst
wird, und nichts auf den Adoptiv-Vater übergeht, auch
das Kind nicht in dessen *potestate* wird, wenn gleich „
die erwähnte Constitution ihm die Intestat-Erbfolge *in
das Vermögen des ihn an Kindesstatt Annehmenden* zu „
gestand. Wenn aber der natürliche ¹) Vater ihn nicht einem Fremden, sondern *seinem Schwiegervater* zur Adop- „
tion gab, *der* dessen Großvater von der Mutter her 197
war, oder [wenn] auch zuweilen ein Emancipirter sei- „
nen, *nach der Emancipation gebornen* Sohn, *seinem „
Vater —* dem Großvater *des [an Kindesstatt] angenomme- „
nen* vom Vater her ²) — in Adoption gibt..... *Denn ³) „
in diesen Fällen wird ohne Streit — weil die natürlichen Rechte, (*d. h. die aus der Geburt*) und die der
Adoption sich in derselben Person vereinigen, — ⁴) Der
Sohn *in potestate* des Adoptiv-Vaters sein, mit dem
er durch Gesetz und Natur verwandt ist, und wird in der

---

1) Et legitimus — interpretirt die Glosse.

2) Vel proavo. Institutionen.

3) Ein Anakoluthon!

4) Manet stabile jus patris adoptivi, et naturali ɣincu-
   lo copulatum, et legitimo adoptionis nodo constric-
   tum [oder modo constrict. u. dergl.]. Institutionen.

„Familia und Gewalt des Großvaters vom Vater⌐)
„her sein*.

198   §. 3. *Es gibt aber viele Verschiedenheiten der
„Arrogation und Adoption, und die erste ist: die Arro=
„gation ²) geschieht beim Kaiser ³), die Adop=
„tion bei den Magistraten.

„   Ein zweiter Unterschied, daß die Arrogation
„bei Solchen Statt findet, die in eigner, die Adoption
„bei Solchen, die in fremder Gewalt stehen. Es gibt noch
„einen dritten Unterschied. Ein⁴) in eigner Gewalt
„stehender Minderjähriger konnte sonst nicht in Adoption
„genommen werden; zuletzt aber ist Dieß [doch] ⁵) mit
199 einem Vorbehalt zu thun gestattet worden. Denn* wenn
„ein, *in eigner Gewalt stehender* Minderjähriger durch
ein Kaiserliches Rescript in Adoption genommen wird, so
muß man untersuchen, ob ein rechtlicher Grund die Adop=
„tion bestimmt, (*das heißt, damit nicht der zukünftige

---

1) Man supplire: oder von der Mutter her, weil
oben von Beiden die Rede war.

2) Cajus §. 99.

3) Populi auctoritate. Cajus.

4) Cajus §. 102. *Ulpianus lib. reg. sing.* 8, 5.

5) Nunc ex epistola optimi Imperatoris Antonini, quam
scripsit Pontificibus,.... cum quibusdam conditioni-
bus permittitur. Cajus. *Ulpianus* (a. a. O.): ex
constitutione D. Antonini Pii.

Vater [die Adoption wegen einer schändlichen Liebe erfolgt „
wünscht*), und ob es dem Pupillen nützlich *oder auch „
nicht zuträglich* ist: *denn vielleicht ist der Adoptivvater „
überschuldet, und er reich, oder sogar verschwenderisch*. „
Und wenn sich Eins von diesen zeigt, so findet die Arro=
gation nicht Statt. Ueberdieß muß auch der Arrogator 200
einer öffentlichen Person [1]), d. h. dem Tabularius Si=
cherheit leisten, daß er — wenn es sich trifft, daß der
in Adoption Genommene minderjährig stirbt — das Ver=
mögen Denen zurückerstatten will, die zu seiner Erbschaft
gelangt sein würden, wenn derselbe sich nicht in Adoption
gegeben hätte. Der Arrogator kann aber einen solchen
Minderjährigen auch nicht anders emancipiren, als wenn
eine gegründete Ursache nachgewiesen ist. *Denn wie*? 201
wenn er *entweder dem Adoptivvater nachgestellt, oder sonst „
Etwas gethan hat, weshalb er* verdient, aus der Gewalt „
seines Adoptivvaters gejagt zu werden? [Dabei] müssen
ihm jedoch natürlich die *von ihm dem Adoptivvater zu= „
gebrachten* Sachen zurückgegeben werden. — Enterbt ihn
ferner der Adoptivvater bei seinem Ableben, oder eman=
cipirt er ihn bei seinen Lebzeiten ohne [2]) Ursache, so ist
er gehalten, ihm den vierten [3]) Theil seines eignen Ver=

---

1) Fr. 18. Dig. 1, 7; c. 2, 4. Cod. 8, 48.
2) Justa. Institutionen.
3) Den vierten Theil. Die spätern Griechen sagen mei=
stens: den dritten Theil, so Basiliken Th. V. S. 199.

202 mögens zu hinterlassen; zum Voraus genommen natürlich das zum Adoptivvater Mitgebrachte, wovon er ihm
nach der Adoption den Nutzen überließ.

„   *Alles Dieß fällt bei der Annahme eines in fremder
„ der Gewalt stehenden Minderjährigen hinweg;
„ erstens weil der in fremder Gewalt Stehende nichts zu
„ besitzen angenommen wird, und zweitens, weil der Va-
„ ter vorhanden ist, der Dieß untersuchen und ihn so [1])
„ in Adoption geben kann*.

203   §. 4. *Wir haben drei Unterschiede abgehandelt; re-
„ den wir daher auch von den Gemeinschaften der
„ Arrogation und Adoption; denn wo Verschiedenheit, da
„ wird gewiß auch Gemeinschaft sein* [2]). *Die erste Ge-
„ meinschaft ist Folgende*: Wer [3]) an Kindesstatt annimmt,
muß älter sein als der Angenommene, da [die Annah-
me] zur Nachahmung der Natur ersonnen ist, und *die
„ Natur sieht den Vater älter als den Sohn. Denn* es

---

znm *Fr. 8. §. 15. Dig. 5, 2;* und S. 246. Note e.
Harmenopulus, 5, 8, 88, und Psellus syn. leg.
vers. 476.

1) D. h.: erst nach vorgängiger Untersuchung.

2) Scholion: Er will sagen: daß bei allen Sachen,
von denen Verschiedenheiten benannt werden, auch Gemeinschaften Statt finden.

3) Cajus §. 106. *Fr. 40. §. 1. Dig. 1, 7.* (*Modestinus lib. 1. sentent.*).

wird für ein Unding *und der Natur zuwider* gehalten, „
zu sagen, daß der Sohn älter als der Vater ist. *Dieses gilt sowohl von denen, die in fremder, als von de- 204
nen, die in eigner Gewalt stehen*. Der Vater muß „
achtzehn Jahr alt sein, denn dieses Alter wird *plena* [1])
pubertas genannt, *d. h. volle Reife, wo auch die „
Spätreisenden reisen, indem [hier] die [körperliche] Be- „
schaffenheit zusammentrifft*.

§. 5. *Eine zweite Gemeinschaft besteht darin*: ich
kann nämlich an die Stelle eines Enkels, einer Enkelin, oder Urenkels oder Urenkelin und so weiter
annehmen, auch sogar wenn ich kein Kind habe.

§. 6. *Was aber nun gesagt werden soll, ist keine 205
Gemeinschaft, sondern vielmehr ein Unterschied, und zwar „
ist dieß der dritte[2]); denn bei Denen tritt es nicht ein, „

1) *Paulus sent. rec. 3, 4ª, 2.*: eo tempore, quo plerique pubescunt, id est anno decimo octavo. — *Cen-
sorinus de die natali c. 7:* [omnes intra septimum de-
cimum annum pubescere.

2) Im Principium des folgenden Titels sagt Theophilus,
es gäbe sechs Verschiedenheiten und sieben Uebereinstimmungen zwischen der Adoption und Arrogation. Drei
Verschiedenheiten zählen die §§. 1. 2. 3. auf. Es fragt
sich also, wo die übrigen aufgezählt sind. Die fünfte
im §. 7. am Ende, wo Fabrot und Curtius lesen:
οὐκ ἀνάγκη τὸν υἱὸν συναινεῖν. ἔστι δὲ πέμ-
πτη αὕτη ἡ διαφορά, was Reitz, wir wissen
nicht warum, wegläßt. Die sechste scheint §. 11. ge-

„ die in eigner Gewalt ſtehen*. Ich kann nämlich eines
Andern Sohn an Enkelsſtatt annehmen, und wiederum
„ einen fremden Enkel an Sohnesſtatt. *Es iſt nicht noth-
„ wendig, daß ich der Ordnung folge, die beim natürlichen
„ Vater iſt*.

206 *Eine vierte Gemeinſchaft iſt es, daß*, wenn Jemand einen an Enkelsſtatt annimmt, gleich als wäre er
von ſeinem — 1) natürlichen oder adoptiven — Sohn erzeugt, zuvor alle Mal auch der Sohn ſelbſt einwilli-
„ gen muß. *Denn da nach dem Tode des an Kindesſtatt
„ Annehmenden, der Angenommene in die Gewalt Desjeni-
„ gen verfallen muß, von dem er nach der Fiction der Adop-
„ tion 2) abſtammt, ſo muß der dazwiſchen Stehende ein-
„ willigen*, damit ihm nicht wider ſeinen Willen ein suus
Heres zu Theil werde. Wenn aber umgekehrt Jemand
einen Sohn, von dieſem einen Enkel hat, und den Enkel
„ *einem Andern* in Adoption gibt, ſo iſt nicht nöthig,
daß der Sohn einwillige, und das iſt die fünfte Ver-
ſchiedenheit 3).

---

meint. Die vierte ſteckt wohl in der Stelle unſres Textes: ἥτις ἐστὶ τρίτη, wo ohne Zweifel τετάρτη
[vierte] zu leſen iſt.

1) Vel quasi ex eo filio, quem habebat jam adoptatum,
vel quasi ex illo, quem naturalem in potestate sua
habet. Inſtitutionen.

2) Einige leſen: der Natur.

3) Siehe Seite 123, Note 2.

§. 8. *Es gibt auch eine fünfte Gemeinschaft der 207
Arrogation und Adoption, darin*: Wen [1]) ich an Kindesstatt nehme durch Arrogation oder Adoption, — sei es
beim Kaiser oder beim Prätor oder Archon, — der aber kein
Fremder ist, diesen kann ich einem Dritten zur Adoption geben. *Wie in vielen Anderm, so ist auch hierin
eine Uebereinstimmung der Arrogation und Adoption*.

§. 9. Eine *sechste* Gemeinschaft der Arrogation 208
und Adoption bietet uns [2]) der Eunuch dar.

*Nimm aber Folgendes als Einleitung. Eunuch [3])
ist ein allgemeiner Name, der in drei [Theile] zerfällt.
Von den Eunuchen sind einige Spadonen, andre Kastraten, noch andre Thlibien. Spadonen sind, die wegen
eines Fehlers oder wegen Kälte, die die Zeugungstheile
betroffen, gehindert werden, Kinder zu zeugen, aber zeugen, wenn jener [Fehler] gehoben ist. Thlibien aber, 209
die von der Amme oder der Mutter vielleicht eine Eindrü-
ckung der Testikeln erlitten haben. Kastraten sind, bei

---

1) In pluribus autem causis adsimilatur is, qui adop-
tatus vel arrogatus est, ei, qui ex legitimo matrimonio natus est, et ideo si quis. ... Institutionen.

2) Quod et ii qui generare non possunt, quales sunt
spadones, adoptare possunt, castrati autem non possunt. Institutionen. — Cajus §. 103. *Ulpianus*
lib. reg. sing. 8, 5. — *Fr. 2. Dig. 1, 7.*

3) Siehe Harmenopulus Enchirid. 2, 8, 3.

„ denen eine Wegschneidung der Zeugungstheile vorgenom=
„ men worden*.

„   *Da Dir nun Dieß vorläufig bekannt ist, so achte
„ auf den weitern Vortrag. Es ist gefragt worden, ob der
„ Eunuch an ·Kindesstatt annehmen darf? und wir be=
„ haupten, daß der Kastrat und der Thlibie weder
„ einen in eigner Gewalt Stehenden beim Kaiser, noch
„ einen in fremder Gewalt Stehenden beim Magistrat an
„ Kindesstatt annehmen kann. Denn Wem die Natur ver=
„ sagt hat, Kinder zu zeugen, dem [versagt es] auch das
210 Gesetz[1]), der Natur Fußstapfen folgend; denn diese ha=
„ ben keine Hoffnung, Kinder zu zeugen. Der Spado
„ aber wird, weil ihm Hoffnung ist, — denn es ist wahr=
„ scheinlich, daß er, von seinem Fehler befreit, Kinder
„ erzeugen kann, — an Kindesstatt annehmen, sowohl Den,
„ der in fremder, als Den, der in eigner Gewalt steht.
„ Aber der Spado, der einen in eigner Gewalt Stehen=
„ den an Kindesstatt annimmt, wird ihn nicht in potes-
„ tate haben; der Angenommene wird immer ein Frem=
211 der[2]) bleiben. Denn wie kann der Spado Großvater
„ vom Vater oder von der Mutter her sein? wenn man
„ nicht etwa sagt, Spado sei nicht nur der, welcher
„ vom Anfang an keine Kinder erzeugen konnte, es nur

---

1) Fr. 1, 6. Dig. 1, 7.
2) Extraneus.

hoffte, sondern auch der, welcher vorher Kinder erzeugen „
konnte, aber nachmals durch einen ihn betreffenden Unfall „
in die Unfähigkeit versetzt wurde, Kinder zu zeugen*.   „

§. 10. *Es gibt noch eine siebente Gemeinschaft, wel- 212
che das Frauenzimmer¹) bewirkt*. Ein Frauenzim- „
mer kann *nämlich* nicht *weder durch Arrogation noch „
durch Adoption* Jemand an Kindesstatt annehmen²). „
*Denn diese Annahme gibt uns die Gewalt über das „
Kind*. [Nun] aber hat sie nicht ihre natürlichen Kinder
in Gewalt, *und das Gesetz folgt der Natur; folglich „
kann sie Niemanden an Kindesstatt annehmen*; wenn „
sie nicht etwa aus Gnade des Kaisers, zum Ersatz für
ihre verlornen Kinder, annehmen will; *so jedoch, daß „
ein Frauenzimmer, welches keine Kinder hatte⁸), nicht „
einmal durch Kaiserliches Rescript Jemanden adoptiren „
wird*.

§. 11. *Zu⁴) den schon erwähnten Verschiedenheiten 213
kömmt noch die*: Wenn ich Einen an Kindesstatt annehme,

---

1) Cajus §. 107. *Ulpianus lib. reg. sing. 8, 8. Fr.
2. Dig. eod.*

2) Nach der Novelle 26. 27. von Leo dürfen Kastraten und
Frauenzimmer adoptiren.

3) Nach einer sehr guten Emendation von Reiß: ἔχουσα in ἔχουσα (hat in hätte).

4) *Illud proprium est illius adoptionis, quae per sacrum oraculum fit.* Institutionen. — Cajus §. 107.

der in ſeiner Gewalt ein Kind hat, ſo folgt ihm das Kind;
und erſterer wird bei mir an Sohnes-, letzterer an En-
„ kelsſtatt ſein. *Wenn ich aber einen in fremder Gewalt
„ Stehenden annehme, von welchem ein Kind erzeugt iſt,
„ ſo geht nur er über, und läßt das Kind bei ſeinem na-
„ türlichen Großvater. Der Grund iſt offenbar, weil Der,
„ welcher in Gewalt ſteht, nicht in Gewalt haben kann.
214 Daß aber Jemand, der einen in Gewalt ſtehenden Sohn
„ hat, und in Adoption genommen wird, ſeinen Sohn
„ mitnimmt, folgt daraus, daß* Auguſtus nicht eher den
„ Tiberius, *der nachmals Kaiſer wurde*, an Kindesſtatt
„ annahm, bevor dieſer den Germanicus an Kindesſtatt
„ annahm. Denn *da* er *den Tiberius an Sohnes-,
„ den Germanicus aber an Enkelsſtatt haben, *und dieß
„ durch Eine Adoption bewirkt [wiſſen] wollte, ſo veran-
„ ſtaltete er, daß erſt Germanicus vom Tiberius adoptirt
„ wurde, worauf er ſelbſt nun den Tiberius annahm*.
215   §. 12. *Es nimmt Jemand ſeinen Sklaven an
„ Kindesſtatt an; wir fragen, ob die Annahme gültig iſt,
„ oder was daraus hervorgeht*? 'Die Alten ſagen, Cato
„ habe behauptet, daß die Adoption *nicht Statt habe 1),
„ weil ſie nur bei Freien gültig iſt. Aber wenn die An-

Ulpianus lib. reg. sing. 8, 8. — Fr. 2. §. 2. Fr.
40. Dig. 1, 7.

1) *A. Gell.* 5, 19. gegen das Ende.

nahme gleich als Annahme ungültig ist, so macht sie
doch den Sklaven frei. *Denn Wer den Sklaven an Kindesstatt annehmen will, der muß offenbar bemüht sein, ihn 216
stillschweigend von der Sklaverei zu befreien. Er bewirkt
also nicht, was er aussprach; aber er wirkte aus, was
er n i c h t [1] im Sinn hatte*. Hierdurch bewogen [2] hat
unser göttlichster Kaiser verkündigt [3], daß, wenn Jemand
in's [4] Gericht kömmt und in den Akten von einem
Sklaven sagt: er ist mein Sohn — der Sklave zwar nicht
Sohn sei, aber aufhöre, Sklave zu sein [5].

---

[1] Nicht fehlt bei Fabrot wegen des vorhergehenden
stillschweigend.

[2] Quare et nos eruditi. Institutionen.

[3] c. un. §. 10. Cod. 7. 6.

[4] Actis intervenientibus. Institutionen.

[5] Nach diesem Titel schaltet Cajus die Lehre von
der manus und dem mancipium ein.

Zwölfter Titel.

Auf welche Weise die väterliche Gewalt aufgelöst wird.

[Quibus modis jus [patriae] potestatis solvitur].

217   *Aus dem Vorhergehenden haben wir gelernt, in An-
„ Welcher wir das *in potestate* haben, d. h. über die
„ Sklaven und unsere Kinder — sowohl natürliche als adop-
„ tive. Wir haben durchgangen die Verschiedenheiten und
„ Gemeinschaften der Arrogation [und Adoption], (es sind
„ sechs Verschiedenheiten und sieben Gemeinschaften)*; se-
„ hen wir [daher] nun, auf welche Weise das *in potas-*
„ *tate* sich auflöst[1]). *Denn Was auf irgend eine Art
„ entsteht, das wird auch auf eine Art aufgelöst*.

218   Das[2]) *in potestate* gegen die Sklaven löst
„ der Weg der Freilassung auf — *auf wie viel Arten die
„ Freilassung erfolge*, haben wir [damit] beginnend, an-
„ geführt, *denn das Ende des Herrn verkündigt nicht das
„ Aufhören der Sklaverei, sondern die Veränderung des
„ Eigenthums*.

---

1) Cajus §. 124. Quibus modis ii, qui alieno juri subjecti sunt, eo jure liberentur; eingeschlossen die Aufhe-
bung der manus und des mancipium.

2) Cajus §. 126.

*Das *in potestate* gegen die Kinder wird „
auf sehr vielerlei Art aufgehoben. Einmal macht [1]) des „
Vaters Tod den Sohn zum eignen Herrn, Du mußt „
aber wissen, daß *Parentes* alle Ascendenten, *Liberi* alle „
Descendenten heisen. — Der Satz; daß* das Ableben 219
des Vaters den Sohn zum eignen Herrn macht, hat
einige Einschränkung, denn wenn der Abgelebte Vater ist,
so treten der Sohn und die Tochter ohne Streit in eigne „
Gewalt; stirbt aber der Großvater, so treten die Enkel und Enkelinnen nicht immer in eigne Gewalt. *Man
muß vielmehr auf die Zeit des Ablebens des Großvaters „
achten, und* wenn sich *die Zwischenperson* findet — *d. „
h.* der in [Vaters] Gewalt stehende Sohn, so werden
die dem Großvater zu der Zeit, wo er starb, unterwor- 220
fenen Enkel in die Gewalt ihres Vaters kommen. Denn [2])
beim Ableben des Großvaters fallen die Enkel in die Gewalt ihres Vaters. Wenn aber die *Zwischen*person vor „
dem [3]) Vater starb, oder aus dessen Gewalt [4]) entlassen

9 *

---

1) Cajus §. 127. *Ulpianus lib. reg. sing.* 10. §. 2.

2) Wir folgen hier einer von der gewöhnlichen abweichenden Interpunktion.

3) Vor ihrem.

4) Einige Ausgaben der Institutionen, (z. B. Contius;
f. Cramers Dispunktionen), die Colladonische Handschrift, setzen hinzu: per emancipationem.

„ war, dann werden die *Enkel*, da [1]) ſie nicht in deſſen
Gewalt übergehn [können], ihre eignen Herrn.

221 §. 1. *Die Gewalt [2]) über den Sohn löſt auch die
„ Deportation des Vaters auf*. Denn wenn Jemand wegen
„ eines Verbrechens angeklagt iſt, überführt wird, und
„ vom Magiſtrat [3]) folgende Weiſung erhält [4]): *Volo te*
„ *deportari in illam insulam*, d. h. ich will, daß Du
„ auf jene Inſel geſchafft wirſt, — ſo entzieht ihm, mit
„ dem Ausſpruch der Weiſung [5]), das Geſetz das Bür-
„ gerrecht und Vermögen, und er wird *Peregrinus* [6]), des
„ Römiſchen Bürgerrechts beraubt. Und [zwar] in der
„ Maaſe, daß, gleichwie bei ſeinem Ableben, *ſo auch bei
„ der Deportation*, der Sohn aufhört *in potestate* zu
222 ſein. *Denn da das Kind ein Römer iſt, ſo kann es

---

1) Die Inſtitutionen meiſtens qui, Cujas quia.

2) Cajus §. 128. *Ulpianus lib. reg. sing. 10, 3.*

3) Der Präfectus Urbi, nicht dem Präſes, ſ. *Fr.* 2. §. 1.
Dig. 48, 19; Fr. 6. §. 1. Dig. 48, 22. Reiß.

4) Scholion: das heißt, ich verbanne [ἀναβαστάζω]
dich auf jene Inſel. Ein ſolcher wird auf den Ort be-
ſchränkt, und kann nicht wieder zurückkehren. Dem Re-
legirten aber wird unterſagt, nach dem Ort zurückzukeh-
ren, von welchem er verwieſen iſt.

5) Daſſelbe gilt von Dem, *cui aquâ et igni interdictum*
fuerit. Cajus §. 128. *Ulpianus lib. reg. sing.* 10. §. 3.

6) *Cum autem is, qui ob aliquod maleficium in insu-*
lam deportatur.... Inſtitutionen.

nicht in der Gewalt eines Peregrinus stehen; nur die „
Römer haben ihre Kinder *in potestate**.   Auch wenn „
das Kind deportirt wird, hört es auf in fremder Gewalt „
zu stehen, *denn als peregrinus kann es nicht in der „
Gewalt eines Römers stehen*.   Wenn [1]) es indessen, „
durch die Gnade des Kaisers [2]) zurückgerufen, das Bür- „
gerrecht wieder erhält, wird ihm Alles [3]) in den vorigen
Stand zurückgestellt.

§. 2. *Wenn [4]) der Vater nicht deportirt, sondern 223
relegirt wird, — denn der Magistrat sagte: *Relego te* „
in illam insulam, d. h. ich entferne dich auf diese In- „
sel — so nimmt das Gesetz dem Vater nicht das Bürger- „
recht, deshalb bleibt er in seiner Lage, und behält* [5]) sei- „
ne Kinder in Gewalt; und umgekehrt, wenn die Kin- „
der relegirt werden, kommen sie nicht aus der väterlichen Gewalt.

§. 3. *Es [6]) ist Einer angeklagt, weil er Etwas 224
verbrochen; hierauf wird er des Verbrechens überführt, „

---

1) Die Institutionen, im Pluralis: si restituti fuerint.
2) Principis: aliàs principali. *GL.*
3) Martinus las, [wie noch Biener], restituti fuerint
   per omnia (;); Accursius: restituti fuerint (,)
   per omnia... *GL.*
4) *Fr. 4. Dig.* 48, 22.
5) Relegati autem patres in insulam... Institutionen.
6) Poenae servus effectus, filios in potestate habere de-
   sinit; Servi autem poenae efficiuntur, qui metallo dam-

„ und der Magiſtrat ſpricht aus: ich ſchicke dich in das
„ Bergwerk oder überliefre dich den wilden
„ Thieren. Dieſer wird ſogleich Sklave; er verliert
„ mit der Strafe nicht nur das Bürgerrecht; ſondern auch
„ die Freiheit, und ſeine Kinder kommen auf dieſe Weiſe
„ in eigne Gewalt*.

§. 4. Ein in [Vaters] Gewalt Stehender folgt dem
bewaffneten Heer, oder wird Senator oder auch Conſul;
nichts deſto weniger bleibt er in des Vaters Gewalt. Denn
225 *die Ehre* des Kriegsdienſtes oder des Conſulats
macht den Sohn nicht zum eignen Herrn [1]). Aber wenn
der in Gewalt Stehende Patricier wird, dann wird
er, nach einer Conſtitution [2]) unſers Kaiſers, zugleich
mit dem Empfang der Codicille des Patriciats, [auch]
von der väterlichen Gewalt befreit. Denn Wer würde es
ertragen, daß der Vater zwar durch die Emancipation

---

nantur et qui bestiis subjiciuntur. Inſtitutionen. —
*Sed novo jure nemo ingenuus fit servus ex supplicio, ut
in Auth. de nupt. §. quod autem et §. si vero.* [Nov. 22.
cap. 8. und 9.]. *GL.*

1) AUTHENTICA Sed episcopalis Cod. de episc-
    cop. [Nov. 81. hinter const. 34. Cod. 1, 3.]:
    *Sed hodie omnis dignitas liberans a curia, et
    Episcopalis ordinatio liberos a potestate patria
    eximit, peculio eis ex hoc concesso, omnique
    jure legitimo integro eis servato.*

2) Const. 5. Cod. 12, 3.

das Band der Gewalt auflösen kann, die Macht der Kaiserlichen Hoheit aber nicht vermag, Den der väterlichen Gewalt zu entziehen, den sie sich selbst zum Vater machte?

§. 5. *Es trifft sich*: Mein Vater [1] wurde von 226 den Feinden gefangen genommen, und folglich ein Sklave der Feinde. *Wir fragen: ob ich, des Gefangenen „ Sohn, in meine Gewalt komme oder nicht? Aber* ich „ kann mich in der That nicht als frei ansprechen, wegen der Hoffnung des Postliminium. *Postliminium [2]) ist „ ein Recht*, welches den von den Feinden Zurückkehrenden ihren ganzen vorigen Stand wiederherstellt. *Warum es „ Postliminium heiße, werden wir im Folgenden erfahren*. „ Der zurückkehrende Vater nimmt seine Kinder unter sein 227 in *potestate*, denn das Postliminium nimmt ihn so an, als wäre er immer im Bürgerrecht [2]) geblieben, *und nie aus ihm gekommen. In der Zwischenzeit kann ich „ mich aber auch nicht als in Gewalt stehend nennen, denn „ wie kann ich als Römer in der Gewalt eines Sklaven „ der Feinde stehen? Die [Attribute] der Gewalt sind da„ her in der Zwischenzeit suspendirt; und wenn der Vater 228 zurückkehrt, so komme ich [wieder] in seine Gewalt*; „ wenn er aber dort stirbt, werde ich frei. *Daß ich frei „

---

1) Cajus §. 129; *Ulpiánus lib. reg. sing. 10, 4.*
2) *Fr. 19. Dig. 49, 15.*
3) **Civitate.** Institutionen.

„ werde, wenn er bei den Feinden stirbt, darüber ist man
„ einverstanden; aber wir fragen, von welcher Zeit an ich
„ von der Gewalt befreit scheine? ob* von da an, wo er
„ gefangen wurde, *oder wo er unter den Feinden starb?
„ [1]) Es ist hier allerdings, und [zwar] ein großer Unter-
229 schied. Denn setze, es hatte Einer zwei Söhne, und
„ ein Vermögen von zweitausend Goldstücken, und wäre
„ von den Feinden gefangen worden. Von diesen [Söhnen]
„ war einer emsig, nahm aus dem väterlichen Vermögen
„ Tausend Goldstücke, und wußte ein Tausend Goldstücke
„ durch seine Bemühungen mit Handeln zu gewinnen; der
„ andere war träge und machte keinen Gewinn. Nach ei-
„ niger Zeit kam die Nachricht, der Vater wäre bei den
„ Feinden gestorben. Sie wollten also die väterliche Ver-
230 lassenschaft theilen. Der Nachlässige sagte: Jetzt da un-
„ ser Vater wirklich todt ist, sind wir eigne Herrn; nun
„ gehört aber Alles, was Du, der Fleißige, erworben,
„ dem Vater, wir müssen also die drei Tausend theilen. d.
„ h. [jeder] ein Tausend fünf Hundert nehmen. Der Fleißige
„ sagte aber: wir sind von der Zeit an frei geworden, wo
„ es sich traf, daß unser Vater gefangen wurde, denn der
„ nicht Zurückkehrende scheint zu jener Zeit gestorben zu sein.
„ Als eigner Herr aber habe ich Alles, was ich gewonnen,

---

1) Im Cajus noch unentschieden vorgetragen.

mir und nicht einem Andern erworben. — Und wir folgen eher dieser Meinung*.

Aber auch, wenn mein Sohn oder Enkel von den 231
Feinden gefangen werden, so sagen wir auf gleiche
Weise, daß das Recht der [väterlichen] Gewalt [1]) gegen
ihn suspendirt sei.' *— Ich sage nicht, ich hätte den Sohn
nicht in der Gewalt — wegen des Rechts des Postliminium: denn es ist möglich, daß er zurückkehrt; und
wie kann Einer, der ein Mal aus meiner Gewalt getreten ist, sofort wieder derselben unterworfen werden?
und das Postliminium gibt mir nicht nur die Gewalt, 232
die ich über Andere hatte, wieder, sondern stellt auch die
Gewalt wieder her, die Andre über mich hatten. Ich sage
aber [auch] nicht, daß mir die Gewalt über den Sohn erhalten würde; denn wie kann ich einen Sklaven der Feinde in
meiner Gewalt haben? Daher wird die Gewalt in sus-
penso bleiben*.

Das Postliminium heißt so: *a limine et post*, 233
d. h. von der Schwelle und dem hernach. Denn
wir sagen von Dem, der von den Feinden gefangen worden, und nachher in die Römischen Gränzen zurückkehrt,
mit Recht: er kehre durch das postliminium zurück.

---

1) Propter jus postliminii. Institutionen.

„ Denn ſo, wie die Schwellen in den Häuſern [1] die Gränzen der Wohnungen ſind, ſo haben die Alten auch eine
Schwelle oder Gränze der Römiſchen Herrſchaft gewollt.
234 hiervon kam der Name *Limes*, gleichſam Ende und
Gränze; daher hieß es auch Poſtliminium, weil er
aber dieſelbe Schwelle zurückkehrt, über die er *bei ſei-
„ ner Gefangennehmung durch die Feinde* verloren ging.
„ Nicht nur* Der hat das Poſtliminium, *der den Fein-
„ den entflieht, oder von ihnen entlaſſen wird, ſondern*
„ auch Der von uns, nach Beſiegung der Feinde, befreit
worden [2]).

235   §. 6. Das *in potestate* löſt auch die Emancipa-
„ tion auf. *Und was iſt Emancipation [3])? Eine
„ Handlung, die drei Emancipationen und drei Freilaſſun-
„ gen, oder eine Emancipation und eine Freilaſſung be-
„ greift. Sonſt [4]) geſchah die Emancipation ſo: Es waren

---

1) Quendam finem faciunt, sic et imperii finem limen
   esse veteres voluerunt. Inſtitutionen.

2) AUTHENTICA [12. cap. 2.].
   Cum incestas nuptias pater contraxerit, liberi
   ex priori matrimonio, supplicio patris, sui
   juris fiunt.

3) Cajus §. 119. 132. *Ulpianus lib. reg. sing. 10, 1.*
   Hugo's Rechtsgeſch. §. 94.

4) Et emancipatio antea quidem vel per antiquam legis
   observantiam procedebat, quae per imaginarias vendi-

fünf Zeugen zugegen, und ein Waagehalter, der eine „
Waage und eine eherne Münze [1]) trug, und eine Mit- „
telsperson. In deren Beisein kaufte nun die Mittelsper- 236
son den Sohn vom Vater, indem er ihm als Schein- „
preis die Eine Münze gab, und so kam der Sohn in die „
Gewalt der Mittelsperson, gleichsam als Sklave. Die „
Mittelsperson gab [den Sohn] durch die vindicta frei, „
und jener lief nun nach einer stillschweigenden Bedingung „
in das in potestate des Vaters zurück. Er verkaufte „
ihn zum zweiten Male auf dieselbe Weise, und der Em- „
pfänger gab ihn durch die vindicta los, und er kehrte 237
wiederum nach einer stillschweigenden Bedingung in die „
Gewalt des Vaters zurück. Er verkaufte ihn zum dritten „
Mal [2]), und so löste sich das in potestate auf, er wurde „
durch die vindicta freigegeben [3]) und wurde sein eigner „
Herr. So lösen das in potestate [4]) drei Emancipatio- „
nen und drei Freilassungen auf. Emancipation hieß nun „
der Verkauf, der auf die beschriebne Art geschah. Drei „

---

tiones et intercedentes manumissiones celebrabatur,
vel ex imperiali rescripto. Institutionen.

1) Auch die Waage war von Erz. Cajus §. 119.

2) Vor Fabrot: er verkaufte ihn dem Vater.

3) Scholion: denn die dritte Freiheit nach dem Verkauf gab der Vater, und zwar durch die *Vindicta.*

4) Nämlich: gegen den Sohn.

„ Emancipationen und drei Freilaſſungen machten den Sohn
„ zum eignen Herrn. Der Sohn wurde aber deswegen
238 verkauft, damit er in die Sklaverei gebracht zu ſein
„ ſchien, und [dann] paſſender Weiſe ihm die Freiheit dar=
„ gereicht wurde; denn ein Freier konnte nicht freigelaſſen
„ werden. — Aber die Tochter, der Enkel, die En=
„ kelin und die übrigen Perſonen wurden durch eine
„ Emancipation und eine Freigebung ſelbſtſtändig. — Dieß
„ geſchah auch nach einem Kaiſerlichen Reſcript¹). — Aber

---

1) Die Handſchriften haben ſtatt δίχα βασιλ. ἀντιγραφῆς,
ohne ein Kaiſerliches Reſcript. Curtius überſetzt auch:
agebantur autem haec et sine principis rescripto. Fa=
brot und Reitz leſen, wie unſere Ueberſetzung an=
nimmt: διὰ βασ. ἀντιγρ.: durch ein Kaiſerl. Re=
ſcript. Aber beides gibt nur einen dürftigen Sinn.
Beſſer iſt es wohl, wenn man lieſt: δίχα, βασιλικῇ
ἀντιγραφῇ, oder δίχα, διὰ βασιλικῆς ἀντιγραφῆς,
d. h.: Dieſes bewirkte man auch außerdem (d.
h. neben der feierlichen Emancipation), oder vielleicht
δίχαι abgeſondert, getrennt, [vel absentes,
et peregre degentes, vel in iisdem locis seu regioni=
bus, vel civitatibus commorantes, in judicio vero
non praesentes], nach einem Kaiſerlichen Re=
ſcript, d. h. entweder in Gemäßheit einer, dieſen
Fall ein für alle Mal entſcheidenden Verordnung, wel=
ches die Lex Anastasiana, Const. 5. Cod. 8, 49. ſein
würde, oder durch ein Kaiſerl. Reſcript, welches für
jeden einzelnen Fall ausgebracht werden mußte. So
daß alſo Theophilus die Worte der Inſtitutionen: vel
ex imperiali rescripto, erläuterte.

Das [war] sonst. Denn* es erfolgte nachher eine Consti- 239
tution unsers glückseligsten Kaisers[1]), welche[2]) Dieß auf
das Schönste einleitete, so daß wir den alten Gebrauch
und die Scheinverkäufe unterlassen und die Aeltern zu „
dem einschlagenden Richter oder dem Archon[3]) gehen und
ihre Söhne oder Töchter und so weiter aus ihrer Gewalt
entlassen können, *indem sie einfach erklären: ich eman- „
cipire Diesen und entlasse ihn aus meiner Hand*. Und „
wenn ein Emancipirter oder eine Emancipirte *nach dieser 240
Emancipation kinderlos und mit einem Testament* sterben „
sollte, so werden, nach dem Edikt des Prätor, dem freigebenden Vater auf das Vermögen des verstorbenen Kindes
dieselben [Rechte] zugestanden, welche dem Patron auf das
Vermögen des Freigelassenen gegeben werden, der kinderlos, mit einem Testament stirbt[4]). Trifft es sich, daß die
Emancipirten minderjährig sind, so wird der Freilassende
ihr Vormund; *denn dem Geschenk der Freiheit folgt die „
Bürde der Vormundschaft nach*.

§. 7. [5])Es hatte Einer seinen Sohn, und von die- 241
sem einen Enkel oder eine Enkelin in der Gewalt. Er

---

1) *Const.* 6. *Cod.* 8, 49.
2) Einige Institutionnausgaben: *et hoc.*
3) *Judices vel Magistratus.* Institutionen.
4) *Fr.* 14 *Dig.* 37, 12.
5) Cajus §. 133. *Fr.* 28. *Dig.* 1, 7. (*Cajus libro* 1.
Institut.).

kann den Sohn emancipiren und die Enkel in der Ge=
walt behalten, und umgekehrt die Enkel emancipiren und
den Sohn *in potestate* behalten. Wenn er einen Ur=
enkel oder eine Urenkelin hat, ſo behaupten wir Daſſelbe,
„ *daß er den Urenkel emancipiren dürfe, den Sohn und
„ [die] Enkel aber beibehalten, oder umgekehrt, den Sohn
„ und [die] Enkel emancipiren, und den Urenkel zurückbe=
„ halten*, oder auch alle emancipiren.

242   §. 8. Es gibt noch eine andere Art, die Das *in
     potestate* auflöſt. Denn wenn ich den in meiner Ge=
„ walt ſtehenden Sohn zur Adoption gebe dem Groß=
„ vater, *vom Vater oder von der Mutter her*, ſo wird
     Das *in potestate*, was ich über ihn habe, aufgelöſt [1]).
     Dieß geſchieht auf folgende Weiſe vor den Akten, welche
     beim zuſtändigen Gericht verhandelt werden. Denn es
243 muß der Vater *beim Eintritt* — in Gegenwart des
„ *Großvaters*, der ihn in die Gewalt nehmen will, und
     mit Einwilligung und ohne Widerſpruch des Sohns, der in
„ Adoption kommen ſoll —.... *wenn der Vater ſeine Ab=
„ ſicht angegeben hat, ſagend: ich gebe dieſen Jenem in
„ Adoption*; — dann [2]) iſt das [Recht] der Gewalt auf

---

1) Secundum nostras Constitutiones, super his habitas.
   Inſtitutionen. — Vergl. c. 11. 12. Cod. 8, 48.
2) Solvitur quidem jus potestatis patris naturalis: tran-
   sit autem in hujus modi parentem adoptivum, in cu-

den Großvater übertragen. Von diesem Falle haben wir
gesagt, daß die Adoption ihre Wirkung äußere und den
Angenommenen zum Haussohn macht.

§. 9. [1] Es hätte jemand in seiner Gewalt einen 244
Sohn, der eine schwangere Frau hatte; er emancipirte
den Sohn, oder gab ihn *dem Großvater* in Adoption. „
Nachher wurde ein Enkel geboren. *Wir fragen, in wes- „
sen Gewalt das Kind ist: ob des Großvaters oder des „
Vaters.* Und wir behaupten, es sei *in potestate des* „
Großvaters; denn bei gesetzlichen Ehen beachten wir die „
Zeit der Conception. Da nun die Empfängniß geschah, 245
war der — diesen erzeugende — Sohn in der Gewalt; „
folglich ist er in der Gewalt seines natürlichen Großvaters*. „
Ist er aber nach der Emancipation oder Adoption empfan- „
gen *und geboren*, so wird er der Gewalt seines [eman- „
cipirten] Vaters oder des Adoptiv-Großvaters unterworfen.

§. 10. [2] *Im Allgemeinen* müssen wir Das wissen, „
daß der in meiner Gewalt stehende Sohn, er mag natürlich oder adoptiv sein, mir keineswegs die Nothwendigkeit
auferlegen kann, ihn zu emancipiren.

jus persona adoptionem plenissimam esse, antea diximus. Institutionen.

1) Cajus §. 135.

2) Fr. 31. Dig. 1, 7. (*Marcianus lib. 5. Regularum*).

Dreizehnter Titel.

Ueber die Tutelen[1]).
[De tutelis].

246   *Wir haben erklärt, daß von den Menschen einige
„ Sklaven, andere frei sind, von den freien einige frei
„ geboren, andre freigeworden. Wir haben auch die zweite
„ Eintheilung abgehandelt, daß Einige in eigner, Andre
„ in fremder Gewalt stehen. Da wir nun die Gewalt über
„ die Sklaven sowohl, als über die Kinder, — welche[2])
„ uns entweder gesetzliche Ehe verleiht, oder auch die Adop-
„ tion, — abgehandelt, auch ihre Auflösungen erklärt haben, so* [3]) laßt uns zu einer andern Eintheilung übergehen. Von den in eigner Gewalt Stehenden sind Eini-
247 ge unter Tutel, Andre unter Curation, noch
   Andre weder unter Tutel, noch Curation. *Da
„ es aber Viele gibt, die keines von Beiden betrifft, so*
   wollen wir von den unter Tutel und Curation Stehenden reden. Denn wer unter Diesen nicht ist, ist unter
   Jenen. [4]) Zuerst wollen wir von den unter Tutel Ste-
„ henden reden. *Ueberhaupt aber mußt Du wissen, daß

---

1) Vergl. Harmenopulus 5, 11.
2) Nämlich: Gewalt.
3) Cajus §. 142.
4) Cajus §. 143.

es den in Andrer Gewalt Befindlichen fremd sei, in Tu= „
tel zu stehen, sondern [daß] es den in freier Gewalt Ste= „
henden eigen sei*.

§. 1. *Und zuerst wollen wir erklären, was Tu= 248
tel ist*. Tutel[1]) ist, wie Servius erklärt, ein gewis=
ses Recht[2]) und Gewalt, *verliehen* über ein freies „
Haupt, *ausgesonnen* zu seinem Schutz, wegen der „
Schwäche seiner Jugend, die sich selbst nicht vorstehen
kann; überlassen[3]) nach civilrechtlicher *Feinheit*[4]). „

§. 2. Tutoren sind also, welche die bezeichnete 249
Macht und Gewalt haben; *denen obliegt, für den Münd=
ling zu sorgen und sein Vermögen zu beachten*. Sie „
erhielten von Dem, *was durch sie geschah*, ihren Na= „
men, denn sie heißen *auf Römisch* tutores, quasi tui= „
tores *wären*, in sofern sie das Vermögen des Münd= „
lings an eine sichere Stelle brächten und[5]) ihn überall „
vertheidigten*; so wie[6]) aeditui die *Priester* genannt „

1) Fr. 1. Dig. 26, 1. (Paulus lib. 38. ad Edictum).
2) Recht, wie auch Harmenophlus und Psellus
   (Vers 263); in den Institutionen und Pandekten mei=
   stens Vis et pot.
3) Data ac permissa. Institutionen.
4) D. h. nach der Feinheit [Subtilitas] des Civilrechts.
5) Atque defensores. Institutionen.
6) Aeditores. Fabrot nach Manuscripten.

10

„ werden, *qui aedes tuentur,* *d. h.: welche über die
„ Tempel wachen*.

250 §. 3. *Zuerst wollen wir sagen, wer wem Tutoren
„ hinterläßt. ¹) Tutoren hinterlassen die Väter ih;
„ ren in Gewalt befindlichen Kindern im Testament. Al;
„ lein wir sagten kurz zuvor, daß es den in Gewalt Ste;
„ henden fremd ist, in Tutel zu stehen; Du mußt aber
„ wissen, daß [sie] zwar den Kindern, die [noch] in Ge;
„ walt stehen, hinterlassen werden, aber [erst] nach dem
„ Ableben des Vaters, wenn die Kinder ihre eignen Herren
„ werden. Denn dann tritt auch das im Testament Nie;
251 dergeschriebne in Kraft*. Die Väter hinterlassen also,
ihren unmündigen, in ihrer Gewalt stehenden Kindern
einen Vormund im Testament, sowohl den männlichen
als weiblichen. ²) Den Enkeln und Enkelinnen ist dann
zu hinterlassen möglich, wenn sie nach des Großvaters
Tode nicht in ihres Vaters Gewalt zurückfallen werden.
So daß also, wenn Jemand einen Sohn in Gewalt hat,
„ *von diesem einen Enkel, und dem Enkel einen Vormund
252 im Testament hinterläßt, — in dem Fall, daß zur Zeit
„ des Ablebens des Testators die Zwischenperson in Gewalt

---

1) Cajus §. 144. *Ulpianus lib. reg. sing. 11, 15. Fr.
1. Dig. 26, 2. (Cajus lib. 12. ad Edict. provinc.):
Lege XII. Tabularum permissum est....*

2) Cajus §. 146.

blieb —*, die Enkel nicht in der Tutel des testamentarischen Tutors stehen werden[1]), *denn* da sie nach dem Tode des Großvaters in die Gewalt ihres Vaters kommen, *so werden sie in keinem Falle bevormundet, denn es heißt: „es ist einem Haussohn fremd, in Tutel zu stehen. Ist „es aber der Fall, daß zur Todeszeit die Zwischenperson ihr „eigner Herr ist, dann ist, — weil des Großvaters Tod „den Enkel frei macht, — die Verleihung der Tutel gültig, „da sie sich auf einen, in eigner Gewalt Stehenden bezieht*. „

§. 4. [2])*Daß wir den in [3]) der Natur [vorhandnen] 253 Kindern* Vormünder hinterlassen können, *ist klar; ob „aber* auch den posthumis? *Posthumi sind die n a c h „unserm Tode Gebornen. Und wir sagen, ganz ge- „wiß*, weil sie in vielen Fällen für schon geboren ange- „nommen werden. *Aber den Posthumis werden dann „mit Recht Vormünder gegeben*, wenn sie — auf den Fall, „daß sie bei unsern Lebzeiten geboren würden, — [4]) in un- „

*10 **

1) Quamvis in potestate tua fuerint. Institutionen.

2) Cajus §. 147.

3) Scholion: d. h. den lebenden und sichtbaren, qui sunt in rebus humanis, die unter den Menschen sind.

4) Sui [Einige: sui heredes] et in potestate eorum [pa- rentum] fierent. Institutionen. — Cajus nur: in potestate nostra fiant, wie auch im Fr. 1. §. 1. Dig. 26, 2.

„ sere Gewalt gekommen wären, *ohne daß ihnen ein An-
„ derer vorgeht*; welche *sui* heißen.

254 §. 5. Wenn ein Vater einem emancipirten
Sohn im Testament einen Vormund hinterläßt, *so
„ gilt zwar die Bestellung nach [civil]rechtlicher Strenge
„ nicht, weil es heißt, daß nur in Gewalt Stehenden
„ testamentarische Tutoren gegeben würden; aber* der ¹) Prä-
„ tor oder Magistrat *erfüllt die Absicht des Verewigten, und*
„ confirmirt *(oder bestätigt)* die Bestellung ²) *sine inqui-
„ sitione,* *d. h. ohne Untersuchung: ob er bemittelt ist
„ oder zur [Zahl] Derer [gehöre, die] die Geschäfte des
„ Mündlings besorgen können; da ihm zum ausreichendsten
„ Beweise hierüber das Zeugniß des Verstorbenen genügt*.

Vierzehnter Titel.

Wer im Testament zum Tutor bestellt werden kann?
[Qui dari tutores testamento ³) possunt].

255 *Wir haben [davon] gesprochen, wer Vormünder
„ hinterläßt; lernen wir nun, wen man hinterlassen kann*.

---

1) **Ex sententia praesidis.** Institutionen.

2) Institutionen: omnimodo, id est s. i.

3) Im Testament — fehlt in Pithou's Coder des
Theophilus, so wie im Principium, wo Einige Institutionenausgaben es haben.

Wir hinterlassen sowohl Solche, die in eigner, als Solche, die in fremder Gewalt stehen, [zu Tutoren].

§. 1. Auch unsern Sklaven können wir mit Fug im Testament *cum libertate* zum Vormund bestellen. „ Wenn ich aber den Sklaven *meinem Kind zum Vormund „ hinterlasse, und ihm die Freiheit nicht zutheile, sondern „ ihn, — was man sagt*, *sine libertate*, *d. h. ohne 256 Freiheit —*, zum Vormund hinterlasse, so *ist[1]) man „ zu Gunsten der Unmündigen [dahin] einverstanden*, daß „ ihm eine stillschweigende, direkte[2]) Freiheit zustehe, und „ deswegen die Vormundschaft gültig werde. *Direkte „ Freiheit habe ich aber dieserhalb gesagt, damit sogleich „ beim Ableben des Testator, der Sklave ohne Hinderniß „ der Sklaverei entlassen werde und die Vormundschaft an- „ trete; denn wenn[3]) es eine fideicommissarische wäre, so „ wäre noch die Freilassung durch den Unmündigen nöthig*. „

---

1) Sciendum est. Institutionen.

2) c. 9. Cod. 7, 4. — Die Basiliken Thl. VI. S. 505. zur Stelle des Codex: In den Institutionen heißt es, die direkte Freiheit gebühre ihm, und hier die fideicommissarische; das widerspricht sich nicht, denn hier hat er nicht die directe aufgehoben, es können also beide zuständig sein. — Uebrigens vergleiche man wegen dieser Stelle *Cujacius Observ.* 18, 5. und ihm gegenüber *Fabri Conject.* 4, 16.

3) *Paulus sent. rec.* 4, 13, 3.

257   *Was das aber ist, muß [ich] deutlicher sagen. Nimm
„ also Folgendes zur Einleitung. Wer ein Testament
„ liest, kann [da] verschiedene Ausdrücke finden. Es gibt
„ deren, womit wir den Erben einsetzen; andre, womit wir
„ vermachen; andre, womit wir Vormünder bestellen; and-
„ re, womit wir Freiheit hinterlassen; andre, womit wir
„ ein Fideicommiß, oder eine fideicommissarische Freiheit
„ hinterlassen. Wir setzen einen Erben ein, indem wir sa-
258 gen: *illum heredem esse jubeo*, d. h. ich will, daß
„ Der Erbe sei, und Dieß heißt die Erbeinsetzung;
„ wir vermachen also: *huic lego decem*, d. h. Dem
„ vermache ich zehn Goldstücke, und [das] heißt Schenkung
„ des Legats; einen Vormund [geben wir so]: *illum
„ filio meo tutorem do*[1]), d. h. Den gebe ich meinem
„ Sohne zum Vormund, und [das] heißt: Bestellung
„ des Vormundes; die Freiheit hinterlassen wir so:
259 *Ille servus meus liber esto*, d. h. jener Sklave von
„ mir soll frei sein, und [das] heißt: Schenkung der
„ Freiheit. — Aber alle diese Ausdrücke nennt man
„ direkt. Wir hinterlassen aber auch mit [2])andern Aus-
„ drücken Sachen so: *rogo te, heres, ut des illi de-
„ cem solidos*, d. h. ich bitte Dich, Erbe, daß Du
„ Dem zehn Goldstücke gibst, und [das] heißt: Fidei-

---

1) *c. ult. Cod.* 5, 28.

2) Vergl. unten 2, 24, 3. N. 608.

commissum. Die Freiheit hinterlassen wir so: *rogo* 260
te, heres, ut servum illum meum manumittas, d. „
h. ich bitte Dich, Erbe, daß Du jenen Sklaven von mir „
freigibst, und das heißt: fideicommissarische Schen= „
kung der Freiheit. Diese Ausdrücke, durch welche „
ein fideicommissum gemacht wird, heisen [*verba*] *preca=* „
ria [1]), d. h. bittweise. Wir hinterlassen also durch das *esto* „
die direkte, und durch das *rogo* die prekäre Freiheit. Der 261
Unterschied beider Freiheiten ist der, daß die direkte, so= „
bald der eingesetzte Erbe die Erbschaft antritt, ihre Wir= „
kung äußert und den Sklaven der Sklaverei entläßt; „
[daß] die precäre aber noch ein Factum des Erben erfor= „
dert, d. h. daß er ihn vor'm Magistrat, oder auf eine „
der oben angegebnen Weisen freiläßt*.

---

*Da Dir nun Dieß vorläufig bekannt ist, so achte 262
jetzt auf den weitern Vortrag. Wir haben gesagt, daß, „
wenn ich einen Sklaven *sine libertate* meinem Sohn „
zum Vormund hinterlasse, ihm stillschweigend die direkte „
Freiheit zugetheilt ist; deswegen die direkte, damit es „
nicht eines Faktums des Erben bedürfe, sondern ihm die „
Freiheit aus dem Testament selbst zustehe. Denn war 263
sie fideicommissarisch, und war der Mündling zum Erben „
eingesetzt, so konnte er den — ihm zum Vormund hin= „

---

1) *Paulus sent. rec.* 4, 1, 6. *c.* 2. *Cod.* 6, 43.

„ terlaſſenen — Sklaven nicht freilaſſen, denn Du weißt,
„ daß ein weniger als Zwanzigjähriger nicht ſeinen Sklaven
„ freilaſſen kann, wenn er nicht im Consilio eine gegrün=
264 dete Urſache dargethan hat. Nun könnte Jemand ſagen,
„ auch dieß ſei eine gegründete Urſache. — Allein erſtens
„ haben wir dieſe Urſache vorhin nicht zu den gegründeten
„ Urſachen gezählt. Und [dann] hätten wir ſie auch na=
„ mentlich mit aufgeführt, ſo bedürften wir des *consensus*
„ und der Zuſtimmung ¹) des Vormundes; wie kann nun
„ aber Der zuſtimmen, der noch nicht Vormund iſt, ſon=
„ dern unter die Sklaven gerechnet wird*?

265   Wenn ²) aber der Teſtator *ſeinen* Sklaven, *in
„ der Meinung er ſei frei*, als frei zum Vormund hin=
„ terläßt, [da] ſagen wir nicht mehr, die Freiheit würde
„ ihm ſtillſchweigend überlaſſen; *denn im vorhergehenden
„ Fall gaben wir ſie nach dem Willen des Verſtorbenen,
„ aber im gegenwärtigen Fall kann man nicht eine ſolche
„ Abſicht des Verſtorbenen finden; denn wie [kann man ſie
„ bei ihm finden], da er in dem Wahn ſtand, jener ſei
„ frei*?

266   Ein fremder Sklave ³) wird ungültig im Teſta=
ment *pure* zum Vormund gegeben; ſo jedoch kann er es:

---

1) *Paulus sent. rec.* 4, 13, 3.
2) *Fr.* 22. *Dig.* 26, 2. *Fr.* 24. §. 9. *Dig.* 40, 5.
3) *Fr.* 10. §. 4. *Dig.* 26, 2: *Servus alienus ita dari tu=
tor potest, si liber erit, tutor esto.* Quinimo et si pu-

Es sei der Sklave von Jenem Vormund, *cum liber „ erit, *d. h. wenn er freigelassen wird*. Unsere Sklaven „ aber geben wir unter einer solchen Bedingung 1) ungültig zum Vormund, *indem wir sagen: Unser Sklave soll Vor „ mund sein, *cum liber erit*, d. h. wenn er frei sein „ wird. Der Grund ist einleuchtend, weil wir 2) Den, der „ in unserer Gewalt ist, nicht auf diesen Zufall ausstellen „ dürfen*.

§. 2. Wenn ich im Testament einen Wahnsinni 267 gen, oder auch einen noch nicht Volljährigen 3), zum Vormund hinterlasse, so werden sie Vormünder, wenn der eine wieder genest und der andere das fünf und zwan zigste Jahr überschritten hat.

§. 3. 4) *Ad certum tempus vel ex certo tem pore* wird mit Bestand ein Vormund gegeben; *ad cer „

---

ro datus sit, videtur inesse haec conditio: *cum liber erit*, womit c. 9. Cod. 7, 5 und die Basiliken Thl. VI. S. 501 und S. 505 zu vergleichen sind. Die Glosse löst sich die Schwierigkeit so: *inutiliter: scilicet ut statim sit, sed cum liber erit.*

1) Einige Institutionenhandschriften und Ausgaben schal ten ein: *cum liber erit*.

2) *Fr.* 22, *Dig.* 28, 7.

3) Ἀφῆλιξ. Scholion: Ἀφῆλιξ ist der zwischen vier zehn und fünf und zwanzig Jahren.

4) *Fr. 8. §. 2. Dig. 26, 2. (Ulpianus lib. 24. ad Sa binum).*

„ *tum tempus* z. B.: Der sei Tutor auf zwei Jahre;
268 *ex certo* z. B.: Der sei Tutor nach zwei Jahren von
„ meinem Ableben [an]*. Auch unter einer Bedingung
„ *[ist es] möglich, z. B.: Er sei Vormund, *si navis*
„ *ex Asia venerit*, oder wenn das Schiff aus Asien
„ kömmt*. Auch *ante heredis institutionem*, *oder vor
„ der Erb=Einsetzung kann man einen Vormund hinter=
„ lassen, wenn ich zum Beispiel sage: Der sei Vormund
„ meines Kindes, und Der mein Erbe*.

269　　§. 4. Wir[1]) können aber nicht einen Vormund über
eine gewisse Sache oder einen gewissen Proceß hinter=
„ lassen[2]), *wie: Jener sei Vormund über diesen Acker
„ oder über diesen Proceß*; denn [3]) der Tutor pflegt für
die Person, nicht für den Proceß oder die Sache gege=
ben zu werden.

　　§. 5. Wenn[4]) [Jemand] seinen Töchtern oder sei=
nen Söhnen einen Vormund hinterläßt, so scheint er ihn
auch den nachgebornen [Söhnen oder Töchtern] hinterlas=
sen zu haben, denn unter der Benennung Sohn oder

---

1) *Fr. 12. Dig.* 26, 2. (*Ulpianus lib. 38. ad Sabinum*), Basiliken Thl. IV. S. 828.

2) *Nec deductis rebus.* Pandekten.

3) *Fr. 14. Dig. eod.* (*Marcianus lib. 2. Instit.*) Ba=
siliken daselbst.

4) *Fr. 5. Dig.* 26, 2. (*Ulpianus lib. 15. ad Sabinum*).
Fr. 164. Dig. 50, 16.

Tochter wird auch der Posthumus und die Posthuma
verstanden. Sind [1]) nun auch die Enkel unter der Be- 270
nennung der Söhne begriffen? so daß der den Söhnen
gegebne Vormund ihnen gegeben zu sein scheint *und unter der Benennung: *filiorum* auch die Enkel verstan- „
den werden*; — und wir sagen, allerdings! wenn er *nur „
nicht *filiis*, sondern* *liberis* sagt. Denn wenn er sagte
*filiis *meis tutorem do*,* so sind die Enkel[2]) nicht mit „
begriffen; denn anders werden die Söhne, anders die
Enkel benennt. Wenn er aber sagte: [3]) *posthumis do
tutorem*, dann wird *jeder Nachkomme*, sowohl Sohn „
wie Enkel, unter der Vormundschaft des gegebnen Vormundes stehen.

Funfzehnter Titel.
Von der gesetzlichen Tutel der Agnaten.
[De legitima agnatorum tutela].

*Wir haben gesagt, daß von den Aeltern den Kin- 271
dern *in potestate* ein testamentarischer Tutor hinterlaß- „

---

1) *Fr.* 6. *Dig. eod.* (*Ulpianus lib.* 39. *ad Sabinum*).
2) Scholion: Man muß wissen, daß nur bei der Lehre
   von den Tutelen die Enkel nicht mit unter dem Namen:
   Söhne, begriffen werden, wie Buch 37. der Basiliken,
   Titel 11. c. 3., in andern aber mit begriffen sind, wie
   Buch 11. der Basiliken, Titel 11. c. 201.
3) Einige Institutionenausgaben: *posteris.* — Scholion: Bemerke, er spricht unbestimmt.

„ sen werden könne. Wie ¹) nun*, wenn kein testamenta=
„ rischer Vormund da ist*? — denn entweder starb der
„ Vater ohne Testament, oder er machte ein Testament,
„ vergaß aber einen Vormund zu hinterlassen; oder der
„ vom Testator hinterlassene starb vorher. — Wer wird
„ ihr Vormund*? Dann gibt das Zwölftafelgesetz ²) ihnen
„ die Agnaten.

272   '§. .1. *Und wer sind die Agnaten*?

„   . *Nimm Folgendes als Einleitung. ³) Cognation ist
„ ein allgemeiner Name; sie zerfällt in drei [Theile], in
„ die Ascendenten, in die Descendenten, und die von der
„ Seite. Die Ascendenten sind unsere Erzeuger, (Vater,
„ Mutter; Großvater, Großmutter; Urgroßvater, Urgroß=
„ mutter, und die noch vor diesen sind); die Descendenten
„ [sind] die von uns Erzeugten, (Sohn, Tochter; Enkel,

---

1) Cajus §. 155.

2) Scholion: Der Name eines Gesetzes; es heißt aber
das Zwölftafel[gesetz] auf folgende Weise. Nach der
Vertreibung der Könige gaben die Römer ein Gesetz,
daß deren Gesetze nicht gehalten werden sollten, und Dieß
fand zwanzig Jahre Statt. Es reisten nun zehn Män=
ner zu den Athenern und Lakedämoniern, und erhielten
die dortigen Gesetze. Als sie nachher glaubten, sie wä=
ren lückenhaft — sie waren aber auf zehn Elfenbeinta=
feln verzeichnet — fügten sie noch zwei hinzu. Und so
hieß [das neue Gesetz] das der zwölf Tafeln.

3) Vergleiche oben den zehnten Titel §. 1.

Enkelin; Urenkel, Urenkelin, und die noch unter diesen „
sind); von der Seite, die weder uns erzeugt haben, noch 273
von uns erzeugt sind, sondern dieselbe Abkunft und [den= „
selben] Stamm mit uns theilen, wie Bruder, Schwester, „
Oheim, Tante, [1] Brudersfohn und Bruderstochter und „
deren Abkommen. Diese Seitenverwandtschaft theilt sich „
in zwei [Theile], in Agnaten und Cognaten*. Agnaten [2] „
sind die durch Mannesgeschlecht mit uns Verwandten, wie
vatergleicher Bruder und dessen Kinder, *vatergleiche „
Schwester*, Vaters Bruder und dessen Kinder, *und „
Vaters Schwester*. [3] Cognaten sind die mit uns durch 274
Weibesstamm Verwandten, wie *muttergleiche Schwester [4]) „

---

1) Brudersfohn und Bruderstochter; im Grie=
chischen ἀνεψιός und ἀνεψιά, was man meistens mit
Consobrinus, Consobrina übersetzt, während es ganz
gewiß Brudersfohn und Bruderstochter ist, wie man
aus Theophilus 1, 19. Nr. 294. und 295; Harmeno=
pulus 4, 6, 12 und 14. ersieht. Reiz verbessert im
Glossarium des Theophilus seine eigne Uebersetzung.

2) Cajus §. 156. *Ulpianus lib. reg. sing. 11, 4. Fr.
7. Dig. 26, 4. (Cajus lib. 1. Instit.).*

3) *At qui per feminini sexus personas cognatione jun=
guntur, non sunt agnati, sed aliâs naturali jure co=
gnati. Itaque amitae tuae filius non est tibi agnatus
sed cognatus.* Institutionen.

4) Scholion: Nicht vatergleiche, denn wenn sie vater=
gleich und nicht muttergleich ist, so ist sie eine Agnatin.
*Cur autem Th. nec fratris uterini nec avunculi, nec
liberorum sororis consanguineae meminerit, nullam*

„ und deren Kinder; Tante von der Mutter her, und de-
„ ren Kinder, oder* ¹) Mutter=Schwester=Kinder. *Die
„ Agnaten heißen auch legitimi, d. h. gesetzliche; sie hei-
„ sen auch Cognaten, d. h. natürliche, weil, Wen das Ge-
„ setz kennt, auch die Natur [kennt]. Aber die Cognaten
„ heißen blos natürliche, denn Wen die Natur kennt, den
„ erkennt nicht alle Mal das Gesetz*. —

275   — *Da Dir Dieß nun vorläufig bekannt ist, so
„ achte auf den weitern Vortrag. Wenn keine testamentari-
„ schen Personen vorhanden sind, welche die Vormundschaft
„ führen müssen, dann müssen sie die legitimi oder Agnáten,
„ welche uns durch Mannesstamm verwandt sind, führen.
„ Diese heißen Agnaten, z. B. der vatergleiche Bruder und
„ dessen Sohn, und der Enkel von ihm. Wer uns aber
„ von weiblicher Seite verwandt ist, der ist kein Agnat,
276 sondern nach natürlichem Rechte Cognat. Der Sohn

---

causam video, unde...hoc..excidisse reor inter οἴον
et ἀδελφὴ ὁμομήτρια, — d. i. zwischen wie und muttergleiche Schwester—: wie der muttergleiche Bruder und dessen Kinder; der vatergleichen Schwester Kinder; der Oheim von der Mutter her und dessen Kinder;
die muttergleiche Schwester. — Reitz.

1) Statt Mutter = Schwester = Kinder lesen Einige: oder
Vater = Schwester = Kinder; allein das oder (ἤγουν)
erfordert wohl die alte Lesart, und man müßte vielmehr
noch hinzusetzen: und die Kinder der Tante vom
Vater her.

meiner Tante vom Vater [1]) her ist also nicht mein Agnat, „
sondern Cognat, und ich bin sein Cognat; denn die Kin= „
der folgen der Familie des Vaters, nicht der der Mutter. „
Obgleich die Tante vom Vater her Agnatin ist, so ist ihr „
Sohn Cognat. — Was [ist] nun die Ursache? weil eine „
eingeschobne weibliche Person — die der Tante, — die „
Agnation unterbricht. Im Allgemeinen wisse, daß, wel= „
che Verwandschaft Jemand gegen mich hat, dieselbe auch „
ich gegen ihn habe*.

§. 2. [2]) Wie ich [schon] erwähnte, [3]) tritt die 277
Agnation bei der Tutel nicht[4]) nur* ein, wenn ein „
Vater kein Testament gemacht hat, der [5]) einen Tutor
hinterlassen kann, sondern [auch] wenn er, soviel *den „
Punkt* der Tutel anlangt, ohne Testament stirbt; Dieß „
geschieht, *sowohl wenn er zwar einen hinterlassen hat*, „
der Vormund *aber* vor dem Hinterlassenden stirbt, *[6]) oder „

---

1) So hat Reiz für Mutter emendirt. — Vergleiche
    Nr. 161.

2) *Fr. 6. Dig. 26, 4.* (*Paulus lib. 38. ad Edict.*).

3) Lex *ab intestato* vocat ad tutelam agnatos. Institut.

4) Non hanc habet significationem, Institutionen ohne
    tantum, [was die Pandekten haben], s. Degen Be=
    merkungen über.... Theophilus S. 56.

5) Tutore*s*. Institutionen.

6) Das Folgende tilgt Fabrot; er schaltet aber oben
    Note 4) als Scholion ein: Denn vielleicht vergaß er

„ vielleicht vergaß er im Testament seinem Sohn einen
„ Tutor zu hinterlassen*.

278 §. 3. ¹)Aber das Recht der Agnation wird
²)meisten Theils durch die Capitis=Diminutionen aufs
gehoben; denn die Agnation ist ein [civil]rechtlicher Na=
me. Das Recht der Cognation wird aber nicht durch alle
„ *³)Capitis=Diminutionen* verändert. — *Die Rücksicht
„ bei der Agnation ist*, weil ⁴) ein civilrechtliches Insti=
„ tut ⁵), *d. h. die Capitis=Diminution*, die civilgesetzli=
„ chen Rechte, *d. h. die agnatischen*, vernichten kann;
„ aber keineswegs die natürlichen, *d. h. die cognatischen*.

---

dem Sohn einen Vormund zu hinterlassen, in Ansehung
alles Uebrigen testirt habend.

1) Cajus §. 158.

2) Omnibus modis capitis diminutione plerumque peri-
mitur. Institutionen. — Scholion: *Plerumque*, we=
gen der Constitution des Anastasius, [*Const.* 4. *Cod.* 5,
30.], er kann Vormund sein, und die Tutel der Agnaten
wird nicht aufgelöst durch die kleine Capitis=Diminution.

3) Modis. Institutionen.

4) Cajus das.; §. 11. *Inst.* 3. 1.; *Fr.* 8. *Dig.* 50, 17.

5) λόγος — ratio. Institutionen.

Sechszehnter Titel.

Ueber die Capitis=Diminution[1]).
[De capitis diminutione].

Wir haben gesagt, durch die Capitis=Diminution 279 würden am meisten die agnatischen Rechte vernichtet; „ wir wollen also erklären, was die Capitis=Diminution „ ist. Die [2]) Capitis=Diminution ist eine Veränderung des frühern Standes; *oder so: ein Verlust, aus Vorschrift „ der Gesetze hervorgehend, und den Stand des Verlieren= den ändernd oder verschlimmernd*. Es gibt drei Capitis= „ Diminutionen; es ist nämlich die *größte, welche* ma= „ xima *heißt*, oder die minor, welche Manche mediam „ nennen, *d. h. eine mittlere*, oder die minima, *oder „ kleinste*. [3]) Es gibt also drei Capitis=Diminutionen, die „ größte, die mittlere und kleinste*.

§. 1. [4]) Die größte Capitis=Diminution 280 ist, wenn Jemand zugleich sowohl die Freiheit als auch das „

---

1) Deminutio lesen die Pandekten, dagegen die Hand=
   schriften von Cajus und Ulpian, wie Theophilus,
   diminutio.

2) Cajus §. 59. *Ulpianus lib. reg. sing. 11, 10; Fr.*
   1. Dig. 4, 5. (Cajus Comment. ad Edict. prov.).

3) Fabrot und Reiß halten den folgenden Satz für
   unächt.

4) Cajus §. 160. *Ulpianus lib. reg. sing. 11, 11.*
   Fr. 11. Dig. eod.

11

Bürgerrecht verliert, was bei Denen Statt findet, die
Sklaven der Strafe werden, wegen der Strenge des ge-
„ gen sie ausgesprochenen Erkenntnisses, *z. B. wenn sie
„ [den] Thieren oder [dem] Feuer übergeben werden*;
oder die Freigelassenen, welche *sich* undankbar gegen
den Patron *erwiesen, und deswegen* verurtheilt sind;
oder die sich *ad pretium participandum* haben ver-
„ kaufen lassen. *Jeder von Denen, welche in die große
„ Capitis-Diminution verfallen, verliert mit dem Bürger-
„ recht die Freiheit*.

281 §. 2. 1) Die mittlere [oder kleinere] Capitis-Diminution ist, wenn das Bürgerrecht zwar
verloren wird, aber die Freiheit unversehrt bleibt; welches geschieht *ei, cui aqua et igni interdictum fuerit,*
oder dem auf eine Insel Deportirten. *Jeder von diesen
„ 2) bleibt frei; fällt aber aus dem Römischen Bürgerrecht.
„ Und hierin besteht die Uebereinstimmung; der Unterschied
„ aber [ist], daß der Deportirte auf einen Ort eingeschlos-
„ sen ist, d. h. die Insel; Jener aber, *cui aqua et igni*
„ *interdictum est,* von jedem Ort 3) abgehalten wird.*

---

1) Cajus §. 161; *Ulpianus lib. reg. sing. 11, 12.*

2) Eigentlich: ist.

3) Von jedem Ort, wenn man liest: παντὸς τόπου;
einige Handschriften haben πάντως, gänzlich. In
andern fehlt das Wort ganz. *Fr. 5. Dig. 8, 22: Exilium triplex est, aut certorum locorum interdictio,*

§. 3. Die geringste¹) Capitis=Diminution 282 ist, wenn sowohl das Bürgerrecht als auch die Freiheit beibehalten oder erhalten, aber der gegenwärtige Stand verändert wird. Dieß geschieht bei Denen, die in eigner Gewalt stehen, *sich in Adoption geben*, und [dadurch] in fremde Gewalt kommen; oder umgekehrt, *²) der in fremder Gewalt Stehende kömmt in seine eigne. Denn „ hier findet blos eine Vertauschung der fremden oder eig= „ nen Gewalt Statt*.

§. 4. Erleidet aber der freigelassene Sklave 283 Capitis=Diminution? *Wir sagen*: Niemals, denn er „

11 *

---

aut lata fuga, ut omnium locorum interdicatur, praeter certum locum, *aut* insulae vinculum, i. e. relega-
tio in insulam. Theophilus scheint von diesen drei Arten die dritte und zweite zu bezeichnen. — Scholion:
Interdictus aqua et igni arcetur certo loco, d. h. so daß
er in dem Ort, von wo er verwiesen ist, weder am
Wasser noch am Feuer Theil nehme, d. h. so daß er
dort nicht Bürger sein kann, denn jene beiden Sachen
gehören zum Leben des Menschen. —

1) Cajus §. 162. *Ulpianus lib. reg. sing.* 11, 13.

2) Die Worte der in..... eigne, fehlen in manchen
Institutionenausgaben. Schon die Glosse sagt: aliàs est
in literâ: *si fil. a. p. em. fuerit, est c. m.* et secundum
hoc est expositio hujus verbi: *contra;* aliàs vero hoc
totum deest, et tunc item subintelligo.

„ hatte früher kein Haupt[1]), *sondern fängt erst nach der
„ Freilassung an, ein Haupt zu bekommen, und von den
„ Gesetzen anerkannt zu werden*.

„   §. 5. Wem aber *der Kaiser* seine Würde[2])
nimmt, [der] erleidet keine Capitis-Diminution; so
daß also der aus dem Senat Entfernte nicht *capite di-
minutus* ist[3]).

284   §. 6. *Die Agnation wird durch die Capitis-
„ Diminution meisten Theils aufgehoben; (warum
„ meisten Theils hinzugesetzt ist, werden wir erfah-
„ ren[4]),) aber* die Cognation wird *meisten Theils* nicht
„ aufgehoben. *Deswegen aber habe ich gesagt: meisten
„ Theils*, in sofern die kleinste Capitis-Diminution, [wenn

---

1) *Fr. 3. Dig. 4, 5.* — Scholion: denn das Haupt
und die Person des Sklaven ist der Herr; so daß [erst]
der freigelassene Sklave von den Gesetzen selbst eine
Person zu haben beginnt.

2) *Dignitas magis quam status.* Institutionen. — *Fr.
3. Dig. 1, 9.*

3) Und in Rom bleiben kann. — Pandekten.

4) Diese Zusage geht nicht in Erfüllung, indem das unmittelbar Folgende sich nur auf das Recht der Cognation
bezieht; — vergl. übrigens das Scholion zum §. ult. des
funfzehnten Titels, Seite 160, Note 2).

fie] eingeschoben [wird], die Cognatischen Rechte¹) in ihrer Lage erhält; denn eine vorgehende größte Capitis 285 Diminution stört auch die Cognation²). Denn wenn Einer Sklave wird, so bleibt er nicht mehr Cognat *[gegen die], denen er Cognat war*; aber auch *derjenige* „ Freigelassen*e, ³)der früher frei war*, erhält nicht die „ *frühere, d. h. vor der Sklaverei [besessene]* Cognation „ wieder. Auch wenn Jemand *der mittlern Capitis-Dimi- „ nution unterliegt, wie ein* ⁴)Deportirter, so wird *auch „ auf diese Weise* die Cognation aufgelöst.

§. 7. *Wenn ein Pupill der Vormundschaft bedarf, 286 so weißt Du, daß, wenn keine testamentarische eintritt, „ die agnatische Platz findet*. ⁵)Wenn aber viele Agnaten „ da sind, so gelangt die Tutel nicht [zugleich] an Alle, sondern an die, [welche] im nähern Grad *verzeichnet* sind, *z. B. Bruder und Oheim ist Agnat, „ [hier] kömmt der Bruder eher daran*. Sind aber viele

---

1) Scholion: das heißt die Agnation, [denn die Agnaten heißen auch Cognaten. — Dieses, hier ganz unrichtige Scholion gehört wohl an eine andere Stelle.

2) D. h. das Recht der Cognation; nicht die Cognation selbst. *Fr. 8. Dig. 50, 17.*

3) *Fr. 7. Dig. 38, 3.*

4) In insulam deportatus. *Institutionen.*

5) Cajus §. 164. *Fr. 9. Dig. 26, 4.*

in demfelben Grad, z. B. viele Brüder oder viele Oheis me, fo werden [1) alle zugleich berufen [2).

Siebzehnter Titel.

Von der gefeßlichen Tutel der Patrone.
[De legitima patronorum tutela].

287   *Ein Freigelaffener oder eine Freigelaffene bedarf eis
„ nen Vormund, wegen Unzulänglichkeit des Alters; wer
„ wird ihr Vormund werden? ein teftamentarifcher? Nims
„ mermehr. Denn diefen hinterläßt Der, welcher Unmüns
„ dige in feiner Gewalt hat. Wer aber aus der Sklaveret
„ losgegeben ift, ift nicht in [väterlicher] Gewalt, denn er
„ hatte keine Afcendenten. — Vielleicht legitimi? Und wie
„ kann Einer Seitenverwandte haben, der keine Afcendenten hat?
288 denn jene hängen von diefen ab. Wie nun*? das Zwölfs

---

1) Doch kann Einem die Verwaltung übertragen werden.
Scholion. — *Fr. 5. §. 2. Dig. 26, 4.* — Die meis
ften Inftitutionenausgaben fchließen: *veluti si plures
fratres sunt, qui unum gradum obtinent,* [ideoque]
pariter ad tutelam vocantur; die Gloffe fagt: *aliàs
isti duo versiculi desunt; sed ego habeo.*

2) *AUTHENTICA* de heredit. ab intestato §. ex his
    [Nov. 118. cap. 5.]:
Hodie sicut hereditas defertur proximis, **agnatione non inspecta,** *ita et tutela.*

tafelgeſetz 1) beruft die Patrone und die Kinder der Patrone zur Vormundſchaft über dieſe; *denn ich erwähnte „
oben, daß auf die Verleihung der Freiheit die Obliegen- „
heit der Vormundſchaft folge*. — Auch ſie heißt legitima, *weil ſie von dem Zwölftafelgeſetz erfunden worden. „
Es könnte Jemand ſagen: obgleich ich die Worte des „
Zwölftafelgeſetzes geleſen habe, ſo habe ich [doch] keine „
Erwähnung dieſer Vormundſchaft gefunden. Allein wir 289
werden erwidern*: wenn auch nicht ausdrücklich mit den
Worten des Geſetzes von derſelben gehandelt wird, ſo
kann man es doch aus dem Sinn des Zwölftafelgeſetzes
abnehmen; *denn es ſagt an einer Stelle ſeiner Geſetz-
gebung: Wenn 2) Einer ohne Kinder und ohne „
Teſtament ſtirbt, ſo ſollen die Agnaten zu ſeiner „
Erbſchaft gelangen; und wieder an einer andern „
Stelle ſagt es: wenn Jemand der Vormundſchaft „
bedarf, ſo werden die Agnaten Vormünder. „
Dieſelben [Perſonen] alſo, welche das Geſetz mit dem „
Gewinn der Erbſchaft erfreut, beſchwert es auch mit der „
Vormundſchaft. Soviel von den Freigebornen, es geht 290
dann über zu den Freigelaſſenen und ſagt: Wenn ein Frei- „

---

1) *Ulpian. lib. reg. sing.* 11, 3. — *Fr.* 3. *Dig.* 26, 4.
   (*Ulpian. lib.* 38. *ad Sabin.*).
2) *Collat. Ll. Rom. et Mos.* 16, 2. (*Cajus lib.* 3. *instit.*); *Ulpian. lib. reg. sing.* 26, 1., (auch in der Collation.)

„ gelaſſener oder eine Freigelaſſene Kinder = und
„ teſtamentlos ſterben würde, ſo erhalten ihre
„ Hinterlaſſenſchaft die Patronen, oder die Kinder
„ der Patronen.   Ueber die Vormundſchaft ſagt es
„ nichts*.   Weil es indeſſen die Patrone zur Erbſchaft
„ der Freigelaſſenen berief *nach Analogie der Agnaten*,
„ ſo ſagten *nothwendiger Weiſe* ¹) die Alten, *welche
291 das Geſetz erwogen*, daß ſie auf gleiche Weiſe auch
     mit der Vormundſchaft beſchwert würden²).   Denn
meiſtens muß da, wo der Vortheil der Erbſchaft iſt,
auch die Bürde der Vormundſchaft ſein.   Meiſtens ³)
ſagte ich deswegen, weil, wenn ein Frauenzimmer einen
„ Unmündigen freiläßt, *und der Freigelaſſene unmündig
„ ſtirbt*, [ſie] zwar zu ſeiner Erbſchaft berufen, aber nicht
„ mit ſeiner Vormundſchaft belaſtet wird; *denn Vormund
„ zu ſein, iſt [die Sache] der Männer; aber den Weibs=
„ perſonen fremd* ⁴).

---

1) Cajus §. 165.

2) Cum et agnatos quos ad hereditatem vocat, eosdem
   et tutores esse jussit. Inſtitutionen.

3) Fr. 1. §. 1. Dig. 26, 4.; Fr. 16 und 18 eod.

4) Vergl. jedoch C. 2. Cod. 5, 35.; Nov. 118, Cap. 5.

Achtzehnter Titel.

Ueber die gesetzliche Tutel der Väter.
[De legitima parentum tutela].

Ich [1] habe meinen Sohn oder meine Tochter, oder 292 Enkel oder Enkelin, die noch unmündig sind, freigelassen. *Wer wird ihr Vormund sein, wenn sie einen Vormund „ bedürfen? Ein testamentarischer, kann man nicht sagen, „ denn einen testamentarischen hinterläßt Der, welcher ei= „ nen Unmündigen in seiner Gewalt hat. Also ein Agnat? „ Aber die Agnatischen Rechte sind durch die Emancipation „ vernichtet. Wer wird demnach zur Vormundschaft berufen? „ Wie wir schon vorher sagten, Vater und Großvater*. Die, „ welche sie emancipirten, werden *nicht nur* nach Analogie „ der Patrone *Vormünder, sondern heißen auch* legitime „ Vormünder.

Neunzehnter Titel.

Von der fiduciarischen Vormundschaft.
[De fiduciaria tutela].

Außer den erwähnten Vormundschaften gibt es noch 293 eine andere, welche fiduciaria heißt. Denn wenn ich

---

1) Cajus 172. *Ulpian. lib. reg. sing. 11, 5. Fr. 3. §. 10. Dig. 26, 4.*

meinen Sohn oder Tochter, oder Enkel oder Enkelin,
oder Urenkel oder Urenkelin, die noch minderjährig sind,
„ emancipire, so werde ich, *wie wir in dem [nächsten]
Titel vor diesem auseinandergesetzt haben*, ihr legitimer
„ Vormund; *denn der Freilasser eines freien Hauptes
„ wird nach der Analogie des aus einer wahren Sklaverei
294 Entlassenden, zur Vormundschaft berufen*. Trifft es sich
aber [1]), daß ich sterbe, und Kinder männlichen [Ge-
schlechts] hinterlasse, so werden diese fiduciarische
Vormünder [2]) des Unmündigen, *dessen legitimer Vor-
„ mund ich durch die Emancipation geworden war*.

„ _ *Es kömmt vor, daß nicht nur ein Bruder über
„ den [andern] Bruder tutor fiduciarius wird, sondern
„ auch der Vatersbruder dem Neffen, und der Vater dem
„ Sohn. — Und zwar ein Bruder über den an-
„ dern so: Ich habe zwei Söhne, den einen von [3]) fünf-
„ und zwanzig Jahren oder noch älter, der andere [ist] noch
295 unmündig. Den unmündigen emancipire ich, und bin
„ als legitimus sein Vormund. Nach meinem Tode wird
„ nun der mündige Bruder sein fiduciarischer Vormund. —

---

1) *Fr. 4. Dig.* 26, 4.

2) Filiorum suorum, vel fratris vel sororis, et oeteo-
rum efficiuntur. Institutionen.

3) Andre: sechs und zwanzig Jahren.

Aber wie der Vatersbruder dem Neffen? ich „
habe einen Sohn, der älter ist als fünf und zwanzig „
Jahre, und einen Enkel oder eine Enkelin vom verstor= „
benen Sohn. Den Enkel habe ich emancipirt; ich wer= „
de also ¹)sein legitimer Vormund sein; nach meinem „
Tode aber wird [sein] Oheim fideicommissarischer Vor= „
mund sein. — Der Vater vom Sohn auf diese 296
Weise. Ich habe einen Sohn über fünf und zwanzig „
Jahre, und von diesem einen unmündigen Enkel. Den „
Enkel emancipire ich. Ich werde also sein legitimer Vor= „
mund sein, und nach mir wird der Vater fiduciarischer „
Vormund sein*.

Aber *könnte Jemand sagen: Warum* ²)heisen des „
Patronus Kinder legitime Vormünder, und *warum ha= „
ben die Kinder solcher Väter, welche Unmündige emanci= „
pirt haben, eine verschiedne Benennung? denn jene heisen „
tutores legitimi, die Kinder von diesen aber fidu- 297
ciarii*. Der Grund ist folgender: War es nicht der
Fall, daß ich bei meinem Leben meinen Sohn zu seinem
eignen Herrn machte, so wird er durch meinen Tod sein
eigner Herr, ohne daß er in die Gewalt seines Bruders

---

1) eigentlich: wie sein.

2) Atqui [Glossa: atqui pro certe; aliás atquin; And=
re atque] patrono tutore legitimo mortuo,.... Insti=
tutionen.

„ *oder Oheims* fällt. Deswegen hat auch der Sohn des
„ Emancipirenden nicht [1] dieselbe Vormundschaft, sondern
298 heißt fiduciarius. Der Freigelassene aber würde, wenn
„ er *nicht freigegeben, sondern* in der Sklaverei geblie-
„ ben wäre, alle Mal Sklave der Kinder des Verstorbe-
„ nen werden.

Es werden aber alle Vorgenannte alsdann zur Tutel
berufen, [2] wenn es der Fall ist, daß sie älter als fünf
und zwanzig Jahre sind. Denn Das hat im Allgemeinen
eine Constitution [3] unsers Kaisers bei jeder Tutel und
„ Cura verordnet, *es für unstatthaft achtend, daß [Je-
„ mand] Andrer Vermögen verwalte, der selbst eines An-
„ dern Fürsorge bedarf*.

---

1) Das Wort dieselbe will d'Arnaud (conj. 1, 13)
   auch in die Institutionen einschieben.

2) Si perfectae aetatis sint. Institutionen.

3) Const. 5. Cod. 5, 30. — Scholion: Alle Vormünder, sowohl Fremde, als Väter, als Agnaten, als Patrone, oder Kinder von Patronen, als fiduciarii, als
   dativi, müssen älter als fünf und zwanzig Jahre sein,
   um Tutoren und eben so gut um Curatoren zu sein.

Zwanzigster Titel.

Vom Atilianischen Tutor, und dem, welcher nach der Lex Julia et Titia gegeben wurde.

[De Atiliano tutore et eo, qui ex lege Julia et Titia dabatur].

Ein[1]) Unmündiger, oder eine Unmündige bedurfte eines Tutors; *ein testamentarischer war nicht da, auch kein Agnat; eben so fand die Patronische Vormundschaft nicht Statt; auch war kein Vater da, der nach der Analogie der Patrone Tutor hätte sein können; die fiduciarische Vormundschaft trat ebenfalls nicht ein —; Wer wird zur Vormundschaft berufen werden? Und wir sagen, daß* in Rom der städtische Prätor, mit dem größern Theil der Tribunen, (*es waren zusammen zehn), also mit sechs oder sieben*, eine Untersuchung anstellt, und [dann] den tauglichen bestimmt; indem Dieß das Atilische Gesetz verordnet, *welches nach dem Gesetzgeber, der es erfunden, das Atilianische heißt*. —

Aber die Gesetzgebung desselben ist sehr beschränkt, denn es findet innerhalb Rom und nicht weiter Statt. In den Provinzen sind *nach der Analogie desselben[2]) zwei

299

300

---

1) Cajus §. 185. *Ulpian. lib. reg. sing.* 11, 18.

2) Die Institutionen, Cajus und Ulpian blos ex lege Julia et Titia, woraus man, den ausdrücklichen Wor-

„Gesetze entstanden*, das Julische und das Titianische,
„welche befahlen, daß, *bei Ermangelung eines Vormun-
„des*, nach der Wahl des Befehlshabers der Provinz, ein
„Vormund gegeben würde, *der nach ihnen der Julius-
„Titianische heist*.

301 §. 1. ¹) Aber ²) der Atilianische oder Julius-Titianische [Tutor] wird nicht nur Dem gegeben, der keinen
Tutor hat, sondern auch, wenn einer da ist, aber aus
[irgend] einem Grunde verhindert wird, die Vormund-
„schaft anzunehmen. *Denn wie? Wenn Einer bei sei-
„nem Ableben seinen Sohn zum Erben einsetzt, und ihm
„einen Vormund gibt, unter der Bedingung: *si navis
„ex Asia venerit*, d. h. wenn das Schiff von Asien
„kömmt; ³) oder *in diem* ⁴), d. h. nach zwei Jahren von
„seinem Tod [an]*, so wird, so lange die Bedingung oder
„Zeit schwebt, ein Atilianischer oder Julius-Titianischer

---

ten des Theophilus entgegen, behauptet, es sei nur
Ein Gesetz.

1) Cajus §. 186. *Fr. 11. Dig. 26, 2. Fr. 9. §. 2. Dig.
27, 3.*

2) Sed et si testamento tutor sub conditione, aut certo
die, datus fuerit, quamdiu conditio aut dies pende-
bant,.... tutor dari poterat. Institutionen.

3) Oder, ῆ; vor Fabrot εἰ, wenn.

4) Fabrot wollte ex die lesen; allein in diem heißt sowohl ex die als auch ad diem. Reiz.

Vormund gegeben. Auch wenn er pure gegeben ift, der 302
eingefetzte Erbe aber fich bedenkt, ob er die Erbfchaft antreten foll, *(denn fetze den Fall, es wäre ein Fremder „
eingefetzt, der Sohn *exheredatus* worden, auch ihm ein „
Tutor pure hinterlaffen, und der eingefetzte Erbe bedächte „
fich in der Zwifchenzeit)*, fo wird ebenfalls auch hier ein „
Atilianifcher oder Julius-Titianifcher gegeben. Gefchieht
es nun, daß die Bedingung erfüllt wird, oder der Tag
herbeikömmt, oder der Erbe ¹) antritt, dann *wird der
teftamentarifche die Vormundfchaft übernehmen, und* die- „
fe hören auf.

§. 2. ²) Auch wenn der *eigentliche* Vormund 303
von Feinden gefangen ift, fo wird wiederum *in „
Rom der Atilianifche, und in den Provinzen der Julius- „
Titianifche* ³) gegeben, ⁴) der aufhört, wenn der *vom „
Feind* gefangne ⁵) den Feinden entflieht. Denn zurückge-
kehrt, übernimmt er, Kraft des Postliminium, die
Vormundfchaft ⁶).

————————

1) Scholion: verftehe den fremden Erben.
2) Cajus §. 187.
3) Ex his legibus tutor petebatur. Inftitutionen.
4) Fr. 1. §. 2. Dig. 26, 4.
5) In civitatem reversus fuerat. Inftitutionen.
6) Fr. 8. Dig. 27, 3.

„ §. 3. *Aber so [war es] vormals*; nachmals wurde
die Bestellung Atilianischer und Julius-Titianischer [Vor-
münder] aufgehoben. Zuerst fingen die Consuln an,
Unmündigen beiderlei Geschlechts Vormünder ex ¹) in-
304 quisitione zu geben, *d. h. indem sie untersuchten, ob
„ die zukünftigen Tutoren wohlhabend sind, ob sie ein an-
„ ständiges Leben führen, oder im Stande sind, einem
„ fremden Vermögen vorzustehen*. Nach den Consuln thaten die Prätoren, in Gemäßheit der Constitutionen,
Dasselbe, denn die vorgenannten Gesetze, *das Atilische
„ und das Titische*, sprechen nichts über die Sicherheit,
die von den Tutoren geleistet werden mußte, daß sie die
Besitzungen der Unmündigen unversehrt erhalten würden,
„ noch *enthielten sie Etwas* [dar]über, [wie] der Vormund
„ zur Besorgung der Geschäfte des Unmündigen angehalten
werden könnte.

305   §. 4. ²) Bei uns ist nun [gegenwärtig] Das
Rechtens, daß in Rom der Präfekt der Stadt, oder der
Prätor, je nach ihrer Jurisdiction, [einen Vormund]
„ gibt; — *(ich sagte aber deswegen: je nach ihrer Juris-
„ diction, weil es Einige gibt, denen der Präfekt, nicht

---

1) Vor Fabrot: κατὰ jurisdictionem. Allein inquisitionem lesen die Manuscripte des Theophilus, worauf
   auch nur die folgende Erklärung paßt.

2) Eigentlich: Wir gebrauchen also das Recht.

der Prätor einen Vormund bestellt ¹)*, in den Provinzen „
aber ernennen die Befehlshaber *der Provinzen* ²), oder „
nach dem Befehl der Befehlshaber die Magiſtrate ³), wenn „
die Umſtände der Pupillen gering ſind, Vormünder.

§. 5. Aber unſer Kaiſer hat durch ſeine Conſti; 306
tution ⁴) ſolcherlei Schwierigkeiten der Menſchen abge;
ſchafften, und befohlen, daß die Vorſteher der Städte ⁵),
ohne die Anweiſung der Befehlshaber [Praesides] abzu;
warten, wenn das Vermögen des Pupillen oder Minder;
jährigen ⁶) ſich auf 500 Goldſtücke beläuft, zugleich mit
dem allerfrömmſten Biſchof ⁷), ⁸)*und im Beiſein noch* „
andrer öffentlicher Perſonen, ⁹)*d. h. der Strategen*, „

---

1) Scholion: denn der Präfekt gibt den in's Feld Zie;
henden und vieles Vermögen Habenden einen Vormund;
aber den ein geringes Habenden gibt der Konſtantinia;
niſche Prätor, das iſt der Magiſter censu einen Vormund.

2) Ex inquisitione. Inſtitutionen.

3) Στρατηγοί, ſtädtiſche Behörden. — Scholion: wie
die Defenſoren der Städte, welche auch ein öffentliches
Geſchäft beſorgen.

4) Const. 30. Cod. 1, 4.

5) Defensores civitatum, vindices, ἔκδικοι, Heinecc.
Ant. p. 200. über ſie vgl. man v. Savigny's Geſchichte
des Röm. Rechts im Mittelalter. I. S. 65, 66.

6) Adulti. Inſtitutionen.

7) Ejusdem civitatis religiosissimo antistiti. Inſtitut.

8) Vel. Inſtitutionen.

9) Veluti Magistratus. Inſtitutionen; wofür Biener
vel mag. lieſt.

12

307 oder in Alexandria des Juridicus ¹) die Vormünder oder
Curatoren anordnen [sollen], so, daß gesetzliche Sicherheit, wie in derselben Constitution enthalten, zu leisten ist, auf Gefahr [Derer], die sie annehmen, *wenn
„ es sich treffen sollte, daß die, eine solche Sicherheit
„ Stellenden verarmen*.

§. 6. ²) Daß die Unmündigen bevormundet werden,
„ stimmt mit dem Naturrecht überein, *denn es ist billig*, daß die, im unreifen Alter, Stehenden, durch
Andrer Fürsorge ³) unterstützt werden.

§. 7. ⁴) Wenn die Unmündigen mündig geworden sind, so steht ihnen gegen die Vormünder die
[Actio] tutelae zu.

Ein und zwanzigster Titel.
Ueber die Genehmigung der Tutoren.
[De autoritate tutorum].

308   *Da wir gelernt haben, daß der Vormund zur Ver-
„ waltung des Vermögens der Pupillen gegeben werde, so

1) Scholion: d. h. des Defensors jener Stadt.
2) Cajus §. 189.
3) Regatur. Institutionen.
4) Cum igitur pupillorum pupillarumque tutores nego-
tia gerunt [GL. 'l egerunt i. e. gesserunt], post pubertatem tutelae judicio rationes reddent. Instutio-
nen. — Cajus §. 191.

mußt Du wissen, daß* derselbe zu einigen, *vom „
Pupillen geschehenden* [1) Handlungen seine Ge= „
nehmigung ertheilen muß, und *Was nicht mit seiner „
Genehmigung geschieht, auch nicht vorgekommen zu sein „
scheint*. Es gibt jedoch auch Einiges, wobei die Geneh= „
migung des Tutors nicht nothwendig ist. *Z. B. der „
Pupill fragt mich: Versprichst Du mir zehn Gold= „
stücke zu geben? Um diese Stipulation gültig zu ma=
chen, ist die Genehmigung des Tutors überflüssig. Wenn 309
[2) aber der Pupill selbst gefragt [wird und] Etwas ver= „
spricht, dann macht die Genehmigung des Tutor [erst] die „
Stipulation gültig. Denn* man hielt dafür, daß der Un= „
mündige seine Lage besser zu machen ihm freistände [3),
und sein Vermögen, sine tutoris auctoritate *zu „
vermehren, d. h. ohne Genehmigung des Tutor*, aber „
nicht anders es zu vermindern, [4) als wenn die Geneh=
migung des Tutor *zu der Handlung* hinzukommt. In 310
[5) den Fällen also, bei welchen von beiden Seiten der

12 *

---

1) Causis. Institutionem.

2) Fr. 41. Dig. 12, 6.

3) Anakoluthon.

4) Den folgenden Satz hält Bienner in den Instituti=
nen für verdächtig.

5) Fr. 11. Dig. 41, 1.

„ Contrahenten Klagen[1]) zustehen, z. B. bei[2]) der Mie-
„ the, *mandata, deposita,* *(denn der Hinterleger hat
„ die directa [actio] depositi[3]), und Wer etwas auf das
„ Depositum verwendet, hat die contraria[4]) depositi[5]),
[da] wird, wenn die Genehmigung des Vormundes nicht
dazu kömmt, der mit den Pupillen Contrahirende ihnen
verbindlich, aber sie [die Pupillen] werden dem Contrahenten nicht verbindlich.

311 §. 1. [5)]Auch können sie nicht anders eine Erbschaft
antreten, oder eine [bonorum] possessio nachsuchen,
oder eine fideicommissarische Erbschaft übernehmen, als
mit Genehmigung des Vormundes; auch wenn das Fideicommiß überaus vortheilhaft ist, und durchaus keinen
Schaden mit sich bringt.

§. 2. Der Tutor muß[6]) p e r s ö n l i c h genehmigen,
wenn er [das Geschäft] dem Unmündigen zuträglich
hält. Er [7]) genehmigt nicht rechtsgültig, nach der

---

1) Klagrechte, mutuae obligationes. Institutionen.
2) Bei Kauf, Verkauf. Institutionen.
3) Im griechischen Text: deposita wie mandata u. s. w.
4) Deposita, im Griechischen.
5) Tamen. Institutionen.
6) Statim in ipso negotio praesens. Institutionen. Fr.
   9. §. 5. *Dig.* 26, 8. (*Cajus lib. 12. ad edict. prov.*).
7) Nihil agit. Institutionen.

Zeit *erscheinend*, oder *abwesend* durch einen Brief. „
*Z. B. ich contrahire mit dem Pupill; der Vor- 312
mund muß persönlich, alsbald beim Errichten des „
Contrakts, sagen: ich genehmige. Wenn er aber in „
der Stadt sich aufhält, und vielleicht nach einem Tag „
kommend, sagt: ich genehmige, — oder auch in Abwe- „
senheit es schriftlich erklärt: ich genehmige, so ist, wie „
gesagt, seine Genehmigung ungültig*.

§. 3. *Der Unmündige muß auch *cum tutoris* 313
auctoritate Proceß führen. Es ist daher gefragt wor- „
den*: ¹)ich bin Vormund des Pupillen, und „
habe gegen ihn einen Proceß, *sei es als Kläger „
oder als Beklagter²), ohne meine Genehmigung kann er „

---

1) Cajus §. 184. *Ulpianus lib. reg. sing. 11, 24.*

2) *AUTHENTICA* ut ii qui ob. se perhi. ha. res
mi. §. 1. [Nov. 72. c. 1 und 2.].

Nova jure debitor minoris vel creditor ejus tu-
tor fieri vel curator prohibetur, quia et si
postea creditor efficiatur, non sine adjuncto
curatore administrabit: et ab initia vel pro-
bet, vel juret, se creditorem, et minorem si-
bi obligatum, vel res ejus habere: nam si ta-
ceat, ab actione cadit. Item debitor tacens
non juvatur solutione vel redhibitione, pos-
tea facta, et si cessionem adversus minorem
accepit, finita cura, nec qui cessit, agere
debet, cum in legem commiserit.

„ in keinen Proceß eingehen*. ¹)[Nun] kann ich *in rem*
„ *meam*, *d. h. zu meiner [eignen] Angelegenheit* keine
„ Genehmigung ertheilen; *der Proceß aber duldet keinen
„ Aufschub* ²). In einem solchen Fall wurde ehedem
„ *vom Prätor* ein Vormund gegeben, der auch der prä-
„ torische hieß, *weil er vom Prätor gegeben wurde.

314 Nachdem aber die alte Strenge aufgehoben worden, ward
„ auch zugleich mit der prätorische Vormund aufgehoben*.
     Heute ³) wird an seiner Statt ein Curator gegeben, nach
     dessen Bestellung das Gericht eröffnet wird; und nach
     Beendigung desselben hört der Curator auf [es] zu sein.
„ *In diesem Fall ist der Pupill zugleich unter einem Tu-
„ tor und Curator; in dem andern bin ich sein Vormund,
„ nur im Proceß gegen mich steht er unter der Cura des
„ bestellten Curators*.

Zwei und zwanzigster Titel.
Auf welche Art die Tutel geendigt wird.
[Quibus modis tutela finitur].

315   *Nachdem wir die Anordnung der Tutel abgehandelt
„ haben, so wollen wir auch ihre Auflösung abhandeln;

---

1) Fr. 1. Fr. 7. Dig. 26, 8.
2) Und, setze man hinzu, es ist außer mir kein anderer
    Tutor da; im bejahenden Fall vergl. Fr. 24. Dig. 26.
    2; C. 1. Cod. 5, 44.
3) C. 1. Cod. 5, 44.

denn ¹) Was auf [irgend] eine Weiſe angeordnet wird, „
[das] wird auch auf [irgend] eine Weiſe aufgelöſt*. ²) Die „
Vormundſchaft wird aufgelöſt durch die Mannbarkeit, ſowohl der Mannsperſon als des Frauenzim-
mers. Die Mannbarkeit beurtheilten die Alten nicht allein
nach den Jahren, — *d. h. nach der Zurücklegung des „
vierzehnten Jahres —*, ſondern auch nach der Beſchaffenheit des Körpers ³). *So daß, wenn die [verlangte] 316
Beſchaffenheit vor dem vierzehnten Jahre eintrat, oder „
Jemand das vierzehnte Jahr überſchritt, und die Be- „
ſchaffenheit nicht da war, er nicht für mannbar geachtet „
wurde, ſondern [nur], wenn Beides zuſammentraf*. Heut „
zu Tage aber hat unſer allerfrömmſter Kaiſer, [Solches]
der Züchtigkeit ſeiner Zeiten unwürdig erachtend, [Das]
*anbefohlen, was ehedem bei Frauenzimmern beobachtet „
wurde; (bei dieſen wurde nämlich nur die Zeit beachtet, „
das Ueberſchreiten des vierzehnten Jahres; denn es galt „
für unſchicklich, bei ihnen die [Körper]beſchaffenheit näher „
zu erforſchen). Es glaubte alſo unſer Kaiſer, es ſei uns 317
ziemlich*, die Körperbeſchaffenheit der Mannsperſonen zu
beſchauen, und er ſetzte feſt, Das ſolle gelten, was auch
bei den Frauenzimmern galt. Er erließ demnach eine

---

1) Fr. 35, 100, 153. Dig. 50, 17. vergl. oben Nr. 217.
2) Cajus §. 196. *Ulpian. lib. reg. sing. 11, 28.*
3) In masculis. Inſtitutionen.

¹) Constitution, in welcher er beſtimmte, daß die Mann=
barkeit bei den Mannsperſonen nach dem Ende des vier=
zehnten ²) Jahres anfange; [in Anſehung] der Frauen=
zimmer ließ er es im [alten] Zuſtand, ſo daß dieſe nach
erfülltem zwölften Jahre für mannbar gehalten werden.

318   §. 1.   ³) Nächſt der angegebnen Weiſe wird die Vor=
mundſchaft aufgelöſt, wenn die Pupillen ⁴) *in Ge=
fangenſchaft oder* in Arrogation ⁵) genommen, oder
deportirt, *d. h. außer Landes geſchafft* werden,
„ *(denn zuweilen begehen der Pubertät ganz Nahe Etwas,
„ und erleiden dieſe Strafe)*, oder wenn ſie in Sklaverei
„ gerathen, ⁶) *vielleicht weil ſie ſich undankbar erweiſen ge=
„ gen ihre Patronen*, oder weil ſie von den Feinden ge=
„ fangen wurden. *So daß alſo die kleinſte und die mittt=

---

1) C. 3. Cod. 5. 60.

2) Inſtitutionen: illico.

3) Fr. 14. Dig. 26. 1. (Ulpianus lib. 37. ad Sabin.).

4) In die Gefangenſchaft — oder von Fabrot
weggelaſſen, weil es am Schluß des Satzes noch ein Mal
ſteht, und nicht als Beiſpiel der kleinſten Capitis=Di=
minution gelten kann.

5) Scholion: Denn es iſt unmöglich, daß die in Ge=
walt Stehenden bevormundet werden.

6) Ut ingratus a patrona nahm Cujas aus Theophilus
und einigen Manuſcripten in den Inſtitutionentext auf;
während es umgekehrt wieder in einigen Handſchriften
des Theophilus fehlt.

bre, und die größte Capitis-Diminution die Vormund- „
schaft aufhebt*.

§. 2. 1) Auch wenn Jemand im Testament dem Pu- 319
pillen mit einer gewissen Bedingung zum Vormund
gegeben ist, *z. B. Du sollst Vormund sein, bis das .
Schiff aus Asien gekommen ist*, — so wird die Vor- „
mundschaft beim Eintritt der Erfüllung aufgelöst.

§. 3. 2) Auch pflegt der Tod des Vormunds oder
des Bevormundeten die Vormundschaft aufzulösen.

§. 4. Wenn ferner der Vormund die *gro- 320
ße* Capitis-Diminution erleidet, durch welche er
die Freiheit *verliert*, oder *die mittlere, durch welche „
er* des Bürgerrechts verlustig wird, so hört jede Vormundschaft auf. 3) Durch die kleinste Capitis-Diminution
des Vormunds, — zum Beispiel, wenn er sich in Arrogation gibt, — wird nur die legitime Vormundschaft
4) aufgehoben; die übrigen aber, *wie die testamentari- „
sche und die von den Obrigkeiten gegebne* bleiben in „
ihrer Lage. Die Capitis-Diminution des Pu- 321
pillen, auch wenn sie die kleinste ist, hebt jede Vor-

1) Fr. 14. §. 5. Dig. 26. 1.
2) Fr. 4. Dig. 27. 3. (Paulus lib. 8. ad Sabinum).
3) Cajus §. 195.
4) Scholion: Es wird auch nur die legitime, d. h. die
Vormundschaft der Agnaten aufgelöst, die Verwandtschaft bleibt aber wegen der Erbschaft.

„ mundschaft auf. *Der Pupill kömmt nämlich in fremde
„ Gewalt; und bevormundet zu werden, ist dem in freier
„ der Gewalt Stehenden entgegen*.

§. 5. ¹)Es ist Einer im Testament auf zwei
Jahre zum Vormund gegeben; nach Verlauf ²)der zwei
Jahre hört er auf, Vormund zu sein.

322   §. 6. ³)Es entfernt auch den Vormund, daß er
als suspekt von der Vormundschaft entlassen wird, *(denn
„ vielleicht hat er die Sachen des Pupillen schlecht verwal-
„ tet)*. Auch wenn er sich der Excusation bedient, *d. h.*
„ aus einer gegründeten Ursache *ablehnt*, (im Verfolg
werden wir auch die gegründeten Ursachen kennen lernen),
auch dann hört er auf, Vormund zu sein.

Drei und zwanzigster Titel.

Von den Curatoren.

[De Curatoribus; — Cujas: Curationibus].

323   *Wir haben gesagt, daß von den in eigner Gewalt
„ Stehenden Einige unter Vormündern, Andre unter Cu-
„ ratoren stehen, noch Andre keinem von beiden unterwor-

---

1) *Fr. 14. §. 3. Dig. 26, 1.*

2) *Ad certum tempus.* Institutionen.

3) *Ulpian. lib. reg. sing. 11, 23. Fr. 14. §. 4. Dig. 26, 1.*

fen sind. Da wir nun von den Vormündern gehandelt „
haben, und wie viel Vormundschaften es gibt, — es „
sind aber folgende: die testamentarische, agnatische oder le- „
gitime, die patronische, (unter dieser ist auch die fiducia- „
rische Vormundschaft der freilassenden Väter begriffen), und „
die Atilianische oder Julius-Titianische, an deren Stelle „
nun unser göttlichster Kaiser eine andere ausgedacht hat, „
— und da wir auch gesagt haben, auf wie viele Arten 324
sie aufgelöst wird, so wollen wir nun auch von der Cu- „
ration handeln*.

1)Die Mannspersonen und die Frauenzimmer kommen, wenn sie mannbar sind, in die
Cura, bis sie das fünf und zwanzigste Jahr überschritten haben. Wenn sie gleich mannbar sind, so stehen sie
doch noch nicht in dem Alter, daß sie ihr Vermögen besitzen könnten.

§. 1. Die 2)Curatoren werden von denselben 325
Magistraten gegeben, von denen auch die Vormünder. Der Curator wird aber im Testament nicht gültig bestellt, sondern der bestellte durch ein Decret des
Prätor oder Präses bestätigt.

---

1) Cajus §. 197. 198. und Epitome des Cajus I, 8.
  Ulpianus lib. reg. sing. 12, 4.
2) Fr. 1. §. 3. Dig. 26. 3.

§. 2. Der Jüngling erhält ¹) wider seinen Willen keinen Curator, es sei denn für eine ²) *bestimmte* Sache; denn ein Curator kann, wie wir eben gesehen haben, auch zu einem bestimmten Proceß gegeben werden. *Es gibt also viele Verschiedenheiten zwischen den Vormündern und Curatoren. Denn der Vormund ist nur Vormund über die Nichtmannbaren; der Curator über die Mannbaren, zuweilen auch über die Nichtmannbaren. Der Vormund wird gültig im Testament gegeben; der Curator nicht gültig. Niemand ist wider seinen Willen in der Cura, unter Vormundschaft [ist] Einer auch wider seinen Willen; ein Vormund kann zu einem einzelnen Rechtshandel nicht gegeben werden, der Curator aber allerdings*.

326   §. 3. *Neben den Jünglingen* sind die ³) Wahnsinnigen in Cura; ebenfalls die ⁴) Verschwender, auch wenn sie älter als fünf und zwanzig Jahre wären.

---

1) Wider seinen Willen keinen Curator. Vergl. Car. Fea Vindio. et observ. 1782, gegen Raevard und Heineccius.

2) Praeterquam in litem, curator enim et ad certam causam dari potest, wo Schrader (s. Hugo's civil. Mag. IV. S. 416) aus Theophilus ad certam causam, curator enim et in litem.. lesen möchte.

3) Ulpianus lib. reg. sing. 12, 2.

4) Fr. 1. Dig. 27, 10.

Doch stehen sie nach dem Willen des Zwölftafelgesetzes unter der Cura der Agnaten. [1]) Aber in Rom gibt der Präfekt der Stadt, oder der Prätor, und in den Provinzen die Befehlshaber den Wahnsinnigen und Verschwendern *ex inquisitione*, *oder nach Untersuchung*, Curatoren, *wenn kein Agnat da, oder der vorhandne zur Verwaltung untauglich ist*.

§. 4. In [2]) Cura stehen ferner **Blödsinnige** und 327 **Taube** und **Stumme**, und die an einer [3]) ununterbrochenen Krankheit Leidenden, weil diese nicht ihren Geschäften vorstehen können.

§. 5. Zuweilen sind auch **Pupillen** in Cura, z. B. wenn der gesetzliche Tutor nicht annehmlich ist: *Denn es wird deswegen kein andrer Vormund gegeben, sondern ein Curator*, weil *es eine Regel gibt, die sagt*: [4]) *tutorem habenti tutor dari non potest*, *oder: Wer einen Vormund hat, dem kann kein Vormund gegeben werden*.

Wenn der testamentarische oder von der [5]) *Obrig* 328 *keit* gegebne Vormund zur Verwaltung untauglich ist,

---

1) *Fr.* 13. *Dig. eod.*

2) *Fr.* 2. *Dig. eod.*

3) Morbus perpetuus, *νόσος διηνεκής*, derselbe Ausdruck wie bei'm Edictum perpetuum.

4) *Fr.* 27. *Dig.* 26, 2.

5) Vel a Praetore vel a Praeside. Institutionen.

und doch in Anſehung der Geſchäfte des Pupillen [1] nicht
unredlich handelt, ſo pflegt ihm ein Curator beigegeben
zu werden. — An die Stelle Derer, die ſich [2] auf eini=
ge Zeit von der Vormundſchaft excuſiren, pflegen Cura=
toren gegeben zu werden, *wie wir im Verfolg lernen
werden*.

329　　　§. 6.　[3] Wenn der Vormund krank, oder durch
andere Nothwendigkeit abgehalten wird, die Geſchäfte des
„ Pupillen zu beſorgen, *— zum Beiſpiel durch eigne
„ Prozeſſe beſchäftigt —*, und der Pupill entweder abwe=
„ ſend, oder *[zwar] gegenwärtig, [aber]* infans *oder
„ Kind* iſt, [4] ſo kann der Vormund auf ſeine Gefahr
„ einen [5] Actor bei'm Prätor oder dem Befehlshaber der
„ Provinz vorſchlagen; *welcher deswegen actor heißt,
„ quia per acta constituitur, weil er durch die Ver=
„ handlung der Protokolle beſtätigt wird. Iſt der Pupill
„ gegenwärtig, und kann ſprechen, ſo wird ein procura-
„ tor, cum tutoris auctoritate beſtellt*.

---

1) Eigentlich Orphanos, väterloſe Waiſe. Die Gloss. gr.
　lat. ὀρφανός: orbus, pupillus.
2) Non in perpetuum sed ad tempus. Inſtitutionen.
3) Fr. 13. Dig. 26, 1.
4) Quem velit actorem periculo ipsius, Praetor vel qui
　provinciae praeerit, decreto constituet. Inſtitutionen.
5) Adjutor tutelae, in den Pandekten.

Vier und zwanzigster Titel.

Von der Sicherheitsleistung der Vormünder und Curatoren.

[De satisdatione tutorum et curatorum].

*Nachdem wir die Bestellung und Entlassung der Cu- 330
ratoren abgehandelt haben, und daß Einige bis zum fünf „
und zwanzigsten Jahre unter Cura stehen, Andre wegen „
Krankheit, bis zur Entfernung der Krankheit; so wollen „
wir nun ein allgemeines, über alle Administratoren sich „
erstreckendes Wort sprechen*.

Jeder [1]) Vormünd und jeder Curator muß Sicherheit geben *durch Stellung von Bürgen*, durch welche „
er verspricht, daß das Vermögen der Pflegbefohlnen unversehrt und unangetastet bewahrt werde. Das [2])[ist]
nämlich die größte Sorgfalt des Prätor; [3]) nimm jedoch 331
von den Tutoren den testamentarischen aus. Dieser wird
nicht mit Bürgschaften beschwert, denn, daß er treu und
sorgsam bei der Verwaltung sein werde, [darüber] hat
er uns die Zeugnisse des Testators dargelegt. Auf gleiche
Weise werden den Vormündern oder Curatoren, die *ex inquisitione,* *oder nach Untersuchung* [bestellt werden], „

---

1) Cajus §. 199. 200.

2) Curat, einige Ausgaben mit Cajus; andre curet.

3) Sed hoc non est perpetuum. Institutionen.

„ keine Bürgen abgefordert, ¹)*denn daß ſie zuverläſſig
„ ſeien, hat die Unterſuchung der Magiſtrate dargethan.
„ Denn²) ſie pflegt nachzuforſchen, ob er rechtlichen Wan=
„ dels, ob er wohlhabend iſt, ob er Lebens=Pfänder be=
„ ſitzt, — nämlich Kinder; denn Wer Kinder hat, weiß,
„ wie er den Waiſen nützen muß, denen er an Vaters
„ Statt gegeben wird, — und ob er Liebe zu Der hat, die
„ [ihn] trug*³).

333   §. 1. *Es kömmt jedoch vor, daß auch ſie Bürgen ſtellen.
„ Denn* wenn es der Fall iſt, daß zwei oder mehr Tu=
toren oder Curatoren teſtamentariſch oder *ex in=
quisitione* gegeben werden, und einer von ihnen, *der
„ dem Pupill Sicherheit gewähren will*, Bürgſchaft ſtellt,
*)ſo wird [dieſer] dem Contutor oder Concurator vorge=
„ zogen und ihm allein vertraut. *Denn die Stellung
„ von Bürgen iſt dem Pupillen ſicherer, als das Zeugniß
„ des Verſtorbenen, der ſich möglicher Weiſe irrte, ſo wie
„ der Magiſtrat bei der Unterſuchung. Deswegen wird ihm
333 allein die Verwaltung anvertraut werden. Wenn Dieß ge=

---

1) Quia idonei electi sunt. Inſtitutionen.
2) *Fr. 21. §. 5. Dig. 26, 5.*
3) Mutter oder Vaterland. — Scholion: d. h. zu ſei=
ner eignen Mutter. — Ein andres Scholion: oder
zu ſeinem Vaterland.
4) Ut solus administret, vel ut contutor satis offerens
praeponatur ei et ipse solus administret. Inſtitutionen.

schehen ist, so kann [sich ihm] der andre entgegenstellen, „
Bürgen anbieten, und die Besorgung auf sich übertragen. „
Wenn ¹) also viele testamentarische [Tutoren] da sind, so* „
kann nicht einer sich aufwerfen, und zum Mitvormund
oder Mitcurator sagen: ²)Gieb Bürgen und über=
nimm die Verwaltung; sondern *wenn einer bewir= „
ken will, daß der mit ihm Administrirende Bürgen stellt, „
so* biete er zuerst *Bürgen* an, *damit der andre aus „
Nacheifer und Anreizung Bürgen vorbringe.   Denn ich 334
leiste Sicherstellung*, und überlasse dem Mitvormund die
Wahl, ob er von mir Sicherheit annehmen *und mir
die Verwaltung abtreten* oder [selbst deren] geben *und „
die Verwaltung übernehmen* will. Wenn ³) keiner *von „
den testamentarischen oder denen *ex inquisitione* Bürgen „
beibringt, so ⁴) verwalte, wenn der Verstorbene ei=
ner bestimmten Person die Verwaltung übertra=
gen hat, diese allein; wenn aber der Testator
Dieß bei keinem angegeben hat, so verwalte Der,
den die Mehrzahl der Mitvormünder erwählt.
Denn Dieß ist auch im Edikt, *oder der Gesetzgebung* 335

---

1) *Fr.* 7. *Dig.* 46, 6.

2) *Aut satis da, aut satis accipe.* Pandekten.

3) *Fr.* 3. §. 1. und 7. *Dig.* 26, 7. (*Ulpianus lib.* 38.
ad Edict.).

4) Dieß scheinen Worte des Edikts zu sein.

des Prätors bestimmt. Wenn aber die Vormünder unter
einander über die Wahl Deffen [1]) verschiedener Meinung
„ sind, der verwalten soll, *und einige diesen, andere jenen
„ wählen, (denn es ist möglich, daß, wenn das Vermö-
„ gen groß ist, einer zur Verwaltung nicht hinreicht)*, dann
[2]) erwähle der Prätor Wen er will, und dem überlaffe
er die Verwaltung. Daffelbe sagen wir [3]) durchgehends
auch von vielen *ex inquisitione* Bestellten, denn auch
bei diesen muß die Mehrzahl [Einen] auswählen, [4]) der
verwalten soll.

336   §. 2. *Wenn* der Pupill *herangewachsen* oder der
„ der Volljährigkeit Nahe *mündig geworden ist, so* ha-
„ ben *sie* [5]) nicht nur die Vormünder oder Cura-
„ toren aus *dem Grunde* der Verwaltung
verantwortlich, sondern auch [6]) Jene, welche *von
den Vormündern* die Bürgen annehmen; gegen diese ha-
„ ben sie die *[actio] in* [7]) *factum* ([8]) oder die Schad-

---

1) Oder Derer. Institutionen.
2) Praetor partes suos interponere debet. Institutionen.
3) *Fr. 19. §. 1. Dig.* 25, 2.
4) Per quem administratio fieret. Institutionen.
5) Ceterisque personis. Institutionen.
6) Scholion: nämlich der *Scriba.*
7) Wegen der Angabe, daß eine actio in factum Statt
    finde, ist Theophilus vielfach angegriffen worden. Reiz
    hat dieser Untersuchung den 12. Excursus gewidmet, und
    Theophilus völlig gerechtfertigt.
8) Von Fabrot weggelaffen.

loshaltung), welche* *subsidiaria* *heißt*, und ihnen die „
letzte Hülfe darbietet. *Denn, wenn weder die Verwalter 337
noch deren Bürgen dem Pupillen Schadloshaltung ver= „
schaffen, dann sind Die, welche die Bürgschaft „
von ihnen annahmen, der [actio] *in factum* unter= „
worfen, welche *subsidiaria* aus der Handlung heißt*. „
Sie wird aber gegeben, wenn Die entweder gar keine
Bürgschaft annahmen, *welche sie anzunehmen pflegen*, „
oder *[deren] zwar annahmen, aber* ¹) zahlungsunfähige „
Bürgen zuließen. Sie wird auch gegen die Erben gege=
ben, ²) wie in den Gutachten der Rechtsgelehrten und
den Kaiserlichen Constitutionen ³) gesagt wird.

§. 3.   Auch Das ist ⁴) [darin] enthalten, daß 338
die eingesetzten Vormünder oder Curatoren, wenn sie
in Ansehung ihrer Verwaltung keine Sicherheit dar=
bieten wollen, *captis pignoribus.* *d. h. durch Abfor= „
derung von Pfändern* dazu angehalten werden sollen, „
*d. h. es werden ihnen auf Befehl des Magistrats aus „
ihrem Vermögen, als Pfand, Sachen hinweggenommen*. „

13 *

---

1) Aut non idonee passi essent caveri. Institutionen.

2) Tam ex prudentum responsis quam ex constitutionibus imperialibus. Institutionen.

3) Const. 2. Cod. 5. 75. vergl. mit den Basiliken B. 38.
   Tit. 8.

4) Quibus constitutionibus. Institutionen.

339   §. 4. ¹)Weder der Präfekt der Stadt Rom, noch der Prätor, noch der Befehlshaber der Provinz ²), sind der *subsidiaria* unterworfen, sondern nur Die, welche dergleichen Bürgschaft anzunehmen ³)pflegen, ⁴)*wie die Befehlshaber und Defensores civitatum.

Fünf und zwanzigster Titel.

Von den Entschuldigungen der Vormünder und Curatoren.

[De excusationibus tutorum vel curatorum].

340   *Es gibt aber bei den Tutoren und Curatoren nicht „ nur die vorerwähnte Gemeinschaft, daß jeder von ihnen

---

1) In den Handschriften heißt es eigentlich: der Präfekt weder von Rom noch von der Stadt. Fabrot emendirt daher: Weder der Präfekt der Stadt Rom. Reitz fragt, ob unter dem: noch von der Stadt — Konstantinopel gemeint sei? und läßt endlich weder von Rom als Scholion weg. — Aber diese Stelle ist offenbar aus §. 3. Nr. 326. zu emendiren, und unter der Stadt nur Rom gemeint, (obgleich c. 52. §. 2. Cod. 1. 3 bestimmt von beiden Hauptstädten getrennt gesprochen wird).

2) Neque quis alius, cui tutores dandi jus est. Justitutionen.

3) *GL. solent* aliàs *debent.*

4) Bei Fabrot fehlend. — Scholion: Es sind aber die Bürgen-Annehmenden in Konstantinopel die *Tu-*

mit Bürgschaft beschwert wird; sondern auch eine andre, „
daß jeder von ihnen, der zur Verwaltung berufen wird, „
sich der Excusation bedienen kann. Denn das Gesetz wußte „
wohl, daß die Sorge der Verwaltung beschwerlich und „
groß sei, und erfand Entschuldigungen oder Excusationen „
aus verschiednen Ursachen, so daß Der, welcher sich ihrer „
bedient, der Last der Verwaltung entgeht*. 1) Zumeist 341
können wir uns wegen der Kinder excusiren, „
sie mögen in [unsrer] Gewalt oder emancipirt sein. „
Wenn Jemand in Rom 2) drei lebende Kinder hat, oder
vier 3) in Italien, oder in den Provinzen fünf, so ex=
cusirt er sich *sofort* von der Tutel oder Cura, nach
Analogie der übrigen Aemter 4), denn es 5) ist ausge=

ἐξῶται [Gloss. gr. lat.: apparitor, officialis], der
Scribas; in den Provinzen der Ἐκδικος [Defensor f.
Nr. 306.], die Strategen, [niedern Stadtbehörden, f.
hierüber v. Savigny Geschichte des Röm. Rechts im
Mittelalter Bd. 1. S. 28 — 39], der Juridicus von
Alexandria. — c. ult. Cod. 5, 43; Fr. 3. §. ult. Dig.
15, 1.
  1) Fr. 2. §. 2. Dig. 27, 1. (Modest. l. 2. excusat.).
  2) Scholion: Es gilt eben so viel, in Konstantinopel
  drei Kinder zu haben, als in Rom. — — C. 1. Cod.
  5. 66.
  3) Scholion: Beziehe Dieß auf Thrakien.
  4) Scholion: Denn Amt (Λειτούργημα) ist ein öffent=
liches, Jemanden übergebnes Geschäft: die Getraidenauf=
sicht, die Ephorenwürde.
  5) Placuit. Institutionen.

macht, daß die Vormundschaft und Curation den öffentlichen Aemtern zugezählt werde.

342   — ¹)Adoptiv-Kinder helfen nichts *zur Excusation*, sondern ²)natürliche, wie gesagt, auch wenn sie
einem Andern in Adoption gegeben sind.

— Die³) Enkel vom Sohn werden nützen, *wenn
„die Zwischenperson gestorben ist*, denn sie treten an die
Stelle des Vaters; aber die Enkel von der Tochter geben
343 keine Excusation. — Es helfen aber, *wie ich erwähnte*, nur die lebenden Kinder, nicht aber die verstorbenen. ⁴)Wenn sie im Kriege umgekommen, ist gefragt worden, ob sie helfen, und ⁵)man kam überein,
daß ⁶)nur die uns eine Excusation gäben, welche *in
„der Schlachtordnung und* im Treffen selbst fielen; denn
da sie für das Vaterland starben, so scheinen sie durch
den Ruhm ihrer Thaten ewig zu leben.

---

1) *Fr.* 2. §. 2. *Dig.* 50, 5.
2) Die Glosse interpungirt entweder: in adoptionem
   autem dati (,) naturali patri prosunt. Oder in ad.
   autem dati naturali patri (,) prosunt.
3) *Fr.* 2. §. 7. *Dig.* 27, 1.
4) *Fr.* 18. *Dig.* 27, 1. (*Ulpianus lib.* 27. *ad Legem*
   Jul. et Pap.).
5) Constat. Institutionen.
6) Defunctus filius non proficit, praeterquam in *bello*
   amissus. *Fr. ult. Dig.* 50, 5; bellum für Schlacht erklärt in *Fr.* 18. cit; so bei Sallust.: in eo bello 300
   milites desiderati.

§. 1. Auch hat der Kaiser Marcus in seinen halb-   344
jährlichen *Constitutionen* befohlen, daß, wer Fiskali- „
sche *oder öffentliche* Geschäfte verwaltet, so lange er „
mit dieser Verwaltung beschäftigt ist, eine Entschuldigung
der Curation und Vormundschaft habe, *und der Grund
ist klar: denn es ist nöthig, daß wir entweder, dem Pu- „
pill beistehend, den Fiskus hintansetzen, oder für des Fis- „
kus Bestes sorgend, die Rechte des Pupillen vernachläs- „
sigen*.

§. 2. Auch die ¹)rei publicae causa Abwesen- 345
den werden mit der Verwaltung verschont, *nicht nur „
mit der künftigen, sondern auch mit der obliegenden. Doch „
wird nach Uebernahme der Verwaltung eine Excusation „
nicht angenommen*; Wer die Verwaltung übernommen „
hat, und ²)in der Zwischenzeit rei publicae causa,
oder wegen eines öffentlichen Geschäfts verreist, genießt „
zwar die Excusation, *aber er kann sich nur so lange „
der Verwaltung ohne Gefahr entziehn*, als er rei pu- „
blicae causa abwesend ist; und es wird an seiner
Stelle *unbedenklich* ein Curator in der Zwischenzeit ge- „
geben. Kehrt jener aber *von der Reise rei publicae 346
causa* zurück, so wird er sogleich wieder der Bürde

---

1) Rei publicae, nicht reipublicae in einem Wort als
   Staat. — Fr. 41. §. 2. Dig. 27, 1.; C. 1. Cod. 5, 64.
2) Deinde. Institutionen.

der Vormundschaft unterworfen; ohne daß er dazu eine
„ *Vacation* *oder Frist* von einem Jahre hat, wie
„ auch Papinianus in seinem fünften Buche der Re-
„ sponsorum[1]) schreibt. Denn der Aufschub *des Jahres*
„ wird *den von der Reise rei publicae causa Zurück-
„ kehrenden zur Excusation* gegeben, wenn Jemand zu
347 einer neuen[2]) Verwaltung berufen wird. *Wenn ich also
„ Vormund bin und *rei publicae causa* verreise, so höre
„ ich zwar auf, Vormund zu sein, aber sobald ich zurück-
„ kehre, übernehme ich nothwendiger Weise die Verwaltung
„ wieder. Wenn ich aber nicht Vormund bin, und *rei
„ publicae causa* verreise, dann zurückkomme,[3]) und
„ nach meiner Rückkunft zur Verwaltung berufen werde,
„ — z. B. im ersten Monat nach der Rückkehr, oder im
„ sechsten, oder zehnten, oder zwölften, und kurz, bevor
„ das Jahr abgelaufen ist, — so kann ich mich excusiren.
348　　§. 3. Auch Wer zu einer[4]) Magistratur gelangt,
genießt eine Excusation, wie das[5]) Rescript des göttlichen
Marcus besagt; die angefangne Vormundschaft aber
löst eine dazu kommende Magistratur nicht auf.

---

1) Schreibt. Einige Institutionenhandschriften lesen:
re scripsit.

2) Novas tutelas. Institutionen.

3) *Const.* 2. *Cod.* 5, 64.

4) Potestatem. Institutionen. Auch die Strategen gehören hierher. *Fr.* 6. §. 16. *Dig.* 27, 1.

5) Nicht mehr vorhandne.

§. 4. Ich [1] habe einen Proceß gegen den Pu
pill oder den Erwachsenen, [adultus]; Dieß bietet
keine Excusation dar, wenn nicht [2] etwa der Streit über
unser ganzes Vermögen oder [eine] Erbschaft ist.

§. 5. [3] Drei Vormundschaften oder Curatio-   349
nen, die ich ohne [4] Bewerbung annahm, gewähren mir
Befreiung *von einer vierten Verwaltung*, so lange die „
drei Vormundschaften oder Curationen bestehen. *Deswe- „
gen sagte ich, die ich ohne Bewerbung übernahm, weil, „
wenn ich mich vielleicht bemüht habe, zur Vormundschaft „
oder Curation von Dem [oder Jenen] zu gelangen, die „
sehr leicht ist, [Dieß] nicht die Zahl drei erfüllen wird*. „
Auch Das muß man wissen, daß [5] *die Anzahl der Vor- „
mundschaften nach dem Vermögen und nicht nach den Per- „
sonen beurtheilt wird; denn wenn Jemand mit drei oder 350.
mehrern Kindern stirbt, und ich ihr Vormund werde, so
wird dieß eine Vormundschaft sein, weil es auch ein
Vermögen ist.

---

1) Fr. 21. Dig. 27, 1. (*Marcianus lib. 2. institut.*).
2) *Forte. GL.*: non placet hoc forte.
3) Fr. 3. Dig. 27, 1. (*Ulpianus lib. sing. de officio
    praetoris tutelaris*).
4) Scholion: Ich übernahm zum Beispiel diese gering-
    fügige, um mich wegen einer Vormundschaft zu ent-
    schuldigen, welche mir übertragen werden will.
5) Ut tamen plurium pupillorum tutela vel cura eorun-
    dem bonorum veluti fratrum pro una. Institutionen.

§. 6. ¹)Auch die Armuth pflegt eine Entschuldi=
gung wegen der Verwaltung darzubieten. Denn Dieß ha=
ben die göttlichsten Brüder ²), auch Marcus alleiu
rescribirt, *so daß man also auch die Armuth nützlich
finden kann*.

351 §. 7. Wenn ³) Jemand *zur Vormundschaft beru=
fen wird, und dargethan hat, daß er unpassend sei

---

1) Fr. 7. Dig. 27, 1. (Ulpianus lib. sing. excusationum).

2) In der Reißischen Ausgabe heißt es: denn Dieß ha=
ben die göttlichsten Brüder [Severus und Antoninus re=
scribirt], auch Marcus rescribirte allein. Die einge=
klammerten Worte ließ Fabrot hinweg, mit der Be=
merkung: Schol. ad vocem. ἀδελφοὶ νοταται Βῆρος
καὶ Ἀντωνῖνος quae deinde in textum recepta, non
sine menda: antea enim legebatur: Σεβῆρος, ἀντὶ
τοῦ Βῆρος. — Unsere Uebersetzung hat die eingeklam=
merten Worte ganz hinweglassen können, weil die sehr
gute Handschrift von P. Pithou sie nicht hat; auch
kann deswegen der über jene Worte erhobne Streit
ganz übergangen werden.

3) Die Institutionen schließen den vorigen (6) Paragraph
mit den Worten: .... rescripsit, si quis imparem one=
ri injuncto se possit docere; Beziehungsweise auf die
Armuth. In unserer Paraphrase werden aber diese
Worte zum §. 7. genommen, und ihnen ein eigner Sinn
beigelegt, so daß in den Institutionen so gelesen wor=
den wäre: .... rescripsit. — §. 7. Si quis imparem
oneri injuncto se possit docere; item propter adver=
sam valetudinem .... excusatio locum habet. Allein
die Pandektenstellen, aus denen beide §§. der Institu=
tionen genommen sind, hindern uns, so zu lesen.

und zur Verwaltung nicht hinreiche, oder [wenn er]* be=
wieſen, daß er eine Krankheit an ſich habe, welche ihm
nicht einmal ſeine eignen Geſchäfte zu betreiben geſtatte,
ſo wird er *gehört werden, indem er ſich* von der Vor=
mundſchaft excuſſet.

§. 8. Ein ¹) der Schrift Unkundiger hat Ex=
cuſation von der Verwaltung, indem der göttlichſte Pius
Dieß verkündete, ²) obgleich die der Schrift Unkundigen
manchmal Andrer Vermögen am ³) Beſten verwalten
können.

§. 9. Wenn Jemand ⁴) *ſeinen Feind* zum te=
ſtamentariſchen Vormund *ſeinem Sohn* hinterläßt, ſo
wird der Gegebne entſchuldigt; ſo wie im Gegentheil Der
nicht entſchuldigt wird, welcher dem Vater der Pupillen

Es heißt nämlich zu §. 6.:

    Fr. 7. Dig. h. l.: paupertas sane dat excusationem,
si quis imparem se oneri injuncto possit probare.
Idque divorum fratrum rescripto continetur, und *Fr.
40. §. 1. Dig. eod.:* Paupertas, quae operi et oneri
tutelae impar est, solet tribuere vacationem.

    Zu §. 7.: (*Fr. 10. §. 8. Dig. eod.*): Adversa quo-
que valetudo excusat, sed ea quae impedimento est,
quominus quis suis rebus superesse possit.

1) *Fr. 6. §. 19. Dig. 27. 1.*

2) Quamvis et imperiti literarum possint ad administra=
tionem negotiorum sufficere. Inſtitutionen.

3) Meiſten, wörtlich.

4) Propter inimicitiam aliquem. Inſtitutionen.

v, *bei deſſen Leben* verſprochen¹), daß er Vormund
ſeiner Kinder werden wollte.

353   §. 10. ²) Niemand kann ſich dadurch allein eine
Excuſation verſchaffen, daß er ſagt: ich war dem Va=
ter der Pupillen unbekannt; denn Dieß verordnet
eine Conſtitution der göttlichſten Brüder.

§. 11. ³) Wenn eine Feindſchaft zwiſchen mir
und dem Vater der Pupillen oder Unmündigen vorhan=
den iſt, ſo befreit ſie mich, — wenn ſie kapital, und in
der Zwiſchenzeit keine Ausſöhnung erfolgt iſt, — von der
Vormundſchaft; *iſt ſie nicht kapital, ſo gibt ſie keine
Excuſation*.

354   §. 12. ⁴) Wenn mir Jemand eine Unterſuchung
über meinen *Status*⁵) bereitet, ſo werde ich nicht an=
gehalten, ſeiner Kinder Vormund zu werden.

§. 13. Wer älter als ſiebenzig Jahre iſt,
wird von Vormundſchaft und Curation frei. Ein weniger
als fünf und zwanzig Jähriger genoß ſonſt, *zur
Vormundſchaft* berufen, der Excuſation, *indem er ſag=

---

1) Scholion: d. h. wenn er ein Freund und nicht ein
    Feind war, wie er gleich oben ſagte.

2) *Fr.* 15. §. 14. *Dig.* 27, 1. (*Modeſtin. lib. 6. excuſ.*).

3) *Fr.* 6 §. 17. *Dig.* 27, 1. (*Modeſtin. lib. 2. excuſ.*).

4) *Fr.* 6. §. 18. *Dig. eod.* (aus demſelben Werke).   —

5) Scholion: d. h. wenn ich in Anſehung des Status
    ſage: daß er mein Sklave iſt.

te: ich bin weniger, als fünf und zwanzig Jahre*. Aber eine [1]) Constitution unsers Kaisers hat gemacht, daß Dieß als Verhinderung, und nicht als Excusation gelten soll. *Wenn also ein weniger als fünf und zwanzig Jähriger 355 zur Vormundschaft oder Curation berufen wird, so bedarf er keiner Excusation, wie in derselben göttlichen Constitution enthalten ist*. So daß also weder der [2]) Pupill, noch der *zwar* Mannbare, *aber noch nicht Volljährige* zur legitimen Tutel berufen wird. Denn Das war [3]) jeder Civilgesetzgebung fremd, daß Der, welcher bei der Verwaltung seines Vermögens fremder Hülfe bedarf, und Die, welche von Fremden regiert werden müssen, Andrer Vormünder [oder Curatoren] werden sollen.

§. 14. Wie aber der Minderjährige, auch nicht mit 356 seinem Willen, Vormund wird, eben so wenig der [4]) Soldat.

§. 15: Die Grammatiker [5]), Rhetoren, Aerzte in Rom, und Der in seinem Vaterland solche Studien betreibt, auch innerhalb der *in der Constitution* bestimmten Anzahl ist, erhält Befreiung von der Verwaltung.

---

1) *Const. ult. Cod.* 5, 30. vergl. Titel 19. am Schlusse.

2) Vergl. Cajus §. 179. *Ulpian. lib. reg. sing.* 11, 20.

3) Incivile. Institutionen.

4) *C.* 4. *Cod.* 5, 34.

5) Scholion: Der Grammatiker hat nicht alle Zeit Excusation.

„ *Denn es gibt eine Conſtitution von Antoninus, welche
„ ſagt, wie viel Grammatiker, oder Rhetoren oder Aerzte
„ in jeder Stadt ſein ſollen*.

357   §. 16. ¹)Wer viele Excuſationen hat, kann,
wenn er einige derſelben gebraucht hat, und [damit] ab-
gewieſen iſt, innerhalb der Excuſationszeit die andern gebrauchen.

„   [²)§. 17.] Wer ³)*zur Vormundſchaft oder Cura-
„ tion berufen iſt, und einer ſolchen Laſt entgehen will,
„ gebraucht die Excuſation*, ⁴)beruft aber nicht; *denn die
„ Berufung iſt dann nöthig, wenn Jemand ſich der Excu-
„ ſation bedient, und im Rechtsſtreit nicht obgeſiegt hat*.
   Wer ſich einer Excuſation bedient, gebraucht ſie inner-
„ halb funfzig ununterbrochen-laufender, *nicht utiler*
Tage; —

358   ⁵)*(denn ſie fangen von da an zu laufen*, wo er erfährt, daß er zum Vormund beſtellt iſt). *Es müſſen
„ ſich der Excuſation [innerhalb dieſer Friſt die Tutoren]

---

1) *Fr.* 21. §. 1. *Dig.* 27, 1. (*Marcianus lib.* 2. *Instit.*).

2) Die Ausgaben des Theophilus haben hier irrig einen
neuen Paragraphen, da ſie unten (Nr. 362) ohne Bemerkung, mit den Inſtitutionen den §. 17. angehen
laſſen.

3) *Qui autem excusare se volunt.* Inſtitutionen.

4) *Fr.* 1. §. 1. *Dig.* 49, 4. (*Ulpian. lib.* 1. *appellat.*).
— die Baſiliken Thl. V. S. 2 und 27.

5) *C.* 6. *Cod.* 5, 62.

bedienen, — [1] sie mögen nun testamentarische oder
legitime, oder Patrone, oder fiduciarische, oder vom
Magistrat gegebne, oder auch eigends ernannte Cu=
ratoren, oder von den Gesetzen berufene, sein),
wenn sie *in derselben Stadt, in der sie berufen sind*, 359
oder innerhalb des hundertsten Meilensteins von dem Ort
wohnen, wo sie zu Vormündern bestellt worden. Wenn
sie aber jenseits des hundertsten *Meilensteins [wohnen, so
müssen sie sich entschuldigen]*, so daß [2] *eine Berechnung
geschehe, und auf jeden Tag zwanzig Meilen gutgethan
werden, welche der Gerufene machen muß, um an den
Ort, wohin er gerufen ist, zu gelangen, um die Excu=
sation vorzubringen; in der Maaße jedoch, daß ihm drei=
ßig Tage übrig gelassen werden, nachdem er in der Stadt
eingetroffen ist, in welcher er sich excusiren will*, Dieß
muß aber, wie [3] auch S k ä v o l a sagt, so berechnet wer= 360
den, daß ein Vormund zur Excusation nie weniger als
fimfzig Tage hat, *zuweilen aber mehr. Er war z. B.
zwei Hundert Meilen entfernt, als er es erfuhr, so hat
er zum Weg zehn Tage, nach seiner Ankunft vierzig; er
war drei Hundert Meilen entfernt, so hat er zum Weg

---

1) Cujuscumque generis sint, i. e. qualitercumque dati
    fuerint tutores. Institutionen.
2) Dinumeratione facta XX millium diurnorum, et
    amplius XXX dierum. Institutionen.
3) Auch, fehlt bei Fabrot.

„ funfzehn, und nach der Ankunft die übrigen fünf und
361 dreißig Tage; wenn er vier Hundert Meilen entfernt
„ war, so hat er in Rückſicht auf den Weg zwanzig Tage,
„ (denn zwanzig Mal zwanzig iſt vier Hundert), alſo nach
„ ſeiner Rückkehr ¹) hat er dreißig Tage; wenn er fünf
„ Hundert Melen entfernt war, so hat er fünf und zwan-
„ zig Tage auf Rechnung der Reiſe, und dreißig nach der
„ Rückkehr; wenn er Tauſend Meilen weit war, so hat
„ er funfzig Tage wegen des Wegs, und dreißig volle nach
„ dem Ablauf der funfzig ²) Tage. Und so zeigt ſich, Wer
„ mehr als funfzig Tage hat; weniger [ſind] niemals, wie
„ die einzelnen Beiſpiele darthun. ³)

362   §. 17. ⁴) Jemand iſt zum Vormund beſtellt; dieſer
    wird [als] für alle Geſchäfte des Pupillen angenommen
„ gehalten. *Und wir ſagen nicht, daß er bei jenen Ge-
„ ſchäften Vormund iſt, bei dieſen aber es nicht iſt*.

    §. 18. Ich bin Vormund des Pupill geweſen; *er
„ iſt mannbar geworden, und ich werde zu ſeinem Curator
    ernannt*. Wider meinen Willen werde ich nicht gezwun-

---

    1) Hier ſetzt Theophilus voraus, daß er in ſeinem Wohn-
       ort zum Vormund beſtellt werde.

    2) Von Curtius und Reitz ſupplirt.

    3) Uebrigens haben die gegen das Recht gewählten Tuto-
       ren nicht nöthig, ſich zu entſchuldigen. Fr. 10. §. 12.
       Dig. 27, 1.

    4) Fr. 21. §. 2. Dig. 27, 1. (Marcianus lib. 2. Inſtit.)

gen sein Curator zu sein ¹). Sogar wenn ein Vater im Testament mich zum Vormund seines unmündigen Soh- nes hinterlassen hat, mit dem Zusatz, daß ich ebenfalls sein Curator sein würde; so werde ich nicht gezwungen, sein Curator zu sein. Dieß haben die ²) göttlichsten Severus und Antoninus rescribirt.

§. 19. ³) Es ist Jemand zum Curator seiner Frau 363 eingesetzt. Er kann sich der Excusation bedienen, auch wenn er *angefangen hat*, sich *mit der Verwaltung zu* „ befassen.

§. 20. Es *ist ⁴) Einer zum Vormund ernannt, „ und* hat Excusation erlangt, indem er erlogne Ursachen vorgebracht hat; Dieß befreit ihn nicht von der Last der Vormundschaft; *sondern wenn dem Pupill ein Nachtheil erwächst, weil er nicht verwaltet hat, so muß er diesen „ entgelten*.

---

1) c. 20. Cod. h. t.

2) Die göttlichsten. Bieners Institutionenausgabe: der göttlichste Severus, weil Antoninus nicht vergöttert wor- den sei; allein Divus Severus et Anton. kömmt in un- sern Rechtsbüchern eben so oft vor als Divi S. et A.; ja Divus Antoninus allein ist gar nicht selten; vergl. unten Nr. 366.

3) Iidem rescripserunt. Institutionen. — C. 2. Cod. 5, 34; c. 4. Cod. 5, 62; Fr. 14. Dig. 27, 10.

4) Tit. Cod. 5, 63.

14

Sechs und zwanzigſter Titel.

Von den verdächtigen Vormündern und Curatoren.
[De suspectis tutoribus et curatoribus].

364 *Wir haben von den Excuſationen gehandelt, und
„ wollen auch ¹)von der* Anklage der ſuſpekten
„ Vormünder und Curatoren *handeln. Dieſe Anklage hat aber das Zwölftafelgeſetz ²)erfunden.

„ §. 1. *Und ³) wir wollen ſehn, Wer über dieſe
„ Anklage erkennt, und Wer als verdächtig abgeſetzt wird,
„ und Wer die Verdächtigen anklagen kann*. Es werden
„ die Verdächtigen in Rom bei dem Prätor ⁴)angeklagt,
„ in den Provinzen bei den Befehlshabern; weiter auch
„ bei'm Legaten ⁵)*oder Stellvertreter* des Proconſuls.

365 §. 2. Da ⁶)wir die Richter genannt haben, wollen wir auch von den Suspekten handeln. Man
muß wiſſen, daß alle Vormünder, mögen ſie teſtamenta-

---

1) *Fr. 1. Dig. 26. 10. (Ulpianus lib. 35. ad edict.).*
2) Descendere a... Inſtitutionen.
3) *Fr. 1. §. 3. 4. Dig. eod.*
4) Jus removendi datum est. Inſtitutionen.
5) Von Fabrot für ein Scholion erklärt.
6) *Fr. 1. §. 5. Dig. eod.*

rische sein[1]) oder anderer Gattung, füglich angeklagt werden. Deshalb wird auch der legitime als suspekt [2]) abgesetzt. Dasselbe werden wir sagen, wenn es auch der Patron ist. Doch muß man wissen, daß man den Ruf des Patrons [3]) schonen muß, wenn er auch als suspekt entfernt wird. *Denn das Gericht des Verdachts ist ehrlos „machend*.

§. 3. Nun [4]) ist in der Ordnung zu sagen, Wer die 366 Verdächtigen anklagen kann. Man muß wissen, daß diese Anklage [5]) allgemein ist, d. h. daß Jedermann verstattet ist, *dieses Gericht zu erheben*. Ich [6]) sage [noch] „mehr, daß sogar Weiber zu dieser Anklage zugelassen werden; wie [7]) eine Constitution des Severus und des Antoninus, der göttlichsten, gestattet; aber nur die, 367

*14**

---

1) Die Institutionenausgaben wie die Pandekten meistens: sive non sint, sed.. vergl. Hugo's civil. Mag. IV. S. 417.

2) Accusari potest. Institutionen.

3) Und noch mehr der Parentes, Fr. 9. Dig. h. l. u. sonst.

4) Fr. 1. §. 6. Dig. eod.

5) Quasi publicam. Institutionen.

6) Fr. 1. §. 7. Dig. eod. (Ulpianus lib. 35. ad Edict.).

7) In den Pandekten wird nur in Ansehung der Schwester eine Constitution des Severus angeführt.

welche durch den[1] Ruf der Liebe aufgemuntert, dazu
schreiten, wie Mutter, Amme, Großmutter, auch die
Schwester wird nicht abgehalten. Wenn aber auch ein
„ andres Frauenzimmer, von dessen *zur[2] Frömmigkeit
„ sich hinneigenden*, *nicht unverschämten*, nicht die *natürliche* Scham [des Geschlechts] überschreitenden, sondern
von Frömmigkeit geleiteten Wohlmeinen der Prätor sieht,
daß es das gegen den Pupill begangne Unrecht nicht bei
sich behalten kann, [klagend auftritt], so läßt er auch
diese zur Anklage zu.

368   §. 4.   Die [3] Nichtmannbaren können ihre
Vormünder nicht als suspekt verdrängen. Die Mannbaren aber können die Curatoren anklagen, *doch* nach dem
Rath anverwandter Personen, z. B. der Cognaten und
durch Affinität Verwandten. Auch Das haben Severus
und Antoninus rescribirt.

369   §. 5.   Suspekt ist auch, wer die Vormundschaft
nicht sehr treu verwaltet, wenn er gleich wohlhabend ist.
Denn Das sagt Julianus. Der Vormund kann auch,

---

1) Ἀνάγκη, necessitas.

2) Die Pandekten: perpensam.

3) Fr. 7. Dig. 26, 10. (*Ulpianus lib. 1. de omnibus ju-
diciis*).

ehe er zu verwalten anfängt, als suspekt entfernt werden, wie Julianus [1] antwortete, dessen Entscheidung
eine Constitution bestätigt hat.

§. 6. Der als suspekt Entfernte ist, wenn
[es] wegen Dolus geschah, [2] ehrlos; wenn es wegen
Nachlässigkeit, nicht eben so.

§. 7. Während [3] Einer als suspekt belangt 37◉
wird, darf er, so lange das [4] Gericht dauert, sich nicht
der Verwaltung anmaßen. *Denn sie ist ihm verboten*, „
wie Papinian dafür hält.

§. 8. Wenn die Klage des Verdachts zwar erhoben
ist, aber der Vormund oder Curator inmittelst stirbt, so
erlöscht [5] ein solches Gericht. *Denn wie ist es mög- „
lich, einen schon Verstorbenen abzusetzen*?
                                                        „

---

1) Scripsit. Institutionen.

2) Ἄτιμος. Institutionen. Famosus; 'l infamosus, 'l
    infamis.

3) C. 7. Cod. 5, 43.

4) Cognitio. Institutionen.

5) Suspecti cognitio. Institutionen.

371   §. 9. ¹)Wenn der Vormund nicht ſichtbar wird, ſo
„ daß dem Pupill *alimenta* *vom Magiſtrat* beſtimmt
werden, ſo iſt durch eine Conſtitution des Severus
und Antoninus ²) verordnet, daß der Pupill in den
Beſitz von deſſen Vermögen geſetzt wird; ſo daß *über das
Vermögen des Tutor* ein Curator beſtellt wird, der die,
„ durch die Zeit verderbenden Sachen, *wie Vieh, Klei=
„ dungsſtücke und dergleichen* verkaufen muß. Es kann alſo
als ſuſpekt abgeſetzt werden, Wer dem Pupill keine Ali=
mente verabreicht.

372   §. 10. Wenn ³)aber Einer erſcheint, und ⁴)leug=
net, er könne dem Pupill keine Alimente geben,
weil er arm ſei, und ſeine Angabe ſich als falſch aus=
weiſt, ſo ⁵)wird er zur Beſtrafung dem Präfekt der
Stadt übergeben; ſo wie auch Der, welcher Geld gege=
ben hat, und ⁶)Tutor zu werden wünſcht.

---

1) *Fr. 3. §. 14. Dig. 26. 10.* (*Ulpianus lib. 35. ad
Edict.*). *Fr. 7. §. 1. Dig. eod.* (*Ulpianus lib. 1. de
omn. trib.*).

2) Vergl. *Cod. 5. 50.*

3) *Fr. 3. §. 15. Dig. 26, 10.* (*Ulpianus lib. 35. ad
Edict.*).

4) Wie im Lateiniſchen, doppelte Negationen.

5) Placuit.... Inſtitutionen.

6) Ministerium tutelae redemerit. Inſtitutionen. — Cu=
jas: ministeriis (.) tutelam.

§. 11. Wenn ¹)ein Freigelassener überführt wird, die Vormundschaft der Kinder oder Enkel seines Patrons schlecht verwaltet zu haben, so wird er dem Präfekt [der Stadt] übergeben, um ²)*körperlich* bestraft zu werden.

§. 12. Zuletzt³) ist Das zu wissen nöthig, daß 373 Solche, die mit der Vormundschaft oder Curation übel umgehen, auch wenn sie Sicherheit ⁴) darbieten, rem pupilli salvam fore, *d. h. daß das Vermögen des „ Pupill unversehrt bleiben solle*, nichts desto weniger „ von der Vormundschaft entfernt werden. Denn die Sicherstellung ändert nicht die schlechte Absicht des Vormundes, sondern sie verschafft ihm Gelegenheit, noch längere Zeit die Sachen des Pupillen durchzubringen.

§. 13. ⁵)Denn wir halten Den für suspekt, der 374 *schlecht* in seinem Betragen ist, so daß aus

1) Fr. 2. Dig. eod. (Ulpian. lib. 1. de omni. tribunalib.).

2) Fr. 1. §. 7. Dig. 1, 12.

3) Fr. 5. Dig. eod. (Ulpian. lib. 3. Disput.).

4) Pandekten: Dederit, vel nunc offerat.

5) Enim, Andre weniger gut Etiam. — Fr. 8. Dig. 26, 10. (Ulpian. lib. 61. ad Edict.).

diesem[1]) folgt, er sei suspekt. Ein Tutor oder Curator [2]) kann, wenn er auch arm, aber ehrlich und achtsam ist, nicht als suspekt entfernt werden.

---

1) Scholion: nämlich aus seinem Betragen und seinen Sitten.

2) Removendus non est. Institutionen.

Zweites Buch.

Von den Sachen sind:

einige	andre	noch andre	und wieder andre
nach natürlichem Rechte, Allen gemein, wie Luft, fließwasser, Meer und Meeresufer, und Was darin gefunden wird;	einer Gemeinheit, wie Theater, Stadien und dergleichen;	in Keines Eigenthum, wie die *Sacra*, *Sancta* und *Religiosa*;	dem Einzelnen, und diese kommen auf viele Weise in unser Eigenthum. Diese heißen *speciales*.

Zweites Buch.

Erster Titel.

Von der Eintheilung der Sachen.
[De rerum divisione].

Im vorhergehenden Buch haben wir *— nach Aufzählung I
der Gesetzgeber und ausgehend von der Eintheilung der Ge- „
setze — gesagt: die Gesetzgebung der Römer erstrecke sich „
auf folgende drei [Gegenstände]: auf Personen, auf Sachen, „
auf Klagen. Wir haben nun in demselben Buch* die Lehre „
von den Personen *— in welcher wir sagten, daß einige „
Freie, andre Sklaven, und von den Freien einige Frei- „
geborne, andre Freigewordne wären —* geendet, *und „
dann von dem Unterschied gesprochen, daß von den Men- „
schen einige in fremder, andre in eigner Gewalt sind, auf „

2 „ Wem sich die Gewalt erstrecke, und auf welche Weise sie
„ geendet werde; daß ferner von den unter eigner Gewalt
„ Stehenden einige einen Vormund, andre einen Curator
„ haben; wir haben weiter die Bestellungen und Entlassun=
„ gen, ingleichen die Entschuldigungen der Vormünder, so
„ wie die Anklagen der Verdächtigen gelernt*. Gehen wir
„ daher gegenwärtig über auf *das der Ordnung nach
„ zweite Buch, und reden wir von* der Einthei=
„ lung der Sachen. *Eintheilung aber ist der zusam=
„ mengedrängte Begriff eines unendlichen Stoffs*.

---

3   *Die oberste Eintheilung der Sachen ist die,
    [1]) daß* von den Sachen einige in unserm Eigen=
„ thum *und Vermögen* sind, andre außerhalb un=
„ seres Eigenthums *und Vermögens* sind. Denn
„ [2]) einige sind nach dem Naturrecht *oder *jure gentium**
„ Allen gemeinschaftlich; andre *publica* *oder öffentlich*;
    andre *universitatis*; andre [3]) herrenlos; die meisten
„ aber sind *im Besitz* der Einzelnen, welche von Jedem

---

1) Cajus Buch II. §. 1. — *Fr.* 2. *Dig.* 1, 8. (*Mar-
    cianus lib.* 3. *Inst.*).

2) Cajus §. 2, (auch im *Fr.* 1. *pr. Dig. eod.*): Sum-
    ma... divisio in duos articulos deducitur, nam aliae
    sunt divini juris, aliae humani.

3) Nullius. Institutionen.

auf mancherlei Weise erworben werden, wie in dem
Folgenden gezeigt werden wird.

§. 1. Und zwar sind nach natürlichem Rechte Allen
gemein folgende: die Luft, das Fließwasser, das
Meer, deshalb auch das Meeresufer. [1]) Niemand
wird daher gehindert, an das Meeresufer zu gehen, etwa
mit spazieren zu gehen, oder ein Schiff anzulegen: so je=
doch, daß er die Landhäuser *oder Wohnungen*, und die
dort belegnen Denkmäler und Besitzungen schont, *und
sie nicht stört*. Diese nämlich sind nicht allen Menschen
gemein, auch nicht* juris gentium, wie das Meer.

§. 2. [2]) Alle Flüsse aber und Häfen sind publici,
d. h. dem Römischen Volk; es ist daher Allen erlaubt,
in den Häfen und Flüssen zu fischen [3]).

§. 3. *Da ich aber gesagt habe, das Meeresufer sei
juris gentium wie das Meer, so muß ich erklären, was
das Meeresufer* ist. Ufer [4]) ist, so weit die größte
Wintersfluth reicht, *so daß wir auch im Sommer die
Ufer bis an jene Stellen nehmen*.

---

1) *Fr.* 4. *Dig.* 1, 8. (*Marcianus l. l.*).

2) *Fr.* 4. §. 1. *Dig. eod.*

3) Scholion: Wenn Jemand lange Zeit hindurch ir=
gendwo fischt, so kann er einem Andern verbieten, an
derselben Stelle ein Gleiches zu thun, vergl. *Fr.* 7. *Dig.*
44, 3. (*Marcian. lib.* 3. *Inst.*).

4) *Fr.* 96. *Fr.* 112. *Dig.* 50, 16.

6   §. 4. ¹)Des Flußufers Benutzung iſt, wie das
„ Völkerrecht will, öffentlich, ſo wie *der Gebrauch* des
„ Fluſſes ſelbſt *öffentlich iſt*.   Es ſteht daher Jedem
die Befugniß zu, das Fahrzeug an das Ufer zu bringen,
oder Taue an die dort wachſenden Bäume zu befeſtigen,
und die Schiffsladung an jenen Stellen auszulegen; ſo
„ wie *es auch nicht verboten iſt*, durch den Fluß ſelbſt
„ zu ſchiffen. — *Der Benutzung der Ufer iſt alſo, wie
„ geſagt, publica oder *juris gentium*, aber das Eigenthum der Ufer ſelbſt iſt Denen, deren Beſitzun-
7 gen ſie ankleben, *oder [an die ſie] anſtoßen*.   Deſs-
halb ſind auch die auf dem Ufer wachſenden Bäume
„ Denen, *welchen das Eigenthum der Ufer [zuſteht]; denn
„ das darauf Befindliche muß dem darunter Befindlichen
weichen*.

    §. 5.   Auch der Meeresufer Benutzung ²)
iſt öffentlich ³), ſo wie die des Meeres ſelbſt; ſo daß
„ Jedem, ⁴)*der es wünſcht, die Erlaubniß gegeben wird*,
Hütten ⁵) an demſelben zu bauen, wohin er ſeine Zu-

---

1) *Fr.* 5. *Dig.* 1, 8. (*Cajus lib.* 2. *rer. quot.*).

2) *Fr.* 51. *Dig.* 18, 1.

3) Fabrot: oder *juris gentium.* —   Die Inſtitutionen:
   publicus et j. g., oder ohne et.

4) Liberum est. Inſtitutionen.

5) *Fr.* 5. cit. §. 1. *Dig.* — *Gl. gr.-lat.* Καλύβη: casa,
   tugurium, pergula.

flucht nehmen kann, so wie auch Netze zu trocknen und aus dem Meere [dahin] zu ziehen. Aber das Eigenthum des Meeresufers ¹) kennt keinen besondern Besitzer; denn bei ihm gilt dasselbe Recht, was auch bei dem Meere und der am Meere liegenden Erde oder dem Sande ²).

§. 6. ³) Der Gesammtheit oder *universitatis*, 8 nicht der Einzelnen, sind z. B. die in den Städten befindlichen ⁴) Theater, Stadien, öffentliche Bäder, Säulengänge, und was sonst noch den Städten gemeinschaftlich ist.

§. 7. ⁵) Herrenlos sind die *Sacra* und die *Religiosa*, und die *Sancta*; denn Was *divini juris* ist, das steht unter Niemands Eigenthum.

§. 8. *Sacra* ⁶) sind, Was auf rechte Weise und 9 von den Priestern Gott geweihet ist, als die ⁷)*Kirchen und die Märtyrerkapellen, und die Bethäuser* und die „

---

1) Potest intelligi nullius esse. Institutionen.

2) Scholion: Herrenlos sind die Ufer und der Sand, *Fr. 51. Dig. 18, 1. (Paul. lib. 21. ad edict.).*

3) *Fr. 6. §. 1. Dig. 1, 8. (Marcianus lib. 3. inst.).*

4) Wohl zu suppliren: [Gegenstände als die].

5) Nullius. Institutionen. — Cajus Buch II. §. 9. *Fr. 6. §. 2. Dig. 1, 8. (Marcian. lib. 3. inst.).*

6) Cajus Buch II. §. 5.

7) Aedes sacrae. Institutionen.

„ ¹) Geschenke, welche ²) auf passende Art zum Dienst Got
„ tes bestimmt sind*, *wie kostbare Gefäße*. Eine ³) Verordnung unsers Kaisers hat untersagt, diese [Gegenstän-
de] zu veräußern oder zu verpfänden; mit Ausnahme der
„ Ursache, Gefangne los zu kaufen ⁴). *Geschieht es nämlich, daß Einige von Barbaren gefangen würden, und die
„ allerheiligste Kirche seiner Vaterstadt besitzt kein [baa-
„ res] Vermögen, so wird dem Bischof oder Rechnungs-
„ führer der Stadt die Erlaubniß ertheilt, die kostbaren Ge-
„ fäße zu verkaufen, und zur Aufnahme von Gelde einzuse-
„ tzen, um davon die Gefangnen los zu kaufen*.

Wenn ⁵) Jemand auf eignen Antrieb sich selbst gleichsam einen heiligen Ort bestimmt, so *wird Das wohl Nie-
„ mand ein Sacrum nennen; denn wir haben ein [für
„ alle] Mal die Art angegeben, wie die Sacra zu entste-
„ hen pflegen; vielmehr* sagen wir, ein solcher Ort sei
„ profan *oder Privat [-Eigenthum]*.

Geschieht ⁶) es aber, daß ein heiliger Tempel *durch
„ ein Erdbeben zusammenstürzt, oder auch wegen Alters*

1) GL.: donaria, l dona.
2) Rite. Institutionen.
3) C. 21. Cod. 1, 2.
4) Scholion: denn das Belebte wird dem Leblosen vorgezogen. — Und: Arme zu unterstützen c. 21. Cod. 1. 2.
oder Schulden der Kirche abzutragen. Nov. 120. c. 10.
5) Fr. 3. §. 3. Dig. 1, 8. (s. o.)
6) Fr. 73. Dig. 18. 1. (Papinianus lib. 3. responsor.)

einfälle, so ist doch nichts desto weniger der Ort, wo der
Tempel gestanden hatte, sacer *und herrenlos*, wie „
Papinianus sagt; *denn ist der [Ort] ein Mal hei= „
lig, so hört er auf keine Weise auf, heilig zu sein*. „

§. 9. *Unter die herrenlosen Sachen gehören auch 12
die Religiosa*. Das [1] Religiosum errichtet sich jeder
Mensch nach eignem Willen, indem er auf seinem eig=
nen Grund [und Boden] den Todten bestattet [2]. Ist
der Grund gemeinschaftlich, so ist es ihm nicht erlaubt,
wider Willen des Miteigenthümers, *[der [3] nicht will, „
daß er dort begraben werde]*, den Leichnam dort zu be= „
statten, wenn er [der Boden] noch rein *und noch nicht re= „
ligiosus* ist. Ist es [4] aber ein gemeinschaftliches Grabmal,
so kann er den Leichnam da bestatten, auch wider Willen
der Miteigenthümer.

[5] Wenn aber von einem Ort ein Andrer den Usus= 13
fructus hat *— (Ususfructus aber ist ein auf gewisse „
Arten fest gesetztes, in der Idee [6] bestehendes Recht, wel= „
ches macht, daß ich an eines Andern Eigenthum den Ge= „
brauch und Nutzen habe) — .... wenn also von dem „

1) Cajus Buch II. §. 6. Fr. 6. §. 4. Dig. 1, 8. (Mar=
cian. lib. 3. Inst.).
2) Si modo ejus mortui funus ad nos pertineat. Cajus.
3) Wahrscheinlich ein Scholion.
4) Fr. 41. Dig. 11, 7.
5) Fr. 2. §. 7. Dig. eod. (Ulpian. lib. 25. ad Edict).
6) Vergl. Nr. 92. 107. in diesem Buch.

„ felben Ort ein Anderer den Ususfructus hat, und ein
„ Andrer die *proprietatem*, fo macht der *Proprieta-*
rius wider Willen des Usufructuarius den Ort nicht
„ zum religiöfen, *wenn er einen Leichnam an dem er-
14 wähnten Orte beerdigt. Denn da ein religiös Gewordner
„ nicht im Eigenthum fein kann, und uns die Erklä-
„ rung gelehrt hat, daß der Ususfructus an dem Eigen-
„ thum eines Andern Statt finde, fo ift folglich auch die
„ Zuftimmung des Usufructuarius nothwendig, und nichts
„ von Dem wird bei Kraft bleiben, was vom Proprieta-
„ rius zum Nachtheil des Usufructuarius gefchieht*.

Auch auf einem fremden Grund kann man mit
Zuftimmung des Eigenthümers einen Leichnam beer-
„ digen, *und der Platz wird ein religiöfer.* Hat er
ihn auch ohne Willen [des Befitzers] begraben, diefer
„ aber die Handlung, [1])*als er fie erfuhr*, [2])gut gehei-
„ ßen, fo wird der Ort auch fo religiös.

15 §. 10. Auch [3])die res sanctae, als Mauern,
Thore, find gewiffer Maaßen *divini juris*, und kön-

---

1) Ratum habuerit, fo auch die Pandekten, Bafiliken
und meiften Inftitutionenausgaben. Viele Inftitutio-
nenhandfchriften fetzen *non* dazwifchen; wahrfcheinlich
aus einem fortgepflanzten Fehler.

2) Postea. Inftitutionen.

3) Cajus Buch II. §. 8. *Fr. 8. Dig. 1, 8.* (*Marcianus lib. 4. regul*). *Fr. 1. Dig. 1, 8.* (*Cajus lib. 2.
Inst.*).

nen von Niemanden besessen werden. Deswegen aber haben wir die Mauern sanctas genannt, weil eine Kapital-strafe Denen bestimmt ist, die etwas gegen die Mauern begangen haben, *zum Beispiel einen Stein hinweg neh-,, mend, oder sonst auf irgend eine Weise die Mauer be-,, schädigend*. Deshalb nennen wir auch die Theile der Gesetze, in welchen Theilen die gegen, dem Gesetz zuwider Handelnde, enthaltenen Strafen [befindlich] sind, Sanc-tionen. — *Sie [1] heißen auch daher sancta; denn ,, sancire heißt befestigen, und da die Mauern uns Sicher-,, heit gewähren, so heißen sie deshalb sancta. ,,

Man kann auch eine fabelhafte Ursache dieser Benen- 16 nung anführen, denn man sagt, die Götter hätten sonst ,, mit den Menschen Umgang gepflogen, und sie in jeder ,, Art beschützt. Im Verlauf der Zeit wären sie der Men-,, schen überdrüßig geworden und hätten sie verlassen. Die ,, Menschen hätten nun, ihres Schutzes beraubt, nach dem ,, Vorbilde des von dorther [empfangnen] Schutzes die ,, Mauern ausgesonnen. Weil nun das Werthvolle sanc-,, tum ist, so nannten sie deshalb die Mauern und Thore, ,, als an die Stelle des Werthvollsten ausgedacht, sancta*. ,,

15 *

1) Fr. 9. §. 3. Dig. 1, 8. (Ulpian. lib. 68. ad Edict.). — Eine andre Herleitung a sagminibus, s. Fr. 8. §.

17 §. 11. *Handeln wir nunmehr auch von den Sa=
„ chen, welche in den Besitz der einzelnen Menschen kom=
men*. Sie gehen auf vielerlei Weise in unser Eigen=
thum über. ¹) Von einigen Sachen werden wir nämlich
Eigenthümer nach dem Naturrecht, welches auch, wie
„ gesagt, *Jus gentium* heißt; von andern nach *strengem*
„ und bürgerlichen Gesetz, *d. h. dem eigenthümlichen
der Römer*.

18 Es ist aber passender, den Anfang der Lehre von
dem alten [Recht] zu machen. Man ist einstimmig, daß
das natürliche Recht älter sei, als welches die Natur ²)
zugleich mit dem Menschengeschlecht an das Licht zog;
denn die bürgerlichen Rechte begannen erst dann erfunden
zu werden, als auch Städte gebaut, Obrigkeiten an=
geordnet, und Gesetze geschrieben zu werden begannen.

19 §. 12. ³) Demnach treten die wilden Thiere und
das Geflügel, eben so die Fische, ⁴) (d. h. [also] alle
Thiere, so viel ihrer auf der Erde, oder im Meere,

---

1. cit. — Die Basiliken (B. 38. T. 3.) haben die Ety=
mologie des Theophilus.

1) *Fr. 1. Dig. 41, 1.* (*Cajus lib. 2. Quotid.*). Cajus
Buch II. §. 65.

2) Institutionen : rerum natura.

3) *Fr. 1. §. 1. cit.*

4) Einige Institutionenhandschriften haben für id est
et. — Siehe übrigens Cajus Buch II. §. 66.

oder in der Luft leben), so bald sie von Jemanden ge=
fangen werden, nach dem Völkerrechte sogleich in dessen
Eigenthum über. *Denn [1]) Was vorher unter Keines "
Eigenthum war, das wird aus natürlichem Grunde [Ei= "
genthum] des Vorwegnehmenden*. Und es ist gleichgül=
tig, ob Jemand die wilden Thiere und Vögel auf eig=
nem Acker fing, oder auf fremdem Acker, *auf welchen
er des Jagens oder Vogelstellens wegen ging*.

Doch [2]) wird er mit Fug von dem Besitzer des 20
Ackers gehindert, wenn derselbe es vorher merkte, *denn
er kann Jedem verbieten*, auf seinen Acker zu gehen. "

Wenn [3]) aber Jemand von den vorgenannten Thie=
ren Etwas fängt, so hat er es so lange in seinem Ei=
genthum, als es sich in seinem Gewahrsam befindet; ent=
flieht es dem Gewahrsam des Fangenden, und erlangt es
seine natürliche Freiheit wieder, so hört es auf, ein Ei=
genthum Dessen zu sein, *der es zuerst fing*, und das "
Thier gehört Dem, der es [anderweit] fängt.

Seine [4]) natürliche Freiheit wieder erlangt zu haben, 21
scheint das Thier alsdann, wenn es entweder aus un=
serm Gesicht entflohn, oder zwar noch im Auge sich be=

---

1) Fr. 3. Dig. eod. (*Cajus lib. eod.*)
2) *Fr. 3. cit.* §. 1.
3) Cajus Buch II. §. 67. *Fr. 3. cit.* §. 2.
4) Cajus daselbst. *Fr. 5. Dig. 41, 1. (Cajus lib. 2.*
rer. Quotid.).

findet, sein Einfangen aber schwer [1]) ist. *Denn* wie,
„wenn es auf einen sehr hohen und unzugänglichen] Ort
„sich flüchtete*?

　　　§. 13. [2]) Folgender [Fall] ward bezweifelt [3]). *Ein
„Hirsch oder Eber* ist von mir so verwundet, daß sein
22 Einfangen leicht geworden ist. Einige sagen, dieses Thier
werde sogleich mein Eigenthum; — Andre wollten, das
von mir Verwundete werde zwar mein Eigenthum *von
„[dem Augenblicke] der tödlichen Verwundung an*, aber
nur so lange ich das Thier verfolge; höre ich auf, es
„zu verfolgen, so hört es auf, mein Eigenthum zu sein,
„und gehört Dem, der es ergreift. — *Es gibt [noch]
„eine dritte Meinung von* Einigen, *welche* sagen, daß
„ich, *der Verwunder*, nicht anders Eigenthümer des
„Thieres werde, bis ich mich desselben bemächtige.

23　　Und unser Kaiser [3]) bestätigt mehr diese dritte Mei-
„nung, *folgenden Schluß vorlegend*, denn *er sagt*,
„es könnte in der Zwischenzeit Vieles vorfallen, was mir
„nicht erlaubte, mich des *besagten* Thieres zu bemächti-
„gen, *denn vielleicht hindert mich ein dazwischen kom-
„mendes wildes Thier, weiter zu gehen, oder es raubte
„auch das von mir verwundete, oder ich gerathe auch

---

1) *GL.:* difficilis id est impossibilis.
2) *Fr. 5. §. 1. Dig. 41, 1.*
3) Fera bestia. Institutionen.
4) Confirmamus. Institutionen; auch im Präsens.

bei'm Verfolgen auf schwierige Stellen, und kann dem Thier nicht nachfolgen*.

§. 14. Auch die 1)Natur der **Bienen** ist wild. 24 Demnach werden die sich auf deinen Baum niedersetzenden Bienen nicht [eher] dein Eigenthum, bis du sie in die Bienenstöcke schließest, *welche wir [Griechen] Κυψέλλαι nennen*, so wie auch die Vögel, die auf deinem Baum nisten, nicht eher dein Eigenthum werden, *bis du sie fängst*. Wenn *dir* also Jemand *zuvorkömmt, und* die gedachten Bienen in seine Bienenstöcke einschließt, so wird er ihr Herr.

Auch die 2)Honigscheiben, wenn deren von den Bie= 25. nen etwa gemacht werden, kann [Jeder], der will, her= ausnehmen, *auch wenn sie auf meinem Acker entstanden sind*. Wenn aber, 3) eher ein Andrer die Honigscheiben hinweg nimmt, ich, Dieß voraussehend, ihn in meinen Acker zu gehen hindere, *(denn Das kann ich nach den Gesetzen thun), so werde ich die Honigscheiben hinweg nehmen, ohne daß mich Jemand hindert*.

---

1) Fr. 5. cit. §. 2.

2) Fr. 5. cit. §. 3.

3) Integra re si praevideris ingredientem in fundum tuum, potes eum jure prohibere, ne ingrediatur. Institutionen.

26   ¹)Eben so nimmt man an, daß der ²)Bienen=
schwarm, wenn er, deinen Stock verlaffend, davon
fliegt, so lange in deinem Eigenthum ist, als er sich in
deinen Augen befindet, und sein ³)Einfangen nicht schwie=
rig ist; entflieht er aber deinem Gesichtskreis, so gehört
er dem Ergreifenden.

§. 15. ⁴)Die Natur der Pfauen und Tauben
ist wild; ⁵)und Niemand sage, es sei bei ihnen etwas
Gewöhnliches, davon zu fliegen und wieder zu kommen.
Denn auch die Bienen thun Daffelbe, und [doch] ist es
27 unstreitig, daß ihre Natur wild ist, denn so haben auch
„Einige so kirre Hirsche, daß sie *ihre Herrn verlaffen
und* in die Wälder gehen und wieder kommen, und doch
ist ihre Natur nichts desto weniger wild.

⁶)Bei den Thieren, welche aus Gewohnheit wieder
zu kommen pflegen, wenn sie weggegangen sind, ist uns
folgende, ganz zuverläffige Regel ⁷)überliefert worden,
„wie bei den Bienen, Tauben, Pfauen, Hirschen; wir

---

1) *Fr.* 5 §. 4. *Dig. eod.* (*l. l.*).

2) Scholion: πλῆθος, Menge.

3) Persecutio. Institutionen.

4) *Fr.* 5. §. 5. *Dig. eod.*

5) Nec ad rem pertinet. Institutionen.

6) Cajus Buch II. §. 68.

7) Comprobata. Institutionen. — Cajus mit Theophi=
lus: tradita.

sagen nämlich*: sie seien so lange in unserm Eigenthum, „
als sie die Absicht haben, zu uns zurück zu kehren; hören sie aber auf, diese Absicht zu haben, so hören sie
auch auf, unser Eigenthum zu sein, und werden [das]
des Ergreifenden.

1)*Da wir aber Das bei den Thieren nicht wahr- 28
zunehmen vermögen, so werden wir es aus ihrer Ge- „
wohnheit beim Wiederkommen abnehmen. Nimm an, „
mein Hirsch sei gewohnt, wenn er mich verlassen, in die „
Wälder zu gehen, und [entweder] denselben Tag zurück „
zu kommen, oder den Tag darauf, oder auch den drit- „
ten 2); niemals blieb er aber länger als drei Tage von „
meinem Haus hinweg. Wenn er nun innerhalb der drei „
Tage, wo er zurück zu kehren pflegt, von Jemanden ge- „
fangen wird, so habe ich, als in meinem Eigenthum ge- „
kränkt, gegen ihn die [Actio] in rem. Fängt ihn aber 29
Jemand am vierten Tage, so erhebe ich gegen ihn keine „
Klage. Denn es ist offenbar, daß er, seitdem er der Ge- „
wohnheit des Zurückkehrens nicht treu bleibt, meinen Be- „
sitz verachtet*.

§. 16. 3) Die Natur der Haushühner und Gänse ist nicht wild. Das kann man auch daraus schließen,

---

1) Revertendi autem animum videntur desinere habere,
cum revertendi consuetudinem deseruerunt. Institut.
2) Versteht sich: und so weiter.
3) Fr. 5. §. 6. Dig. 41. 1. (l. l.)

30 daß es auch Hühner gibt, die wir wilde nennen. Wenn
daher deine Gänse oder deine Hühner, durch einen Zu=
fall aufgescheucht, davon fliegen, [1])wenn sie auch dir
aus dem Gesichtskreis kommen, so sind sie doch dein
Eigenthum, wo sie auch gefunden werden mögen, und
„ Wer aus Gewinnsucht *(oder in der Absicht, sie zu ent=
.. wenden)*, solche Thiere zurückhält, scheint zu stehlen,
„ *und ist der [actio] furti unterworfen*.

„   §. 17. [2])*Ein natürlicher Erwerb ist auch der von
„ den Feinden; denn das Völkerrecht will, daß* Das
. [3])unser Eigenthum sein soll, was wir den Feinden ab=
„ nehmen; es werden daher auch gefangne Freie *sogleich*
31 unsere Sklaven. Entfliehen diese [Eroberungen] unserm
Besitz, wie die Sklaven, und *gelingt es ihnen*, zu
den Ihrigen zurück zu kehren, so erhalten sie ihren vo=
rigen Zustand wieder.

        §. 18. [4])Kostbare Steine, so wie Edelsteine, und
was sonst noch am Ufer gefunden zu werden pflegt, wird
sogleich nach natürlichem [Rechts]grund [Eigenthum] des
Finders.

---

1) Die griechischen Ausgaben ἢ και, oder auch; es scheint
jedoch dem Sinn und dem Institutionentexte angemessen,
εἰ και zu lesen: licet, wenn sie auch.
2) Cajus Buch II. §. 69. — Fr. 5. §. 7. Dig. 4, 1.
3) Statim. Institutionen.
4) Fr. 3. Dig. 1, 8. (Florentin. lib. 6. institut.).

§. 19. [1] Auch Was von den in meiner Gewalt stehenden Thieren erzeugt ist, gehört mir, *so wie die,
von denen es erzeugt ist* [2]).

§. 20. [3] Ein natürlicher Erwerb ist ferner die Alluvion. *(Alluvio heißt auf griechisch: Πρόσιλυσις
oder Πρόσχωσις). Denn was der Strom durch die Anspülung an unsern Acker setzt, das ist nach natürlichem
Recht [4] mein Eigenthum*. Es ist die Alluvion, *so
viel ihre Definition betrifft*, ein verborgner Zuwachs.

Durch Anspülung, nimmt man an, werde Dasjenige hinzugefügt, was so unmerklich sich ansetzt, daß
Niemand angeben kann, [5]*wie viel und wann das Ab-
gesetzte unser Eigenthum wird. Denn nimm an, es
seien zwei Aecker, der deinige und dann noch der mei-
nige; in der Mitte fließe ein Strom; wenn der Strom
allmählig und unvermerkt meinem Lande Etwas ansetzt,
so wird das durch die Alluvion mein*.

---

1) Fr. 6. Dig. 41, 1. (Florent. daselbst).

2) Eodem jure. Institutionen.

3) Cajus Buch II. §. 70. — Fr. 7. §. 1. Dig. 41, 1.
(Cajus lib. 2. Quotid.).

4) Eigentlich: unser.

5) Institutionen: quantum quoquo momento temporis
adjiciatur.

34   §. 21. "¹) Wenn aber des Stromes Gewalt *und
,, Andrang* einen Theil deines Ackers abriß, und an ²) mei-
nen Acker ³) trieb, so ist klar, daß das Hinzugesetzte dein
,, Eigenthum beibt, *denn es ist nicht unmerklich geschehen*.

,,   Wenn aber *das von deinem Acker abgerissene Stück
,, baumtragend ist, und*, an meinen Acker angesetzt, längere Zeit ⁴) an ihm fest bleibt, und die Bäume, die es
,, ⁵) trug, ihre Wurzeln so ausbreiten, daß sie meinen
Acker berühren, so werden sie von der Zeit ⁶) an mein
,, Eigenthum, *von welcher sie von meinem Lande genährt
,, zu werden begannen, weil sie die Wurzel in meinem
,, Lande haben*.

,,

35   §. 22. ⁷)*Es geschieht, daß mitten* im Meer eine
Insel entsteht, (Dieß gehört aber zu den seltnern Er-
,, eignissen); *die[se] Insel* wird [Eigenthum] des ⁸) sich

---

1) Cajus Buch II. §. 71. — *Cit. Fr.* 7. §. 2. *Dig. eod.*

2) Vicinum. Institutionen.

3) *GL.: attulerit 'l applicuerit.* Andre appulerit.

4) Scholion: längere Zeit, d. h.: daß er wurzeln kann.

5) Quas secum traxerit, in eum fundum radices egerint.
Institutionen.

6) Vicino fundo acquisitae esse. Institutionen.

7) *Fr.* 7. §. 3. *Dig. eod.*

8) Occupantis. Institutionen.

zuerst ihrer Bemächtigenden; denn [1]*vorher herrenlos, „
beginnt sie nun einen Herrn zu haben*.

[2]Entsteht sie im Fluß, (Das geschieht häufig), so
ist sie, wenn sie mitten im Fluß [entsteht], Denen gemeinschaftlich, die auf beiden Seiten des Flusses am Ufer,
Besitzungen haben, nach Verhältniß derjenigen Breite „
der *diesseits und jenseits liegenden* Aecker, welche Breite „
des Ackers dem Stromufer am nächsten ist. *Zum Bei- 36
spiel: diese Insel hat eine Ausdehnung von etwa hundert „
Fuß. Derjenige, der einen Acker rechts von der Insel „
besitzt, hat einen Acker, der dicht am Ufer [hin] hundert „
Fuß breit ist; der andre siebzig Fuß; [hier] wird der „
zur Rechten Herr werden von hundert Fuß Breite*. — „
Ist sie [die Insel] dem einen Ufer [3]nahe *und vom
andern entfernt*, so wird sie nur Denen gehören, die „
ihre Aecker an jener Stelle [4]näher am Ufer haben.

[5]Wenn der Strom, *der an meinem Acker vorbei 37
fließt*, sich eine Strecke theilt *und in zwei [Theile] „
spaltet, um meinen Acker herum läuft und ihn umkreist, „
sich* hierauf wieder vereinigt *und Eins wird*, so daß „

---

1) Nullius enim esse creditur. Institutionen.
2) Cajus Buch I § 72., ohne Rücksicht auf die Ver-
theilung nach der Breite der Aecker.
3) Proximior. Institutionen.
4) Prope. Institutionen.
5) Fr. 7. § 4. Dig. eod.

„ ¹) das Stück *in der Mitte* die Gestalt einer Insel be:
„ kömmt, *— ²) (denn jener spältete sich in zwei Theile,
„ und umlief oder umkreiste methen Acker) —*, so bleibt
„ der *eingeschlossene* Acker mein Eigenthum, ³) weil er
„ auch früher von mir besessen war.

38   §. 23. ⁴) Wenn der Fluß sein natürliches ⁵) Bett
„ *oder seinen Lauf* überhaupt verläßt, und anders wohin
fließt, so wird sein erstes Bett Denen sein, die neben
seinem Ufer Aecker besaßen, und zwar nach dem Maaße
„ der Breite eines jeden *der beiderseitigen* Aecker, wel:
che Breite dem Ufer die nächste ist. Das neue Bett aber
beginnt des ⁶) Eigenthums zu sein, unter dem auch der
Strom stand, nämlich ⁷) öffentlichen [Eigenthums].

      Kehrt er jedoch nach einiger Zeit in sein früheres
Bett oder *[seinen frühern] Lauf* zurück, so beginnt
„ das ⁸)*jetzt von ihm verlassene* Bett wieder [ein Ei:

---

1) Agrum in formam insulae redegerit. Institutionen.

2) Zuverlässig ein Scholion.

3) Cujus. Institutionen.

4) Fr. 7. §. 5. Dig. eod.

5) Scholion: Νηδυς und κοιτη ist dasselbe.

6) Juris. Institutionen.

7) Alvens... juris.... id est publicus. — '1 publicum.
   Institutionen.

8) Novus. Institutionen.

genthum] Derer zu ſein, die nächſt ſeinem Ufer Aecker
beſitzen [1]).

§. 24. [2] Etwas Anderes iſt 'es, wenn *ein über- 39
tretender Fluß* meinen ganzen Acker überſchwemmt. Denn „
dann *ſagen wir nicht, der ganze Acker werde publicus, „

---

[1] Scholion: Der Schärfe nach verliert er den Platz;
aber aus einem Grund der Menſchenliebe bekömmt der
Eigenthümer ſeinen Platz wieder, d. h. wenn das Waſſer hinweg geht, oder Statt deſſen das frühere Bett,
wenn der Fluß nicht [in daſſelbe] zurück tritt, wie es
heißt im Buch 41 Titel 2 Digeſtum 7, [§. 5.; Digeſtum Statt unſers: Lex oder Fragmentum; wie die
Griechen immer citiren, und was unſtreitig die paſſend-
ſte Citirmethode wäre]. —

Theophilus und die Inſtitutionen beſchränken ſich
auf den im erſten Theil der Pandektenſtelle enthaltenen
Fall, daß der Strom ſein neues Bett wieder innerhalb
deſſelben Ackers ſucht, wo dann der Beſitzer des letztern
nicht leiden würde. Nun fahren aber die Pandekten
fort: Cujus tamen *totam agrum* novus alveus occupa-
verit, licet ad priorem alveum reversum fuerit flumen, non tamen is, cujus is ager fuerat, stricta ratione quicquam in eo alveo habere potest, quia et
ille ager, qui fuerat, desiit esse, amissa propria for-
ma, et quia vicinum praedium nullum habet, non
potest ratione vicinitatis ullam partem in eo alveo
habere, *sed vix est, ut id obtineat.* Dieß ſetzt denn
das Scholion voraus, und bezieht ſich nur auf dieſen
Fall; wie auch die — ſonſt wohl unverſtändliche — Gloſſe bei'm Wort *incipit.* —

[2] *Fr.* 7. §. 6. *Dig. eod.*

„ noch er* verändere seinen [1] Eigenthümer, *denn er bleibt
„ nichts desto weniger mein"; tritt er daher *von den
„ Stellen* zurück, *die er übertretend bedeckt hatte, dann
„ bekomme ich meinen Acker wieder, ohne daß das Eigen-
„ thum auf die angränzenden Besitzer überginge; wie auch
„ das neue, öffentlich gewordne Bett durch den Zurück-
„ tritt' des Flusses [Eigenthum] der angränzenden Besitzer
„ wird*.

40   §. 25. [2])Es macht Jemand aus fremdem
Stoffe eine Species. Es fragt sich, Wer *nach
„ natürlichem Rechte* Eigenthümer der Species werden
wird? — ob Der, welcher [3] den Stoff in [eine] Species verwandelte; oder ob der Eigenthümer des Stoffs
„ *auch Eigenthümer der Species werden wird*? — Zum
Beispiel: es hat Einer aus fremden Arzneimitteln ein
Pflaster oder eine Salbe gemacht; — oder aus fremden
Trauben, Oliven oder Getraideähren, Wein oder Oel
oder Getraide; — oder aus fremdem Golde, Silber oder
Erz ein Gefäß gemacht; — oder aus fremdem Wein
41 und Honig Meth [4]); — oder aus fremder Wolle ein

---

1) Speciem non mutat. Institutionen.

2) Cajus Buch II. §. 79. Fr. 7. §. 7. Dig. 41, 1. (Cajus lib. 2. rer. quotid).

3) Fecit. Institutionen.

4) Miscuerit. Institutionen.

Kleid, — oder aus fremden Bretern ein Schiff; (^{1}) oder einen Schrank oder Fußschemel) verfertigt.

Hierüber hat es zwischen den Sabinianern und Proculianern vielen Streit gegeben. *Die Proculianer sagten: Wer die Species gemacht habe, werde Eigenthümer des Verfertigten; — die Sabinianer wollten, daß der Eigenthümer des Stoffs Herr der Species sein sollte*.

Es ^{2}) entstand *noch* eine *dritte* Meinung, gewisser Maaßen ein Mittel[weg], die *zum Theil den Sabinianern, zum Theil den Proculianern beistimmt, und welche auch unser frömmster Kaiser auserwählt hat. Diese dritte Meinung* sagt: wenn die *verfertigte* Species ^{3}) in den vorigen Stoff wieder aufgelöst werden kann, aus dem sie gemacht worden ist, dann werde der Eigenthümer des Stoffs auch Eigenthümer *von der Species werden*. Wenn aber die *Species* nicht wieder *in den vorigen Stoff* aufgelöst werden kann, dann sei der Verfertiger der Species Eigenthümer des Verfertigten. Zum Beispiel *in folgendem Fall*: Ein *aus einer Masse von Erz oder Silber oder Gold gefertigtes Gefäß* kann, zusammen geschmolzen, die vorige Gestalt des Erzes

---

1) Von Fabrot hinzugesetzt, weil die Institutionen so haben.

2) Placuit. Institutionen. — Die Gottorpische Handschrift nobis.

3) Ad materiam rudem. Institutionen.

16

oder Silbers oder Goldes darstellen, aber der Wein, das
Oel und das Getraide kann nicht wieder in Trauben
oder Oliven oder Aehren[1]) zurückkehren; eben so wenig
als der Meth in Wein und Honig wieder aufgelöst wer=
den kann.

*Diese [Regel] findet Statt, wenn der ganze Stoff
44 einem Andern gehörte*. Habe ich aber aus deinem
und meinem Stoff eine Species gemacht, z. B.
aus meinem Wein und deinem Honig Meth; — oder
aus meinen und deinen Arzneimitteln ein Pflaster[2]); —
oder aus meiner und deiner Wolle ein Kleid; — *in
diesem Fall* ist es nicht zweifelhaft, daß Der Besitzer
ist, der sie verfertigt hat, denn er hat nicht nur seine
Mühe auf *die Species* gewendet, sondern auch einen
Theil des Stoffs dazu gethan.

45   §. 26. [3])Webt Jemand fremden Purpur
in sein Gewand, so wird, wenn gleich der zugesetzte
Purpur kostbarer wäre *als das angesetzte Kleid*, [4])er

---

[1]) Videntur tamen mihi recte quidam dixisse, non de-
bere dubitari quin alienis spicis excussum frumentum
ejus sit, cujus et spicae fuerunt: cum enim grana,
quae spicis continentur, perfectam habeant suam speciem, qui excussit spicas, non novam speciem facit,
sed eam quae est, detegit. Die Pandektenstelle.

[2]) Aut collyrium. Institutionen.

[3]) Vergl. *Fr.* 23. §. 2. *Dig.* 6, 1.

[4]) Accessionis vice cedit purpuro. Institutionen.

doch als Beisatz [Accession] angesehen, und der [vormalige] Eigenthümer des Purpurs hat gegen Den, der ihn entwendete, *und jenes [Anweben] bewirkte*, die Furti [actio] und *die Furti* condictio, der Dieb mag nun entweder selbst das Kleid gemacht haben, oder ein Andrer *es entwendet, und ein Anderer das Entwendete an das Kleid gesetzt haben. In rem kann der Eigenthümer des Purpurs nicht klagen, denn der Purpur scheint gewisser Maaßen erloschen, weil er nicht mehr für sich besteht, sondern an ein fremdes Gewand angefügt ist. Wohl aber wird die Condictio furti erhoben werden [können]*. Denn ob 46 gleich die erloschenen *oder unsichtbar gewordnen* Sachen 1) mit der in rem nicht ausgeklagt werden *können, so können wir doch die Furti condictio gegen die Diebe*, und 2) gegen alle Besitzer, *wenn sie auch nicht Diebe sind, erheben. Und ist es der Dieb, der das Gewand, welches den Purpur hat, besitzt, so wird et [actio] furti et condictio furti erhoben werden; ist es ein Andrer als der Dieb, so steht er unter der furtiven Condiction, nicht aber unter der Furti [actio]*.

16 *

---

1) Licet vindicari non possint, condici tamen a furibus possunt. Institutionen.

2) Quibusque, wie auch die guten Institutionenausgaben lesen. Doch haben die besten und mehresten Handschriften und Cajus: quibusdam.

§. 27. [1]) Die Stoffe von [2]) zweien Perso-
47 nen* sind nach dem Willen der Eigenthümer
vermischt worden; es wird der aus der Mischung ent-
standne Körper Beiden gemeinschaftlich sein; z. B. Zwei
Personen haben ihren Wein zusammen gegossen, oder Mas-
sen von Silber oder Gold zusammen geschmolzen. Sind
die Stoffe verschieden, und haben die Mischungen der verschiedenen Stoffe etwas Eigenthümliches [Specifisches] her-
vorgebracht, z. B. aus Wein und Honig Meth, oder aus
Gold und Silber [3]) Electrum, [4]) so sagen wir auch hier:
» *das Hervorgebrachte ist Beiden gemeinschaftlich. Dieß
» [gilt], wenn es nach dem Willen der Eigenthümer geschehen ist; aber* auch wenn die Stoffe — verschiedner oder
48 einerlei Art — durch Zufall und nicht nach dem Willen
der Eigenthümer verschmolzen sind, so wird [5]) Dasselbe
geschehen.

------

1) *Fr. 7. §. 8. Dig. 41, 1.* (f. oben).

2) In den Ausgaben des Theophilus zwei Stoffe; soll es also
nach dem Institutionentexte „zweier Personen" heißen, so
muß Statt δύο gelesen werden δυοῖν.

3) Eine Mischung von ⅔ Gold und ⅓ Silber. *Plinius h.
n. 33, 4.*

4) Idem juris est. Institutionen.

5) So wird Dasselbe geschehen. Vor Fabrot las
man: so wird nicht Dasselbe geschehen. —
Die Institutionen lesen einstimmig bejahend; die Lehn-
stelle in den Pandekten gleichfalls; eben so die Basiliken

§. 28. Iſt des Titius Getraide mit deinem Getraide vermiſcht worden, *und Ein Haufen entſtan: „ den*, ſo wird, wenn es nach eurer Meinung geſchehen iſt, der Haufe gemeinſchaftlich ſein; denn jeder einzelne Körper, (das heißt jedes Korn), iſt nach eurem Willen [1]) in gemein: ſchaftliches Eigenthum getreten.

Iſt aber die Miſchung zufällig entſtanden [2]), 49 oder hat Titius das Getraide wider deinen Willen vermiſcht, dann wird der Haufen kein gemeinſchaftlicher, weil die einzelnen Körner in ihrem Zuſtand bleiben, *und die Miſchung ſie nicht änderte*. Und ſo wird in einem „ ſolchen Fall der Haufen kein gemeinſchaftlicher, ſo wie eine Heerde Schafe nicht gemeinſchaftlich wird, wenn des Ti: tius Schafe unter die deinigen gerathen.

(Theil VI. S. 604: Εἰ δὲ ἐκ τύχης καὶ οὐ κατὰ προαίρεσιν τῶν δεσποτῶν συνεχέϑησαν αἱ ὕλαι, ἢ ἑτεροφονεῖς ἢ ὁμογονεῖς, τὸ αὐτὸ γενήσεται), und Harmenopulus (II, 1, 24.). Die von Fabrot an: geführten Handſchriften der Königl. Franzöſ. Bibliothek haben auch jenes οὐ nicht; ja die Wiederholung unſerer Stelle in Nr. 89. und 90. kennt es nicht, und ſo iſt es ganz gewiß heraus zu laſſen.

1) Communicata sunt. Inſtitutionen.

2) Scholion: Nimm an, es ſei da, wo das Getraide war, ein Zuſammenſtürzen [des Hauſes und dergl.] ge: ſchehen.

50 Ist es aber der Fall, daß der Getraidehaufen entwe=
der [1]) von dir oder vom Titius besessen wird, so [2]) wird
der Andre gegen den Besitzenden die *in rem* haben, und
„ es wird *officium* des Richters sein, zu ermessen, [3]) von
„ *welcher Güte* das Getraide eines Jeden ist, *und nach
„ der Güte den Besitzer [zur Entschädigung] an den Klä=
„ ger zu verurtheilen*.

§. 29. [4])Hat Jemand auf seinem Grund ein
Haus aus fremdem Baustoff aufgeführt, so wird
er Eigenthümer des Gebäudes, denn das darauf Gebaute
weicht dem Boden.

51 Doch *ist so viel gewiß, daß* der Eigenthümer
des Stoffs aus dem Eigenthum des Stoffs nicht *auf
„ immer* fällt; sondern, so lange als das Erbaute steht,
„ kann er weder [5])*die *in rem* erheben*, noch die *ad
„ exhibendum* *(oder die auf Vorzeigung zum [Behufe
„ des] Zurückforderns)*, wegen des Zwölftafelgesetzes, in
welchem verordnet ist, daß Niemand ein fremdes Bau=
holz, welches in sein Gebäude eingelassen ist, heraus zu
nehmen gehalten sei, sondern daß er den doppelten Werth

---

1) Ab alterutro... retineatur. Inſtitutionen.
2) In rem quidem actio pro modo frumenti cujascun=
que competit. Inſtitutionen.
3) Quale. Inſtitutionen.
4) *Fr. 7, §. 10. Dig. 41, 1.* (ſ. o.)
5) Vindicare. Inſtitutionen.

erſetze, wenn eine *perſönliche* Klage, welche *de tigno*
injuncto heißt), erhoben wird. *Es tritt aber jene Klage 52
ein, nicht nur, wenn Jemand ein mir eigenthümliches »
Bauholz in ſein Gebäude verwendet, ſondern auch, wenn »
er einen Stein oder einen Ziegelſtein oder eine Säule »
[verwendet hat], denn* unter der Benennung des *tignum*
wird aller [Bau]ſtoff verſtanden, womit gebaut werden
kann.

Deshalb iſt in dem Zwölftafelgeſetz verordnet, *daß
nicht *in rem* oder *ad exhibendum* geklagt werde aus »
dem Grunde des in mein Gebäude verwendeten Bau- 53
ſtoffs*, damit ich nicht, *vom Richter dazu verurtheilt*, »
genöthigt werde, das Haus abzureißen, *um dem Urtheil »
Genüge zu leiſten, und [ſo] hat das Zwölftafelgeſetz die »
Gebäude einer großen Sorgfalt gewürdigt*. — Geſchieht »
es aber durch irgend einen Zufall, daß das *beſagte* Gebäude einſtürzt, ſo kann der Eigenthümer des Bauſtoffs,
wenn er nicht etwa ſchon *durch die Klage *de tigno* »
1)*injuncto* das Doppelte erlangt hat, unbedenklich,
2)*ſowohl *in rem** als *ad exhibendum* klagen.

§. 30. *Vorhin nahmen wir an, es hätte Einer 54
auf ſeinem Grund von fremdem Bauſtoff ein Gebäude »

---

1) Fabrot: juncto.
2) Eam vindicare. Inſtitutionen.

„ aufgeführt; jetzt* setzen wir das Gegentheil. ¹)Wenn ich
„ auf deinem Grund aus meinen Baustoffen ein
„ Gebäude errichtet, so wirst [du], der Eigenthümer des
„ Bodens, auch Eigenthümer des Gebäudes werden; *nach
„ der Regel, welche sagt: ²)das darauf Befindliche, welche
„ dem darunter Befindlichen*, [und zwar] so, daß ich *auf
„ immer* das Eigenthum des Baustoffs verliere, ³)denn ich
„ baute wissentlich auf fremdem Grunde; nämlich wenn auch
„ das Haus einfällt, so werde ich [doch] ⁴)die *in rem* we-
„ gen des Baustoffs nicht haben⁵).

55 ⁶)So viel ist ausgemacht, wenn ich, der Erbauer,
„ im Besitz *des Gebauten* bin, der Eigenthümer des
„ Grundes ⁷) *sich der Rechtsregel, — welche sagt, daß das

---

1) Cajus Buch II. §. 73. — Fr. 7. §. 12. Dig. 41, 1.
   (*Cajus lib. 2. quotid.*).

2) Superficies solo cedit. Cajus.

3) Quia voluntate ejus alienata intelligitur, utique si
   non ignorabat .. setzen die Institutionen hinzu.

4) Vindicare materiam non potest. Institutionen,

5) Habe ich aber nicht wissentlich auf fremdem Grund gebaut, so bleibt zwar das Gebäude dem Eigenthümer des
   Grundes, aber ich verliere nicht das Eigenthum am Baustoff, und kann diesen zurück fordern, wenn das Gebäude
   einstürzt. C. 2. Cod. 3, 32, und hierauf ist das Scholion zu beziehen.

6) Vergl. die angeführte Pandektenstelle.

7) Petat, domum suam esse. Institutionen.

darauf Befindliche dem darunter Befindlichen weiche, — „
bedient, und gegen mich die *in rem* erhebt; —* so „
werde ich, in so fern ich *bonae fidei* Besitzer bin, „
(denn ich glaubte, der Grund sei mein), nicht nur „
den [1] Werth des Baustoffs bekommen, sondern auch den
Lohn der Gewerke, und wenn er Das nicht thun will, 56
so setze ich ihm die Einrede des Dolus entgegen *und
sage: [ich aber behaupte, daß du mir Das geben mußt], „
[2] es sei denn, daß ich nicht *bona fide gebaut* „
habe. [3] Habe ich aber *mala fide* den Grund beses= „
sen, (ich wußte, daß er einem Andern gehörte), so habe „
ich keine Einrede, sondern werde genöthigt, den Platz „
mit dem darauf Gebauten zurück zu geben; denn Jeder „
kann mir entgegen setzen*, warum ich mit Wissen ohne „
Bedacht auf fremdem Grund gebaut hätte [4].

§. 31. Wenn [5] Titius einen fremden Baum 57
auf seinen Acker gepflanzt hat, so wird der Baum
dem Titius sein; aber auch wenn Titius seinen Baum

---

1) Cajus Buch II. §. 76.

2) Scholion: *si non bona fide aedificavi.*

3) Nam scienti alienum esse, potest culpa objici, quod…
   Institutionen.

4) Doch wird mir nachgelassen, das Aufgesetzte ohne Nach=
   theil des frühern Zustandes weg zu nehmen.

5) Cajus Buch II. §. 74. — *Fr. 7. §. 13. Dig. 41, 1.
   (l. l.).*

auf den Acker des Mävius gepflanzt hat, so wird der
Baum dem Mävius sein, — nur [dann], wenn der
gepflanzte [Baum] in beiden Fällen seine Wurzeln ausbreitet I). Denn bevor er seine Wurzeln ausbreitet *und
„ die darunter befindliche Erde faßt*, wird der Baum dem
vorigen Herrn sein; wenn aber das besagte Gewächs ge-
„ wurzelt hat, I) geht sein Eigenthum *auf den Herrn des
„ Bodens über, in welchem es sich befindet*.

58 　 *Daraus ist folgende Frage entstanden: Mein Feld-
„ nachbar hatte am Ende seines Ackers, an meiner Ländo-
rei, einen Baum; es geschieht, daß* ³) die Wurzeln die-
„ ses Baums, *unbemerkt unter der Erde fort kriechend,
bis zu meinem Acker kommen*, meine Erde fassen, und
„ sich davon ernähren ⁴). *Dieß kam zur Untersuchung,
„ und ⁵)es ward beliebt*, daß der Baum mein *Eigen-
„ thum* werde, denn die ⁶)*natürliche Rechtsfolge gestat-

---

1) Doch hat der vorige Herr die utilis in rem actio. *Fr.*
 5. §. 3. *Dig.* 6, 1.

2) Proprietas ejus commutatur. Institutionen.

3) Institutionen: Ut si vicini arbor ita terram Titii
 presserit...; die Pandekten: si vi arborem ita terra
 presserim.

4) So jedoch, daß nicht blos die Spitzen der Wurzeln
 auf meinen Acker kommen, sondern Hauptwurzeln. *Fr.*
 6. §. 2, *Dig.* 47, 7. *G L.: radices: omnes, ut dif-
 ferat a sequenti.*

5) Dicimus. Institutionen.

6) Ratio. Institutionen.

tet nicht, daß der Baum einem Andern gehöre, als
Dem, in deſſen Erde er die Wurzeln hat. Wenn da=
her [1]auf der Gränze zweier Aecker ein
Baum aufwächſt, und ſeine *ausgedehnten* [2]Wur=
zeln [3]beide Aecker ergreift, ſo wird der Baum gemein=
ſchaftlich ſein.

§. 32. [4]So wie aber die Gewächſe, welche in der
Erde *genährt werden und* wachſen, [5]Dem ſind, der
Eigenthümer der darunter befindlichen Erde iſt; aus dem=
ſelben Grunde weicht auch das Geſäete, wie Korn, Ger=
ſte und dergleichen dem Boden. Aber ſo wie der auf
fremdem Grund *bona fide* Bauende, wenn [6]er mit
der *in rem* belangt wird, ſich durch die Einrede des do=
lus [malus] ſchadlos hält[7], ſo [8]wird auch Der, wel=
cher auf ſeine Koſten einen fremden Acker beſtellt, *wenn
er es* bona fide *gethan, durch die Einrede des Dolus
Schadloshaltung bekommen*.

---

1) Prope confinium arbor poſita. Inſtitutionen.

2) *Radices: non omnes.* GL.

3) Vicini fundum. Inſtitutionen.

4) Cajus Buch II. §. 75. 76. — *Fr. 9. Dig. 41, 1.*
(*l. 4*)

5) Solo cedunt. Inſtitutionen.

6) Ab eo dominus petat aedificium. Inſtitutionen.

7) Secundum ea quae diximus. Inſtitutionen.

8) Ejusdem exceptionis auxilio tutus esse potest is. Inſtitutionen.

60　§. 33. ¹)*Es hat Einer mein Papier ²)
„ oder mein Pergamen genommen, Etwas darauf ge=
„ schrieben und ein Buch verfertigt. Auch hier
  weicht*, nach Analogie des Bodens, das darauf Be=
  findliche dem darunter Befindlichen, obgleich sogar die
„ *darauf gesetzten Buchstaben* von Gold wären, *und ich
„ werde Eigenthümer des Buchs*. ³)Und es ist gleichviel,
„ ob er ein *gemessenes* Gedicht, oder ein geschichtliches
  oder rednerisches Werk⁴) darauf geschrieben hat. Wenn
„ ich also ⁵)*die *in rem* gegen den Verfertiger des Buchs
  erhebe*, und nicht sofort die Kosten der Schreiberei er=
  lege, so werde ich mit der Einrede des Dolus abgewie=
  sen werden; in so weit Derjenige *bonae fidei* ⁶)*Besi=
„ tzer war, der es schrieb*.

---

1) Cajus Buch II. §. 77. — *Fr. 9. §. 1. Dig.* 41, 1.
(*l. l.*) — Literae quoque, licet aureae sint, perinde
chartis membranisque cedunt. Institutionen.

2) *Chartis:* ut de bombice, ut sunt hae quae de Pisis
veniunt; — *membranisve:* quae de membris anima-
lium eripiuntur. GL.

3) Ideoque si in chartis... carmen.... scripserit, hujus
corporis non Titius, sed tu dominus esse videris.
Institutionen.

4) *Historiam:* novi et veteris testamenti, idem dicam in
tabula vel romantia, vel quolibet libro prosaico. GL.

5) A Titio petas, tuos libros tuasve membranas esse.
Institutionen.

6) Earum chartarum... possessionem nactus est. Institutionen.

§. 34. 1) Es *nimmt* Jemand ein frem= 61
des Bret, und mahlt *[darauf] und macht ein
Bild*; *es fragt sich: Wem gehört das Bild*. Einige
sagen, *der Maler werde Eigenthümer des Brets, und*
das Bret weiche der Malerei. Andre aber sagen, 2)*der
Eigenthümer des Brets werde auch Eigenthümer der Ma=
lerei*, die Malerei sei wie sie wolle. — Aber 3)*unser
Kaiser hat mehr die erstere Meinung gebilligt, und will*;
daß der Maler Besitzer des Gemäldes werde; denn er 62
hielt es für lächerlich, daß die Malerei des Apelles,
(dieser war einer der besten Maler bei den Hellenen),
oder des Parrhasius, *(dieser war bei den 4) Römern be=
rühmt)*, einem werthlosen Brete 5) weichen sollte.

Wenn also der Eigenthümer des Brets im Besitze
des Gemäldes ist, und der Maler 6)*gegen ihn, die *in
rem* erhebend, auftritt*, ohne den Werth des Brets zu
ersetzen, so wird er mit der Einrede des Dolus [malus]

---

1) Cajus Buch II. §. 78. — Fr. 9. §. 2. Dig. 41, 1.
　Vergl. Fr. 23. §. 3. Dig. 6, 1.

2) Picturam tabulae cedere. Institutionen.

3) Nobis videtur melius esse. Institutionen.

4) Entweder: er stand bei den Römern hoch, oder lieber
　als fehlerhafter Zusatz anzuerkennen. Parrhasius war
　von Ephesus.

5) In accessione esse. Institutionen.

6) Eam petat. Institutionen.

63 abgewiesen. Wenn aber der Maler *das Bild* besitzt,
„ dann *kann zwar* der Eigenthümer des Brets *nicht die
„ *directa in rem* haben, (denn er ist aus dem Eigen-
„ thum[1]) gefallen, seitdem die Malerei darauf gesetzt ist),
„ aber es* wird ihm die *utilis*[2]) *in rem* gegeben, *so
„ daß er in der Klage sagt: Als ob ich Eigenthümer wäre.
„ Bedient er sich der erwähnten *utilis in rem*, und* er
„ stattet er *dem *bona fide* Malenden* nicht die auf die
„ Malerei gewendeten Kosten, so wird er mit der Einrede
„ des Betrugs abgewiesen[3]). —

„   *Das ist nicht abgehandelt worden, so viel das Ei-
„ genthum des Bildes betrifft*, denn Das ist ausgemacht,
   der Maler mag das Bret entweder selbst entwendet haben, oder irgend ein Andrer, so wird dem Eigenthümer
   gegen den Dieb die *Furti* [actio] gegeben.

64   §. 35. [4]) In der Meinung, du seist der
   Eigenthümer[5]), kaufte ich von dir[6]) einen

---

1) Nicht *imaginis impositae*, wie Reitz übersetzt, sondern *imagine imposita*.

2) *Utilis actio adversus eum*. Institutionen.

3) *Utique si bona fide possessor fuerit ille, qui picturam imposuit*. Institutionen.

4) *Fr. 48. Dig. 41, 1. (Paulus lib. 7. ad Plautium).*

5) Oder ich glaubte, du hättest, als Procurator oder Tutor, das Recht, zu verkaufen. *Fr. 109. Dig. 50, 16.*

6) Bona fide. Institutionen.

fremden Acker, oder ich erhielt ihn als Geschenk, oder
aus einer andern wohlgegründeten Ursache, doch [1]) *bona
fide*, *z. B. aus einem Tausch*. [Hier] [2]) will das
Naturrecht [3]), daß ich Eigenthümer der bezognen Früchte
werden soll, wegen des Fleißes und der Sorgfalt, *die
ich auf sie wendete*. Wenn also der Eigenthümer des
Ackers nachher auftritt, und *mit der in rem* die Acker zurück fordert, so wird er gegen mich keine Klage,
wegen der Früchte haben, die ich, *davon beziehend*, ge-
nossen habe. Habe ich aber einen fremden Acker wissentlich besessen, [4])*so erhalte ich sie nicht*; im Gegentheil
werde ich den Acker mit den *davon bezognen* Früchten
zurück zu geben angehalten, auch wenn ich sie verzehrt
habe.

---

1) Aeque. Institutionen.

2) Placuit. Institutionen.

3) Fructus quos percepit, ejus esse pro cultura et
cura. Institutionen. Die Pandektenstelle: emptor...
fructus etiam ex aliena re, suos interim facit, *non
tantum eos, qui diligentia et opera ejus pervenerunt, sed
omnes.* Beide Stellen widersprechen sich nicht, indem
cultura und cura nur im Allgemeinen eine Aufsicht und
Pflege bedeutet, diligentia und opera aber eine posi-
tive Thätigkeit, die Früchte hervor zu bringen. — *GL.:
pro cultura:* ut segetes; — *pro cura:* ut lac et pilus
et lana. Vergl. *Noodt probab.* 2, 7.

4) Non idem concessum. Institutionen.

65   §. 36. ¹)*Von demselben Acker hätte ich
„ die ²)*Proprietaria*, du den Ususfructus; du,
„ der Ususfructuarius, wirst nicht anders Eigenthümer der
„ Früchte werden, als wenn du sie *von der Erde* hin
„ weg genommen hast. Wenn du also [in dem Zeitpunkt]
„ stirbst, wo die Früchte reif ³)*und noch an der Erde
„ befestigt sind*, so bekömmt sie nicht dem Erbe, sondern
„ sie gehören dem ⁴)*Proprietarius. ⁵)Fast dasselbe gilt
„ auch beim Colonus, *d. h. dem Pachter. Denn wenn
„ ich dir einen Acker verpachte, so wirst du nicht eher Ei
„ genthümer der davon zu beziehenden Früchte, bis du sie
„ von der Erde hinweg nimmst. [Aber das *fere* oder fast
„ ist überflüssig]*.

66   §. 37. *Da ich vom Ususfructus des Ackers gehan
„ delt habe, so mußt du wissen, daß der* Ususfructus

---

1) Is ad quem ususfructus pertinet, non aliter... Insti-
     tutionen.

2) Scholion: das Eigenthum.

3) Nec tamen perceptis. Institutionen.

4) Domino proprietatis. Institutionen.

5) Am Schlusse des Paragraphen heißt es: Aber das
     fere oder fast ist überflüssig, welches wahrschein-
     lich ein Scholion ist, und hierher gehört. Die Basili-
     ken haben den Zusatz nicht, (Theil II. S. 281), und
     er ist überhaupt unhaltbar, da Theophilus schwerlich
     dem lateinischen Texte widersprach.

des Viehes ¹) das *von ihm* ²) Erzeugte iſt, ſo wie „
auch die Milch und die Haare und die Wolle. Deß=
wegen ſind auch die Lämmer, die Zicklein, die Kälber
und die Füllen und die jungen Schweine, ſo wie ſie
geboren werden, aus natürlichem Grunde im Eigenthum
des Uſufructuarius.

Die ³) Kinder der Sklavin ſind nicht im Fruc= 67
tus⁴). *Wenn ich dir alſo den Uſusfructus meiner Skla= „
vin überlaſſe, ſo wirſt du wohl ihre Dienſtleiſtung und „
ihre[r] Hände Arbeit zum Genuß haben; aber* das [von „
ihr] Geborne kömmt in das Eigenthum ⁵) des Proprieta= „
rius; denn es wurde für widerſinnig gehalten, den Menſchen
⁶)zu den Früchten zu zählen, da die Natur der Dinge
alle Früchte um der Menſchen willen ausgeſonnen hat.

§. 38. Hat⁷) Jemand den Uſusfructus einer 68
Heerde, ſo muß der Uſufructuarius an die Stelle der
abgeſtorbenen Stücke aus dem Nachwuchs nachliefern, *und
die Zahl voll machen*, denn Das dünkt auch Julia= „

---

1) Etiam. Inſtitutionen.

2) Fr. 28. Dig. 22, 1. (Cajus lib. II. rer. quotid.).

3) Fr. 28. §. 1. Dig. eod. (l. l.)

4) Was ſonſt der Fall war. Cic. de finibus 1, 4.

5) Proprietatis. Inſtitutionen.

6) In fructu esse. Inſtitutionen.

7) Fr. 68. §. 2. Dig. 7, 1. (Ulpian. lib. 17. ad Sab.).

17

„ nus. Z. B. *ich habe dir den Ususfructus einer Heerde
„ von hundert Schaafen überlassen; es geschieht, daß drei
„ ßig Schafe sterben, funfzig aber geboren werden; [hier]
„ mußt du dreißig zu der Urzahl hinzu rechnen, um die
„ dir überlieferte Zahl zu erhalten, und so wirst du die
„ übrigen zwanzig Schafe im Eigenthum behalten.

69   Habe ich dir von einem Weinberg oder einem ¹)Acker
„ den Ususfructus überlassen, so mußt du* an die Stelle
„ der abgestorbnen *oder alt gewordnen* Weinstöcke, und
„ *an die Stelle der erkrankten oder umgefallnen* ²) Bäume
„ andre wieder hinsetzen.   ³)*Denn du mußt ordentlich und
„ auf rechte Weise für den Acker sorgen, dessen Ususfructus
„ dir überlassen ist, und so damit umgehen, wie der beste
„ Hausvater damit umgehen würde*.

70   §. 39.   ⁴)Es fand Jemand auf seinem ⁵)Acker
einen Schatz; der göttlichste Hadrianus, ⁶)das
der Natur nach Rechte bewahrend, hat dem Finder den
Schatz zuerkannt; ⁷)Dasselbe verordnend, ⁸)wenn Je

---

1) *Fr. 18. Dig. 7, 1.*
2) Nicht der vom Sturm ausgerißnen. *Fr. 59. Dig. 7, 1.*
3) Recte enim colere et quasi bonus p. fam. uti debet Institutionen.
4) *Fr. 31. §. 1. Dig. 41, 1.*
5) *GL.:* loco 'l solo.
6) Naturalem aequitatem. Institutionen.
7) Dasselbe, nicht derselbe, wie *Cujas obs. 9, 37.*
8) *Fr. 3 §. 10. Dig. 49. 14. (Divi fratres constituerant)*

mand an einem heiligen oder religösen Ort
zufällig [einen] fände. Hat aber Jemand auf fremdem Grund, nicht absichtlich [darauf ausgehend], sondern zufällig, einen Schatz gefunden, so hat Hadrianus dem Herrn des Bodens die Hälfte zuerkannt¹).

Wenn folglich Jemand auf Kaiserlichem Boden einen 71
Schatz findet, ²)so wird er die Hälfte des Schatzes dem
Kaiser abgeben, die Hälfte aber wird der Finder für sich
behalten. ³)Hat aber Jemand auf dem Grund der Stadt
oder des Fiskus ⁴) gefunden, so erwirbt der Finder gleichfalls ⁵) die Hälfte, und die andre Hälfte *wird* der
Fiskus oder die Stadt *erhalten*.

*17 **

---

1) Dimidium inventori. Einige Institutionenausgaben.

2) Statuit. Institutionen.

3) Cui conveniens est, ut si quia... Institutionen.

4) Die meisten Institutionenausgaben lesen: In fiscali,
vel publico loco, vel civitatis, wie auch die Glosse
hat. Aus der Paraphrase und der Wiederholung des
Theophilus, unten Nr. 226., sieht man, daß Erwähnung
der Stadt nöthig ist, und so wird man entweder vel
civitatis (mit Biener) weg zu lassen und publico für:
städtisch — zu nehmen, oder das zweite vel (vel publico
(ohne Komma) vel civitatis) für erklärend und nicht tren-
nend zu halten haben; auf jeden Fall darf publico nicht
vor fiscali stehen, wenn man vel civitatis beibehält.

5) Es sei denn, daß er die Hälfte des Fiskus unterschla-
gen will, wo er dann das Doppelte des Ganzen erstat-

72　§. 40. ¹) Eine natürliche Art zu erwerben ist auch
„ die der Uebergabe [Tradition]; *und was ist die Ue-
„ bergabe? Die ²)Ueberlieferung von Hand in Hand, ent-
„ haltend eine leicht zu bewirkende, nicht umständliche, und³)
„ natürliche Handlung*. Denn nichts entspricht so der Natur, als die Meinung des Besitzers, welcher seine Sache auf einen Andern über zu tragen Willens ist, zu be-
stätigen.

73　　　*Will ich aber durch die Tradition das Eigenthum
„ übertragen, so muß Folgendes zusammen kommen: der
„ Tradirende muß Eigenthümer sein, und die Tradition in
„ der Absicht geschehen, das Eigenthum über zu tragen,
„ und das Tradirte etwas Körperliches sein. — Körper-
„ liches ⁴) habe ich deswegen gesagt, weil das Unkörper-
„ liche, dem Angreifen nicht Unterworfne, keine Tradition ge-
„ stattet; — daß der Tradirende Eigenthümer

---

ten muß, — wie der Scholiast und die Glosse aus
Fr. 3. Dig. 49, 14. anmerken.

1) Per trad. quoque jure nat. res nobis adquiruntur.
Institutionen. — *Fr. 3. Dig. 41, 1. (Cajus l. l.).*

2) *Cicero epist. ad div. 7, 5:* Totum denique hominem
tibi ita trado *de manu* (ut ajunt) *in manum tuam istam.*
— Theophilus Erklärung gründet sich auf die ursprüng-
lichere Uebergabe beweglicher Sachen; übrigens ist die
Redensart de manu in manum gebräuchlicher bei wech-
selseitigen Uebergaben.

3) Cajus Buch II. §. 19. *Fr. 43. §. 4. Dig. 41, 1.*

ſei, habe ich deswegen geſagt, weil, Wer nicht Eigen- „
thümer iſt, ein Eigenthum, was er nicht hat, nicht „
übertragen kann; — daß ([der Eigenthümer] den 74
[An]nehmenden durch die Abſicht, [es] zu ..
wollen, zum Eigenthümer mache, iſt deswegen „
hinzugeſetzt, um den Uſus und das Depoſitum[1]) auszu- „
nehmen; denn obgleich in dieſen [Fällen] die Sache kör- „
perlich, und der Tradirende Herr iſt, ſo übergibt er doch „
ſo, daß er in Kurzem wieder zu bekommen hofft*. „
[2]) Ich unterſcheide aber nicht, von welcher Art die Uebergabe ſei, ob ein Italiſcher Acker, oder ſtipendiariſche oder
tributariſche Beſitzungen.

— [3]) Stipendiariſche und tributariſche hei- 75
ßen die in den Provinzen belegnen Beſitzungen, (*)*welche „
auf Kaiſerlichen Beſehl vom Volke beherrſcht werden); „

---

1) Und ſo weiter, (z. B. Verleihung, Verpfändung).

2) Et ideo cujuscunque generis sit corporalis res, tradi
potest, et a domino tradita alienatur. Inſtitutionen.
— Cajus Buch II. §. 21. 7. 19.

3) Cajus daſelbſt.

4) Die Parentheſe (Βασιλικῇ κελεύσει ὑπὸ τοῦ δήμου
κρατούμενα) iſt hier unpaſſend. Reitz will Statt ὑπὸ
(von) ἤτοι (oder) leſen. Der Zuſatz befand ſich nach
Fabrot am Rand der Manuſcripte, und iſt von ihm
auch nicht in den Text aufgenommen. Die Aenderung
ὑπὸ in ἤτοι iſt ſchwierig, weil in den Gloss. Nomic.
zu leſen iſt:

„ die Ursache dieser Benennung entstand für sie auf folgende
„ Weise: Der alte Römische Kaiser [1]) regierte die ganze
„ Erde, und — bewundert von den Römern wegen sei=
„ ner großen Tapferkeit, — vertheilte er die Provinzen,
„ und behielt einige für sich, andre gab er dem Volk.

76 Und die des Volks hießen stipendiariae, weil
„ Stipes [2]) die Einsammlung ist, und das stückweise Zu=
„ sammenbringen von Geld und andern [Sachen]. Da
„ nun die [3]) Provinzbewohner einige Kleinigkeiten von dem
„ bei ihnen Wachsenden zusammen brachten, und es dem
„ Volk schickten, um es zu seinem Nutzen und Vergnügen
„ zu verwenden, deshalb hießen sie stipendiarische, und
„ deshalb hießen auch ferner sowohl die Wohnungen als
„ die Aecker stipendiarische.

77 Des Kaisers Provinzen heißen tributarische,
„ weil Tribut eine schwere Abgabe ist, welche der Kaiser
„ seinen Provinzen auferlegt, weil er Vieles aufwendet auf

Στιπενδιάρια· τὰ ἐν ταῖς ἐπαρχίαις βασιλέως κελεύσει ὑπὸ τοῦ δήμου κρατούμενα πράγματα
[κτήματα].

Es scheint daher von später Hand diese Glosse als
Randanmerkung beigeschrieben worden und aus Irrthum
in den Text gekommen zu sein.

1) Nämlich Augustus.

2) Jede Art von Collekte.

3) Eparchioten nennt er die Abgebenden. Scholion.

die Erhaltung der Soldaten. Wer sonst stipendiarische und „
tributarische [Grundstücke] hatte, aus Vergünstigung des „
Volkes oder Kaisers, war kein Eigenthümer; denn das „
Eigenthum derselben war entweder dem Volk oder dem „
Kaiser, sondern sie hatten von ihnen den Usus und die 78
Fructus und den vollesten Besitz, so daß sie [sie] über= „
tragen und auf Erben überlassen konnten. Von den „
[1]) Italischen Aeckern oder Gebäuden hatten die Eigenthü= „
mer das Eigenthum. „

Aber Das war sonst [so]; denn heut zu Tage will* „
eine [2]) Constitution unsers Kaisers, daß zwischen stipen=
diarischen und tributarischen [Grundstücken] kein Unter=
schied sein soll. Sondern [3]) sobald der Eigenthümer *mir* „
seine Sache als Geschenk oder Mitgift, oder aus irgend
einem andern Grund, *z. B. durch Tausch*, tradirt hat, „
dann trägt er ungezweifelt *das Eigenthum* auf mich über. „„

§. 41. [4]) Wenn ein Verkäufer tradirt, so geht das 79
Eigenthum nicht eher auf den Käufer über, als wenn
der Käufer dem Verkäufer den Werth *der Sache* be= „

---

1) In Italien, oder in den Orten, die Italisches Recht
   hatten, belegnen.

2) Cod. 7, 31.

3) Cajus Buch II. §. 20.

4) Venditae vero et traditae res... Institutionen. — Fr.
   53. Dig. 18, 1.

„ zahlt, [1] *oder ihm über den Werth Bürgschaft gibt.
„ Denn wie? wenn er einen gewissen Titius für sich stellt,
„ der verspricht, daß er den Preis bezahlen will, oder
„ für den Preis ein Pfand gibt*. Das ist auch durch
das [2] Zwölftafelgesetz bestimmt; [3] doch finden wir nichts
desto weniger, daß diese Vorschrift *juris gentium* ist,
„ *weil ihr natürliche Billigkeit inwohnt, weshalb sie bei
„ allen Völkern gehalten wird*.

80   *Aus jeder andern Ursache trägt der tradirende Ei
„ genthümer das Eigenthum [ohne Weiteres] über; [4] bei'm
„ Verkauf aber nicht anders, als bis er den Werth em¬
„ empfangen hat, oder ihm wegen des Werthes Sicherheit
„ geleistet worden ist. Hat aber der Verkäufer weder den
„ Preis empfangen, noch für den Käufer irgend einen
„ Bürgen oder Pfänder empfangen, sondern* [5] war er
mit dem Vertrauen in den Käufer zufrieden, *glaubend,
„ er werde den Preis noch erhalten*, so sagen wir auch
hier, das Eigenthum gehe gleich auf den Käufer über.

---

1) Vel alio modo ei satis fecerit, veluti expromissore
aut pignore dato. Institutionen.

2) Von Hugo Rechtsgesch. §. 92., bezweifelt.

3) Tamen recte dicitur et jure g. idest jure naturali id
offici. Institutionen.

4) Fr. 19. Dig. 18, 1. (*Pompon. lib. 31. ad Quint.
Muc.*).

5) Sed si is qui vendidit, fidem emtoris secutus est.
Institutionen.

§. 42. ¹)*Wenn die Tradition geſchieht, ſo* wird 81
kein Unterſchied ſein, ob der Tradirende der Ei
genthümer ſelbſt oder ein Andrer nach ſeinem Wil
len iſt²).

§. 43. Aus ³)dieſem Grunde wird *auch*, wenn
ich Jemandem die ⁴)Erlaubniß, mein Eigenthum
zu verwalten *wie er will*, gegeben, und dieſer
⁵) davon Etwas verkauft und tradirt hat, das Eigenthum
auf den Empfangenden übergetragen; *denn er ſcheint
Dieß nach dem Willen des Eigenthümers zu thun*.

§. 44. ⁶)Doch kann man einige Fälle finden, bei 82
denen auch ohne Uebergabe nur der nackte Wil
le genügt, um das Eigenthum zu übertragen, z. B. ich
habe dir ⁷)*mein Buch* geborgt, oder *dir meinen
Acker* verpachtet, oder bei dir *mein Miſſorium* ⁸) hin
terlegt. Wenn ich dir nun nachher dieß verkauft oder ge
ſchenkt habe, *ſo mache ich dich ſogleich mit der Schen

---

1) *Fr. 9. §. 4. Dig. 41, 1. (Cajus lib. 2. rer. quot.).*
2) Cui ejus rei possessio sit, haben auch die Pandekten nicht, aber die meiſten Inſtitutionenausgaben und Handſchriften.
3) Vergl. Cajus Buch II. §. 64.
4) Libera. Inſtitutionen.
5) Ex his negotiis. Inſtitutionen.
6) *Fr. 9. §. 5. Dig. eod. (l. l.)*
7) Rem. Inſtitutionen.
8) Ein Tiſchgefäß, auch Mensorium.

„ kung oder mit dem Verkauf zum Eigenthümer davon,

„ und zwar ohne daß eine Tradition geschicht, [1] denn weil

„ bei dir ein natürlicher Besitz der gedachten Dinge vorher

„ gegangen war, so bekömmst du deswegen, weil ich will,

„ daß meine Sache dein werden soll*, sogleich das Eigen-

„ thum, als wenn [2]*des Geschenks oder Verkaufs wegen*

„ eine *ausdrückliche* Uebergabe erfolgt wäre.

83　　　§. 45. [3]*In einem Waarenlager habe ich ver-

„ schiedne Waaren aufbewahrt, du bist mit mir einig ge-

„ worden, daß ich sie dir verkaufe. Nach geschlossenem

„ Contrakt gibst du mir den Preis*; wenn [4]*du nun

„ bei'm Waarenlager stehst*, und ich dir die Schlüssel über-

„ gebe, so wirst du sogleich Eigenthümer der Waaren.

„　　　§. 46. [5]*Oft trage ich wissentlich das Eigen-

„ thum auf einen mir Unbekannten über, über

---

1) Quamvis enim ex ea causa tibi eam non tradiderit, ex eo tamen ipso, quod patitur tuam esse. Institutionen.

2) Eo nomine. Institutionen.

3) Item si quis merces in horreo depositas vendiderit. Institutionen. — *Fr.* 9. §. 6. *Dig. eod.* (l. l.)

4) Si claves apud horrea traditae sint... etsi non aperuerint horrea. *Fr.* 74. *Dig.* 18, 1.

5) Hoc amplius... et in incertam personam collata voluntas domini transfert proprietatem rei. Institutionen. — *Fr.* 9. §. 7. *Dig.* 41, 1. (l. l.) *Fr.* 5. §. 1. *Dig.* 41, 7.

am Ufer gefundnen Steine oder Edelsteine; — [vier= „
tens] und was von unsern Thieren geboren wird; — „
[fünftens] und die Alluvion; — [sechstens] und die ent= „
weder im Meer, (was selten), oder im Flusse entstand= „
ne Insel, (was häufiger); — [siebentens] das Nahesein 89
an einem verlassenen Flußbett; — und [achtens] aus frem= „
dem Stoff eine Species zu verfertigen, so daß die ver= „
fertigte nicht wieder in den vorigen Stoff zurückkehren „
kann; — und [neuntens] aus eignem und fremdem Stof= „
fe Etwas zu verfertigen, oder einen fremden Purpur in „
sein Kleid zu weben, und [zehntens] wenn sich dieselben „
oder verschiedne Stoffe von Zweien, mit Willen der Ei= „
genthümer, oder auch aus Zufall, vermischen, oder sich die „
Getraidehaufen verschiedner Eigenthümer mit ihrem Willen „
vermischen; nicht eben so, wenn Dieß nach dem Willen des „
Einen oder aus Zufall geschieht, — und [elftens] die Re= 90
gel, welche sagt, daß das darauf Befindliche dem darunter „
Befindlichen weiche, wie in vielen Beispielen gesehen „
wurde, z. B. wenn auf meinem Grunde von fremdem „
Baustoffe gebaut worden ist, oder ich von meinem Bau= „
stoff auf fremdem [Grund] ein Haus gebaut habe, oder „
Jemand einen fremden Baum auf seinem Acker pflanzte, „
oder seinen Baum auf fremdem Acker, so daß er auch „
Wurzeln trieb; Was auch Statt fand bei gesäetem Ge= „
traide und bei Buchstaben, die auf mein Papier oder „
mein Pergamen gesetzt werden, das Gegentheil aber bei'm 91

„ Gemälde; (denn hier weicht das fremde Bret der Male
„ rei); — [zwölftens] es gehört auch unter die natürlichen
„ Erwerbungen, *bona fide* einen Acker vom Nicht-Eigen-
„ thümer bekommen zu haben. Denn diese *bonae fidei*
„ Besitzung genügt, Jemanden zum Eigenthümer der ver-
„ zehrten Früchte zu machen. — Auch [dreizehntens]
„ die Auffindung eines Schatzes gibt das Ganze oder
„ einen Theil dem Finder ¹) nach der Constitution Ha-
„ drians. — Auch ist [vierzehntens] eine natürliche Erwer-
„ bung durch die Uebergabe*.

„   *Aber dieß Alles sei gesagt von körperlichen
[Sachen]*.

92   §. 1. ²)*Weil aber* von den Sachen einige körperlich sind, andre unkörperlich, — (körperlich ist aber,
„ Was ³)*sowohl durch eine Benennung unterschieden wird,
„ als auch dem Gefühl und Gesicht unterworfen ist*:

1) Vor Reiz las man: „Finder (.) Und nach der Constitution Hadrians war es auch eine natürliche Erwerbung
   durch die Tradition." — Die Anführung einer Constitution Hadrians paßt nun unstreitig besser zum vorigen,
   und και kann sehr leicht überflüssig sein. — Uebrigens liest Fabrot Statt Constitution — Unterscheidung.
2) Fr. 1. §. 1. Dig. 1, 8. (*Cajus lib. 2, Inst.*). — Cajus Buch II. §. 13. Vergl. *Cicero Top. ad Trebat.*
   cap. 5.
3) Sui natura tangi possunt. Institutionen.

B. Acker, ¹) Haus, Kleid, ²) *Sklave*; unkörper=
lich aber ist, was *blos mit dem Geist gefaßt wird,
und* dem Gefühl und Gesicht nicht unterworfen ist), —
und *da wir von den körperlichen gehandelt haben, so
reden wir nun auch von den unkörperlichen. — Un=
körperlich ist*, was im Rechte besteht, z. B. die Erb=
schaft. *Und was ist die Erbschaft? Ein auf verschiedene 93
Weise begründetes, mit dem Verstand begriffenes Recht,
welches macht, daß ich von dem Vermögen eines Andern
Eigenthümer werde*. — Auch der Ususfructus. *Usus=
fructus aber ist ein auf verschiedne Weise begründetes,
mit dem Verstand begriffenes Recht, welches macht, daß
ich an eines Andern Eigenthum den Usus und den Fruc=
tus habe*. — ³) Auch die, auf welche Weise es auch sei,
begründeten Obligationen; *denn es gibt viele Arten,
eine Obligation zu begründen, wie wir weitergehend ler=
nen werden. Und was ist die Obligation⁴)? ein recht=
liches Band, wodurch Jemand angehalten wird, Jedes
zu thun, was er thun muß*.

---

1) Haus, οἰκία, will Hugo Grotius *florr. spars* p.
   m. 44 entfernt haben.

2) Aurum, argentum et denique res aliae innumerabiles.
   Institutionen.

3) Usus. Institutionen.

4) Ver=bind=lichkeit, nur daß das deutsche Wort blos in
   der passiven Bedeutung üblich ist.

18

94 ¹) §. 2. Und es sage Niemand, daß bei der Erb-
„ schaft körperliche Sachen gefunden werden, *denn die Erb-
„ schaft begreift auch Sklaven und Aecker und Gebäude
„ und Bücher; denn ²) der Ususfructus begreift auch in sich
„ die von dem Acker genommenen Früchte, welche körperlich sind*, und was uns aus einer Obligation zu leisten,
ist meistens körperlich, z. B. Acker, Sklave, Geld
„ *M e i s t e n s sagte ich deswegen, weil (wie wir weiter
„ gehend lernen werden) wir oft auch etwas Unkörper-
95 ches durch die Obligation fordern. Es sage also Nie-
„ mand, die Erbschaft, und der Ususfructus und die Obli-
„ gation seien körperlich, weil das ihnen zum Grund lie-
„ gende, wie gesagt, körperlich ist*; ³) denn *man muß
„ Das beachten, daß* das Recht selbst, — *welches mir
„ die Befugniß gibt, eines Andern Eigenthum ganz an
„ mich zu nehmen, oder von einem fremden Acker die
„ Früchte zu ziehen, oder eine Schuld zurück zu fordern*, —
„ unkörperlich ist, *obgleich es Körperliches in sich begreift*.

---

1) In vielen Institutionenausgaben ist hier kein neuer
   Paragraph.

2) Nam et fructus, qui ex fundo percipiuntur, corpora-
   les sunt. Institutionen.

3) Nam [GL.: pro sed 'l tamen et melius] ipsum jus
   hereditatis et ipsum jus utendi fruendi et ipsum jus
   obligationis. Institutionen.

§. 3. [1] Zu dem, Unkörperlichen gehören auch [2]*die 96
sogenannten Dienstbarkeiten, sowohl des Hauses als „
des Ackers. Und was ist die Hausdienstbarkeit? „
Ein auf verschiedne Weise begründetes, mit dem Verstand
begriffnes Recht, welches macht, daß der Nachbar des „
Nachbars Lasten erträgt. — Die Ackerdienstbarkeit „
aber ist ein auf verschiedene Weise begründetes, mit dem „
Verstand begriffenes Recht, welches macht, daß der Feld= „
nachbar die Lasten des Feldnachbars zu tragen hat. „

Eben so der Usus. Und was ist der Usus? Usus 97
ist der Gebrauch. Der Gebrauch aber ist ein auf ver= „
schiedne Weise begründetes, mit dem Verstand begriffnes „
Recht, welches macht, daß ich an einem fremden Eigen= „
thum nur den Gebrauch habe. — Ferner die Habita= „
tion [3]. Und was ist die Habitation? ein auf verschied= „
ne Weise begründetes, mit dem Verstand begriffnes Recht, „
welches mir die Befugniß gibt, in einem fremden Hause „
zu wohnen, — getrennt vom Usus und Ususfructus*.

18 *

---

1) *Fr. 1. §. 1. Dig. 8, 1. (Cajus lib. 2. Inst.).*
2) Jura praediorum urbanorum et rusticorum, quae
etiam servitutes vocantur. Institutionen.
3) Wegen des *Fr. 10. Dig. 4, 5.* und *Fr. 1. Dig. 8, 1.*
haben H o t m a n (*Obs. 3, 23*), und Andre die Habitation
für keine Servitut erklärt, vergl. indessen T h i b a u t
civil. Abhandl. S. 28, wo noch das bestimmte Zeugniß
des Theophilus anzuführen wäre.

Dritter Titel.

Von den Dienstbarkeiten.
[De servitutibus].

98
"   Für's Erste wollen wir von der Felddienstbar=
"   keit reden. — Den Begriff kennst du; 1) es ist also
"   nöthig, die Arten der Dienstbarkeit zu nennen*. 2) Feld=
"   dienstbarkeiten sind: 3) *iter, actus, via, aquaeduc=*
"   *tus. —*

"   *Und was ist Iter?* 4) z. B. ich besaß einen Acker,
"   auch du besaßest einen Acker in der Nähe; wenn ich zu
"   meinem Acker gehen wollte, hatte ich einen großen Um=
"   weg nöthig; ich bat dich, du möchtest mir das *Iter* ge=
"   statten, d. h. daß mir erlaubt sein möchte, durch deinen
"   Acker zu gehen, denn der durch deinen Acker führende
"   Weg war kurz. Du gestattetest mir das *Iter*, so daß
"   ich hindurch gehen [darf]*, aber nicht mit Zugvieh noch
"   mit Wagen.

---

1) *Fr. 1. Dig. 8, 3. (Ulpian. lib. 2. Inst.).*

2) Rusticorum praediorum jura. Institutionen.

3) Scholion: Gang, Trift, Weg, Wasserleitung.

4) Jus eundi ambulandi hominis. Institutionen. — Un=
ten 3, 18. §. 2.: *Iter* ist [das Recht], allein zu gehen. —
Auch das Recht, sich in einem Sessel oder einer Sänfte
tragen zu lassen, und das Reiten ist darin begriffen.
Fr. 7. Fr. 13. Dig. eod.

Actus ist ¹) *die Trift*. Wenn ich dich bat, mir 99 zu gestatten, mit Zugvieh oder Geschirr über deinen Acker zu gehen. Wer daher das *Iter* hat, hat den *Actus* nicht, denn er kann nicht mit Zugvieh oder Geschirr hindurch gehen. Wer aber den *Actus* hat, hat auch das *Iter*, denn er kann sowohl allein als mit dem Zugvieh hindurch gehen*.

Via ist das Recht, daß ich *hindurch* gehen und *Zugvieh* ²) treiben kann. *Via* umfaßt daher Dasselbe, was auch der ³) *Actus* hat; *im Uebrigen aber gibt es Verschiedenheiten, die wir in den Digesten kennen werden*.

Aquaeductus ist das Recht, daß ich Wasser durch 100 einen fremden Acker führen darf. *z. B. du hattest einen wasserreichen Acker, und ich hatte daneben einen wasserarmen Acker; ich bat dich, daß mir erlaubt sein möchte, aus der bei dir entspringenden Quelle Wasser auf meinen Acker zu bringen. Dieß gestattetest du mir. Diese Dienstbarkeit heißt *Aquaeductus**.

§. 1. *Reden wir nun von den Dienstbarkeiten des Gebäudes*. Gebäudedienstbarkeiten sind die,

---

1) Jus agendi jumentum vel vehiculum. Instituttonen.

2) Ἔχειν, nach Menage und Bynkershoek wohl ἄγειν, wie denn Iter immer mit ire, agere erklärt wird.

3) Iter et actus. Instituttonen.

„ welche auf den Gebäuden ruhen. [1] Sie heißen auch Rö-
„ misch* deswegen *urbanorum praediorum*, *oder städti-
„ scher Gebäude*, weil alle Gebäude *urbana praedia* heißen, wenn sie gleich [2] auf dem Lande sind.

101   [3]*Und welches* sind die Dienstbarkeiten der Gebäude? [4] daß ich des Nachbars Lasten trage.
„ [5]*Es sind aber folgende: Ich besaß ein Gebäude, auch

---

1) *Fr. 1. Dig. 8, 4.*

2) In villa aedificata sint.   Institutionen.

3) Item.   Institutionen.

4) *Fr. 2. Dig. 8, 2.*

5) Fabrot, und vor ihm und nach ihm Viele, (z. B.
Hugo Grotius flor. spars. S. 45.) haben, weil im
Fr. penalt. Dig. 39, 2.; *Fr.* 33. *Dig. h. t.*; Fr. 6. §.
2; *Fr.* 8. §. 2. *Dig.* 8, 5. von der Dienstbarkeit Lasten
zu tragen die Rede sei, angenommen, der lateinische
Text (Praed. urban. serv. sunt hae: ut vicinus onera
vicini sustineat, ut in parietem ejus liceat vicino tignum immittere.....) nenne nur einzelne Arten der
Gebäudedienstbarkeiten, zu denen also auch die gehöre,
daß der Nachbar die Lasten des Nachbars trägt. Um Theophilus von dieser Anschuldigung zu retten, schlägt Degen
(Bemerkungen über.... Theophilus S. 59) eine Verse-
tzung vor, wie sie oft Statt finde: „Und welches sind
die Dienstbarkeiten der Gebäude? Es sind aber folgende: daß ich des Nachbars Lasten trage." Dieser Vor-
schlag ist sehr sinnreich, doch um deswillen nicht wohl
anwendbar, weil Theophilus schon ein Mal ausdrücklich
(oben Nr. 96.) gesagt hat: die städtischen Servituten
seien die, daß ein Nachbar des andern Lasten trage.

du besitzest in der Ruhe ein Gebäude; ich bat dich, es „
möchte mir erlaubt sein", [1] meine Balken auf deine „

Nimmt man aber auch eine eigne ~~Servitus oneris~~
ferendi an, so folgt doch daraus, daß sie in den Pandekten gelegentlich (nicht in der für das System wichti-
gern Stelle, Note 4.) erwähnt wird, nicht, daß sie
auch in den Institutionen vorgetragen werden müßte,
und Theophilus scheint diese Art von Dienstbarkeit ausdrücklich mit in der Serv. tigni immittendi zu verstehen,
da er übersetzt: τὰς δοκοὺς τοῖς ἐπὶ θεῖναι τοῖχοις,
(darauf legen, nicht hinein schieben, einlassen). Die
Erklärung unserer Stelle hätte eben Nr. 96. an die
Hand geben sollen, wo es heißt:

— die Gebäudedienstbarkeit ist ein Recht, welches
macht, daß der Nachbar des Nachbars Lasten trägt;

— die Felddienstbarkeit ist ein Recht, welches macht,
daß der Feldnachbar des Feldnachbars Lasten trägt.

Last, Onus, ist für Belästigung, Unbequemlichkeit;
tragen, sustinere, für dulden, ertragen — zu nehmen, womit sowohl der lateinische als auch der griechische Sprachgebrauch übereinstimmt. Und so müßte im
Lateinischen ut in parietem ejus u. s. w. als Ausführung
der vorhergehenden Worte gelesen werden, wozu auch
das Item, welches eine neue Erklärung verkündet, und
das ejus berechtigt, also: Praed. urb. serv. sunt hae:
ut vicinus onera vicini sustineat, (ut in parietem
ejus.....) — Unsere Erklärung angenommen, entspricht
die Wiederholung der Dienstbarkeiten am Ende des Titels der obigen Stelle, (und zwar so: §. 1.: 1. 2. 3.;
— §. 4.: 2. 3. 1.); in der letzten ist von einer eignen
Servitut onera vicini sustinendi gar nicht die Rede.

[1] Ut in parietem ejus liceat vicino tignum immittere.
Institutionen.

„ Wände zu legen, oder „es möchten mir erlaubt sein",
„ Traufe oder ¹) Rinne ²)von meinem ³) Dach⁴ auf das
„ Dach oder ⁴)*in dein ⁵) Compluvium auszugießen;

1) Flumen. Inftitutionen.

2) Dieß kann auf meh'ere Art genommen werden. Entweder vom Atrium displuviatum, wo das Dach, Statt
sich nach dem Impluvium in der Mitte des Hofs zu
neigen und das Regenwasser mittelst Rinnen dorthin zu
führen, daffelbe außerhalb des Cavaedium ausgießt,
(Stieglitz Archäologie der Baukunst III, S. 171.
Der Pallast des Scaurus, aus dem Französischen, mit
Anmerkungen, von K. Chr. und E. Fr. Wüstemann, S.
42),— oder es bezieht sich vielleicht auf das Wasser, welches mittelst Pumpen auf die Solaria gebracht wird, um
die Dachgärten zu bewässern, und dann wieder herunter
geschafft wird. (Der Pallast des Scaurus S. 159);—
oder es ist von der verschiedenen Art, wie die Dachtraufe abgeleitet wird, zu verstehen. An bürgerlichen
Häusern war zuweilen die ganze Kornische, auf welcher
das Dach mit ruhte, von gebrannter Erde und dergestalt eingerichtet, daß durch dieselbe die Traufe ablaufen
konnte. Zu diesem Ende waren an derselben in bestimmter Weite Löwenköpfe mit offenem Maul gebildet, durch
welche der Regen herunter fiel. An gemeinen Häusern
war der Ablauf der Traufe insgemein von Bretern gemacht. Winckelmann's Baukunst der Alten, Werke
von Fernow I. S. 387.

3) Κέραμος, jedes von Thon gebrannte Gefäß, Ziegel;
im Plural: Dach.

4) Recipiat quis in aedes suas vel in cloacam vel in
aream, vel non recipiat. Institutionen.

5) Das Atrium umschließt einen bedeckten Hof, (Cavaedium), das Dach des letztern hat in der Mitte einen

oder du hatteſt ein ſolches Recht in Anſehung meines Hau- 102
ſes, und ich bat dich, du möchteſt nicht ausſenden auf „
mein Haus oder mein Compluvium die Dachtraufe, „
oder die Rinnen von deinem Dach; — oder ich bat dich, „
du möchteſt mir ein ſolches Recht einräumen*, daß *es „
dir nicht [mehr] frei ſteht*, dein Gebäude zu erhöhen, „
und [1]) dadurch das Licht von meinem Gebäude zu entziehen.

§. 2. [2]) Unter die Dienſtbarkeiten der Aes- 103
ker, *(denn auf ſie müſſen wir zurück kommen)*, ſa- „
gen Einige, müſſe man mit Recht den *Aquae haustus* „
rechnen, *zum Beiſpiel: daß es mir erlaubt iſt, auf dei- „
nen Acker zu gehen und aus der bei dir befindlichen Quel- „
le Waſſer zu ſchöpfen*, oder daß meine Schafe [3]) *auf „
deinem Acker trinken*, oder daſelbſt weiden, *weil er „
vielleicht viel Futter hat*, oder daß ich Kalk brenne oder „
Sand grabe [4]).

---

offnen Raum, Compluvium, welcher dem Hof Licht
gibt und das Regenwaſſer nach der Mitte deſſelben in
ein vierecſigtes Becken, Impluvium, leitet, von wo es
in die Ciſternen kömmt.

1) Auch hieraus iſt eine neue Servitut entſtanden!

2) *Fr.* 1. §. 1. *Dig.* 8, 3. (*Ulpian. lib.* 2. *Inst.* ſ. Note 1. Seite 276).

3) Ad aquae adpulsum. Inſtitutionen.

4) Vergleiche nach *Fr.* 3. §. 1. 2. *Fr.* 5. *Fr.* 6. *Dig. h. t.*

104 §. 3. ²) Deswegen werden diese aufgezählten Dienstbarkeiten [Dienstbarkeiten] der ²) Felder oder Häuser genannt, weil sie nicht ohne Felder oder Häuser bestehen können. 'Denn Niemand kann eine Haus- oder Felddienstbarkeit erwerben, wenn er nicht Haus oder Feld hat, und umgekehrt kann Niemand eine *von den benannten Dienstbarkeiten* schuldig sein, wenn er nicht Haus oder Feld besitzt.

105 §. 4. ³) Wer aber einem Nachbar eine ⁴) Servitut einräumen will, muß Dieß durch Uebereinkunft und Fragen [Stipulationen] thun. *Denn nachdem über das Einräumen der Dienstbarkeit Uebereinkunft Statt gefunden, so fragt Der, welcher sie nach der Uebereinkunft erhalten soll: Versprichst du, bei der eingeräumten Dienstbarkeit zu beharren? und wenn du nicht dabei bleibst, versprichst du mir als Strafe hundert Goldstücke zu geben? —* ⁵) Es kann aber auch Einer im Testament seinen Erben verdammen, *wenn er sagt:*

106 ich verdamme dich, Erbe*, daß du die Gebäude nicht erhöhest, um dem benachbarten Gebäude

---

1) *Fr. 1. §. 1. Dig. 8, 4. (Ulpian. l. l.).*
2) Urbani vel rustici praedii. Institutionen.
3) Cajus Buch II. §. 31.
4) Jus constituere. Institutionen.
5) *Fr. 16. Dig. 8, 4. (Cajus lib. 2. rer. quot.).*

nicht das Licht zu entziehen; oder: *ich verdamme dich, Erbe*, daß du gestattest, wenn der Nachbar auf deine Wand einen Balken legen will, oder: daß *der Nachbar* [1]) die Traufe auf dein Dach leitet; oder: daß du leidest, daß der Nachbar [2]) die Dienstbarkeit des *Iter* oder des *Actus* *auf deinem Acker habe*; oder: Wasser von demselben *auf seinen Acker* bringe.

Es wird also die Dienstbarkeit durch Pacta und Stipulationen und in Testamenten festgesetzt.

Vierter Titel.

Vom Niesbrauche.
[De usufructu],

Handeln wir nun vom Niesbrauch, nach der Feld- 107 und Gebäudedienstbarkeit. Du weißt wohl, wie wir im Vorhergehenden erklärt haben, was der Niesbrauch sei; doch [wird es] nicht unstatthaft [sein], auch eine andre Erklärung zu geben. — [3]) Niesbrauch ist ein *gewisses* Recht, *welches macht, daß ich* an fremden Sa-

---

1) Stillicidium habere. Institutionen.

2) Per fundum ire, agere. Institutionen.

3) Fr. 1. Dig. 7, 1. (Paulus lib. 3. ad Vitellium.)

chen den Ufus und den Fructus habe,[1] ist so weit in

108. ursprünglichen Sachen bestehen. [2] Denn [3] da der

„ Niesbrauch unkörperlich ist, und [etwas] Körperliches

beigelegt wird*, so muß nothwendig mit dem Körper-

„ chen auch er zu Grunde gehen. *Ich habe dir zum

„ Beispiel den Niesbrauch von meinem Sklaven überlassen,

„ und du bist Niesbraucher, ich aber Eigenthümer: in so

„ weit der Sklave am Leben ist, besteht der Ususfructus;

„ mit seinem Ableben aber erlöscht der Ususfructus*.

109. §. 1. [4] Es ist also der Niesbrauch von dem Ei-

genthum getrennt, und Das geschieht auf vielerlei

„ Weise; z. B. *in diesem Fall*: ich legirte dir den

„ Niesbrauch *von meinem Acker*; der Erbe hat das [5] Ei-

„ genthum *meines Ackers*, der Legatar den Ususfructus;

— oder auch umgekehrt: ich legirte dir den Acker deducto

---

1) Salva rerum substantia. Institutionen. — Scholion:
so daß die Substanz und der Zustand der Sache bewahrt
wird. — Die Worte salva rerum substantia lassen eine
doppelte Auslegung zu, entweder: so daß die Substanz
der Sachen unversehrt bleibt, oder: so lange die Substanz der Sachen unversehrt ist. — Theophilus nimmt
es in letzterer Beziehung, wie auch der Zusammenhang
in den Pandekten zu erfordern scheint.

2) Fr. 2. Dig. eod. (Celsus lib. 18. Dig.).

3) Est enim jus in corpore. Institutionen.

4) Fr. 6. Dig. eod. (Cajus lib. 7. ad Ed. prov.).

5) Nudam proprietatem. Institutionen.

usufructu, *d. h. abgezogen den Niesbrauch*, hier hat „
der Legatar das [1)Eigenthum, der Erbe den Niesbrauch;
— oder wiederum: einem Andern legirte ich den Niesbrauch, und dir das Eigenthum. — *Und so Viel [von
der Ueberlassung des Niesbrauchs] im Testament*.

[2)Will aber Jemand auch ohne Testament einem Andern den Usufructus einräumen, so muß er das
durch [3)Verträge und Fragen thun.

[4)Damit aber das Eigenthum nicht ganz nutzlos sei,
dadurch daß der Usufructus immer [5)getrennt ist, so
wurde beliebt, daß der Usufructus auf gewisse Arten er-
lösche und zu dem Eigenthum zurück kehre.

§. 2. [6)Eingeräumt wird aber der Usufructus nicht nur an Feld oder Haus, sondern auch
an Sklaven und Zugthieren und andern Dingen, mit Ausnahme [7)derjenigen, die durch den Gebrauch selbst aufgezehrt werden, denn bei diesen kann

1) Nudam proprietatem. Institutionen.
2) Fr. 6. Dig. eod.
3) Per pactiones et stipulationes. Institutionen. — Cajus Buch II. §. 31.
4) Fr. 3. §. 2. Dig. eod. (Cajus lib. 2. rer. quot.)
5) Abscedente. Institutionen.
6) Fr. 3. §. 1. Dig. eod. (Cajus l. l.)
7) Vergl. jedoch Nr. 112.

weder nach natürlichem noch nach [1]) strengem Grunde ein Ususfructus Statt finden. Und was sind das für Sachen? z. B. Wein, Oel, Getraide, [2]) Kleider; und diesen ähnlich ist das [3]) Geld, (denn es wird [4]) durch den Gebrauch selbst und den steten Umlauf, *indem es von „ Einem zum Andern übergeht*, gewisser Maaßen zerstört.) „   *Weil nun bei diesen [Gegenständen] gesagt wird, „ der Ususfructus finde nicht Statt, so ist [5]) ein Senatsgut„ achten erfolgt, welches sagt, daß auch bei ihnen durch „ einen Mittelweg Ususfructus bestellt werden könne.

     Denn wenn Jemand* sterbend mich zum Erben ein„ setzt, und *dir [von] tausend* Goldstücke[n] *oder tau„ send [6]) Sextarien Wein oder Oel, oder von tausend „ [7]) Modien Getraide*, den Ususfructus legirt [8]), so wird

---

1) Civili ratione. Institutionen.

2) Vergl. jedoch *Fr. 15. §. 4. Dig. h. t.*

3) Pecunia nnmerata. Institutionen.

4) In ipso usu assidua permutatione. Institutionen.

5) Sed utilitatis causa Senatus censuit, posse etiam earum rerum usum fructum constitui, ut tamen eo nomine heredi utiliter caveatur. Institutionen.

6) Der Sextarius, im Griechischen Xestes, enthält vierzig Loth; zehn gewöhnliche Trinkbecher, Cyathus, sind gleich einem Sextarius.

7) Modius = ⅙ Amphora, oder sechszehn Sextarien. — Fabrot liest tausend, Reitz zwanzig Modien.

8) Ita datur legatario, ut ejus fiat, sed aestimatio his satis datur. Institutionen.

te, der Legatar*, die Goldstücke, oder den Wein, oder 113
das Oel, oder das Getraide, empfangend, *von ihnen
Eigenthümer gegen die Natur des Ususfructus, — denn „
der Ususfructus besteht an fremdem Eigenthum, weil aber „
der Ususfructus gesetzlich nicht an diesen [Gegenständen] „
Statt findet, so werden auch billig bei ihnen die Regeln „
des Ususfructus übergangen, (denn wie gesagt, besteh „
der Ususfructus an fremdem Eigenthum), —* allein du 114
wirst mir Sicherheit leisten, daß du mir so viel zurück
giebst, als du empfängst, wenn es der Fall ist, daß du
stirbst oder eine Capitis-Diminution erleidest.

    ¹)*Dieß ist jedoch der Fall nicht nur bei den er „
wähnten Dingen, sondern auch bei den übrigen, z. B. „
Kleidern, oder Wachs, oder überhaupt [da], wo der Ge „
brauch den Gegenstand aufzehrt. ²)Sie kommen in das „
Eigenthum des Legatarius, und der Werth derselben — „
(doch sage ich nicht des Geldes, denn das Geld wird nicht 115
geschätzt, denn es ist selbst der Werth[messer] der andern „
Dinge) — wird ersetzt, indem der Legatar Sicherheit „
leistet, daß er sterbend oder die Capitis-Diminution erlei- „
dend, den Werth dieser Dinge erstatten will. —* Und „
so hat der Senat, *der Dieß anordnete*, an ihnen kei- „
nen Ususfructus bestellt, (denn Das konnte er nicht), aber`

---

1) Fr. 1. Dig. 7. 5. (*Ulpian. lib. 18. ad Sab.*).
2) Fr. 7. Dig. eod. (*Gajus lib. 7. ad. ed. prov.*).

„ er hat durch *den Mittelweg* der *Cautionis* *oder der
„ Sicherheit eine Nachahmung* [1]) des Ususfructus er-
„ sonnen.

116　　§. 3. Der Ususfructus erlöscht [2]) durch den
Tod des Usufructuarius und die [3]) zwei Capitis-Dimi-
nutionen, die große und mittlere, und durch das non
utendo [4]) auf die bestimmte Weise und zur festgesetzten
Zeit, wie dieß Alles in einer [5]) Constitution unsers Kaisers enthalten ist.

[6]) Auf gleiche Weise erlöscht der Ususfructus, wenn
der Usufructuarius dem Eigenthümer den Usus fructus abtritt, denn wenn er [ihn] einem Fremden ab-
„ tritt, so bewirkt er nichts, *sondern die Abtretung ist
117 erfolglos*. Wenn aber auch umgekehrt der Usufructuarius
„ das Eigenthum [7]) erwirbt, *hört er ebenfalls auf*.
„ Das heißt [8]) *Consolidatio* *oder Vereinigung, weil der

---

1) Quasi usum fructum. Institutionen.

2) *Fr.* 3. §. 3. *Dig.* 7. 4. — *Fr.* 1. 2. §. 1. *Fr.* 3.
Dig. eod.

3) Vor Justinianus auch durch die kleinste. *Paul.
sent. rec.* 3. 6.

4) Per modum et tempus. Institutionen.

5) *C.* 16. *Cod.* 3. 33.

6) Cajus Buch II. §. 30.

7) Rei. Institutionen.

8) Oder confusio. *Fr.* 4. *Dig.* 7. 9.

Ususfructus und das Eigenthum auf daſſelbe zuſammen „ kommen*.

1) Wenn *Jemand den Niesbrauch von Gebäuden „ hat, und* die Gebäude abbrennen, oder durch Erd= beben zuſammenſtürzen, oder 2) vor Alter einfallen, ſo er= löſcht der Ususfructus ſo, daß *dem Uſufructuarius* nicht „ einmal vom *nackten* Boden der Ususfructus bleibt, *denn nicht vom Boden, ſondern vom Haus war ihm der „ Ususfructus überlaſſen* 3).

§. 4. Iſt der Ususfructus *auf eine der bezeichneten 118 Weiſen* erloſchen, ſo kehrt er zum Eigenthum zurück, und von der Zeit an hat 4) der Eigenthümer der Sache 5) an der Sache die volleſte Gewalt, d. h. er kann auch die Früchte einnehmen, *denn vorher, als er die „ Früchte nicht einnehmen konnte, ſchien er nicht die volle „ Gewalt über die Sache zu haben*.

---

1) *Fr.* 5. §. 2. *Dig.* 7. 4.: Rei mutatione interire usumfructum placet, veluti si quis... Pandekten.

2) Vitio suo. Inſtitutionen.

3) Und eben ſo wenig si areae sit ususfructus legatus,
   et in ea aedificium sit positum. Pandekten.

4) Nudae proprietatis dominus. Inſtitutionen.

5) In rem oder in re. Inſtitutionen.

Fünfter Titel.

Vom Usus und der Wohnung.
[De usu et habitatione].

119 *Nach den Dienstbarkeiten und dem Ususfructus
„ folgt, ¹) vom Gebrauch und der Wohnung zu handeln*.
Der |²) Usus wird auf dieselbe Art festgesetzt, und er
löscht auf dieselbe Art, wie der Ususfructus.

§. 1. Doch ist ³) der Gewinn aus dem Usus
geringer als aus dem Ususfructus. Denn wer an einem
Grundstück den ⁴) Usus hat, ⁵) kann weiter nichts haben,
als daß er sich der dort wachsenden Gemüse, Baumfrüchte, Blumen, Fütterung, ⁶) Blätter und Holz be
„ dient, *die* zum täglichen Gebrauch *hinreichen*. ⁷) Der
120 *Ususfructuarius* darf so lange auf Grundstücken verweilen, daß er dem Eigenthümer des Grundstücks nicht lästig, und ⁸) den, den Acker Bebauenden nicht hinderlich

---

1) *Fr. 1. Dig. 7, 8. (Cajus lib. 7. ad Ed. prov.).*
2) Nudus usus. Institutionen.
3) Minus juris. Institutionen.
4) Nudum usum. Institutionen.
5) Intelligitur. Institutionen.
6) Stramentis. Institutionen.
7) *Fr. 11. Dig. 7, 8. (Cajus lib. 2. rer. quot.).*
8) Iis per quos opera rustica fiunt. Institutionen.

werde. Er darf ¹)den Usus nicht verkaufen, oder vermiethen, oder *einem Andern* unentgeldlich überlassen, da
dieß Alles dem Usufructuarius zu thun freisteht.

§. 2. ²)Wer den Usus eines Gebäudes hat, 121
der wird angesehen, so viel Befugniß zu haben, daß er
allein [es] bewohnt, aber die ³)Habitatio oder Wohnung
nicht auf einen Andern überträgt. ⁴)*Es ist gefragt worden, ob er* einen Freund aufnehmen könne, *und es
gefiel, daß er es könne*. ⁵)Auch *wird ihm nachgelassen, in der Habitatio* ⁶)die Frau und seine Kinder, und
seine Freigelassene nicht nur, sondern auch ⁷)andre Freie
zu haben, ⁸)deren er sich nicht minder als der Skla- 122
ven bedient, *zum Beispiel die Taglöhner*. Ist ⁹)auch
einer Frau der Usus eines Gebäudes hinterlassen,
so kann sie *ungehindert* mit ihrem Manne da wohnen.

19 *

1) Jus non habet. Institutionen.

2) Fr. 2—9. Dig. 7, 8.

3) Hoc jus. Institutionen.

4) Et vix receptum esse videtur. Institutionen.

5) Et... habeat... liceat; Cujas; sed... habet... licet.
Fr. 2. §. 2. Dig. 7, 8.

6) Cum uxore habitandi jus habeat. Institutionen.

7) Inquilinen, Fr. 2. §. ult. h. t.

8) Vergl. das Scholion der Basiliken zu Fr. 6. Dig. 22, 5.

9) Convenienter. Institutionen. — Fr. 4. §. 1. Dig. 7,
8. (Ulpian. lib. 17. ad Sab.).

.§. 3. Wenn eines Sklaven Usus [1] mir hinterlassen ist, so kann ich nur seine *Opera* und [2] Handdienste gebrauchen. [3] Dasselbe gilt, wenn mir Usus vom Zugvieh zugestanden ist.

123 §. 4. Ist mir von Vieh, [4] zum Beispiel Schafen, „der Usus legirt, so wird *mir nicht zugestanden*, weder die Milch [5]), noch die Lämmer, noch die Wolle *von „denselben* zu gebrauchen, weil diese [6] in der Frucht sind, „ *das heißt zum Ususfructus und nicht zum Usus [gehö„ ren]*. Nur dazu dient es mir, *den Usus zu haben*, „ daß ich *sie auf* meinen Acker führen *und ihn* dün„ gen kann; *denn der Dünger der Schafe macht den „ Acker locker und fruchtbar* [7]).

---

1) Pertinet. Institutionen. — *Fr. 12. §. 5. Dig. eod.*

2) Ministerium. Institutionen.

3) Ad alium vero nullo modo jus suum transferre ei concessum est. Institutionen, was Fabrot auch im Text des Theophilus hat.

4) Vel ovium. Institutionen. — Cujas (aus Theophilus und den Pandekten) veluti. — *Fr. 12. §. 2. Dig. 7, 8.*

5) Nisi modico. Pandekten.

6) *Magis* in fructu sunt. Pandekten.

7) Hoc amplius etiam modico lacte usurum puto: neque enim tam stricte interpretandae sunt voluntates dominorum. — Sed si boum armenti usus relinquatur, omnem usum habebit, et ad arandum et ad cetera, ad quae boves apti sunt. Institutionen.

§. 5. Wenn Jemandem die **Habitatio** legirt, 124
oder auf eine [1] andere Weise bestellt ist, so scheint das
weder Usus noch Ususfructus, sondern gleichsam ein eig-
nes Recht zu sein. — *Es ist aber gefragt worden, ob „
Jemand, der die Habitatio hat, sie einem Andern ver- „
miethen könne. Und da viele Rechtslehrer dagegen waren, „
und der alleinige Marcellus das Vermiethen gestattete, ent- „
stand *eine [2] *Constitution* unsers glückseligsten Kaisers, „
welche die Frage entschied, und, des Marcellus Meinung
annehmend, wegen des Nutzens der Dinge gestattete, daß
er nicht nur *allein* [das Gebäude be]wohnen, sondern „
es auch Andern verpachten könne.

§. 6. So viel genügt, von den Dienstbarkeiten, und 125
dem Ususfructus, und dem Usus, und der Habitatio zu
reden. Von der **Erbschaft** und den **Obligationen**
wird am gehörigen Ort gehandelt werden. Aber *weil* „
wir wie in [kurzem] Inbegriff gesagt haben, auf welche
Arten wir die Sachen [3] natürlich erwerben, so [4] ist
nun nothwendig zu sagen, auf welche Weise wir nach
gesetzlichem und bürgerlichem Recht *fremdes [Eigenthum]* „
erwerben können.

---

1) Aliquo. Institutionen; wohl alio.
2) Decisione promulgata. Institutionen. *C.3. Cod.3.33.*
3) Jure gentium. Institutionen.
4) Modo videamus. Institutionen.

Sechster Titel.

Von der Ersitzung und dem Innehaben langer Zeit.
[De usucapionibus et longi temporis 1) prae-
scriptionibus].

126 *Wir haben von den natürlichen Erwerbungen gehandelt; nehmen wir nun auch die gesetzlichen durch. Daß Jemand, wenn er mir seine Sache über= geben hat, das [ihm] zustehende Eigenthum übertrage, ist ausgemacht. Wie aber, wenn Jemand eine fremde Sache, deren Eigenthümer er nicht war, mir übergeben hat? Trägt er auch hier das Eigenthum über? und wir sagen; Nimmermehr! Denn wie [konnte er ein Eigenthum übertragen], welches er nicht hatte! —

1) Andre possessionibus.

1) Wie nun? er trug auf mich den Besitz oder das „
2) Innehaben über, das er hatte, und Das ist nicht ge‍= 127
ring; denn 3) wenn ich die Sache *bona fide* empfangen „
habe — — *bona fide* aber ist, zu glauben, Der sei „
Eigenthümer, welcher mir sie* verkauft oder geschenkt, „
oder aus einer andern gerechten Ursache, *zum Beispiel
Permutation oder Tausch*, übergeben hat — — so wurde „
ich *vormals*, wenn es eine bewegliche Sache war, nach
Verlauf eines Jahres 4) Eigenthümer, 5) *mochte ich in
Italien oder in den Provinzen leben*. War es aber eine „
unbewegliche, *so wurde* nach Verfluß von zwei Jahren 128
das Grundstück oder Haus, wenn es in Italien lag, „
*von mir usucapirt, das heißt durch den Gebrauch „
erworben und mein Eigenthum, indem das Zwölftafel‍= „
gesetz Dieß verordnete* 6).

---

1) Cajus Buch II. §. 43.

2) Detentio.

3) Jure civili constitutum fuerat, ut qui bona fide ab
eo, qui dominus non erat, cum crediderit, eum do‍-
minum esse, rem emerit vel... acceperit. Institutio‍-
nen. — Mobilium quidem rerum anno completur
usucapio, fundi vero et aedium biennio. Cajus
Buch II. §. 42. *Ulpian. lib. reg. sing.* 19, 8.

4) Eam rem... usucapiebat. Institutionen.

5) Ubique. Institutionen.

6) Item provincialia praedia usucapionem non recipiunt.
Cajus Buch II. §. 46.

„   ¹)*Niemand aber glaube, das Geſetz ſei ungerecht,
„ daß der Eine durch die Uſucapion, das heißt den ²)zeiti=
„ gen Beſitz, Eigenthümer wurde, der Andre aber ſeiner
129 Sachen verluſtig ging; denn Dieß ward eingeführt, da=
„ mit die Sachen ſelbſt nicht verderbt würden. Denn Je=
„ der, der ungewiß, ob die von ihm beſeſſene Sache
„ ihm gehöre, trug gar keine Sorge für ſie, aus Furcht,
„ irgend ein Mal möchte der wahre Eigenthümer herbei
„ kommen, und ſie ihm entreißen. Deshalb wurden die
„ Menſchen leichtſinnig, und bei ihrem Leichtſinn blieben
„ die Sachen ohne Sorgfalt, und wenn die Sachen ohne
„ Sorgfalt ſind, trifft ſie die natürliche Zerſtörung und
130 Untergang. ³)Das Zwölftafelgeſetz ⁴)erwog dieſe Sin=
„ nesweiſe der Menſchen, und beſtimmte die Zeit eines
„ Jahres bei beweglichen, und zweier Jahre bei unbeweg=

---

1) Ne rerum dominia in incerto essent. Inſtitutionen.

2) Χρόνια νόμη, zeitiger Beſitz; die ſpätern Griechen
brauchen oft χρόνος für Jahr. — Fr. 3. Dig. 41, 3.:
Usucapio est adjectio dominii per continuationem pos-
sessionis temporis lege definiti.

3) Boёthius und Theophilus nennen Statt des Jus
civile der Inſtitutionen beſtimmt die zwölf Tafeln, Theo=
philus iſt darüber ſehr angefeindet worden, wird aber
von Cajus völlig gerechtfertigt.

4) Et cum hoc placitum erat, putantibus antiquioribus,
dominis sufficere ad inquirendas res suas praefata tempora, nobis melior sententia resedit, ne... Inſtitutio=
nen. — Cajus Buch II. §. 44.

lichen, [so daß], wenn innerhalb derselben der Eigen-,,
thümer nicht herbei kömmt, die Sache unwiderruflich ,,
bei'm Besitzer bleibt, ohne Widerstreben der Eigenthümer, ,,
denn diesen genügt die Zeit eines oder zweier Jahre zur ,,
Erforschung ihrer Rechte*.

*Aber Das [verordnete] das Zwölftafelgesetz. Allein 131
unser Kaiser, einer schönern und menschenfreundli-,,
chern Ueberlegung folgend, hat befohlen*, daß die Eigen-,,
thümer nicht ¹)so schnell ihrer Sachen beraubt werden sollten; auch hat er seine Wohlthat nicht auf einen gewissen ,,
Ort beschränkt, sondern darüber eine *allgemeine* ²)Con-,,
stitution erlassen, worin verordnet ist, daß die beweglichen Sachen *überall* nach Verlauf von ,,
drei Jahren ersessen werden sollen; die
unbeweglichen aber durch ³)das langzeitige
Innehaben, [das heißt], wenn die Eigenthümer ⁴)an-
wesend sind, nach Verlauf von zehn Jahren, wenn sie
abwesend sind, von zwanzig Jahren.

*Zum Beispiel: du hast mir einen dem Titius gehö-132
rigen Acker tradirt; ich stand in dem Wahn, du seist der ,,

---

1) Maturius. Institutionen.

2) *Cod.* 7, 31.; s. auch *Paul. sent. rec.* 5, 2, 3.; *Harmenopulus* 2, 1, 52,

3) Longi temporis possessionem. Institutionen.

4) Das heißt: in derselben Provinz leben. *C. ult. Cod.*
7, 22,

„Eigenthümer, und nahm deswegen die Sache *bona fide*
„an. Ist nun Titius in demselben Ort wohnhaft, so ge=
„nügt mir zur Usucapion ein Zeitraum von zehn Jahren,
„ist er abwesend, von zwanzig Jahren. Auch setzte er
„fest, daß [diese Verordnung]* nicht nur von den in Ita=
„lien, sondern auch *von den in den Provinzen [belegnen]
„Immobilien, (welche [Immobilien] ehedem stipendiari=
„sche und tributarische hießen), kurz* in jedem, unter
„seiner Regierung stehenden Lande *gelten sollte*, [so je=
„doch], daß überall der *bonae fidei* Besitz voraus gehen
„[muß].

133 §. I. *Da wir gesagt haben*, ¹) der *bonae fidei*
Besitzer könne usucapiren, so kann man Fälle finden, wo
uns die Usucapion nichts hilft. ²) Zum Beispiel:
wenn Jemand eine freie Person, oder ein Sa=
-crum, oder ³) Religiosum ⁴) besitzt. *Denn da die
„Usucapion Eigenthum verschafft, jene Sachen aber über
„das Eigenthum=Sein erhoben sind, so sind sie auch folg=
„lich der Usucapion nicht unterworfen. ⁵) Dasselbe müssen

---

1) Sed aliquando etiamsi maxime quis *bona fide rem
  possedit, non tamen illi usucapio ullo tempore procedit. *Institutionen.*
2) Cajus Buch II. §. 48.; *Fr. 9. Dig. 41, 3.*
3) Vel servum fugitivum. *Institutionen.*
4) Ferner unkörperliche Sachen, zum Beispiel Servituten.
  Fr. 14. Dig. 8, 1. Fr. 43. Dig. 41, 1.
5) *C. 1. Cod. 7, 1.*

wir auch bemerken, wenn Jemand* einen fremden Flüchti „

ling *besitzt; er ist der Usucapion nicht unterworfen*. „

§. 2. ¹)Eben so wenig die *furtiva*, oder die *vi* 134
possessa, *(das heißt: die mit Gewalt besessenen [Sa= „
chen] —), ²)wenn auch die* zehn oder zwanzig Jahre ver= „
flossen, und sie *bonæ fide* besessen sind. *(Die *furtiva* „
nimm aber von den beweglichen, und die *vi possessa* „
von den unbeweglichen)*. Die Usucapion der furtiven „
[Sachen] untersagte das Zwölftafelgesetz und das ³)Atili= „
sche; [die]' der *vi possessorum* ⁴) aber das Julische „
und das Plautische.

§. 3. ⁵)Wenn dich also Jemand fragt, ob 135
Der und Der [Etwas], was er durch Kauf besitzt, usu=

---

1) Cajus Buch II. §. 45. *Fr. 6. Dig. 47, 8.*

2) Nec si praedicto longo tempore b. f. possessae fuerint. Institutionen.

3) Atinia *A. Gell. 17. 7.* und die Pandekten; Atilia
Psellus v. 640.

4) Einige Institutionenhandschriften lesen: vi possessarum'
rerum usu, woraus Riccius (*Vind. j. c. 10.*) vor=
schlug: v. p. r. usucapionem.

5) Cajus Buch II. §. 49. 50. Institutionen: Quod autem [Cajus: vulgo] dictum est, furtivarum et vi
possessarum rerum usucapionem per leges [Caj.: legem XII. tabb.] prohibitam esse, non eo pertinet,
ut ne ipse fur quive per vim possidet, usucapere possit, (nam his alia ratione usucapio non competit,
quia scilicet mala fide possident), sed nec ullus alius.

capiren könne, so mußt du zuerst untersuchen, ob er *bona fide* oder *mala fide* besitze? und wenn du siehst, daß [er] *bona fide* [besitzt], so wende dich sogleich zur zweiten Frage, und frage: ob es nicht eine *Res sacra*, oder *religiosa*, oder eine freie Person, oder ein

136 *furtivum* oder *vi possessum* ist? Entdeckest du Eines von diesen, so sage, die Usucapion finde nicht Statt, wegen des bei der Sache befindlichen Fehlers [¹] oder Mangels, daß sie nämlich *furtiva* oder *vi possessa* ist].

„Kann nun aber der Dieb oder Gewalt-Brauchende usucapiren?" Vielleicht sagst du vorschnell: „nimmer-mehr! wegen des anklebenden Fehlers, denn [die Sache]

137 ist *furtiva* oder *vi possessa*." Aber Das darfst du nicht sagen, denn [dann] hast du die Ordnung vergessen. Sondern du mußt sagen: die Usucapion gehe nicht von Statten wegen des zuerst angeführten Grundes, nämlich weil er *mala fide* besitzt, denn er weiß, daß sie *furtiva* oder *vi possessa* ist. — Hat aber der Gewalt-Brauchende oder der Dieb sie einem Andern gegeben, der

quamvis ab eis [ab eis fehlt bei Caj.] bona fide eme-rit vel [vel.:.. acceperit fehlt bei Caj.] ex alia causa acceperit, usucapiendi jus habet. Unde in rebus mo-bilibus non facile procedit, ut bonae fidei possessori usucapio competat, nam qui sciens [fehlt bei Cajus und Cujas] alienam rem vendidit, vel ex alia causa tradidit, furtum ejus committit.

1) Diese Parenthese kennt Fabrot nicht.

fie *bona fide* annimmt, dann wird die Ufucapion nach
[dem erften Punkte ¹)] der Antwort nicht gehindert,
(denn der Innehaber der Sache befitzt fie *bona fide*),
wohl aber wird fie wegen des der Sache anklebenden
Fehlers gehindert, (denn fie ift *furtiva* oder *vi possessa*)²).

Und was ift *furtivum? Furtivum* ift, nicht nur 138
was bei Nacht, oder am Tage, heimlich genommen, fondern jede bewegliche fremde Sache, deren fich Jemand
wider des Eigenthümers Willen ³) anmaßt. An maßen
aber ift, mit einer Sache wie Eigenthümer umgehen,
und Das thun, was dem Eigenthümer an ihr zufteht. —
Wäre aber das Gefagte wahr, fo könnte nie eine fremde
Sache ufucapirt werden.   Denn Jeder, der eine fremde 139
Sache befitzt, maßt fich ihrer gegen des Eigenthümers
Willen an; maßt er fich [ihrer] aber gegen des Eigenthümers Willen an, fo macht er die Sache zur *furtiva*,
und ift fie *furtiva*, fo wird die Ufucapion gehindert. —

---

1) Ob der Befitz bona fide Statt findet.

2) Und fo pflanzt fich der Fehler immer mit der Sache
fort; *C. 11. Cod. 7, 32.*; nur der dreißigjährige Befitz hebt das Recht des frühern Eigenthümers auf; *C.
3. 4. Cod. 7, 39.*

3) Contrectari. — *§. 6. Inst. 4, 1.*; furtum fit, non
solum, cum quis intercipiendi causa rem alienam
amovet, sed generaliter cum quis alienam rem invito
domino *contrectat*.

Jener Begriff iſt alſo unvollſtändig, und man muß
ihm hinzufügen: in ſchlechter Abſicht — und ſagen:
furtivum iſt, was nicht nur bei Nacht, oder am Tage,
heimlich genommen wird, ſondern jede bewegliche, fremde
Sache, deren ſich [Jemand] wider des Eigenthümers
Willen in ſchlechter Abſicht anmaßt. — So iſt
der Begriff nicht [mehr] unvollſtändig [1]).

140   §. 4.   [2])*Aber auch Das hinzu geſetzt, ſo finden
„ wir, daß die Uſucapion nicht von Statten geht. Denn
„ wenn Jemand eine fremde Sache wider des Eigenthü-
„ mers Willen beſitzt, [3]) und ſich ihrer in böſer Ab-

---

1) *AUTHENTICA* malae fidei Cod. de praescript.
longi temp. [Nov. 119. cap. 7., eingeſchaltet hinter *Const. 1. Cod.* 7, 33.]:
*Malae fidei possessore alienante cessat longi tem-
poris praescriptio, si verus dominus ignoret
suum jus et alienationem factam. Spectatur
ergo triginta annorum defensio.*

2) Sed tamen id aliquando aliter se habet: nam si hae-
res rem defuncto commodatam aut locatam vel apud
eum depositam, existimans, hereditariam esse, *bona
fide* accipienti vendiderit.... Inſtitutionen. — Cajus Buch II. §. 50.; *Fr. 36. Dig. 41, 3. (Cajus lib.
2. rer. quot.).*

3) Reiß: Atqui hoc etiam addito, invenimus uſucapio-
nem non procedentem siquis enim rem alienam praeter domini voluntatem possidet, malo animo eam contrectat furtivamque reddit. Sed hoc verum non eſt.
Dieſe, ſo wie die Ueberſetzung von Curtius ſcheint

sich t anmaßt, so macht er sie zur furtiven. — Aber „
1) Das ist nicht 2) wahr. Denn es kann geschehen, daß „
Jemand sich einer fremden Sache gegen des „
Eigenthümers Willen anmaßt, und [doch] „
keinen Diebstahl begeht, weil er der bösen Absicht „
ermangelt. — Zum Beispiel in folgendem Fall*: ich „
habe *dem Titius mein Buch* geliehen, oder *meinen 141
Sklaven* verkauft, oder ihm *meinen Discus* aufzube= „
wahren gegeben. *Er stirbt und hinterläßt dich* zum Er= „
ben. Du hast es *in der Erbschaft gefunden, und* in „
der Meinung, es gehöre zur Erbschaft, *Jemandem* „

---

uns unverständlich; der Sinn der Stelle dünkt uns
vielmehr folgender: wenn also der Zusatz, „in böser
Absicht,“ eingeschaltet wird, dann ist keine Ersitzung
möglich, weil — wenn Jemand gegen des Eigenthümers
Willen eine fremde Sache besitzt, und sich ihrer in bö=
ser Absicht anmaßt, — die Sache zur furtiven wird,
und also nicht ersessen werden kann. Aber es ist nicht
immer der Fall, daß der Besitzer einer fremden Sa=
che sich derselben in schlechter Absicht angemaßt hat,
und deshalb wird auch die Sache nicht immer zur fur=
tiven, wenn gleich sich ihrer gegen des Eigenthümers
Willen angemaßt ward, und sie bleibt folglich ersitzbar.

1) Das, nämlich daß er böser Absicht ist, und darum
die Sache zur furtiven macht.

2) Das heißt: das ist im folgenden Fall nicht angenom=
men; (also: Aber diese Voraussetzung ist im Folgenden
nicht wahr), oder: das ist nicht immer der Fall, ist
nicht entschieden nothwendig.

verkauft, oder geſchenkt, oder als Mitgift gegeben. —
„ *Siehe hier [iſt] eine fremde Sache, und du nimmſt
142 dich ihrer an gegen des Eigenthümers Willen, — und
„ doch wird die Sache keine furtive, weil ſie frei iſt von
ſchlechter Abſicht*. Der Empfänger wird ſie alſo unge=
zweifelt uſucapiren, weil *ſowohl* er *bona fide* beſitzt,
„ *als* auch *die* Sache fehlerlos iſt. Denn* man kann
nicht ſagen, der Erbe begehe einen Diebſtahl, der *bona
fide* [1]) verkauft hat. —

143   §. 5. [2]) *Das kann man auch in einem andern Fall
„ treffen. Ich habe dir den Niesbrauch meiner Skla=
„ vin überlaſſen, (Niesbrauch der Sklavin aber iſt ihre
„ Händearbeit und ihre Dienſtleiſtung); ſie hat bei dir ge=
„ boren, und es iſt gewiß, daß das Geborne mir, dem
„ Eigenthümer, zu Gute kömmt, nach Dem, was [3]) im
„ Vorhergehenden von uns geſagt worden iſt. Du aber
„ haſt*, in der Meinung, das *von der Sklavin* Ge=
borne gehöre [4]) dir, dem *Niesbräucher*, es verkauft
„ oder verſchenkt. *— Siehe auch hier haſt du gegen des
„ Eigenthümers Willen gehandelt, und weil du frei biſt

---

1) Tanquam suam alienaverit. Jnſtitutionen.
2) Item si is ad quem ancillae ususfructus pertinet.
   — Vergl. Cajus Buch II. §. 50.
3) §. 37. Inst. 2, 1.
4) Etiam. Cajus.

von schlechter Absicht*, wird *durch das Geschehene* kein „
Diebstahl verbrochen. *Denn du mußt im Allgemeinen 144
wissen, daß ein Diebstahl ohne die schlechteste Absicht nicht „
begangen werde*. [1) Furtum enim sine affectu furan-]{.italic}
[di non committitur,]{.italic} *das heißt: ein Diebstahl wird „
ohne die Absicht zu stehlen nicht begangen*. „

§. 6. 2)*Ich habe dir nur sehr wenige Fälle ange: „
führt*. 3)Aber die Lage der Umstände kann sehr 4)viele
[Fälle] hervorbringen, bei denen sich findet, daß Einer
fremdes [Gut] gegen den Willen des Eigenthümers ver:
äußert, und doch es noch nicht furtivum macht. — —

§. 7. 5)*So viel von den furtiven, [Sachen]. 145
Das vi Possessum wird nach der thätlichen Gewalt be: „
urtheilt, wenn Jemand mich angeht, und mich mit Ge: „
walt aus meinem Hause oder [aus] meinem Acker ver: „
treibt. Denn das Furtivum wird nach Rechtsregeln an: „

---

1) Fr. 37. pr. Dig. 41, 3. (Cajus lib. 2. Instit.).

2) Cajus daselbst.

3) Aliis quoque modis accidere potest, ut quis sine vitio furti rem alienam ad aliquem transferat, et effi-
ciat, ut a possessore usucapiatur. Institutionen.

4) Fr. 36. §. 4. Fr. 57. Dig. 17, 1.

5) Cajus Buch II. §. 51. Fr. 37. §. 1. Dig. eod. (l. l.)

6) Institutionen: Quod autem ad eas res, quae solo
continentur, expeditius procedit [oder expedit, jus
ita procedit], ut si quis loci vacantis possessionem
propter absentiam aut negligentiam domini aut quia
sine successore decessit, sine vi nanciscatur. —

„ genommen. — Wenn ich dich alfo mit Gewalt aus ei-

„ ner unbeweglichen Sache verdränge, so kann ich nicht

„ ufucapiren, da ich sie *mala fide* besitze; ja auch nicht

146 einmal Wer sie von mir *bona fide* bekömmt, wegen

„ des der Sache anklebenden Fehlers, denn sie ist vi pos-

„ sessa*.

„   *Wird sie aber rein von thätlicher Gewalt, so kann

„ sie Der ufucapiren, welcher sie *bona fide* von mir be-

„ kömmt. Wie Das geschehe, muß ich sagen. — Es hatte

„ Einer einen Acker; er verreiste[1]) und hinterließ ihn, oh-

„ ne Vorsorge [über ihn getroffen zu haben]; oder: [er

„ war] auch anwesend und hatte gar keine Sorge um den

„ Acker; oder: es starb Jemand ohne Nachkommen, und

147 Niemand übernahm sein Vermögen. Ich bemerkte, daß

„ den Acker Niemand inne hatte, und [2]) maßte mich seines

„ Besitzes an. Ich werde ihn auf keine Weise ufucapiren

„ können, denn* ich besitze *mala fide*, da ich weiß, daß

„ er fremd[es Eigenthum] ist. Habe ich ihn aber einem

„ Andern übergeben, der ihn *bona fide* annimmt, [3]) so

„ *findet die Ufucapion Statt, und* die lange Zeit erwirbt

„ ihm, *wie gesagt*, das Eigenthum. *Denn weder [4]) die

---

1) Absentia diuturna. *Fr.* 37. §. 1. *Dig. h. t.*

2) Wörtlich: ich wurde in dessen Innehaben.

3) Poterit ei longa possessione res acquiri, quia neque furtivum neque vi possessum accepit. Justitutionen.

4) Vergl. §. 3. Nr. 135.

erste Antwort steht der Usucapion entgegen*, (denn er be- 148
sitzt *bona fide*), *noch die andre, (denn* die Sache ist „
frei von Fehlern). *Aber es könnte Einer sagen, die Sa- „
che würde furtiva, so daß, wenn ich einen Acker veräus- „
sere, von dem ich weiß, er sei fremd, ich den Acker „
furtiv mache. Aber dieser Grund ist nicht statthaft, denn „
an unbeweglichen Dingen wird kein Dieb- „
stahl begangen*.

— Denn ¹)aufgehoben *und aus dem Staat vertrie- 149
ben* ist die Meinung ²)der Juristen, welche glaubten,
daß an ³)unbeweglichen Sachen ein Diebstahl verübt
werde. —

*Aber die Sache ist auch nicht vi possessa, denn „
keine Handlung der Gewaltthätigkeit ist hinzugekommen; „
es ⁴)ist also übrig, daß Der, welcher den Acker *bona* „
fide übernahm, in zehn oder zwanzig Jahren Eigenthü- „
mer desselben werde*, da er von den Kaiserlichen Consti- „
tutionen unterstützt wird, welche sagen, daß Niemandem „
der lange und ungezweifelte Besitz entzogen werde.

20 *

---

1) Improbata. Cajus. — *A. Gellius n. att. 11, 18.*
2) Quorundam veterum. Justitutionen.
3) Fundi locive. Justitutionen.
4) Das heißt: es bleibt dabei.
5) Et eorum qui res soli possederint, princip. const.
   prospicitur. Justitutionen. — Haloanders und viele

150   §. 8. *Wir haben gesagt*, die *Furtiva* und *vi*
„ *Possessa* *könnten nicht usucapirt werden*. Zuweilen
„ sind *jedoch auch sie* der Usucapion unter-
„ worfen, zum Beispiel [1]) wenn sie in den Besitz des
„ Eigenthümers zurück kehren. Denn dann werden sie von
„ dem Fehler befreit, *von dem sie befangen waren*, und
„ der Usucapion unterworfen. *Zum Beispiel: du hast des
„ Titius Sklaven entwendet oder seinen Acker mit Gewalt
„ genommen und mir verkauft. Das [Recht] der Usuca-
„ pion war gehindert. Immittelst trat der Fall ein, daß
„ der Besitz von mir auf den Eigenthümer, Titius, über-
„ tragen wurde. Sogleich hören die Sachen auf, furti-
„ vae oder vi possessae zu sein. Sie werden daher un-
„ bedenklich usucapirt, wenn sie nachher in meinen Besitz
„ kommen*.

151   §. 9. *— Nimm Folgendes als Vorkenntniß: Wenn
„ Jemand mit Testament stirbt, so folgt ihm der eingesetzte
„ Erbe; wenn er aber ohne Testament [stirbt], so
„ kommen zu seiner Erbschaft, wenn Kinder da sind,

---

andre Institutionenausgaben lesen: Et eorum, qui res
s. poss., utilitati... Die Glosse: Sic construe: *pro-*
spicitur princip. const., ne cui eorum, qui possident res
soli, longa etc. — et tunc non est necesse, quod in
textu sit: *utilitati.*

1) Fr. 4. §. 6, Dig. 41, 3.

diese; sind deren nicht vorhanden, die Agnaten, und
werden *Heredes*; sind keine Agnaten vorhanden, die Cognati, und werden *bonorum Possessores*, das heißt:
Innehaber des Vermögens. In Ermangelung der Besagten, oder wenn sie nicht erben wollen, dann werden die Sa- 152
chen [Bona] *vacantia*, und kommen an den Fiscus,
und Jeder, der irgend eine Klage gegen den Verstorbenen
hat, [sline] *in rem*, oder persönliche, oder hypotheka-
rische, wird sie innerhalb vier Jahren gegen den Fiscus
anbringen. Nachdem dir Dieß vorläufig bekannt ist, so achte auf den weitern Vortrag:

─────────────

[Oben] sagten wir, die *Furtiva* und *vi Possessa*
könnten nicht usucapirt werden, aber man kann noch etwas
Anderes finden, was nicht usucapirt wird. [1] Nämlich* 153
die [2] fiskalische Sache [3] kann nicht usucapirt werden. Doch [4] sagt Papinianus; [5] *wenn Jemand*

─────────────

1) *Fr. 18. Dig. 41, 3. (Modestinus lib. 5. Regul.)*.
2) Res fisci nostri. Institutionen. — Scholion: [fis-
kalisch] öffentlich.
3) Auch nicht: die *Res dominicae, tit. Cod. 7, 38*; civitatum, ecclesiarum, geronto-comiorum u. s. w. *C.
ult. Cod. 11, 61; C. ult. Cod. 11, 65; C. 23. Cod.
1, 2; Nov. 9; 111, 131, c. 6*; pupillorum, *C. 3. Cod.
7, 35*; minorum, *C. ult. Cod. 2, 41.* u. s. w.
4) Scripsit. Institutionen.
5) Bonis vacantibus fisco nondum nunciatis, bona fide
emtorem sibi traditam rem ex his bonis usucapere
posse. Institutionen.

„ ohne Nachkommen ſtirbt, und ſeine Güter *vacantia*
„ werden, ein Dritter, bevor ſie dem Fiscus angezeigt
„ worden, Einiges von den Gütern deſſelben mir verkauft
„ und übergibt, ſo daß ich es *bona fide* kaufe, — ſo
„ fände die Uſucapion Statt; denn noch ſind die Sachen
„ keine fiscaliſche geworden, da der Fiscus [von] den
„ Sachen noch nicht [Beſitz] ergriffen hat*. ¹) Denn das
„ hat nicht nur der Kaiſer Pius; ſondern auch die gött-
„ lichſten Severus und Antoninus reſcribirt.

154   §. 10. Als das Letzte muß man auch Das noch
„ wiſſen. Die Sache, *welche uſucapirt werden ſoll*, muß
„ ſo ſein, daß²) ſie von jedem Fehler frei iſt, und
„ bona fide *gekauft oder als Geſchenk angenommen, oder
„ aus einer andern Urſache* erworben ſein muß.

„   §. 11. *Auch* muß die Urſache des Beſitzes eine
„ wahre ſein. ³) Denn* der Irrthum [in Anſehung] einer
falſchen Urſache gibt der Uſucapion keinen Raum. Zum
Beiſpiel: ich beſaß eine Sache, und glaubte ſie gekauft
zu haben, da ich ſie [doch] nicht gekauft hatte, oder ſie

---

1) Et ita D. Pius et Divus Sev. et Ant. rescr. Institut.

2) In se non habeat vitium, ut à bona fide emtore usu-
    capi possit vel qui ex alia justa causa possidet. In-
    stitutionen.

3) Fr. 27. Dig. 41. 3; Fr. 11. pr. Dig. 41. 6; Fr. 6.
    Dig. 41. 7; Fr. 2. 3. Dig. 41. 6.

*Und Das hat der göttlichste Marcus [verordnet]. „
Es erfolgte* aber eine ¹) Conſtitution des göttlichſten Ze= 160
no, ²) welche ſagt, Wer vom Fiscus gekauft oder als Ge=
ſchenk oder ³) *im Tauſch* [Etwas] bekommen hat, ſolle
ſogleich ſorglos werden, und er möge verklagt werden oder
verklagen, ⁴) den ſchönern Stein davon tragen, ⁵) *aber

―――――――――――――――――――――――――――――

laufenden Fiscals das Gut ſeines Vaters und ſeine
Sklaven, um einen zu geringen Preis verkauft worden
wären. Auf dieſe ganze Bitte nun antwortet der Kaiſer
[eigentlich die Kaiſer: Diocletianus und Maximianus]
Folgendes:

Daß in dem Edikt des göttlichen Marcus, mei=
nes Vaters, die Angelegenheiten der Minderjährigen
ausgenommen ſind, unterſtützt deine Bitte nicht; denn
wenn die Güter wegen einer Schuld von des Minderjäh=
rigen Vater oder wegen ſeiner eigenen veräuſſert ſind,
ſo laſſen ſie keine Anwendung der fünfjährigen Ver=
jährung zu. Aber weil du verſicherſt, daß durch einen
Betrug oder eine Hinterliſt unſeres damaligen Fiskals
dein Gut mit den Sklaven um einen zu geringen
Preis verkauft worden ſei; wenn der [von dir] er=
ſuchte Rechnungsführer beſtätigt, daß deinen Anfüh=
rungen Glauben beizumeſſen, und die Gebräuche bei
öffentlichen Verkäufen nicht beobachtet ſind, ſo wird
er befehlen, daß, wenn du den Fiscus befriedigſt,
nach Widerruf des Verkaufs, das Gut dir wieder
gegeben wird.‟

1) C. 2. Cod. 7, 37.
2) Bene prospexit iis. Inſtitutionen.
3) Vel (per) alium titulum. Inſtitutionen.
4) Victores existant. Inſtitutionen.
5) Adversus autem sacratissimum aerarium usque ad
   quadriennium liceat intendere iis, qui pro domino

„ der Eigenthümer der Sache [solle] während vier Jah=
„ ren gegen den Fiscus Klag[recht] haben. Dieſelbe
„ Conſtitution verordnet Dieß nicht von dem Eigenthum al=
„ lein, ſondern auch von der Hypothek, ſo daß der Eigen=
161 thümer weder die *in rem*, noch der Creditor die [1)] Ser=
„ viana bei der vom Fiscus veräuſſerten [Sache] hat,
„ wenn die [Friſt von] vier Jahren verfloſſen*. Sodann
erſchien noch eine [2)] Verordnung unſers Kaiſers, welche
er neuerlich verkündete, und welche befiehlt, daß Daſſelbe
auch bei dem von [3)] ſeiner Heiterkeit oder unſerer vereh=
rungswürdigſten Gebieterin Veräuſſerten gelten ſoll, was
Zeno's [4)] Conſtitution von den fiscaliſchen Veräuſſernngen
feſtſetzte.

---

vel hypotheca earum rerum, quae alienatae sunt, pu-
taverint sibi quandam competere actionem. Inſtitut.

1) Vergl. §. 7. *Inst. 4, 6:* Serviana . . experitur quis de
rebus coloni quae pignoris jure pro mercedibus fundi
ei tenentur. Quasi Serviana autem est, qua creditores hypothecasve persequuntur.

2) Divina constitutio. Inſtitutionen. — *C. 3. Cod.* 7, 37.

3) De iis qui a nostra vel venerabilis Augustae domo
aliquid acceperint. Inſtitutionen.

4) Praefata. Inſtitutionen.

Siebenter Titel.

Von den Schenkungen.
[De donationibus].

Es gibt noch eine andere Art der Erwerbung, *die* 162 der Schenkung, *und es ist nöthig, auch von ihr zu handeln. Wir haben ihrer im Vorbeigehen schon im [1] Vorhergehenden gedacht, aber jetzt wollen wir von ihr eine bestimmte Lehre aufstellen*.

Es gibt zwei Arten Schenkungen, und die eine heißt *mortis causa*, [2] die andre *inter vivos*.

§. I. Und die Schenkung ist *mortis causa*, welche 163 wegen Rücksicht auf den Tod geschieht, *zum Beispiel*: [3] wenn Einer, *der eine gefahrvolle Fahrt unternehmen, oder eine von wilden Thieren, oder Räubern, oder Feinden beunruhigte Reise antreten will*, Jemandem so schenkt, daß Der, welcher *die Schenkung* empfängt, *sie unwiderruflich* haben soll, wenn dem Schenkenden etwas Menschliches begegnet; [4] stirbt aber der Empfänger derselben vor dem Schenker, so *[soll] dem Schenker freistehen, 164

---

1) §. 40. Inst. 2, 1. und §. 11. des vorhergehenden Titels.
2) Et non mortis causa. Institutionen.
3) Fr. 2 — 6. Dig. 39, 6.
4) Sin autem supervixisset is qui donavit, reciperet. Institutionen. Theophilus scheint gelesen zu haben: sin: a: sup: ei, cui don. rec.

das Geschenk* [1] zurück zu fordern. [2] Besinnt sich auch
„ der Schenker eines Andern, *so nimmt er das Geschenk
zurück*, eben so, als wenn der Geschenknehmer vor [ihm]
gestorben.

Diese Schenkungen *mortis causa* [3] gleichen völlig
den Legaten. *Ehemals* war unter den Rechtsgelehrten
ein Zweifel darüber, ob sie die Analogie des Geschenkes
165 oder des Legates hätten. Und da sie Kennzeichen von
„ [4] beiden hatten, *ich meine von der Schenkung und dem
Legat*, [5] so sagten Einige, sie gleiche der Schenkung,
„ Andre, sie sei dem Legat ganz nahe. *Aber diesen Streit
schlichtend*, erschien eine [6] Constitution unsers Kaisers,
welche verkündete, daß sie [7] fast in Allem den Legaten
gleich [8] gesetzt werden sollte. Fast sagte ich deswegen,
weil sie vom Lebenden an den Lebenden geschieht. Und so
erfolge sie [9] dem Inhalte der göttlichen Constitution gemäß.

---

1) Reciperet. Institutionen.

2) Poenituisset. Institutionen.

3) Redactae sunt per omnia. Institutionen.

4) Utriusque causae. Institutionen.

5) Et alii ad aliud genus eam trahebant. Institutionen.

6) *Const.* 4. *Cod.* 8, 57.

7) *GL.: per omnia: Subaudi fere, ut statim dicet, nam
in multis differunt.*

8) Connumeretur. Institutionen.

9) Quemadmodum eam *formavit.* Institutionen.

1) Im Allgemeinen ift eine Schenkung *mortis cau-* 166
fa [dann], wenn Jemand [lieber] felbft befitzen, als Den
[zum Befitzer machen] will, dem er fchenkte, und 2) lieber will, *daß die Sache von* dem Gefchenknehmer *befef-
fen werde*, als *von* feinem Erben.

3) Der göttliche Homerus führt in der Odyffee den
Telemachus ein, wie er dem Piräus ein Gefchenk [*mortis causa*] macht, mit folgenden Worten:

4) Freund, wir wiffen ja nicht, wohin fich wende
die Sache.

Wenn mich etwa im Haufe die übermüthigen Freier

Tödten durch Meuchelmord, und unter fich theilen
das Erbgut,

Wünfch' ich, daß du vielmehr denn ein Anderer jenes genießeft.

Aber wofern ich diefe mit Tod und Verderben be-
ftrafe,

Dann mit Fröhlichem bring' es, ein Fröhlicher, darin die Wohnung.

---

1) *Fr. 1. Dig.* 39, 6. (*Marcian. lib.* 9. *Instit.*). *Paul.
sent. rec.* 3, 7.

2) Magisque eum (habere velit). Inftitutionen.

3) Sic et apud Homerum Telemachus donat Piraeo. Inftitutionen.

4) Odyffee 17, 78. ff. Die Ueberfetzung ift aus Voß. —
In den Parifer Handfchriften des Theophilus fehlen die
Verfe.

167 §. 2. *Da wir von der Schenkung *mortis causa*
„ gelernt haben, so wollen wir auch von* den andern
Schenkungen *reden*, die Schenkungen *inter.* ¹) *vivos*
sind. Sie geschehen, wenn keine Besorgniß des Todes vor=
handen ist, und ²) sie sind den Legaten ungleich. Wenn diese
ihre Vollendung erhalten haben, dann darf man sie nicht
nach Willkühr widerrufen. Sie werden [aber] vollbracht,
wenn der Schenker seinen Willen schriftlich oder auch nicht
168 schriftlich zu erkennen gegeben hat ³). ⁴) Und *so wie der
Verkäufer gehalten ist, die verkaufte Sache zu übergeben*,
so nöthigt auch eine ⁵) Constitution unsers Kaisers ⁶)
„ *[Den], welcher schenken wollte, allerdings das Ge=
schenkte zu übergeben*, indem sie dem Geschenk Vollen=
dung beilegt, auch wenn ⁷) die Tradition nicht nachge=
folgt ist.

---

1) Scholion: Geschenk ist eine Gabe oder Verwilligung,
   die aus keinem Muß ihren Ursprung hat.
2) Quae omnino non [Cujas: non omnino] legatis
   comparantur. Institutionen.
3) Und der Beschenkte es angenommen hat. *Fr. 10. Fr.
   19. §. 2. Dig. 39, 5.*
4) Et ad exemplum venditionis. Institutionen.
5) C. 35. Cod. 8, 54.
6) Eas [donationes] etiam in se habere necessitatem traditionis voluit, ut etiam si non tradantur, habeant
   plenissimum robur et perfectum, et traditionis necessitas incumbat donatori. Institutionen.
7) Scholion: auch wenn die Tradition zur Zeit der Fer=
   tigung der Niederschrift nicht erfolgt ist.

*Aber Das hat unser gottesfürchtigster Kaiser nicht „
nur bei den Geschenknehmern bestimmt, sondern er hat „
auch noch etwas Anderes hinzugedacht. Denn* die alten 169
Kaiser hatten befohlen, die Schenkungen sollten
¹)öffentlich unter Fertigung von Protokollen gesche=
hen, wenn die Schenkung größer als zwei Hundert Gold=
stücke wäre; ²) er aber ³)verkündete, daß [jede] auch un=
angezeigt gebliebene Schenkung bis zu fünf Hundert Gold=
stücken gelten sollte. Auch andere Schenkungen ersann er,
von denen er sagte, daß auch sie ⁴) der Fertigung von „
Protokollen nicht bedürften, *wenn sie die Summe von „
fünf Hundert Goldstücken überschritten*, sondern von de= „
nen er befahl, daß sie ⁵)Kraft haben sollten. ⁶)Noch

---

1) Insinuari eas actis intervenientibus volebant. Insti=
tutionen.

2) Nostra constitutio eam quantitatem usque ad D. so=
lidos ampliavit, quam stare etiam sine insinuatione
statuit. Institutionen.

3) C. 34. Cod. eod.

4) Insinuationem fieri. Institutionen.

5) In se plenissimam firmitatem. Institutionen.

6) AUTHENTICA item Cod. de donat. [Nov.
52. c. 2., eingeschaltet hinter Const. 34. Cod.
8. 54]:
Item et a privatis in Principem etiam cessanti=
bus actis fit donatio. — Ueberschreitet eine,
nicht insinuirte Schenkung die Summe von fünf

170 vieles Andere hat er zum ausgedehnteren Erfolg *und [zur
„ größeren] Wirkung* der Schenkungen ersonnen. Aber das
Alles kann man finden [1]), wenn man an seine göttlichen
Constitutionen kömmt.

Doch muß man Das wissen, daß, wenn gleich die
„ *auf die besagte Weise geschehenen* Schenkungen vollkom=
mene [Kraft] haben, aber [2]) dem Geschenknehmer Un=
dankbarkeit gegen seinen Wohlthäter nachgewiesen wird,
[3]) eine Constitution unsers Kaisers die Befugniß [4]) gege=
171 ben hat, sie, aus gewissen, *auf Undankbarkeit hinaus
kommenden* Ursachen, zurück zu rufen, damit nicht Je=
mand, der *aus Wohlmeinen* seine Sachen auf einen
Andern überträgt, von Denen, *die er beschenkte*, üble
Behandlung und Schaden erdulde. [5])*Die Arten der

Hundert Goldstücken, so wird sie nicht ganz ungültig,
sondern nur die Uebersumme. *Nov. 162. c. 1. §. ult.*

[1]) Zum Beispiel: Geschenke zur Loskaufung Gefangener,
Erbauung eingestürzter Gebäude u. dergl.

[2]) Si tamen ingrati existant homines, in quos beneficium collatum est. Institutionen.

[3]) *Const. 1. Const. 10. Cod. 8, 56.*

[4]) Donatoribus. Institutionen. — Den Schenkern, nicht
deren Erben. *C. 7. c. ult Cod. 8, 56.*

[5]) Secundum enumeratos in Constitutione modos. Institutionen. — Nämlich: ut injurias atroces in eum
effundat, vel manus impias inferat, vel jacturae mo-
lem ex insidiis suis ingerat,.... vel vitae periculum
ei intulerit, vel quasdam conventiones.... minime
implere voluerit.

Undankbarkeit, und die Klagen, womit die Schenkungen „
widerrufen werden, kann Der lernen, welcher die besagte „
Constitution liest*.

§. 3. Noch eine andere Art der Schenkung *inter* ı72
vivos gibt es, die den ¹) Rechtsgelehrten unbekannt war;
andere ²)*Kaiserliche Constitutionen, welche neuer sind, „
als die Rechtsgelehrten*, „ haben sie eingeführt. Diese
heißt *die Schenkung* vor der Ehe; sie *wird
vom Bräutigam der Braut gemacht, und* begreift die „
stillschweigende Bedingung, daß sie dann Kraft hat, wenn
die Hochzeit nachgefolgt ist. Sie wurde [Schenkung] vor 173
der Ehe genannt, weil sie vor vollzogener Ehe geschieht,
nie aber ³)nach der Hochzeit. *Denn es ⁴) war im Allge= „
meinen jede Schenkung verboten, welche während der Ehe „
zwischen Mann und Frau geschieht*.

Doch erschien eine⁵) Constitution von ⁶) Justi=
nus, göttlichen Andenkens, *welche* gestattete, daß —

21 *

---

1) Veteribus. Institutionem.

2) Postea a junioribus Divis Principibus introductum
   est. Institutionem.

3) Post nuptias... talis donatio procedebat. Institut.

4) Nicht: *est*, und nicht: ist.

5) C. 19. Cod. 5, 3.

6) Primus D. Justinus, pater noster. Institutionem.

„ so wie es *nach den alten Juristen* gestattet ist [1]), wäh-
174 rend der Ehe die Mitgabe zu vermehren [2]), *und wenn
„ es der Fall war, daß hundert Goldstücke zur Mitgabe ge-
„ geben waren, so konnte die Frau auch nach der Zeit der
„ Schließung [der Ehe] Anderes, Geldes Werthe, so viel
„ sie wollte hinzufügen, und die Mitgabe größer machen,
„ und Niemand nannte Dieß eine Schenkung*; — auf gleiche
     Weise auch der *Ehemann* die Schenkung vor der Ehe
     [3]) größer machen konnte, und wenn der eine Theil hinzu-
     setzte, erlaubte er, daß auch dem andern gestattet sei,
     Gleiches zu thun*.

„   [4])*Da aber die Constitution diesen Zweck hatte, und
„ der Name einer Schenkung vor der Hochzeit Dem nicht
175 entsprechend war, was geschah*, so hat unser frömmster
     Kaiser — beabsichtigend, daß die Gesetzgebungen [5])*nicht
„ unvollendet seien*, auch bemüht, daß die Namen den Ge-
„ schäften [6]) angemessen sein sollen. — [7]) verordnet, daß

---

1) Permissum fuerat. Justitutionen.

2) Si quid tale evenit. Justitutionen.

3) Constante matrimonio. Justitutionen.

4) Sed tamen nomen inconveniens remanebat, cum ante
   nuptias quidem vocabatur, post nuptias autem tale
   accipiebat incrementum. Justitutionen.

5) Plenissimo fini tradere. Justitutionen.

6) GL.: consequentia 'l convenientia.

7) C. 20. Cod. 3. 20.

dergleichen Schenkungen nicht nur vermehrt werden [könn=
ten] *während der Ehe*, ¹) sondern auch ²) ihren Anfang
nehmen [dürften]. *Denn wenn ich mit einer Frau ehe= „
lich verbunden bin, ohne ihr zu Gunften eine Schenkung „
vor der Ehe errichtet zu haben, vielleicht aus Armuth, „
oder wegen sonst einer Ursache, nun aber [eine solche] er= „
richten will, so solle mir Das unverwehrt sein*, indem 176
er es jedoch nicht eine Schenkung v o r der Ehe, sondern
eine Schenkung w e g e n d e r Ehe zu heißen befahl. Und
so ist denn darin die Schenkung vor der Ehe der Mitgift
gleich gesetzt, [daß], so wie man die Mitgabe nicht nur
vermehren, sondern auch errichten kann nach vollzogner
Ehe; eben so die Schenkungen, welche wegen der Ehe
³)Statt finden, nicht nur der Hochzeit voran gehen, son=
dern auch nach Vollziehung derselben sowohl ⁴)*theilweise
⁵)geschehen*, als auch ihren Anfang nehmen mögen ⁶).

---

1) Scholion: Das heißt: die Schenkung könne auch
nach der Hochzeit erfolgen.
2) Constante matrimonio. Institutionen.
3) Introductae sunt. Institutionen.
4) Augeantur. Institutionen.
5) Scholion: Das heißt: wenn sie auch zum Theil er=
richtet wird.
6) AUTHENTICA aequalitas Cod. de pactis con-
vent. tam super dote. [Nov. 99. c. 1., hinter
c. 9. Cod. 5, 14.]:

177 §. 4. *Wir haben [folgende] gesetzliche Erwerbungen
„ abgehandelt: die durch Usucapion und die durch den Be-
„ sitz der langen Zeit. Bei'm Nachsuchen kann man aber
„ auch noch eine ältere gesetzliche Art, zu erwerben, finden*.
¹) Das ist die des Zuwachses. — Sie geschah auf
folgende Weise: ²) *Patrimus* und Titius hatten einen
gemeinschaftlichen Sklaven. *Patrimus* gab den gemein-
„ schaftlichen Sklaven ³) *gegen des Titius Willen* frei
178 durch die *Vindicta* oder ⁴) bei'm Magistrat. — *Die
„ bürgerliche ⁵) Gesetzgebung wollte* in diesem Fall, *daß
„ Patrimus nicht nur nichts thäte, und den Sklaven nicht
„ von der Sklaverei befreite, sondern auch* den Theil des
„ Eigenthums verlöre, *den er über ihn hatte*, und [daß]
„ dieser Theil ⁶) *nach dem Rechte des Zuwachses an den
„ Titius käme, und folglich Titius dessen alleiniger Eigenthümer würde*.

---

*Aequalitas omnino servanda est in dote et in
donatione antenuptiali, non tantum in lucris,
exinde proventuris, sed etiam in praestatione
et constitutione utriusque.*

1) **Erat olim et alius modus civilis adquisitionis.** Institutionen.

2) **Quis.** Institutionen. — **Fabrot: Primus.**

3) **Solus.** Institutionen.

4) **Vindicta vel testamento.** Institutionen.

5) *Paul. sent. rec. 4, 12, 1. Ulpianus lib. reg. sing.
1, 18.*

6) **Socio adcrescebat.** Institutionen.

Da Dieß aber ein sehr übles [1] Beispiel war, daß so- 179
wohl der Sklave der Freiheit beraubt, als auch [2] die Eigenthümer, welche *in Ansehung des Sklaven* etwas „
Wohlwollendes beschlossen hatten, verkürzt werden, [3] Die
aber, *welche sich nicht seiner erbarmen, und ihn nicht „
von der Sklavenschaft befreien wollten*, [daraus] Gewinn „
ziehen sollten, *indem ein Theil des Sklaven ihnen zu- „
wuchs, —* so hat unser frömmster Kaiser, Dieß
[4] für überaus gehässig haltend, [5] dafür einen [6] göttlichen
Heilweg ersonnen, wodurch sowohl der freigebende *Patrimus*, und der [7] *nicht einwilligende Titius*, und der 180
die Freiheit erlangende *Sklave* [8] seiner Constitution zugleich Dank wissen werden. [9] Er befahl [10] nämlich, der
Sklave sollte frei sein, weil auch die alten Gesetzgeber
auch Vieles gegen die gemeinen Regeln zu Gunsten der

---

1) Pessimum exemplum, oder exemplo. Institutionen.

2) Ex ea. Institutionen.

3) Severioribus.. dominis. Institutionen.

4) Quasi invidiae plenum. Institutionen.

5) Dafür: Fabrot; er selbst: Reiß.

6) Pio remedio... mederi necessarium duximus, et invenimus viam. Institutionen.

7) Socius. Institutionen.

8) Nostro fruantur beneficio. Institutionen.

9) Libertate cum effectu procedente. Institutionen.

10) C. 1. Cod. 7. 7.

Freiheit ausgesonnen haben [1]), und [2]) Patrimus sollte sich
freuen, da die von ihm bewilligte Freiheit Bestätigung
erhält, dem Mitbesitzer aber Schadloshaltung wegen des
Preises vorbehalten werden, welcher ihm *vom Freigeben=
den* ersetzt wird nach dem Verhältniß des [3]) Antheils,
„ *den er an ihm [dem Sklaven] hatte*; [4]) *wie Solches
„ in jener Gesetzgebung selbst enthalten ist*.

---

1) Statuisse manifestissimum est. Institutionen.

2) Et eo, qui eam imposuit, suae liberalitatis stabilitate
gaudente. Institutionen.

3) Dominii. Institutionen.

4) Quod nos definivimus. Institutionen. — Videtur au=
tem Justin. dicere, se pretia servorum definisse, ut
constat ex dicta l. 1. [§. 5. Cod. 7, 7.]. Servos enim
viginti aut triginta solidis aestimari decrevit. Fa=
brot. — Der Notarius wird von Justinianus bis auf
funfzig, der Arzt bis auf sechszig Solidi geschätzt; Ver=
schnittene ohne eine Kunst auf funfzig, mit einer Kunst
auf siebenzig Solidi.

Achter Titel.

Wer veräuffern kann oder nicht [kann].
[Quibus alienare licet vel non].

1)*Es ist nothwendig, hier seltsame Fälle aufzuführen*, 181 wo der Eigenthümer *die ihm gehörige Sache* „ nicht veräuffern kann, und wo ein Nicht = Ei = genthümer *das ihm nicht Gehörige* 2)veräuffern „ kann. —

*Und zuerst wollen wir sagen, wenn der Eigen = „ thümer nicht veräuffern kann. 3)Zum Beispiel: „ eine Frau mit einem Manne ehelich verbunden, brachte ihm „

---

1) Accidit aliquando. Institutionen. — Cajus Buch II. §. 62.

2) Alienandae rei potestatem habet. Institutionen.

3) Cajus Buch II. §. 63.

182 als Brautſchatz verſchiedne Sachen zu, und machte ihn
„ durch die Uebergabe zum Eigenthümer des ganzen Braut-
„ ſchatzes. Wenn alſo der Mann alles ihm zum Brautſchatz
„ Gegebne als Eigenthümer veräuſſert, ſo trägt er das Ei-
„ genthum über. auf den Empfänger*; den Dotalacker *aber,
„ das heißt den als Brautſchatz gegebnen* 1) zu veräuſſern,
verbietet das Juliſche Geſetz 2), *obſchon der Ehe-
„ mann Eigenthümer davon iſt*.

183　3) Aber das Juliſche Geſetz 4) verbot [nur],
„ die in Italien belegnen 5)*unbeweglichen [Grund-
„ ſtücke]* wider der Ehefrau Willen zu veräuſſern;
verpfänden konnte ſie der Mann auch nicht mit der
„ Ehefrau Willen. *Und es ſchien ungereimt zu ſein, daß
„ er mit Einwilligung der Frau gültig eine Veräuſſerung
„ vornehme, wo ein [vollkommener] Uebergang der Sache

---

1) Invita muliere. Jnſtitutionen.

2) Quamvis ipsius sit dotis causa ei datum. Jnſtitutionen. — Cajus: quamvis ipsius sit, vel mancipa-
tum ei dotis causa, vel in jure cessum, vel usucap-
tum. — Paul. sent. rec. 2, 21.b §. 2. Es iſt die Lex
Julia de adulteriis.

3) Quod nos legem Juliam corrigentes, in meliorem
statum deduximus. Jnſtitutionen.

4) Quod quidem jus utrum ad Italica tantum praedia,
an etiam ad provincialia pertineat, dubitatum est. Cajus (wodurch ſich viele Zweifel heben).

5) Jnſtitutionen: Solis.. rebus, oder soli rebus.

[auf einen Dritten] Statt fand, eine Verpfändung aber, „
wo das Eigenthum bei dem Manne blieb, auch nicht ein „
Mal mit ihrer Einwilligung geschehen sollte. Doch erwi= 184
dern wir, das Gesetz kam durch folgende Ueberlegung zu „
diesem Schluß. Denn es wußte das Gesetz, wäre die Ver= „
äusserung eines Dotal=Besitzthums von dem Manne der „
Frau genannt worden, so würde die Frau sogleich bei'm „
Hören [dieses Worts] erschrocken sein und es nicht ertra= „
gen haben, einzuwilligen. Wenn aber der Mann etwas „
von Verpfändung gesprochen hätte, so würde die Frau „
leicht zu überreden gewesen sein. Mit Recht verbot es da= „
her die Verpfändung durch seine Gesetzgebung, die Veräus= „
serung aber überließ es der [eignen] Schwierigkeit der Frau. „

Das Julische [Gesetz] verbot also die Veräusserung 185
g e g e n d e n W i l l e n d e r F r a u; die Verpfändung aber ver= „
bot es, auch wenn sie mit ihrem Willen geschah, und es „
hatte nur bei den in Italien belegenen Grundstücken Statt*. „

Aber u n s e r K a i s e r h a t ¹) Beides *aus einer sehr „
nützlichen Ueberlegung* geändert; *denn er ²) befahl*, daß „
nicht nur bei den Grundstücken *in Italien, sondern* „
auch bei denen in den Provinzen *d e m E h e m a n n* „
d i e V e r ä u s s e r u n g ³) u n d V e r p f ä n d u n g d e r

---

1) Utrique remedium posuimus. Institutionen.
2) C. un. §. 15. Cod. 5, 13.
3) Vel obligatio. Institutionen.

Brautschatz = Sachen untersagt sei [1]), wenn
gleich die Frau zu dem Geschehenden zustimmt, damit
nicht [2]) die Zaghaftigkeit der weiblichen Natur ihren An=
gelegenheiten Schaden bringe.

186   §. 1. [3])*Nun müssen wir auch sagen, wenn der
„ Nicht = Eigenthümer verkaufen könne. [4]) Dieß
„ hat zum Beispiel im folgenden Falle Statt. Ich habe
„ von dir hundert Goldstücke geliehen und dir meinen
„ Acker verpfändet, unter dem Versprechen, daß du
„ das Pfand nach Verlauf eines Jahres verkaufen dürftest,
„ wenn ich die Schuld nicht bezahle. — Siehe hier ver=
„ äussert der Gläubiger, welcher Nicht=Eigenthümer ist, mit
„ Recht. [5]) Wenn aber Jemand genau nachforscht, so ge=
187 schieht hier nichts Seltsames. Denn der Schuldner, wel=
„ cher Eigenthümer ist, scheint Dadurch, daß er durch Ver=
trag* dem Creditor, [6]) wenn Verzug bei'm Wiederbezahlen

---

1) Et neutrum eorum neque consent. mulier. proce=
   dat. Institutionen.

2) Fragilitas in perniciem substantiae eorum converteret=
   tur. Institutionen.

3) Contra autem creditor pignus ex pactione, quamvis
   ejus ea res non sit, alienare potest. Institutionen.

4) Cajus Buch II. §. 64.

5) Sed hoc ideo forsan videtur fieri, qui ab initio con=
   tractus pactus est, ut... Institutionen. — Cajus: qui
   olim pactus est.

6) Si pecunia non solvatur. Institutionen und Cajus.

der Schuld eintritt, das Verkaufen einräumt, [selbst] zu „
verkaufen.

*Ehedem hatten die Gläubiger eine Form, nach wel „
cher ihnen gestattet wurde, die Hypotheken oder die Pfänder „
zu verkaufen*. Aber es erfolgte eine Constitution unsers
Kaisers, welche weder die Gläubiger bei Einforderung 188
[1]) ihrer Aussenstände gehindert, noch die Schuldner leicht-
sinnig *und ungeprüft* [2]) ihrer Sachen verlustig [wissen]
will. [3]) Er hat also eine gewisse Art der Veräusserungen
sich ausgesonnen, auf welche Art der Verkauf von Pfändern geschehen könne; eine Constitution, die Beiden, sowohl dem Schuldner als dem Gläubiger Wohlthaten erweist. *Die Arten aber, wornach Dieses geschehen mag, „
kann Der finden, welcher diese heilige Constitution liest*.

§. 2. [4])*Noch einen Andern kann man finden, der 189
seine Sachen nicht veräussern darf. Zum Beispiel*: Der „

---

1) Jus suum persequi, Institutionen.

2) Suarum rerum dominium. Institutionen.

3) Nostra constitutione [c ult. Cod. 8, 34.] consultum
est, et certus modus impositus est, per quem pigno-
rum distractio possit procedere, cujus tenore utrique
parti creditorum et debitorum satis abundeque provi-
sum est. Institutionen.

4) Nunc admonendi sumus, neque... Institutionen. —
Vergl. Cajus Buch II. §. 82 — 84.

Unmündige oder die Unmündige können [1] ihre Sachen nicht *sine tutoris auctoritate* veräussern, *weshalb sie
„ auch nicht ausleihen*.

„   *— Was Das aber sei, muß gesagt werden. Nimm
„ also Folgendes als vorläufige Uebersicht. Der Begriff des
„ Darleihens ist, daß der Empfänger Eigenthü-
„ mer wird, aber uns verbindlich ist, nicht zu
„ demselben [Gegenstand], sondern zu einem an-
190 dern derselben Art und Maffe. — Deshalb
„ sagte ich, der Empfänger werde Eigenthümer, um das
„ Commodatum und Hinterlegen zu vermeiden; denn bei
„ diesen [Contrakten] wird der Empfänger nicht Eigenthü-
„ mer. Deshalb sagte ich aber, [er] werde uns verbindlich,
„ um die Schenkung zu vermeiden, denn bei dieser wird der
„ Empfänger uns nicht verbindlich. Und deshalb sagte ich
„ nicht zu demselben [Gegenstand], sondern zu einem an-
„ dern derselben Art und Maffe, um nicht den Gebrauch
„ des Anlehens auszunehmen. Denn wenn der Erborgende
„ gehalten wäre, Dasselbe zu geben, was er empfangen,
191 so wäre es vergeblich, zu borgen. Verlehen aber werden
„ nicht alle Sachen, sondern die *in pondere, numero,*
„ *mensura* [bestehenden], das heißt: so viel deren in Ge-
„ wicht und Zahl und Maas sind. Und *in pondere* ist
„ zum Beispiel Gold, Silber, Blei, Zinn, Wachs,

---

1) Ullam rem. Institutionen.

Erz, Pech und dergleichen. — In *numero* aber, was „
eine Zahl ist, zum Beispiel die ¹) kleine Münze. — *In* „
mensura, zum Beispiel Korn, Gerste und dergleichen*. — „

**— Nachdem Dir nun Dieß vorläufig bekannt ist, 192
so achte auf den weitern Vortrag. Wir haben gesagt, der „
Pupill könne *sine tutoris auctoritate* seine Sachen „
nicht veräußern. Wie nun*, wenn er wider des Vor- „
mundes Willen ²) ausgeliehen hat, ³)*gilt die Ausleihung?
und wir sagen: keinesweges, denn wenn bei'm Darleihen „
der Empfänger [sonst] Eigenthümer wird, so wird er es „
doch hier nicht, weil der Pupill ohne Vormund nicht ver- „
äußern kann. Und so besteht weder das Darlehen, noch 193
wird der Empfänger verbindlich.

Wie nun? Der Pupill hat die [Klage] *in rem* auf „
Zurückgabe des von ihm ausgeliehenen Geldes. Und das „
zwar ⁴)so lange das Geld noch vorhanden ist. Hat es „
aber der Empfänger *mala fide* verwendet, das heißt: „
wissend, daß der Darleiher Pupill ist, so wird er mit der „
[Klage] *ad exhibendum* verfolgt; denn in [den Fällen], 194
wo, da die Sachen noch vorhanden sind, die [Klage] *in* „

---

1) Kleine Münzen — eigentlich.

2) Mutuam pecuniam alicui dederit. Institutionen.

3) Non contrahit obligationem, quia pecuniam non facit accipientis, ideoque nummi vindicari possunt, ai-
cubi extant. Institutionen und Cajus.

4) S. oben §. 26. des ersten Titels.

„ *rem* erhoben wird, in diesen [Fällen] findet, wenn [die
„ Sachen] verheimlicht oder *mala fide* verzehrt sind, die
„ [Klage] *ad exhibendum* Statt. Sind sie *bona fide*, (das
„ heißt: wenn der Empfänger geglaubt hat, der Darleihen-
„ de sei volljährig), verzehrt, dann kann die [Klage] *in rem*
„ nicht erhoben werden, (denn das Geld ist nicht [mehr]
„ vorhanden), noch auch die *ad exhibendam*, (denn das
„ Geld wird weder verheimlicht, noch ist es *mala fide* ver-
195 „ wendet). [1] Was soll also geschehen, damit das zu Gunsten
„ des Pupillen eingeführte Recht nicht zu seinem Nachtheil
„ gewendet erscheine, indem ihm nach den gesetzlichen Vor-
„ schriften keine Klage dargeboten wird? [2] Zuletzt wird
„ ihm die Condictio gegeben, und was die Zahlung des
„ Geldes nicht bewirkte, nämlich daß das Darlehn besteht,
„ und der Borger der Condictio unterworfen wird, das
„ macht die Verwendung *bona fide.* Denn auch hieraus
„ erwächst die Condictio“.

196   *Wie* aber, *wenn* umgekehrt Jemand dem Pupillen *sine tutoris auctoritate* [3] Etwas [4] gegeben hat?

---

1) Sed si nummi, quos mutuo minor dederit, ab eo,
   qui accepit, bona fide consumti sunt, condici possunt; si mala fide, ad exhibendum de his agi potest.
   Inſtitutionen.

2) *Fr. 29. Dig. 12, 6.*

3) Res omnes. Inſtitutionen.

4) Recte dari possunt. Inſtitutionen.

*Der Pupill wird Eigenthümer. [1] Denn das Gesetz ist „ ihm nicht hinderlich, wenn er *sine tutoris auctoritate* „ sein Vermögen verbessert. —

Wie nun, wenn der Schuldner des Pupillen ihm, „ dem Pupillen, selbst die Schuld abträgt? [2] Ausge= „ macht ist, daß der Pupill Eigenthümer des Abgetrag= „ nen werde. Aber ist auch der *Debitor* von der Ver= „ bindlichkeit befreit? Und wir sagen: durchaus nicht! 197 Denn sagten wir, der Schuldner würde befreit, so er= „ scheint der Pupill die Verbindlichkeiten veräußernd, in= „ dem er *sine tutoris auctoritate* die Schuld annimmt, „ was verboten ist. Und so ist denn* bei dem Abtragen der „ Schuld die Zustimmung des Vormundes [3] nothwendig, [4] *denn wird nicht nach dessen Willen abgetragen*, so „ wird der Schuldner nicht frei.

---

1) Cajus Buch II. §. 83. *Fr. 9. Dig. 26, 8.*

2) Cajus Buch II. §. 84.: Itaque si debitor pecuniam pupillo solvat, facit quidem pecuniam pupilli, sed ip= se non liberatur, quia nullam obligationem pupillus sine t. a. dissolvere potest, quia nullius rei alienatio ei sine t. a. concessa est.

3) Debitori necessaria. Institutionen.

4) Alioquin. Institutionen.

198   ¹)Und Das hat in ²)einer ganz deutlichen ³)Confti-
tution unfer frömmfter Kaifer verordnet, die er an
die Cäfareifchen Anwalde erlaffen hat *ex suggestione* des
Tribunianus ⁴), des trefflichften Quäftor, [und] in
welcher er befahl, ⁵)daß der Schuldner des Unmündigen
„ dem Tutor oder Curator *die Zahlung machen folle, (denn
„ du weißt, wenn der Unmündige einen Curator hat). Er
199 muß* fo bezahlen, daß zuvor eine Entfcheidung des Richters ⁶)ohne alle Koften [für den Schuldner] erfolge,
⁷)welche das Gefchehen der Zahlung geftattet. Ift Dieß
erfolgt und hat ⁸)der Richter eingewilligt und der Schuld-

---

1) Sed etiam hoc. Inftitutionen.

2) Evidentissima ratione statutum est. Inftitutionen.

3) C. 25. Cod. 5, 37, gerichtet an den P. P. Johannes;
wahrfcheinlich diefelbe mit der Conftitution an die Advocaten von Cäfarea.

4) Viri eminentissimi, Quaestoris s. pat. nostri. Inftitutionen.

5) So lieft Reitz. Fabrot (aber fchlecht interpungirt):
daß der Schuldner des Unmündigen an den Vormund
oder Curator deffelben — denn du weißt, daß [ὅτι,
daß, wohl ὅτε, wann] der noch nicht Volljährige einen Curator bekömmt — in der Maaße bezahlen müffe,
daß... —

6) Sine omni damno celebrata. Inftitutionen.

7) Hoc permittat. Inftitutionen.

8) Si et judex pronunciaverit. Inftitutionen.

wer bezahlt, [1]) so erlangt der Zahlende [2]) Sicherheit, *in so fern er [nun] von der Schuld befreit wird*. „

[3]) Erfolgt die Zahlung [4]) gegen die besagte Constitution, und ist das bezahlte Geld bei dem Pupillen [5]) vorhanden, oder [6]) *hat er es empfangen und verwendet, „ und dadurch [für sich] selbst oder sein Vermögen Nutzen „ gezogen, (— denn vielleicht hat er ein Haus erbaut, 200 oder seine Aecker verschönert, oder Lehrern Lohn entrichtet, „ oder Gläubiger befriedigt —), so hat nichts desto weniger „ auch dann der Unmündige die Klage gegen den Debitor „ frei*. Wenn er *aber* versucht, *sie zu erheben, und* „ [7]) die Schuld zurück zu fordern, so wird er mit der Einrede des [8]) Dolus zurückgewiesen werden.

[9]) Hat er es aber *empfangen und* verschwenderisch 201 durchgebracht *und ohne Nutzen*, oder hat er dabei

22 *

---

1) Ausgenommen jedoch Interessen und dergleichen.

2) Plenissima securitas. Institutionen.

3) Fr. 15. Dig. 46, 3. (Paul. l. 6. ad Sabin.)

4) Aliter, quam disposuimus. Institutionen.

5) Salvam habeat pupillus. Institutionen.

6) Aut ex ea locupletior sit. Institutionen.

7) Eandem summam. Institutionen.

8) Doli mali. Institutionen.

9) Quodsi aut male consumserit, aut furto amiserit. Institutionen.

„einen Diebstahl [1]) erlitten, so wird *er vom Schuldner
„die Schuld vom Neuen zurück fordern*, ohne daß ein
Einwand ihm entgegen steht. *Denn* der Debitor *wird
ohne Widerrede* verdammt, weil er voreilig *sine* [2]) *ti-
toris auctoritate* und nicht nach dem Inhalte der Con-
202 stitution unsers Kaisers den Abtrag bewirkt hat. [3]) Auch
können die Unmündigen *sine tutoris auctoritate* nicht
abtragen; [4]) denn sie tragen nicht das Eigenthum auf den
Empfänger über, weil sie keine Befugniß haben, *sine
tutoris auctoritate* ihre Sachen zu veräussern. *Was
„wird nun geschehen? wenn sie bezahlt haben und von der
„Schuld nicht befreit worden sind, (weil sie den Empfän-
„nicht zum Eigenthümer des Geldes gemacht haben)? Und
„wir sagen, so lange es noch vorhanden ist, haben sie die
203 [Klage] *in rem,* ist es verheimlicht oder *mala fide ver-*
„wendet, die *ad exhibendum*; ist es aber *bona fide*
„verzehrt, (denn der Creditor glaubte, sie wären volljäh-
„rig, und verzehrte es), so wird alsdann der Pupill, (weil
„die [Actio] *in rem* nicht Statt findet, wenn es nicht
„sichtbar ist, auch die *ad exhibendam* ruht, weil weder

---

1) Einige Institutionenausgaben: aut vi.

2) Tutore autore. Institutionen.

3) Sed ex diverso: Institutionen. — *Fr.* 9. §. 2. *Dig.*
26, 8.

4) Quia id quod solvitur, non fit accipientis. Institut.

ein schlechtes Verzehren vorhanden, noch auch das Geld „
verheimlicht ist), [1] mittelbar von der Schuld befreit, und „
was die *sine tutoris auctoritate* erfolgte Zahlung nicht „
bewirkte*, Das bewirkt die Verwendung *bona fide*. 　 „

Neunter Titel.

Durch welche Personen uns erworben wird.
[Per quas personas [2] nobis acquiritur].

[3]*Alles Vorbesagte, so wohl in Sachen als in Kla- 204
gen*, wird uns erworben, nicht nur durch uns, sondern
auch durch Die, welche wir *in* [4] *potestate* haben, und durch die *fremden* Sklaven, an denen wir Niesbrauch haben, und durch freie

---

1) Im Griechischen apotelesma, über dessen Bedeutung
　　Fr. 5. Dig. 50, 16. zu vergleichen ist.

2) Nobis. Die erste Person (nobis) hat Theophilus, die
　　Glosse und mehrere Manuscripte, (zum Beispiel das
　　Colladonische), so wie auch Cajus. Neuerlich hat man
　　wieder gegen diese Autoritäten, und gegen den vorherr-
　　schenden Ton der Institutionen die zweite Person einge-
　　schoben. Dieß gilt vom ganzen Titel.

3) Cajus Buch II. §. 86. — *Fr. 10. pr. Dig. 41, 1.*
　　(*Cajus lib. 2. Inst.*). *Ulpian. lib. reg. sing. 19, 8.*

4) Potestate, manu, mancipiove. Cajus.

Personen und fremde Sklaven, welche wir
„ *bona fide* besitzen, *in der Meinung, es seien unsre
Sklaven*. Von beiden wollen wir genauer handeln.

205 §. 1. [1] Zuerst *erwerben uns* unsere Kinder,
die *in potestate* [sind], so wohl männliche, als weibli‐
che [2]. — *Aber* vormals erwarben *sie* [Alles], *es
„ mochte an sie gelangen woher es wollte*, uns, die wir
sie in der Gewalt hatten [3], mit Ausnahme der [4] Ca‐
„ strensischen Peculien; und dieß *von den Kindern Er‐
worbne* wurde dergestalt [Eigenthum] der Aeltern, daß
diesen die *völlige* Freiheit zustand, das von dem einen
Sohn oder der einen *Tochter* Erworbne einem andern
Sohn [oder Tochter] oder einem Fremden zu schenken,
oder zu verkaufen, oder auf irgend eine Weise zu übertragen.

206 Da Dieß unserm Kaiser unmenschlich schien, so *em‐
pfing es* durch eine [5] allgemeine Constitution ein passen‐

---

1) Cajus Buch II. §. 87.
2) Cajus: Item quod servi nostri mancipio accipiunt,
vel ex traditione nanciscuntur, sive quid stipulentur,
vel ex alia qualibet causa adquirant, id nobis adqui‐
ritur; ipse is enim, qui in potestate nostra est, ni‐
hil suum habere potest.
3) Sine distinctione. Institutionen.
4) Vergl. *pr. Inst.* 2, 12. und §. 6. *Inst.* 2, 11. — *Juve‐
nal. sat. ult. v.* 52: Quae sunt parta labore Militiae,
placuit non esse in corpore census, Omne tenet cujus
regimen pater.
5) C. 6. und 8. *Cod.* 6, 61.

es Heilmittel, *wodurch er* so wohl der Kinder schonte, als auch den Vätern das Gebührende ¹) erhielt. Denn er befahl, wenn von des Vaters Gütern Etwas an den in Gewalt Stehenden gelangte, *indem es der Vater vielleicht schenkte, oder auf irgend eine andre Weise auf ihn über= trug*, daß Das, ²)so wie es vom Anfang an galt, ³)ganz dem Vater zu Gute komme. ⁴)Denn es ist nichts 207 Gehässiges, daß Das wieder an den Vater zurück kömmt, was ⁵)vermittelst des Vaters an ihn gelangt war. Was aber der Haussohn auf andre Weise erlangt, Dessen Nieß= brauch solle zwar dem Vater erworben werden, aber das Eigenthum bei'm Sohne bleiben. ⁶)*Denn es ist unbil= lig*, daß, was Einem durch viele Mühe oder des Glücks Gunst zugefallen, einem Andern übergeben, und *Dem, der es zuerst erworben*, Ursache zum Verdruß werden soll. *Denn es verdrießt Einen nicht so wohl das Nicht=Er= worbne, als vielmehr das nach dem Erwerb [wieder] Verlorne*.

---

1) Fabrot: Quidam libri apud Justinianum *debitum honorem.*

2) Secundum antiquam observantiam. Institutionen.

3) Scholion: das heißt sowohl das Eigenthum als der Nießbrauch.

4) Quae enim invidia est? Institutionen.

5) Ex patris occasione. Institutionen.

6) Ne. Institutionen.

208   §. 2. *Weil aber auch vor der Constitution unsers
  „ frömmsten Kaisers Einiges war, was dem Vater nicht er
  „ worben wurde, zum Beispiel das mütterliche [Vermögen]
  „ und was durch die Heirath gewonnen wird, und ¹) auch
  „ eine Constitution ²) vorhanden war, welche sagte, es wäre
  „ dem Vater, welcher den Sohn freiließe, erlaubt, den Dritt
  „ theil von dessen nicht erwerbbaren Sachen als Eigenthum
  „ zurück zu behalten*, gleich als *empfing er* einen Preis
     für die Emancipation; und [daraus] etwas Unmenschliches
     hervorging, weil ³) die Emancipation, — die dem Haus
     sohn, [als] zur Ehre [gereichend], gegeben wird, in so
209 fern sie ihn zum eignen Herrn macht, — ihm zum Nach
     theil umgewendet wurde, — denn er wurde seiner Sachen
     beraubt, indem ihm sein Vermögen vermindert wird; —
     so hat deshalb unser frömmster Kaiser verordnet,
     daß *künftig* der Vater den dritten Theil
     des Eigenthums der *unerwerbbaren* Sachen *des

---

1) Hoc quoque a nobis dispositum est in ea specie, ubi
     parens emancipando liberum [liberos] ex rebus quae
     acquisitionem effugiunt, sibi partem tertiam retinere,
     si voluerit, licentiam ex anterioribus constitutioni-
     bus habebat. Institutionen.

2) C. 1. und 2. Cod. Theod. 8, 18.

3) Filius rerum suarum ex hac emancipatione dominii
     pro parte tertia defraudaretur et quod honoris ei ex
     emancipatione additum est, quod sui juris effectus
     est, hoc per rerum deminutionem decrescat. Institut.

Kindes* ¹)nicht mehr behalte, sondern ²)den Ususfructus der Hälfte. Denn auf diese Weise bleibt das Vermögen des Sohns, ungeschwächt bei'm Sohn, und der Vater, ³)den Ususfructus der Hälfte empfangend, erfreut sich, *geehrt durch einer größern [Summe] Benennung*, und erhält Statt eines Drittels jetzt die Hälfte.

§. 3. ⁴)*Nicht blos die in Gewalt stehenden Kinder 210 erwerben uns, sondern* auch unsre Sklaven, mögen sie durch Uebergabe erhalten, oder stipulirt, ⁵)oder aus irgend einem andern Grunde erworben haben. Denn Dieß wird auch ohne Wissen, und *was* noch mehr, ⁶)gegen den Willen *dem Herrn* erworben, denn der Sklave kann, als in [fremder] Gewalt, nichts eigen haben, ⁷)*Nimm [jedoch] die Erbschaft aus. Denn* ⁸)wenn mein Sklave *von Jemandem* zum Erben eingesetzt wor-

---

1) Quam retinere poterat. Institutionen.
2) Dimidiam non dominii rerum sed ususfructus. Institutionen.
3) Pro tertia dimidiae potiturus. Institutionen.
4) Fr. 10. §. 1. Dig. 41, 1. (Cajus l. 2. Instit.).
5) Die meisten Institutionenmanuscripte: sive ex donatione vel legato, sive... (Fr. 86. §. 2. Dig. 30.).
6) Fr. 32. Dig. 41, 1.
7) Cajus Buch II. §. 87. Ulpian, lib. reg. sing. 19, 19.
8) Sed etsi. Institutionen.

den ift, fo ¹) fann er fie nicht anders erworben, als wenn
211 er fie auf meinen Befehl ²) angetreten hat. *Denn es
„ fann gefchehen, daß die verborgnen und nicht fichtbaren
„ Nachtheile größer find, als die fichtbaren Vortheile, und
„ es würde thörigt fein, wenn wir, ohne es zu wiffen
„ oder wider Willen eine Schaden bringende Erbfchaft an-
„ träten, deshalb ift zu deren Erwerbung erforderlich, daß
„ des Herrn Befehl voraus gehe*. Und wenn mein Sklave vermöge meines Befehls angetreten hat, fo werde ich
eben fo gut Erbe, als wäre ich felbft zum Erben einge-
212 fetzt. — Dem *Obengefagten* gemäß, werden ³) auch die
dem Sklaven ausgefetzten Legate von uns erworben.

⁴) Nicht nur das Eigenthum wird uns durch
die *in potestate* [befindlichen Perfonen] erworben, fondern auch der Befitz. Denn ⁶) wenn Jemand *eine
„ nicht ihm gehörige bewegliche, oder unbewegliche Sache ei-

---

1) Non aliàs nisi jussu nostro hereditatem adire potest,
   etsi jubentibus nobis adierit, nobis hereditas acquiritur, perinde ac si nos ipsi heredes instituti esse-
   mus, Inftitutionen.

2) Und zwar muß der Befehl dem Antreten voraus gehen.
   Fr. 25. §. 4. Dig. 29, 2.

3) Legatum per eos nobis acquiritur. Inftitutionen.

4) Cajus Buch II. §. 89. *Fr. 10. §. 2. Dig. 41, 1.*
   (*Cajus l. l.*).

5) Cujuscunque vi possesionem adepti fuerint, id nos
   possidere videmur, unde etiam per eos usucapio vel

ner in meiner Gewalt stehenden [Person] übergibt, die „
sie *bona fide* annimmt, so werde ich durch das Inneha: „
ben derselben ihr Herr, durch die Usucapion oder den Be: „
sitz langer Zeit*. ;

§. 4. ¹) *So viel von unsern Sklaven*. ²) Es er: 213
werben uns aber auch, wie gesagt, fremde Sklaven, „
an denen wir den Niesbrauch haben. *Doch
nicht aus jeder Ursache, sondern nur aus den zweien*: „
*ex re mea vel ex operis suis. *Ex re mea* ist es, „
wenn ich ihm die Sorge meines Eigenthums anvertraute „
oder ihm erlaubte, mein Vermögen auszuleihen, und ihn „
zum sogenannten ³) Dispensator machte. Durch seine Be: 214
triebsamkeit, oder durch Bewirthschaftung, oder Verborgung „
konnte er Etwas ausser dem uns Schuldigen gewinnen. „
Das heißt *ex re mea*, und kömmt mir zu Gute. — *Ex* „

---

longi temporis possessio nobis accedit [*vulgo:* accidit].
Institutionen. — Die Pandekten und einige vorzügliche
Institutionenausgaben:... eorum usucapionem... adquiritur. Cajus: unde... usucapio [ohne *vel l. t. p.*]
procedit.

1) Cajus Buch II. §. 91.

2) De iis autem servis, in quibus usumfructum tantum
habemus, ita placuit, ut quicquid ex re nostra vel
operis suis acquirant, nobis adjiciatur (oder adquira-
tur; *Cujacii observ. et em.* 9, 37.). — *Fr. 10, §. 3.
Dig.* 41, 1. (*Cajus l. l.*).

3) *Fr.* 31. *Dig.* 7, 1; *Fr.* 43. *in f. Dig.* 41, 1.

„ *operis suis.* zum Beispiel er war ein Schuhmacher, oder
„ Schmidt oder Mahler. Ich habe ihn vermiethet, um Andern
„ dern zu arbeiten, und für seine Kunst [von ihnen] Lohn
215 zu erhalten. Er konnte vielleicht über den bestimmten
„ Lohn Etwas erhalten; und was er dadurch erlangte, er
„ warb er mir; das heißt *ex operis suis**; hat er aber
auſſer diesen *beiden* Fällen Etwas erworben, so gehört
Das [1] dem Proprietarius. Wenn er also zum Erben
„ eingesetzt wird oder zum Legatar, *und das Legat erhalten*, oder auch von Jemandem ein Geschenk bekommen
hat, so erwirbt er das [2] dem Proprietarius, nicht dem
Usufructuarius.

216   [3] Das *vom Sklaven, an dem ich den Ususfructus
habe, Gesagte*, gilt auch von jenem, den ich *bona
fide* besitze, mag er ein Freier sein, oder ein
fremder Sklave. [4] *Denn auch diese erwerben uns
„ aus jenen zwei Ursachen, das heißt: *ex re mea vel ex
operis suis*. Haben sie aber auſſer diesen beiden Ursachen Etwas erworben, und ist der Erwerbende ein Freier,

----

1) Ad dominum proprietatis. Institutionen.
2) Domino proprietatis. Institutionen.
3) Cajus Buch II. §. 92. *Fr. 10. §. 4, Dig. 41, 1.
(Cajus l. l.).
4) Quod enim placuit de fructuario, idem placet et de
bona fide possessore. Institutionen.

den ich *bona fide* besitze*, so ¹)*hebt das Gesetz es ihm „
selbst auf, und will es bis zu der Zeit aufgespart haben, „
wo er seinen Stand erkennt*. Ist es aber ein *bona 217
fide* von mir besessener* Sklave, so wird Das, was von „
ihnen erworben wird*, dem *wahren* Herrn *erworben, „
ausgenommen jene zwei Ursachen*; ²) Der aber *bona* „
fide den fremden Sklaven ³)*besitzt, genießt der Erwer= „
bung aus jenen zwei Ursachen allein, so lange als nicht „
⁴)drei Jahre verflossen sind; nach deren Verlauf usucapirt „
er den Sklaven vollends, und das aus irgend einer Ursa= „
che Erlangte wird ihm erworben. Denn Wer den Freien „
bona Fide besitzt, usucapirt [ihn] nicht, wie gesagt*. „

⁵)*Auch* Wer den Ususfructus hat, kann 218
nie usucapiren; zuerst weil er nicht besitzt ⁶), *denn
in Ermangelung des Besitzes findet keine Usucapion Statt; „
⁷)Besitz aber ist in der Absicht, Eigenthümer zu sein, „

---

1) Id.. ad ipsum pertinet. Institutionen.
2) Cajus Buch II. §. 93. *Fr. 10. §. 4. Dig. 41, 1.*
   (*Cajus l. l.*).
3) Usuceperit servum (quia eo modo dominus fit), ex
   omnibus causis per eum sibi acquirere potest. In=
   stitutionen.
4) Res enim se moventes triennio usucapiuntur c. 1.
   Cod. 7, 31.
5) Cajus Buch II. §. 93. *Fr. 10. §. 5 cit.*
6) Sed habet jus utendi fruendi. Institutionen u. Cajus.
7) Nämlich possessio civilis; vergl. Theophilus zum *pr.*
   In s. de interd.

„ [Etwas] in Besitz nehmen, und dieser [der Eigenthümer]
„ hat das Recht des Genießens und des Brauchens. —
„ Wenn man aber auch, den gesetzlichen Begriffen nicht fol-
„ gend, sondern dem Anschein huldigend, sagte, der Usu-
„ fructuarius besitze, so wird doch die Usucapion durch einen
„ andern wichtigen Grund gehemmt, weil der Usufructuarius
„ *mala fide* besitzt*, [1] denn er weiß, daß [der Besitz] ei-
„ nem Andern gehöre.

219 [2] Aber nicht nur das Eigenthum erwerben wir durch
die Sklaven, an denen wir den Usufructus haben, oder
die wir *bona fide* besitzen, oder durch den Freien, [3]*den
„ ich in gutem Glauben besitze, meinend, er sei Sklave*,
„ sondern auch der Besitz *wird uns zu Theil*;
[4] nämlich nach dem eben Gesagten, das heißt: *ex re
„ mea, vel ex operis suis*. *Denn haben sie eine fremde
„ Sache aus jenen beiden Gründen vom Nichteigenthümer
„ bekommen, so schreitet die Usucapion fort, oder läuft
„ mir [zu Gunsten], so lange sie inne haben*.

---

1) Deinde quia scit. Institutionen.

2) Cajus Buch II. §. 64.

3) Liberam personam, quae bona fide nobis servit.
   Institutionen.

4) Loquimur autem in utriusque personam [Cajus:
   persona] secundum definitionem [*distinctionem*], quam
   proxime exposuimus, i. e, si quam possesionem [Ca-
   jus: *siquid*] ex re nostra v. ex s. o. adepti fuerint
   [Cajus: *acquirant*]. Institutionen.

§. 5. [1] Aus dem Gesagten erhellt, daß durch Freie 220 die nicht in unsrer Gewalt sind, uns auch nicht *bona fide* [2] dienen, auf gleiche Weise auch durch fremde Sklaven, an denen wir weder den Ususfructus, noch [3] *bona fide* Besitz haben, auf keine Weise uns etwas erworben werden könne. Und das heißt der *von Allen angegebne* [Satz]: „durch fremde Personen könne nichts erworben werden, [4] mit Ausnahme *des anzuführenden „ Falles, denn* wenn *mir Jemand ein anderswo gelegnes 221 Gut verkauft, und* ich, *da ich in jenem Ort nicht ge= „ genwärtig sein kann*, meinen Procurator *hin schicke, „ und dieser Besitz von den Grundstücken genommen hat, so „ wird mir durch ihn der Besitz erworben werden*; und „ [5] zwar wird nicht nur, *wenn Das* mit unserm Willen *geschieht*, sondern auch *wenn demselben Etwas* ohne un= „ ser Wissen *gegeben worden*, der Besitz uns erworben, wie eine Constitution des Kaisers Severus will [6].

---

1) Cajus Buch II. §. 95.

2) Possidemus. Institutionen.

3) Justam poss. Institutionen.

4) Excepto eo quod per liberam personam veluti per procuratorem placet.. Institutionen. — Cajus hat das Ende dieses Satzes nicht, vergl. C. 1. Cod. 7, 32 von Severus und Antoninus.

5) Non solum scientibus, sed et ignorantibus. Institut.

6) Auch der Tutor und Curator sind ausgenommen.

„　¹)*Uebrigens folgt dem uns übergebnen Besitz stillschweigend* das Eigenthum, wenn der Uebergebende Eigenthümer war.　War er aber nicht Eigenthümer, so er-
„ lange ich *durch* Usucapion oder Verlauf langer Zeit *das
Eigenthum des Uebergebenen*}

————————

222　§. 6.　²)Es genügt, so viel darüber zu handeln, auf
welche Weise einzelne Sachen an uns kommen.
„ *Noch eine andre Art zu erwerben gibt es, die durch*
³)das Legat, durch welche von uns einzelne Sachen erworben werden, ⁴)ingleichen die ⁵)durch die Fideicommisse, wodurch ebenfalls uns einzelne Sachen hinterlassen
werden.　Aber diese [beiden Lehren] werden passender weiter unten vorgetragen werden.

223　— *So daß also die Erwerbungen natürlich oder ge-
„ setzlich sind.

„　Und der natürlichen sind ⁶)vierzehn: nämlich
„ [erstens] die Jagd; — [zweitens] die Beute; —
„ [drittens] und die am Ufer gefundnen Steine oder

————————————

1) Et per hanc possessionem etiam dominium. Institut.
2) Cajus Buch II. §. 97.
3) Legatorum jus. Institutionen.
4) Item fideic. ubi singulae res nob. relinq. fehlt bei
Cajus.
5) Fideicommissorum. Institutionen.
6) Vergl. oben Titel 2. pr. Nr. 88. ff.

Edelsteine; — [viertens] und Das, was von unſern „
Thieren geboren wird; — [fünftens] die Anſpühlung; „
— [ſechstens] die im Meere¹) oder im Fluſſe ent= „
ſtandne Inſel; — [ſiebentens] oder das ²)Beſitzen „
in der Nähe eines vom Fluß verlaſſenen Bettes; — „
[achtens] einen fremden Stoff in eine Species verwan= „
delt zu haben, ³)welche zum vorigen Stoff nicht zurück „
kehren kann; — [neuntens] das Verfertigen ⁴)einer 224
Species aus fremdem und eignem Stoff⁵); — [zeh= „
tens] wenn ⁶)zwei gleichartige oder verſchiedne Stoffe „
⁷)nach dem Willen der Herrn oder zufällig ſich vermi= „
ſchen ⁸); — [elftens] die Regel, welche ſagt, das „

---

1) Bei der frühern Wiederholung hieß es: die im Meere,
   (was ſelten), oder im Fluß entſtandne Inſel, (was
   häufiger).

2) Daſelbſt: das Naheſein an…

3) Dort: ſo daß.

4) Dort: von Etwas.

5) Dort: oder einen fremden Purpur in ſein Kleid zu
   weben.

6) Oben: wenn von zweien [Perſonen].

7) Fabrot lieſt Statt κατὰ (nach) παρά, (wider); vergl.
   jedoch Nr. 47. und 89. dieſes Buchs.

8) Oben: oder ſich die Getraidehaufen verſchiedner Eigen=
   thümer mit ihrem Willen vermiſchen, nicht eben ſo,
   wenn Dieß nach dem Willen des Einen oder durch Zu=
   fall geſchieht.

23

„ darauf Befindliche weiche dem darunter Befindlichen, wie
„ sich an vielen Fällen zeigte; zum Beispiel: wenn [1] ich
„ aus fremdem Baustoff auf meinem Grund ein Haus bauete,
225 oder [2] aus meinem [Baustoff] auf fremdem Grunde; ei-
„ nen fremden Baum auf seinen Grund gepflanzt zu haben,
„ und umgekehrt seinen Baum auf fremden Grund gepflanzt
„ zu haben, so daß er gewurzelt hat; [3] Buchstaben, wel-
„ che auf mein Pergament oder Papier gesetzt wurden; aber
„ bei'm Gemälde wurde die Regel übergangen, denn das
„ fremde Bret wird besiegt von der Malerei; — [zwölf-
„ tens] [4] *bona fide* einen fremden Acker zu besitzen und
„ ihn besäet zu haben; — [dreizehntens] [5] durch Zu-
226 fall einen Schatz auf seinem, oder einem heiligen oder re-
„ ligiösen Ort gefunden zu haben; denn [findet man ihn]
„ auf fremdem [Grund], so [wird man] nur von der Hälfte
„ Eigenthümer, mag nun der Ort einem Privatmann, oder

---

1) Oben: wenn gebaut wurde.

2) Oben: ich gebaut habe.

3) Oben: was auch Statt fand bei gesäetem Getreide und . . .

4) Oben: es gehört auch zu den natürlichen Erwerbungen,
bona fide einen Acker vom Nichteigenthümer bekommen
zu haben. Denn diese *bonae fidei* Besitzung genügt, Jemanden zum Eigenthümer der verzehrten Früchte zu
machen.

5) Oben: Auch die Auffindung eines Schatzes gibt das
Ganze oder einen Theil dem Finder, nach der Constitution Hadrians.

dem Kaiser, oder dem Fiscus, oder städtisch sein; — „
[vierzehntens] und überdieß noch die Uebergabe.

Der ¹)gesetzlichen Erwerbungen waren ehedem „
fünf, jetzt [sind es] nur vier, nämlich [erstens] die „
Usucapion; — [zweitens] der lange Besitz; — [drit „
tens] der sonst Statt gefundene Zuwachs durch die vorei= „
lige Freigebung eines gemeinschaftlichen Sklaven; — und „
[viertens] das Legat; — und sodann noch [fünf= „
tens] das Fideicommissum.   „

---

²)Aber diese werden einzelne Erwerbungen 227
genannt, weil die Handlung nur einfach ist, und [nur] „
Eine Sache in unser Eigenthum kömmt. — Es gibt aber „

23 *

---

1) Hier wird so wenig als II, 7, 4. Nr. 177. die Schen=
kung als römisch = rechtliche Erwerbungsart angeführt.
Vergl. Hugo's civilistisches Magazin III. S. 187 ff.

2) Videamus itaque nunc quibus modis per universita-
tem res nobis acquiruntur. Si cui ergo heredes facti
simus, sive cujus bonorum possessionem petierimus,
vel si quem adrogaverimus, vel si cujus bona lib.
cons. c. nobis addicta fuerint, ejus res omnes ad nos
transeunt. Institutionen. — Cajus Buch II. §. 98;
hinter sive cujus b. poss. petierimus schaltet Cajus
ein: sive cujus bona emerimus; und Statt vel si cujus bona libertatum cons. causa n. add. f. — liest er:
sive quam in manum ut uxorem receperimus; endlich
hat er ejus res ad nos transeunt (ohne omnes).

„ auch andere Erwerbungen, welche: im Ganzen heißen,
„ bei denen zwar auch nur Eine Handlung vor sich geht,
„ [wo] aber mit einem [Male] viele Sachen in unser Ei-
„ genthum kommen.

„   Es sind die Erwerbungen im Ganzen folgende: [er-
„ stens] Erbschaft; — [zweitens] *Bonorum Posses-*
„ *sio* oder Innehaben; — [drittens] Arrogation; —
„ [viertens] und wenn uns ein fremdes Vermögen *li-*
228 *bertatum conservandarum causa*, oder wegen der
„ Sicherung und Erhaltung der Freiheiten, übergeben wird*.
— [1])Und zuerst müssen wir über die E r b s ch a f t reden.
[2])Weil aber die Erwerbung der Erbschaften eine doppelte
ist, (denn entweder werden sie uns durch Testament oder
[3])ohne Testament zu Theil), so [4])müssen wir zuerst von
der handeln, die uns durch T e st a m e n t zukömmt; [5])und
zwar ist als Eingang zu lehren, auf welche Weise Testamente errichtet werden.

---

1) C a j u s Buch II. §. 99.

2) Quarum duplex conditio est.   Institutionen.

3) Ex intestato. Institutionen.

4) C a j u s Buch II. §. 100.

5) Qua in re necessarium est initio de ordinandis testamentis exponere. Institutionen.

Zehnter Titel.

Ueber die Anordnung der Testamente.
[De testamentis ordinandis].

Vor Allem ist nöthig, Begriff oder Herleitung des 229 Testamentes zu kennen. [Das griechische] Diathete heißt bei den Römern Testamentum, *und* hat seine Herleitung davon: *quod testatio mentis sit.* *weil es ein Beweis des Willens ist, [1] denn es enthält das Zeugniß über den Willen des Sterbenden*.

§. 1. Damit aber nichts von dem ehemals Gül 230 tigen [2] unbekannt sei; [3] *so ist es, obgleich die Unbe

---

[1] Ulpian. lib. reg. sing. 20, 1.
[2] Penitus. Institutionen.
[3] Sciendum ex. Institutionen.

„kanntschaft damit keine Gefahr hat, doch der Geschichte
„wegen nicht unstatthaft, ¹) auch zu lernen, wie sich's all-
„mählig, im Verlauf der Zeit, [mit den Testamenten] geändert hat*.

²) Vor Alters gab es zwei Arten von Testamenten;
das eine hieß *calatis comitiis*, das andre ³) *procinc-*
231 *tum*. Und ⁴) das *calatis comitiis* fand Statt in ⁵)
„Friedenszeiten, *zwei Mal des Jahres auf folgende Weise.
„Der Herold ging durch die ganze Stadt und rief [die
„Bürger] zusammen; und das ganze Volk kam zusammen,
„und Wer wollte, testirte, so daß das Volk dabei Zeuge
„war. *Calatis comitiis* hieß es aber daher: denn *cala-*
„*re* heißt rufen, *comitia* die Zusammenkunft; weil man
„nun gerufen zusammen kam, so hieß es *calatis comitiis*.
232 — Das *procinctum* fand Statt, wenn man in den

---

1) Unsere Uebersetzung läßt das Wort: εἰπεῖν (sagen) weg.
   Mit diesem Worte heißt es; so ist es doch ... nicht unstatthaft wegen der Geschichte und [wegen] des Lernens,
   wie ... geändert hat, [Folgendes] zu sagen.

2) Cajus Buch II. §. 101. *Ulp. lib. reg. sing.* 20, 2.

3) So auch die Institutionen; Cajus und Ulpianus:
   in procinctu.

4) In pace et otio. Cajus.

5) Cajus: Quae comitia *bis in anno* testamentis facien-
   dis destinata erant. *A. Gellius noct. att.* 15, 27. Auch
   hier rechtfertigt Cajus gänzlich unsern Theophilus.

¹) Krieg zu ziehen im Begriff war, *und es hatte seinen
Namen von der Kleidung, welche tragend man teſtirte. „
Denn *procinctus* heißt ²) gerüſtet und ſchlachtfertig. „
Denn da es mit der Rückkehr eine ungewiſſe Sache war, „
ſo eilten ſie in den Krieg, nachdem ſie zuvor ein Te= „
ſtament errichtet hatten*. „

³) *Da es dieſe zwei Arten gab, geſchah es, daß 233
Manche von einer plötzlichen Krankheit ergriffen, ohne Te= „
ſtament ſtarben, indem ſie weder *calatis comitiis* teſtir= „
ten, weil die Zeit derſelben nicht da war, noch *procinc-* „
tu, weil kein Krieg war; und auf andre Weiſe zu teſtiren „
hielt man dem geſunden Körper für nachtheilig*. Es „
⁴) wurde *alſo* noch eine dritte Art ausgeſonnen, welche „
per aes et libram hieß, ⁵)*d. h. durch Erz und Wage*. „

---

1) Praelium. Inſtitutionen. — Cajus: eum belli cau-
    sa in pugnam ibant.

2) Expeditus et armatus exercitus. Cajus.

3) Cajus Buch II. 102.: … qui neque calatis comitiis
    neque in procinctu testamentum fecerat, is si subita
    morte urguebatur, amico familiam suam, i. e. patri-
    monium suum mancipio dabat; eumque togabat, quid
    cuique post mortem suam dari vellet. — Vergl.
    Schrader in Hugo's civil. Magazin V, 152 ff.

4) Accessit. Juſtitutionen.

5) Scilicet quod per emancipationem ['l mancipationem]
    i. e. imaginariam quandam venditionem fiebat. In-
    ſtitutionen. — Cajus: scil. quia per mancip. peragitur.

Sie geschah vermöge der Emancipation. (¹) Emancipation aber ist ein Scheinverkauf), und ging auf
234 folgende Weise* vor sich. Es waren zugegen ²) fünf Zeugen und [ein] Waagehalter, [und ³)] erwachsene römische
Bürger ⁴). *In ihrem Beisein kaufte* Derjenige, *wel-
„ cher des Sterbenden Nachfolger sein sollte, das Vermögen
„ Dessen, welcher sterben wollte, indem er einige Worte sagte,
„ die zu wiederholen jetzt überflüssig sein würde. Und er
„ gab als scheinbaren Werth dem Eigenthümer des Vermö-
„ gens eine Münze, und der Käufer hieß *Familiae*
235 *emtor.* Hiernächst ordnete Derjenige, welcher sterben
„ wollte, an, was nach seinem Tode abgegeben werden
„ sollte; er sagte nämlich dem *Familiae emtori* oder Er-
„ ben: ich will, daß du Diesem einen Acker, Jenem ein
„ Haus, Diesem hundert Goldstücke gibst*.

„　⁵) *Und als diese Art erfunden war*, kamen die frü-
„ hern beiden Arten, *die *calatis comitiis* und die *pro-
cinctu; schon seit sehr langer Zeit in Vergessenheit; aber

---

1) Siehe oben Buch I. Nr. 235.

2) Cum quibus testamenti factio est. Ulpianus.

3) Dieses überflüssige und wird von den Herausgebern
weggelassen.

4) Et eo qui familiae emtor dicebatur. Institutionen.

5) Caius Buch II. §. 103. Ulpian. lib. reg. sing. 20, 2.

auch das *per aes et libram* 1) wurde allmählig verachtet.
*Denn weil der *Familiae emtor* und der Erbe dieselbe 236
[Person] war, und er, gewiß, daß er Erbe sein würde, „
dem Besitzer des Vermögens nachstellte, so wurde deswe= „
gen nach der alten Form ein *Familiae emtor* zugezogen, „
welcher scheinbar das Vermögen des Sterben=Wollenden „
kaufte, aber der Testirende schrieb besonders auf eine Tafel „
oder Papier, Wen er zum Erben haben wollte*. „

§. 2. Die besagten Arten der Testamente 2) kannte 237
jedoch nur die bürgerliche Gesetzgebung; späterhin erfand
das Edikt des Prätors eine andere Form bei den Testa=
menten, denn nach dem 3) Prätorischen Recht wurde kei=

---

1) Licet diutius permansit, attamen partim et hoc in
usu esse desiit. Institutionen. — Cajus und Ulpia=
nus: solum in usu retentum est. — Cajus: Olim
familiae emtor, id est, qui a testatore familiam acci=
piebat mancipio, heredis locum obtinebat, et ob id
ei mandabat testator, quid cuique post mortem suam
dari vellet. Nunc vero alius heres testamento insti=
tuitur, a quo etiam legata relinquuntur, alius dicis
gratia propter veteris juris imitationem familiae em=
tor adhibetur. — §. 104. Eaque res ita agitur.,..
Diese Stelle des Cajus bestätigt die Bemühung von
Reitz, Theophilus gegen wunderliche Angriffe zu ver=
theidigen, und wir haben den Streit gar nicht zu er=
wähnen nöthig.

2) Referebantur ad jus civ. Institutionen.

3) Jure honorario. Institutionen.

„ ne Emancipation, *das heißt Scheinverkauf*, [1] vorge=
„ nommen, sondern die [2] Siegel von sieben Zeugen genüg=
„ ten, *um ein Prätorisches Testament zu machen; denn te=
„ stirte Jemand und ließ er dieses Testament mit den Sie=
„ geln von sieben Zeugen [3] besiegeln, so wurde ein Prätori=
„ sches Testament errichtet*, während das bürgerliche [Recht]
„ die Siegel der Zeugen nicht als [etwas] Rothwendig[es]
„ kannte.

238   §. 3. Als aber allmählig, theils durch die *ver=
schiedne* Anwendung der Menschen, theils auch [4] durch
Das, was die Constitutionen berichtigten, das bürgerliche
und das Prätorische Recht in Einen Einklang mit einander
gebracht wurden, so [5] geschah es, daß das Testament
[in der Art] errichtet wurde, daß zu einer und derselben
Zeit [6] sieben Zeugen zugegen waren, (wie das bürgerliche

---

1) Desiderabatur. Institutionen.

2) Signa. Institutionen. — Sieben Zeugen; oben wa=
ren nur fünf nöthig.

3) Zusiegeln; nicht untersiegeln.

4) Emendationibus. Institutionen.

5) Constitutum est. Institutionen.

6) Fabrot: Atqui videntur quinque testes sufficere.
Nov. 107. c. 2. Sed verius est illa verba, $\ddot{\eta}$ πέντε,
addita esse ex *Leon. Nov. 41,* qua in urbe quinque
testes, agro tres sufficere constituit, quod quidem jus
in Oriente receptum fuisse constat ex *Mich. Psello*
vers. 982, et ex his, quae notant *Gr. ad l. 5. D. si tab.*

Recht wollte), und unterschrieben, (wie die Constitutionen
ausgesonnen hatten), und ihre Siegel darauf drückten,
(wie der Prätor wollte). [1] Und so bestehen heut' zu 239
Tage die Testamente aus diesen drei Gesetzgebungen, *der bürgerlichen und den Constitutionen „
und [dem Edikt] des Prätors*. Aus dem bürgerli- „
chen stammt ab, daß [2] das Testament im Beisein der
Zeugen in einem Zuge zusammen*hängend* gemacht werde;
— die Unterschriften des Testators und der Zeugen [3] aus
den Constitutionen; — und die Siegel und die Zahl
von *sieben* Zeugen aus dem Edikt des Prätor.

§. 4. [4] *Diese ganze Sorgfalt [ist] deswegen, daß 240
um die Fertigung der Testamente von jeder Schlechtigkeit „

----

test. Sic enim legitur in *Basilicis*: Διαθήκη ἔχουσα
τὰς πέντε σφραγίδας, in *Glossis* autem: Ἀνώνυμος καὶ
τὸ πλάτος ἔχει ζ'. Iidem *Gr.* ad *log.* 23. *D. qui test.*
jus vetus inflectunt ad novum, leguntque ἢ πέντε,
et in *l.* 8. et 27. *Cod. de testam.* substituunt, ἢ πέντε. Denique Graeci ajunt hoc jus moribus receptum
esse 45. *Bas.* t. 1...

1) Ut hoc jus tripertitum esse videatur. Institutionen.
2) Ut testes quidem et eorum praesentia uno contextu
　testamenti celebrandi gratia. Institutionen.
3) Ex sacrarum constitutionum observatione. Kann der
　Testator nicht schreiben, so ist ein achter Zeuge zur Un-
　terschrift nöthig.
4) Vergl. Harmenopulus, *Epoh.* 5. l. 8. welcher
　liest: „dieser ganzen Sorgfalt um... zu reinigen, ist''..

frei fei*; und um fie von jedem Dolus zu reinigen, [*in= ferhalb] ift durch eine Conftitution unfers frömmften Kai= fers hinzugefetzt worden, ¹) daß der Teftirende ²) mit eigner Hand den Namen des Erben bezeich= „ ne, *fchreibend: „diefen habe ich zum Erben „ eingefetzt.“ Thut er Das nicht, fo ift nothwendig, „ daß er vor Zeugen des Erben Namen ausfpreche*, und „ *überhaupt* muß Alles vor fich gehen, wie es in der Con= ftitution vorgefchrieben ift.

241 §. 5. ³) *Da wir aber gefagt haben, die Zeu= „ gen müßten Siegel darauf drücken, fo muß man wif=

___

— was auch wahrfcheinlich bei Theophilus gelefen wer=
den muß. — Inftitutionen: Sed his omnibus ex no=
stra Constitutione [C. 29. Cod. 6. 23.] propter testa=
mentorum sinceritatem... additum est.

1) Nach den Inftitutionen foll der Name des Erben vom
Teftator oder von den Zeugen gefchrieben fein. — Nach
Theophilus foll der Teftator eigenhändig den Namen
des Erben fchreiben oder ihn den Zeugen nennen. Die
Conftitution fetzt noch hinzu; im letztern Falle folle je=
der Zeuge den Namen des Erben feiner Namensunter=
fchrift beifetzen. — Die Conftitution ift von 531; durch
die Nov. 119. c. 9. wird fie wieder aufgehoben (es ge=
nügt; sive per se aliquis sive per alteram personam
nomen heredis inscripserit), diefe ift von 541, (viel=
leicht etwas fpäter), alfo ein Beweis, daß die Para=
phrafe bald nach den Inftitutionen gefchrieben fei; viel=
leicht auch, daß nach der Paraphrafe noch an den In=
ftitutionen geändert worden ift. —

2) Testatoris vel testium. Inftitutionen.

3) Vergl. Fr. 22. §. 2. Dig. 28.

sen, daß* [sie] auch mit ¹)Einem Siegelring
des Testaments besiegeln können. Denn wie? wenn *die
sieben Zeugen, [jeder] einen Ring hätten, aber* die sieben [Ringe] von einerlei Stich wären, *das heißt: einerlei Figur vorstellten*, wie ²)Pomponius annimmt? — „
Auch mit einem fremden ³) Ring darf man siegeln.

§. 6. ⁴)Zum Zeugniß können Die ange- 242
nommen werden, ⁵)mit denen wir Testamenti - factio haben, *das heißt: welche von uns zu Erben eingesetzt „
werden und uns einsetzen können*. Es sind aber einige „
[Personen] ganz ausgeschlossen vom Zeugniß bei der
Erbschaft, zum Beispiel: Frauen, Unerwachsene,
Stumme, Taube, ⁶) Wahnsinnige, ⁷)Ver-
schwender, Sklaven, und dann noch der *improbus*
intestabilisque. — *Wer ist aber dieser? ⁸)Zum Bei- 243

---

1) Vergl. *Kirchmannus de annulis p.* 31.
2) Viele Institutionenausgaben: Papiniano.
3) Vielleicht dem Testator oder sonst Jemandem gehörigen.
4) Nr. 242 — 244 vergl. das Scholion zu den Basiliken
    Thl. II. S. 554. 555.
5) Die Basiliken: Uebrigens muß der Testator darauf se-
    hen, daß der Zeuge die Testamenti - factio hat, oder
    daß er von uns zum Erben eingesetzt werden und uns
    einsetzen könne, oder legiren und Legat empfangen könne.
6) Blinde, *c. 9. Cod h. t.*
7) Cui bonis interdictum est, neque is, quem leges ju-
    bent improbum intestabilemque esse. Institutionen.
8) Vergl. *Fr.* 26. *Dig.* 28, 1.: Cum lege quis intestabi-
    lis jubetur esse, eo pertinet, ne ejus testimonium re-

„ ſpiel: Es teſtirte Einer, und Titius wurde als Zeuge
„ herbeigerufen; er war Zeuge, das heißt: er unterſchrieb
„ [ſeinen Namen] im Teſtament, und ſiegelte. Nach des
„ Teſtators Tode wollte er nicht herbeikommen und bezeugen,
„ daß Unterſchrift und Siegel von ihm wären. Einen Sol-
„ chen haſſen die Geſetze, und erlauben ihm nicht, Etwas
„ aus einem fremden Teſtament zu erlangen, noch geben ſie
„ ihm die Erlaubniß, zu teſtiren, noch geſtatten ſie ihm,
„ Zeuge zu ſein, wenn ein Anderer teſtirt. Und ein Sol-
„ cher heißt *improbus intestabilisque**.

244   §. 7. Wie aber, wenn einer von den Zeugen bei'm
Teſtament frei geglaubt wurde zur Zeit der Teſtaments[errichtung], ſich aber nachher als Sklaven auswies?
„ — Wir wollen ſehen, ob das Teſtament ungültig wird,
„ weil ein Sklave, wie geſagt, gehindert wird, Zeuge zu
„ ſein. Als dieſe Bedenklichkeit Statt fand*, [1] erfolgte
zuerſt eine Conſtitution des Kaiſers [2] Hadrianus an
245 Catonius Verus; da es aber wiederholt vorkam, ſo* reſcribirten auch Severus und Antoninus: ſie kämen aus

---

cipiatur, et eo amplius (ut quidam putant) neve ipsi
dicatur testimonium. Das von Theophilus Angeführte
iſt bloſes Beiſpiel. Auch die wegen eines Carmen famo-
sum Beſtraften gehören hierher.

1) Tam D. Hadr. Cat. Vero, quam postea D. Sev. et
   Ant. rescr. Inſtitutionen.

2) C. 1. Cod. 6, 23.]

eignem [1] Wohlwollen *der Gültigkeit* der Testamente zu Hülfe, so daß dasselbe in eben dem
Grade [kräftig] [2] sein sollte, [3] in welchem es
sein würde, wenn es anfänglich tadellos errichtet
wäre, *das heißt: wenn alle Zeugen Freie gewesen wären*; weil nämlich zur Zeit der Errichtung des
Testaments der besagte Zeuge nach der Meinung
Aller für frei gehalten wurde, und Niemand
vorhanden war, der ihm eine Untersuchung
über seinen Stand bewirkte [4]).

§. 8. [5]) *Wenn ich testire, kann bei meinem Testa- 246
ment Primus zugleich mit seinem, in Gewalt stehenden Sohn Secundus zeugen. Sind es* auch zwei
Brüder, die in [6]) derselben [Person] Gewalt stehen, [7]) so

---

1) Liberalitate. Institutionen.]

2) Habeatur. Institutionen.

3) Ac si ut oportet factum esset. Institutionen.

4) *Fr.* 22. §. 1. *Dig.* 28, 1.: Conditionem testium tunc
inspicere debemus, cum signarent, non mortis tempore.

5) Pater nec non is [Pandekten, aber nicht Ulpianus:
filius] qui in potestate ejus est. Institutionen. — *Fr.*
22. *Dig.* 28, 1.; *Fr.* 17. *Dig.* 22, 5. (*Ulpianus lib.
reg. sing.*). *Ulpian. lib. reg. sing.* 20, 6.

6) In ejusdem patris. Institutionen.

7) Utrique ['l utique] testes in uno testamento fieri possunt. Institutionen. [Ulpian, testes utrique, vel
alter testis, alter libripens].

ist auf gleiche Weise das Zeugniß anverwehrt. Denn Nichts ist hinderlich, wenn aus einem Haufe *oder einer Familie* [1] Viele bei einem fremden [2] Testament zeugen.

247   §. 9. [3] *Testirt Jemand, und will er, daß das „ Testament tadellos sei, so beachte er Die, welche „ zeugen sollen, und untersuche, daß* Niemand von den Zeugen in des Testators Gewalt stehe; „ *und findet er [einen Solchen], so entferne er ihn vom „ Zeugniß. — Aber darnach fragen wir nicht, ob einer „ von den Zeugen den Testator in seiner Gewalt habe, oder „ mit ihm in einerlei Gewalt stehe. Und der Grund ist „ dieser: Was willst du, daß der Testator sei? in eigner „ oder fremder? — Sagst du: in eigner, so findet das „ eben Gesagte nicht Statt, daß Niemand mit ihm in „ gleicher Gewalt sei, oder ihn in seiner Gewalt habe.

248 Nimmst du ihn aber an [als] in fremder Gewalt [ste- „ hend], so hinderst du aus einer höhern Rücksicht das Te- „ stament. Denn Wer in fremder Gewalt steht, kann nicht

---

1) Plures testes. Institutionen.

2) Negotio. Institutionen, Pandekten und Ulpianus.

3) Cajus Buch II. §. 105. 106. *Ulpian. lib. reg. sing.* 20, 3. — Cajus: In testibus... non debet is esse, qui in potestate est aut familiae emtoris aut ipsius testatoris, quia propter veteris juris imitationem totum hoc negotium... creditur inter familiae emtorem agi et testatorem.

teſtiren, weil das Teſtament eine Anordnung vorhandener „
[Eigenthumsverhältniſſe] iſt, aber der in fremder Gewalt „
Stehende Nichts in volleſtem Eigenthum zu haben ange: „
nommen wird, ſo daß er damit machen könnte, was er „
wollte*.

¹)*Wenn wir einen in fremder Gewalt Stehenden „
finden könnten, der teſtirt, ſo wollen wir weiter ſehen, „
ob das Andere vor ſich gehen kann. Suchen wir nun „
[nach einem Solchen], ſo finden wir den in fremder „
Gewalt ſtehenden Veteran (— Veteranus aber 249
iſt Der, welcher in Kriegsdienſten geſtanden, und wieder „
vom Dienſt entlaſſen iſt —), welcher in Anſehung ſeines „
caſtrenſiſchen Peculiums teſtiren kann, das heißt: welches „
er ſich durch ſeine Anſtrengungen im Kriege erworben hat. „
²)Denn ihn haben die Conſtitutionen begünſtigt. — Da „
nun der in fremder Gewalt ſtehende Teſtirer gefunden iſt, „
ſo wollen wir das Weitere traktiren*. ³)Wenn *alſo* „
der ⁴)in fremder Gewalt ſtehende *Veteran* über ſein ca: `

---

1) Cajus Buch II. §. 106.

2) *Ulpian. lib. reg. sing.* 20, 10.: Divus Augustus Marcus [*cf. v. Vryhoff obs. j. civ. pag.* 156] constituit,
ut filius familias-*miles*...

3) *Fr.* 20. §. 2. *Dig.* 28, 1. (*Ulpian. lib.* 1. *ad Sabin.*).

4) Filius familias *post missionem.* Inſtitutionen und Cajus. Die Pandekten: quaeri potest, an pater ejus
qui de castrensi peculio potest testari, adhiberi ab eo
ad testamentum testis possit?

„ Familiâ = Emtor verbunden waren, nicht
„ bei'm Testament Zeuge sein; ¹) Wer aber mit
„ dem, nach dem oben Gesagten eigends nieder ge-
„ schriebnen Erben ²) durch väterliche Gewalt ver-
253 bunden war, ja der Erbe selbst ³) war ohne Hin-
„ derniß Zeuge, indem die [civilrechtliche] Stren-
„ ge diesem Zeugniß nicht entgegen war, weil der gan-
„ ze Gewinn auf den Familiâ-Emtor zu kommen
„ schien, und der ausdrücklich nieder geschriebne Erbe
„ unbekannt war, —*

„ *so erlaubten Dieß doch die Alten, und hinderten we-
„ der den geschriebnen Erben, noch die mit ihm durch
„ die väterliche Gewalt Verbundnen, bei'm Testament zu
„ zeugen; ⁴) sie* ermahnten *[nur] die Testirenden*, diese
[ihnen] gegebne Erlaubniß nicht zu mißbrauchen. *Und
„ so [war es] bei den Alten*.

254   *Aber* unser Kaiser ⁵) brachte diese *Verwirrung* in
„ Ordnung; *— (denn es schien eine Verwirrung, eine Er-

---

1) Nr. 236. Cajus Buch II. §. 108.

2) Aut legatarii. Cajus.

3) *Cicero pro Milone* c. 18.: Testamentum simul ob-
   signavi cum Clodio, Testamentum autem palam fecerat, et illum heredem, et me scripserat.

4) Cajus Buch II. §. 108.: Sed tamen, quod ad heredem pertinet, quique in ejus potestate est, cujusve
   is in potestate erit, minime hoc jure uti debemus.

5) Eandem observantiam corrigentes. Institutionen.

läubniß zu ertheilen, und zu ermahnen, sie nicht zu miß-„
brauchen) —* und hat den Rath der Alten zur Nothwen-„
digkeit des Gesetzes erhöht [1]); und *so wie bei'm alten „
Familiä-Emtor jedes Zeugniß der mit dem Familiä-Emtor „
durch väterliche Gewalt Verbundnen untersagt war, so hat „
er [2]) auch* bei'm Erben, der das Bild des [3]) alten Familiä-Emtor trägt, weder ihm selbst noch auch den mit ihm   255
[4]) *durch väterliche Gewalt* Vereinten [5]) zu zeugen gestat-„
tet. *Denn er scheint zu seinem eignen Vortheil zu zeu-„
gen*. [6]) Und da die Constitution der ältern Kaiser dem
Erben gestattete, Zeuge zu sein, so verbot unser göttlicher
Kaiser, solche Constitution in seinen Coder einzuschreiben.

§. 11. [7]) **Aber den Legatarien und Fideicom-** 256
missarien wird das Zeugen nicht verwehrt,

---

1) Ad imitationem pristini familiae emtoris, merito.
  Institutionen.

2) Wahrscheinlich eben in dieser Institutionenstelle.

3) Vetustissimi. Institutionen.

4) Ut dictum est. Institutionen.

5) Sibi quodammodo testimonia praestari. Institut.

6) Ideoque nec hujusmodi veterem constitutionem. Institutionen. Die Pandektenstelle (*Fr. 20. Dig. 28, 1,*
  angeblich *Ulpian. lib. 1. ad Sabin.*) schon: Qui testamento heres instituitur, in eodem testamento testis
  esse *non* potest.

7) Cajus Buch II. §. 108.

„ ¹) *weil sie nicht Nachfolger von etwas Unkörperlichem
werden*, ²) und eben so wenig allen mit ihnen *durch
„ väterliche Gewalt* Verbundenen. Ueberdieß ist von unserm
heitersten Kaiser durch ³) eine Constitution ihnen ⁴) beson=
„ ders erlaubt, *daß man Denen, die bei'm Testament zeu=
„ gen sollen, Legate hinterlassen dürfe*, und noch viel eher
Denen, welche ⁵) mit ihnen durch väterliche Gewalt ver=
bunden sind.

257   §. 12. Ich mache keinen Unterschied, *auf wel=
„ chem Stoff das Testament gemacht wird*,
ob auf Tafeln [von Holz ⁶)] oder auf Papier, oder auf
Pergament, oder auf einem andern Stoff, *zum Beispiel
„ Leder oder elfenbeinernen Tafeln* ⁷).

---

1) Quia non juris successores sunt. Institutionen.

2) Ausgenommen also die fideicommissarii universales.

3) In quadam const. Institutionen. — Die Constitution
ist nicht vorhanden. GL: Graeca, vel dic de illá, quae
est Cod. eod. l. qui testamento quae, est Justiniani per ap-
probationem.

4) Et hoc Institutionen.

5) Qui eos habent in potestate, hujusmodi licentiam
damus. Institutionen.

6) Mit Wachs überzogen; daher cera, und lignum für
Testament.

7) Ein gewöhnliches, (nicht militärisches) Testament muß
mit Buchstaben, nicht mit Schiffern geschrieben sein; Fr.
6. §. fin. Dig. 37. 6.; es ist nicht nöthig, daß der Testator es selbst schreibe.

§. 13. ¹)Es kann Einer, *wenn er testirt*, „
²)viele Testamente gleichlautend schreiben;
so jedoch, daß jedes derselben nach der *bei Testamenten*
Statt findenden Vorschrift eingerichtet wird. Es ist 258
³) nothwendig, *daß es viele gleichförmige Ausfertigungen „
der Testamente gibt*, denn manchmal wünscht Jemand, „
der sich einschiffen will, ⁴)das Testament bei sich zu ha=
ben, und ein anderes zu Hause zu lassen, *woraus sich
sein Wille ergibt, wenn er sterben sollte*. Und noch we=„
gen ⁵)vieler anderer Ursachen, die sich aus menschlichen
Verhältnissen ergeben, *ist es nothwendig, daß Dieß sei, „
denn es geschieht zuweilen, daß das eine Exemplar entwen=„
det wird, oder Der, welcher es in Aufbewahrung genom=„
men hat, verreist, und der Ort, wo er sich aufhält, un=„
bekannt ist*.

§. 14. ⁶)Aber Dieß Alles *muß* von geschrie= 259
benen Testamenten *verstanden werden*. Will aber Je=

---

1) *Fr. 24. Dig. 28, 1. (Florent. lib. 10. Inst.)*.
2) Unum testamentum pluribus perficere codicibus quis
   potest. Institutionen. [Pandekten: pluribus exemplis
   consignare, oder pluribus tabulis].
3) Interdum. Institutionen.
4) Judiciorum suorum contestationem, Institutionen.
5) Innumerabiles causas, quae humanis necessitatibus
   imminent. Institutionen.
6) *Fr. 21. Dig. 28, 1.*

mand ein nicht geschriebenes Testament ma-
„ chen, *(— nämlich ein *civilrechtliches*, denn der Prä-
„ tor kennt kein nicht geschriebenes Testament; und wie
„ [sollte er es kennen], da er ¹) jederzeit Siegel ver-
langt? —)*, so ist, wenn er in Beisein von sieben Zeugen, vor diesen seinen Willen erklärt, ein solches Testament nach dem Civilrecht ²) vollendet und gültig ³).

Elfter Titel.
Vom Soldaten = Testament.
[De militari testamento].

260   *Im Vorhergehenden haben wir gesagt, wie ein Te-
„ stament eingerichtet sein müsse. Aber* ⁴) jene mit vieler
„ Umständlichkeit verbundne Form *findet bei den paganischen
„ Testamenten Statt*. Aber bei den Testamenten der Sol-

---

1) §. 2. dieses Titels.

2) Perfectissimum test. jure civili, firmumque constitutum. Institutionen.

3) Zum Beispiel Suetan. v. Horatii: decessit herede
Augusto palam nuncupato, cum, urgente vi valetu-
dinis, non sufficeret ad obsignandas testamenti tabulas.

4) Supradicta diligens observatio. Institutionen. — Cajus Buch II. §. 109.

daten hört diese ¹) Vorschrift auf; ²) denn ihnen iſt durch
die Conſtitutionen wegen der Unkenntniß in Geſetzen bewilligt, *ohne jene Förmlichkeit zu teſtiren*. ³) Wenn ſie 261
alſo auch in Beiſein nur eines Zeugen ⁴) teſtiren, oder
auch ⁵) nicht mit eigner Hand den Namen des Erben ſchrei-
ben, ſo wird doch ihr Wille beſtätigt. Denn beſchäftigt mit
dem Kriegsdienſt, *iſt ihnen natürlicher Weiſe die Beobach- „
tung der ganzen Förmlichkeit unbekannt*. „

*Aber ehodem konnten ſie auf Soldaten-Weiſe teſtiren, „
ſie mochten ſich aufhalten, wo ſie wollten; allein ⁶) eine „
Conſtitution unſers Kaiſers erlaubte ihnen, Dieß [nur] „
dann zu thun, wenn ſie im Lager oder im ⁷) Ex- „

---

1) Λόγος, ratio. Inſtitutionen.

2) Propter nimiam imperitiam remissa. Inſtitutionen.

3) Nam quamvis ii neque legitimum numerum testium
   adhibuerint, neque aliam testamentorum solennitatem
   observaverint [Cajus Statt neque observaverint: neque vendiderint familiam, neque nuncupaverint testa-
   mentum] recte nihilominus testantur, videlicet cum
   in expeditionibus occupati sunt, quod merito noſtra
   constitutio [c. 17. Cod. 6, 21.] induxit. Inſtitutionen.

4) Das heißt: ein mündliches Teſtament errichten.

5) Beim ſchriftlichen Teſtament.

6) Quoquo enim modo voluntas ejus suprema sive scripta inveniatur, sive sine scriptura, valet testamentum
   ex voluntate ejus. Inſtitutionen.

7) Scholion zu §. 6. Inst. 2, 13.: Expeditum = im
   Krieg, oder im Heer.

„peditum befindlich sind, [denn dann]* soll ihr
262 Wille auf jede Weise, mag er schriftlich oder nicht schriftlich angeordnet sein, Gültigkeit in sich haben. Zu der
Zeit aber, wo sie sich an andern Orten aufhalten, als in
ihren sogenannten ¹⁾Sedetis, (das heißt da, wo sie sich

---

1) Sedeta wird in den lateinisch-griechischen Glossen erklärt für: Καϑεδραι, προαστεια, φόσσατα; Castrum gleichfalls für φόσσατον; expeditum für Εξο-
δος στρατωνικη, Heeresauszug, und ενϑα διάγει τὸ
στρατόπεδον, Ort, wo das Heer lagert. Sedeta ist
also mit Castrum und Expeditio ein verwandter Begriff, kein entgegen gesetzter. Die Begünstigung der
Soldaten bezieht sich gleichmäßig, (wie man aus den
Worten des Theophilus „in den Lagern oder in Schlachtordnung,“ und aus der c. 8. Cod. 2, 51. ersieht, auf
die in Schlachtordnung, und die im Lager, in Besa-
tzung Stehenden. Ausgenommen sind von ihr (Theophilus Nr. 269) Die, welche zwar Soldaten sind, aber
nicht in castris sich befinden; wie die Basiliken in der
unten abgedruckten Stelle sagen: welche sich an andern
Orten oder in ihren Häusern befinden. — Alle Institutionenhandschriften lesen aber: Illis antem temporibus
per quae citra expeditionum necessitatem in aliis locis vel suis aedibus degunt, minime... adjuvantur.
Viele Gelehrte, auch Reiß, wollen nun durchaus vel
suis sedibus lesen. In der Const. cit. 8. Cod. 2, 51.
und C. 8. Cod. 7, 35. ist sedibus nur in den Text
hinein emendirt worden, keineswegs die gewöhnliche
Lesart, und so darf man sich darauf um so weniger berufen, als die Basiliken (zur erstgedachten Constitution) gerade aedibus (wie in penatibus propriis, auf Urlaub),
lesen. — Alle Uebersetzungen des Theophilus, und wer

sonst davon spricht, nehmen ἤ (ἐν ἑτέροις .. τόποις, ἤ
ἐν τοῖς λεγομένοις αὐτῶν σεδέτοις) für oder; und
alle glauben, die Worte ἐν τοῖς,.. σεδέτοις, τουτέσ-
τιν ἔνϑα διάγειν αὐτοὺς ἀνάγκη, sei Umschreibung
von vel suis aedibus. Allein nach ἑτέροις (andern) hat
das folgende ἤ im Zweifel die Bedeutung von als;
auch ist es nicht etwas Gleichbedeutendes, sich an einem
andern [beliebigen] Orte aufhalten, oder sich da
aufhalten, wo man soll; sodann belehrt uns der
Schluß, daß Das, was wir hier suchen, mit: in dem
Lager sich befinden, gleichbedeutend sein müsse. — Ver-
gleicht man ferner die auf die vorliegende Institutionenstelle Bezug nehmende Stelle in den Basiliken, so scheint
es, als habe Theophilus die Worte vel suis aedibus
schwinden lassen, nur das Uebrige übersetzt, und zur
Erläuterung des *aliis* locis — das als in... hinzu ge-
fügt; wodurch zugleich die Worte citra expeditionum
necessitatem ihre Erklärung bekommen. Die Institutionen, Theophilus und die Basiliken entsprechen sich demnach so, daß die Institutionen und Basiliken wörtlich
gleich lauten, und Theophilus den Grund: citra expo-
ditionum necessitatem, (das heißt: weil die Nothwendigkeit einer Expeditio, eines Versammeltseins nicht da
ist), in die Folge auflößt: „daß sich die Soldaten nun
nicht da befinden, wo sie sein würden, wenn eine solche
Nothwendigkeit da wäre, sondern an einem andern Ort.“
Die Stelle der Basiliken (Fabrot 1. Seite 689)
lautet: „Es ist schon in der zweiten Institution ge-
„sagt worden, daß nur Die nach militärischem Recht
„testiren dürfen, die in Reih' und Glied [ταξειδίω]
„sich befinden. Die Constitution befielt also, daß auch
„nur diese die Wohlthat der Wiedereinsetzung haben
„sollen, und daß das Jahr der Wiedereinsetzung von
„da an zu laufen beginnt, wo sie aufhören in Besa-
„tzung zu sein [ἐν φοσσάτῳ διάγειν]. Wir setzen

aufhalten müssen), da genießen sie nicht der Soldaten-
Vorrechte bei'm Testiren; doch testiren sie [1] unbeschadet
daß sie Familiensöhne sind [2], [3] nur müssen sie durch-
„ gängig die Form beobachten, *wenn sie außerhalb der Ca-
stra sich befinden*.

263 §. 1. [4] *Es wird nicht unstatthaft sein, auch Das in
„ das Mittel zu bringen, was von* Trajanus über das
„ Soldatentestament *gesagt worden ist bei folgendem Fall:
„ Ein Soldat berief Einige zusammen, und sagte in ihrem
„ Beisein, er wolle, daß Der oder Jener sein Erbe sei,
„ und dieser [oder jener] Sklave frei gegeben werde.
„ Dieß geschah aber nicht schriftlich. Nach seinem Tode
„ entstand Widerspruch zwischen seinen Intestat-[Erben],
„ und dem [mündlich] benannten Erben. Und die Intestat-

„ fest, daß nur Denen, welche in Reih' und Glied
„ stehen, blos die Zeit, welche sie in Reih' und Glied
„ zubringen...... helfen soll. Die Zeit aber, wo sie
„ ohne die Nothwendigkeit in Reih' und Glied [zu
„ sein], sich an andern Orten oder in ihren Wohnun-
„ gen aufhalten, soll ihnen nicht..... nützen.“

1) S. oben Nr. 248.

2) Propter militiam. Institutionen.

3) Jure tamen communi eadem observatione in eorum
testamentis adhibenda, quam et in testamentis paga-
norum proxime exposuimus. Institutionen.

4) Plane de testamentis militum D. Trajanus Statilio
Severo ita rescripsit. Institutionen.

[Erben]* meinten, was der Verstorbene gesagt, wäre nicht 264
in der Absicht zu testiren gesagt; der Erbe aber schützte
das Soldaten-Vorrecht vor, und behauptete deswegen das
Testament. 1)*Statilius Severus*, der diesen Streit
entscheiden sollte, berichtete an den göttlichsten Trajanus.
Dieser aber rescribirte 2): „Das Soldaten-Vorrecht, *wel- 265
ches sagt*, die Testamente der Soldaten wären, wie sie
auch immer errichtet, gültig, muß so verstanden werden,
daß zuvörderst klar ist, es sei ein Testament gemacht worden, 3)*schriftlich oder nicht schriftlich*. Hat also der
verstorbene Soldat, über dessen Vermögen 4) gestritten
wird, einige [Personen] deshalb zusammen gerufen, um
seine Willens-Meinung *vor Zeugen* zu erklären, und
5) deutlich kund gegeben, Wen er zum Erben haben will,
und welchen *Sklaven* er mit der Freigebung beschenkt, 266
so 6) nennen wir ein solches nicht geschriebenes Testament
gültig. Wenn 7) er aber, wie das sehr oft gesprächsweise

1) Andre Catilius; wohl derselbe, an den mehrere Briefe
   des jüngern Plinius da sind.
2) Fr. 24. Dig. 29, 1. [Florentinus l. 10. Instit.).
3) Quod et sine scriptura et [Fabrot schlägt vor ut]
   non militantibus quoque fieri potest. Institutionen.
4) Apud te. Institutionen.
5) Ita locutus est, ut declaret. Institutionen.
6) Potest videri sine scripto hoc modo esse testatus, et
   voluntas ejus rata habenda est. Institutionen.
7) Ceterum. Institutionen.

„ zu geschehen pflegt, *in Beisein von einigen [Personen],
sich* zu Einem *wendend* spricht: ich mache dich zum
Erben, oder ich hinterlasse dir meine Sachen, so darf
Das nicht 1) die Kraft eines Testaments haben. 2)*Denn
267 bei Niemand mehr als bei den Soldaten, denen als Vor=
„ recht bewilligt ist, zu testiren wie sie wollen, muß man
„ darauf sehen, daß das gesprächsweise Gesagte nicht zur
„ Analogie des Testaments gebracht 3) werde*, denn ohne
alle Schwierigkeit würden nach dem Tode 4) jedes Sol=
daten Zeugen auftreten und behaupten, gehört zu haben,
„ daß der Verstorbne *zu Dem [oder Jenem]* gesagt hätte,
„ 5) *ich ernenne dich zum Erben, oder* ich hinterlasse dir
mein Vermögen, wodurch die wahren [letzten] Willen
der Soldaten umgeworfen würden.“

268   §. 2. 6) Der Soldat testirt gültig, er mag stumm
„ oder taub sein. *Stelle dir aber vor, er sei 7) [noch]

---

1) Pro testamento observari. Institutionen.
2) Nec ullorum magis interest, quam ipsorum, quibus
    id privilegium datum est, ejusmodi exemplum non
    admitti. Institutionen.
3) Das heißt: nicht wie eine Form von Testament ange=
    sehen werde.
4) Alicujus. Institutionen.
5) Relinquere se bona cui visum sit. Institutionen.
6) Fr. 4. Dig. 29, 1. (Ulpian. lib. 1. ad Sabin.): Ju=
    re militari surdum et mutum test. facere posse, ante
    causariam missionem, in numeris manentem, placet.
7) Im Griechischen steht μή (nicht). Dieß läßt nun Fa=
    brot hinweg, aber ohne zu bedenken, daß der Entlas=

nicht vom Kriegsdienste [1] *causaria missione* entfernt. „
Denn es ist unstatthaft, daß ein solcher diene; denn der
eine hört die Befehle des Vorgesetzten nicht; der andre
kann nicht an den Tag geben, wenn er Etwas bedarf*.

[2] §. 3. Aber [3] so lange ist durch die Kaiserlichen 269
Constitutionen den Soldaten gestattet worden [4], *ohne
die Förmlichkeit zu testiren*, als sie [5] dienen
[6] oder in Lagern sich aufhalten; aber nach der
[7] Entlassung, *das heißt: wenn sie* Veterani *geworden sind*, oder *[wenn] sie noch dienen, aber* ausser

---

jene Veteran würde. Aus der Pandektenstelle sieht man,
daß es heißen soll: der Soldat, der noch in den Listen
geführt wird und noch nicht verabschiedet ist. — —
Scholion: Stelle dir ihn aber nicht gänzlich invalid
vor, das heißt: von Geburt taub oder stumm; denn
ein Solcher wird mit der causaria missio entfernt.

1) Causaria missio est, quum quis vitio animi vel corporis minus idoneus militiae renunciatur. Fr. 13. §.
3. Dig. 49, 16.

2) GL.: quidam dicunt, hic non esse §. etc.

3) C. 5. Cod. 6, 21.

4) Hoc. Institutionen.

5) Militant. Institutionen.

6) Et. Institutionen.

7) Das heißt: der missio justa oder honesta; die igno-
miniae causa Entlassenen verloren das Recht des mili-
tärischen Testaments.

halb der Lager [1]) *sich befinden*, [2]) müssen sie die Förm:

„ lichkeit der Paganen beobachten. *Weil wir aber gesagt

„ haben, daß die in Lagern [befindlichen] Soldaten gefahr:

270 los bei'm Testiren die Förmlichkeiten verachteten, die Be:

„ teranen aber die Förmlichkeit beobachten müßten, so achte

„ jetzt auf eine daraus [entstandne] Frage, welche zwischen

„ dem Soldaten und dem Veteran in der Mitte liegt. [3]) Ein

„ im Lager befindlicher Soldat testirte auf die ihm beliebige

„ Weise; hierauf wurde er vom Kriegsdienst entlassen und

„ starb. Sehen wir nun, ob sein [letzter] Wille gültig sein

„ müsse? Und wenn Jemand die Zeit untersucht, wo das

„ Testament gemacht worden ist, so sage ich, es sei gültig,

271 auch ohne [Beobachtung [4]) der] Förmlichkeit; betrachtet

„ man die Zeit, wo er starb, so darf ein ohne die Förm:

„ lichkeit gemachtes Testament nicht gelten. — Wie nun?

---

1) Scholion: „Denn vielleicht war er in Sedetis.“ —
Dieses Scholion nimmt also sedeta in einer abweichenden Bedeutung.

2) Si faciant adhuc militantes testamentum, communi
omnium civium Romanorum jure facere debent. Institutionen.

3) Et quod in castris fecerunt testamentum, non communi jure, sed quo modo voluerint, post missionem intra annum tantum valebit. Institutionen.

4) Scholion: weil nämlich sein Testament auf dem Zug
oder auch im Lager gemacht ist (in expedito vel in
castris).

Die Zeit entscheidet die Frage; und wenn er innerhalb „
eines Jahrs nach der Entlassung stirbt, etwa im zehnten „
oder elften oder zwölften Monat, so nenne ich jenes Te-„
stament ein militärisches und gebe ihm Gültigkeit; [stirbt „
er] aber nach Verlauf eines Jahres seit der Entlassung, „
so soll es nicht mehr gültig sein. Denn die Zwischenzeit 272 „
genügte, ihn mit der Förmlichkeit bekannt zu machen, die „
bei den Testamenten beobachtet werden muß, um, sein Te-„
stament darnach ändernd, so zu testiren*.

1) Wie aber, wenn Einer *auf Soldaten-Weise te-„
stirt, aber den Erben unter Bedingung einsetzt, „
und* innerhalb eines Jahres *nach der Entlassung* stirbt, „
aber die Bedingung der Einsetzung [erst] nach dem Jahre „
erfolgte? *Laß uns sehen*, 2) ob Das dem Testament „
schade; *und wir sagen: keineswegs. Denn wir verlan-„
gen, daß der Tod innerhalb eines Jahres nach der Ent-„
lassung Statt finde, nicht aber, daß der Antritt ge-„
schehe3).

§. 4. 4) Ein Paganus testirte ohne [Beob-273
achtung der] Förmlichkeit, und wurde sodann

---

1) Vergl. Fr. 38. Dig. 29, 1.
2) An quasi test. militis valeat, et placet valere quasi
   militis. Institutionen.
3) Oder weil die Bedingung, sie trete ein, wenn sie wolle,
   rückwirkend ist. Fr. 11. §. 1. Dig. 20, 4.
4) Sed si quis ante militiam non jure fecit test. Institutionen. Fr. 20. §. 1. Dig. 49, 1. (Julian. lib. 27.
   Dig.). Fr. 25. Dig. eod. Paul. sent. rec. 3, 4, 3.

Soldat. In ¹) dem Lager sich aufhaltend, entsiegelte
er das Testament, und setzte Einiges dazu oder nahm hin-
„ weg, *oder ²) er las auch nur das Testament*, oder ³) er
machte etwas Anderes, woraus der Wille des Soldaten
hervorging, welcher wollte, daß es gültig sein solle. *Hier-
„ auf starb er*. ⁴) Das Testament gilt *auch ohne die
Förmlichkeit*, gleichsam nach seinem neuern Willen, *den
„ er in Ansehung des Testaments, während er im Lager
lebte, bezeigte*.

274   §. 5. ⁵) Ein *im Lager lebender* Soldat *testirte
„ ohne ⁶) die Förmlichkeit; hierauf erlitt er die Ca-
„ pitis-Diminution, (denn ⁷) er* gab sich, *da er
„ sein eigner Herr war*, in Arrogation, oder da er
„ Haussohn war, wurde er emancipirt). Dennoch soll
das Testament in seiner Kraft bleiben, ⁸) gleich als *erlangte es* ⁹) einen neuen Willen des Soldaten *nach sei-
„ ner Emancipation. Denn indem er es nicht änderte,

---

1) Expeditione. Institutionen.

2) Dieß haben die Pandekten.

3) Aliàs manifesta est militis voluntas. Institutionen.

4) Dicendum est. Institutionen.

5) Fr. 22. Dig. 29, 1. (Marcian. lib. 4. Instit.).

6) Scholion: das heißt gegen das bürgerliche Testament.

7) Fr. 23. Dig. eod. (Tertullian. lib. sing. de castr. pec.).

8) Quasi militis ex nova voluntate.

9) Die Edit. pr. schaltete hier μη (nicht) ein.

wollte er, daß es bei Kraft bleibe*, auch macht die Ca- 275
pitis-Diminution das Testament nicht ungültig, *weil der
Testirende Soldat ist, denn (wie wir weiter unten ¹) lernen werden) des Testators Capitis-Diminution wirft das
Testament um. Hier aber wird Das nicht beobachtet, denn
es wäre etwas Unstatthaftes, daß ein nach den Gesetzen
zwar nicht gemachtes, aber doch [von ihnen] gut geheiße-
nes Testament von den civil[rechtlichen] Vorschriften aufgehoben würde*.

§. 6. ²)*Es gibt einige in Gewalt Stehende, welche 276
ein castrensisches Peculium zwar nicht haben, aber* ein
quasi-castrensisches aus den ältern Gesetzen oder aus
den nachher erfolgten Constitutionen haben. *Dergleichen
ist Das, was durch die [³)Gerichts]-Beisitzung, oder
durch die Anwaldschaft, oder durch eine obrig-
keit[liche Stelle] [erlangt wird], das heißt von
den ⁴)Annonen, die ihnen vom Staate dargereicht wer-

25 *

1) §. 4. Inst. 2, 17.

2) Sciendum tamen est, quod ad exemplum castrensis
peculii, tam anteriores leges quam principales constitutiones .. dederunt, Institutionen.

3) Lamprid. Alex.

4) Gloss. gr. lat.: annona salarium.

den*. — ¹) Auch diesen ist erlaubt, in [väterlicher] Ge=
„ walt zu testiren. *Da aber ein kleiner Zweifel ihretwegen
277 Statt fand, so erfolgte* ²) eine *allgemeine* Constitution
unseres Kaisers, ³) welche sagt: daß jeder ⁴) *Haussohn,
„ der ein *quasi-castrensisches* Peculium hätte, darüber*
nach ⁵) gemeinem Recht testiren könnte. — Wer also die
besagte Constitution liest, dem ⁶) wird nichts von dem hie=
her Gehörigen unbekannt bleiben.

Zwölfter Titel.

Wem nicht verstattet ist, Testamente zu machen.
[Quibus non permittitur, testamentum facere].

278   ⁷) *Von den Menschen testiren Einige, And=
„ re testiren nicht. Und wir würden von Denen re=

---

1) Et quorum quibusdam. Institutionen. Nämlich mit
Ausnahme der Advocaten, Lehrer der freien Künste
u. s. w.

2) C. 12. Cod. 6, 22.; C. 37. Cod. 3, 28.

3) Quod.. latius extendens permisit. Institutionen.

4) In his tantummodo peculiis testari, sed jure quidem
communi. Institutionen.

5) Scholion: das heißt nach der civilrechtlichen Form.

6) Licentia est nihil... ignorare. Institutionen.

7) Non tamen omnibus licet facere testamentum. Insti=
tutionen.

den, die teſtiren können; da es ihrer aber der Zahl nach „
viele ſind, ſo wollen wir [lieber] von Denen reden, die „
nicht teſtiren können, deren wenige ſind, um von dieſen „
die vielen lernen zu können*.

¹) Zuerſt kann nicht teſtiren der Haus-
ſohn, *weil ²) das Teſtament eine Anordnung des Ver- „
mögens iſt, ein ³) Haussohn aber über ſein Vermögen 279
nicht verfügen kann, wie er will. Es iſt ihm* ſogar ſo „
weit *zu teſtiren unterſagt*, daß wenn auch *ich*, ⁴) der „
Vater*, *(wie zu geſchehen pflegt), ihm nachgebend*, er-
laube, *über ſo viel von meinem Vermögen zu teſtiren, „
als er will*, dennoch das von ihm Geſchehene nicht gilt ⁵).
*Denn eine Privatmeinung darf nicht gültiger ſein, als „
die Geſetze*.

⁶) *Doch gibt es welche, die in fremder Gewalt [ſte- „
hen], und doch teſtiren, nämlich die, welche ein ⁷) cas „

---

1) Statim. Inſtitutionen.
2) §. 9. des vorletzten Titels.
3) *Ulpian. lib. reg. ſiag.* 20, 10.
4) Parentes. Inſtitutionen.
5) *Fr.* 6. pr. *Dig.* 28, 1. (*Cajus* 6. *ad Edict. prov.*). C.
   3. §. 1. *Cod.* 6, 22.
6) Exceptis iis, quos antea enumeravimus et [§. *ult. tit.
   praet.*] militibus praecipue, qui in poteſtate parentum ſunt, quibus de eo, quod in caſtris acquiſie-
   runt, permiſſum eſt... teſt. facere. Inſtitutionen.
7) Caſtrenſe peculium eſt, quod in caſtris acquiritur,
   vel quod proficiſcenti ad militiam datur. *Paul. ſent.
   rec.* 3, 4, 3.

280 ftrenfifches Peculium haben*. — Dieß war anfänglich nur den Soldaten geftattet, nach dem Anfehen theils des Auguftus, theils des Nerva, und auch des beften Kaifers Trajanus. Hierauf geftattete eine [1] Conftitution des Hadrianus auch den [2] Veteranen, *die das übel aufnahmen, zu teftiren während der väterlichen Gewalt*. Und wenn *alle die Benannten* über ihr caftrenfifches Peculium teftiren, fo erhält es der von ihnen gefchriebne Erbe; fterben fie aber ohne Teftament, und ohne daß fie Kinder haben, oder Gefchwifter da find, fo
281 kömmt es nach [3] gemeinem Rechte *wie jedes andre paganifche Peculium* an die Aeltern. *Denn [4] wenn Jemand von dem ihm verliehenen neuen Rechte keinen Gebrauch macht, dann finden die alten Gefetze Statt; fonft aber erhielt der Vater das Peculium des verftorbnen Kindes, es mochte fein welches es wollte*.

[5] Es gibt viele Verfchiedenheiten zwifchen dem paganifchen und caftrenfifchen Pecu-

---

1) Subscriptione. Inftitutionen.
2) Dimissis militia id est veteranis. Inftitutionen.
3) Nach der *Nov. 118. c. 2.* fchließen jedoch Brüder die Aeltern nicht aus.
4) Quotiens duplici jure defertur alicui successio, repudiato novo jure, quod ante defertur, supererit vetus. *Fr. 91. Dig. 50, 17.*
5) Ex eo intelligere possumus, quod in castris acquisierit miles, qui in potestate patris est, neque... patrem adimere posse. Inftitutionen.

ttum. Und die erste ist die, daß der Haussohn über „
das castrensische testiren kann, nicht über das paganische*. „

Ein zweiter Unterschied: Der *erzürnte* 282=
Vater kann *wohl dem Haussohn das paganische Peculium „
abtreten, das heißt hinweg nehmen*, aber nicht das ca= „
strensische.

1)*Ein dritter Unterschied: Wenn Jemand „
Vielen schuldig ist, und von seinen Gläubigern den Ver= „
lauf seiner Güter erleidet, so 2)wird das Peculium des „
Kindes mit verkauft, nämlich das paganische, keineswegs „
aber das castrensische*.

3)*Auch einen vierten Unterschied gibt es: 283
Wenn der Vater stirbt und viele Kinder vorhanden sind, „
und es der Fall ist, daß eines davon ein paganisches und „
castrensisches Peculium hat; so wird das paganische den „
Brüdern gemeinschaftlich sein, das castrensische aber nur „
dem, der es erworben*, obgleich 4) alle Peculien der Haus= „
söhne eben so für einen Theil des väterlichen Vermögens

---

1) Neque patris creditores id vendere vel aliter inquie-
zare. Institutionen.

2) Scholion: Wenn der Fiscus Creditor ist, so wird
das Peculium des Haussohns nicht verkauft, sondern es
wird dem Sohn [zu Gunsten] davon getrennt.

3) Neque patre mortuo cum fratribus commune esse.
Institutionen.

4) Jure civili. Institutionen.

gehalten werden, so wie auch die Peculien der Sklaven dem Vermögen der Herrn beigezählt werden.

284. ¹) Was aber von den castrensischen [Peculien] gesagt ist, Das verstehe auch von ²) denjenigen, die in Gemäßheit der Constitutionen dem Vater aus verschiedenen Ursachen nicht zu Gute kommen.

Wenn also ein Haussohn, ausser Dem, welcher ein castrensisches oder *quasi*-castrensisches Peculium besitzt, testirt, so ist sein Testament ungültig, auch wenn er sein eigner Herr geworden ist. ³) *Denn wir beachten immer nicht nur die Zeit des Ablebens, sondern auch die der Verfertigung des Testaments, ob er zu beiden Zeiten die Fähigkeit zu testiren gehabt habe*.

---

1) Exceptis videlicet iis, quae ex sacris constitutionibus et praecipue nostris, propter diversas causas non acquirantur. Institutionen. — — Quidam hoc loco Th. non jure notant, quasi existimarit, filium familias de eo, quod ex causa adventitia quaesitum est, testamentum facere posse, quod manifesto falsum est. *l. ult. §. 5. Cod. de bon. q. lib. l. ult. Cod. qui testam.* Haec igitur Th. sententia est: sicut castrense peculium filii familias proprium est, ita et adventitiorum dominium ei acquiritur, non patri per filium familias. Fabrot.

2) Scholion: das heißt Das aus Testamenten, Feldzügen, Künsten.

3) *Fr. 1. §. 8. Dig. 37, 11.*

§. 1. ¹) Zweitens können nicht testiren die Un= 285
mündigen. *Denn du weißt, das *testamentum* heißt "
testatio mentis oder Zeugniß des Willens; aber er*, "
²) der Unmündige, ist des Willens beraubt. — Noch testi=
ren die Wahnsinnigen, *weil sie des Verstandes beraubt "
sind. Also testirt nicht weder der Unmündige, noch der "
Wahnsinnige, weil jenem das Denken noch nicht zu Theil "
geworden ist, und es diesem ganz abgeht*. Und ihr Te= "
stament ist auch [dann] ungültig, wenn auch jener mündig
stirbt, und dieser wieder vernünftig ³). Hat der Wahnsin= 286
nige aber zu der Zeit testirt, wo er aufhört zu rasen⁴),
das heißt in den [lichten] Zwischenräumen, "
*so fragt es sich, ob [das Testament] gelte? Und wir "
sagen*: ⁵) das Testament sei gesetzlich. — *Wie aber,
wenn er nach gemachtem Testament wahnsinnig wird*? "
⁶) Wenn die Krankheit des Wahnsinnigen erst später ihn "

1) Praeterea. Institutionen. — Cajus Buch II. §. 133.
    Paul. sent. rec. 3, 1, 1. Ulpian. lib. reg. sing. 20, 12.

2) Quia nullum eorum animi judicium ['l. indicium] est.
    Institutionen.

3) Fr. 5. Dig. 28, 1.

4) Wo sie auch Zeugen sein können. Fr. 20. §. 4. Dig. h. t.

5) Jure videntur esse testati. Institutionen.

6) Certe eo quod ante furorem fecerint, testamento va-
    lente, nam neque testamentum recte factum neque ul-
    lum aliud negotium recte gestum, postea furor inter-
    veniens perimit. Institutionen.

überfällt, so stößt es das förmlich aufgerichtete Testament
nicht um; *so wie hinzukommender Wahnsinn
auch keinen andern Contrakt wieder aufhebt* 1).

287   §. 2. 2) Auch dem Verschwender, welchem die
Verwaltung seines Vermögens untersagt ist, gestattet *das
Gesetz* nicht, zu testiren 3). Aber das *vor seiner Ver:
schwendung, das heißt* bevor ihm die Verwaltung seines
Vermögens untersagt ist, errichtete Testament bleibt gültig.

§. 3. 4) Der Stumme und Taube testirt nicht
immer. Wir meinen aber den Tauben, der gar nicht
hört, nicht aber den, welcher schwer hört, *denn dieser
288 [letztere] testirt*. 5) So nennen wir auch nicht Den
stumm, der schwer spricht, sondern Den, der gar nicht
spricht. — *Jenes: nicht immer habe ich aber we:
gen folgender Ursache hinzugesetzt*: denn oft wurde ein

---

1) *Fr. 16. Dig.* 28, 1; *C. 5. Cod. 6, 36.* — Nicht ein:
mal die Ehe. *Fr. 8. Dig. 1, 6.*

2) *Ulpian. lib. reg. sing.* 20, 13. — *Fr. 18. Dig.* 28, 1.

3) Quoniam commercium illi interdictum est, et ob id
familiam mancipare non potest. Ulpian.

4) *Ulpianus lib. reg. sing.* 20, 13. Mutus, quoniam
verba nuncupationis loqui non potest, surdus, quoniam verba familiae emtoris exaudire non potest, testamentum facere non potest. — *Fr. 6. §. 1. Dig.* 28, 1.

5) Nam. Institutionen.

¹) des Schreibens Kundiger und Gebildeter ²) durch einen
Hinzu kommenden Unfall *(einen solchen bringen aber viele „
Ursachen hervor)*, des Gehörs oder der Sprache beraubt,
und weil Diese bei den Alten nicht testiren konnten, so „
³) erfolgte eine Constitution unsers Kaisers, welche befiehlt, 289
daß Die, *welche durch Krankheit dazu gekommen, mit „
einiger Förmlichkeit testiren können. Die Art und Förm- „
lichkeit kann man genau kennen lernen, wenn man die be- „
sagte neue Constitution liest*. Hat aber Jemand testirt, „
und wird [erst dann] durch eine *[ihn] betreffende*
Krankheit oder *durch eine obrigkeitliche Bestrafung, oder* „
durch irgend einen andern Umstand stumm oder taub, so
behält das vorher gemachte Testament seine Kraft.

§. 4. ⁴) Der Blinde kann testiren, wenn er das 290
in der Constitution des Justinus, ⁵)*göttlichen Anden- „
kens*, ⁶) Gesagte beobachtet.

---

1) Literati. Institutionen.

2) Variis casibus [l causis]. Institutionen.

3) Unde nostra constitutio [C. 10. Cod. 6, 22.] etiam
his subvenit, ut certis casibus et modis secundum
normam ejus possint testari. Institutionen.

4) Paul. sent. rec. 3, 4, 4.

5) Patris nostri [GL.: mei].

6) So Fabrot und die Pithouische Handschrift.
Reiß: „wenn er das in der besagten Constitution [Ge-
sagte] beobachtet.“ — Gewiß minder richtig.

§. 5. [1]) Wer bei den Feinden ist, testirt nicht
gültig bei ihnen, wenn es ihm gleich gelingt, in unsern
„Staat zurück zu kehren. Aber „wir sagen, daß“ ein [2])
„bei uns gemachtes Testament gelte, „wenn er nachher ge-
fangen wurde“. Denn kehrt er zurück, so verleiht das
Recht des Postliminium ihm Gültigkeit; stirbt er bei den
Feinden, so verleiht ihm das Cornelische Gesetz [3])
Gültigkeit [4]).

Dreizehnter Titel.

Ueber die Enterbung der Kinder.
[De exheredatione liberorum].

291　　*Im Vorhergehenden haben wir gesagt, wie Testa-
„mente gemacht werden müßten, — nämlich, daß der Te-
„stator mit eigner Hand des Erben Namen schreibe, oder

---

1) Ejus autem qui apud hostes est testamentum, quod
   ibi fecit, non valet. Institutionen. *Fr. 8. Dig. 28. 1.*
   (*Cajus l. 17. ad Ed. prov.*). *Paul. sent. rec. 3, 4. 8.*

2) In civitate. Institutionen.

3) *Paulus:* qua lege etiam legitimae tutelae hereditatio-
   que firmatur.

4) *Ulpian. 21, 15.: Feminas* post XII annum aetatis
   testamenta facere possunt, tutore auctore, donec in
   tutela sunt.

ihn vor Zeugen nenne, und daß es sieben Zeugen sind, „
die das Testament unterschreiben und es besiegeln, „
ohne daß etwas [Andres] zwischendurch geschieht. Aber „
Eins davon übersehen, macht das Testament ungültig. —* „
¹) Aber nicht nur das Vorgetragne ist zu beobachten hin- 292
länglich, um gültig zu testiren, sondern *wir fordern noch „
etwas Andres*.

²) Man muß nämlich darauf sehen, ob der Testator einen in seiner Gewalt stehenden
Sohn habe. Denn diesen muß er entweder zum Erben
einsetzen oder *nominatim* enterben. Hat er ihn mit
Stillschweigen übergangen, ³) so kann das Testament
⁴) durch die Schrift selbst nicht bestehn, ⁵) so daß, ⁶) wenn

---

1) Cajus Buch II. §. 115.

a) Sed si quis filium in potestate habet, curare debet,
ut eum.,... Institutionen. — Fr. 3. §. 1. Dig. 28, 2.
Cajus Buch II. §. 123. — *Ulpian. lib. reg. sing.* 22,
14: Sui heredes instituendi sunt vel exheredandi. Sui
autem heredes sunt liberi, quos in potestate habemus,
tam naturales quam adoptivi; item uxor quae in manu est, et nurus, quae in manu est filii, quem in
potestate habemus. Ex suis heredibus filius quidam
neque heres....

3) Inutiliter testabitur. Institutionen.

4) Ipsa scriptura, wie ipso facto, ipso jure.

5) Adeo quidem, ut si vivo patre...- Institutionen.

6) Cajus: ut nostri praeceptores existiment. — Die
Pandekten: Julianus ait, qua sententia utimur.

293 es sich auch trifft, daß der Sohn vor seinem Vater stirbt,
„ *dennoch das Testament ungültig ist, nach der [1]) Regel,
„ welche sagt: was vom Anfang an nicht bestand, kann
„ durch spätere [dazu gekommene] Erlaubniß keine Gültig-
„ keit erlangen; und es* [2]) werden die *scripti heredes*
das Erbe des Verstorbenen nicht erhalten können, *wenn
„ gleich der Sohn nicht mehr vorhanden ist, der durch die
„ Präterition benachtheiligt war. Und so viel, wenn es ein
„ in Gewalt stehender Sohn ist*.

294   [3]) *Hat aber Jemand eine Tochter in Gewalt,
„ oder einen Enkel der eine Enkelin, einen Urenkel
„ oder eine Urenkelin, und* sie nicht als Erben einge-
„ schrieben, noch sie enterbt, *sondern sie durch Präterition
beleidigt*, so wird das Testament nicht ungültig, sondern
[4]) die übergangnen Erben wachsen den geschriebnen zu.

---

1) Fr. 29. Dig. 50, 17.

2) Nemo ex eo testamento heres existere possit, quia
scilicet ab initio non constiterit testamentum. Institutionen. — Cajus: non constiterit institutio. Sed
diversae scholae auctores....

3) Sed non ita de filiabus vel aliis per virilem sexum
descendentibus liberis utriusqus sexus fuerat antiqui-
tati observatum. Institutionen. — Cajus Buch II.
§. 124. Ulpian. lib. reg. sing. 22, 17.

4) Sed jus accrescendi eis praestabatur ad certam portionem. Institutionen.

(¹) *Zuwachſen iſt eines Theils hinweg nehmen); ²) ſind
aber die geſchriebnen [Erben] Fremde, ſo geſchieht der Zuwachs zur Hälfte; ſind es aber *sui*, zu gleichen Theilen;
zum Beiſpiel es ſeßte Einer drei Erben ein, die Tochter
oder den Enkel übergehend, — ſind nun die geſchriebnen 295
Erben Fremde, ſo wird die Tochter oder der Enkel ſechs
Uncien erhalten, und die drei fremden Erben ſechs Uncien;
ſind es aber *sui*, ſo bekömmt ³)er einen verhältnißmäßi-
gen [Theil], das heißt drei Uncien, ſo viel er bekommen
hätte, wenn der Vater ohne Teſtament geſtorben wäre,
das heißt den vierten Theil von deſſen Vermögen*. Dieſe
aber brauchte ⁴) man nicht blos *nominatim*, ſondern auch
inter caeteros, ⁵)*(oder unbeſtimmt)* zu exherediren,
indem man ſagte: Die Uebrigen ſollen enterbt ſein.

§. 1. ⁶)Die Exheredation *nominatim* geſchah 296
auf folgende Weiſe: „Titius mein Sohn ſoll enterbt ſein.''

---

1) §. *ult. Inst.* 2, 8.; §. *ult. Inst.* 2, 9.

2) *Ulpian. lib. reg. sing.* 22, 17. *Paul. sent. rec.* 3, 4,
8. — *Cajus epit.* 2, 3, 1.

3) Der Uebergangne.

4) *Parentibus necesse erat.* Inſtitutionen.

5) So Reiß. Fabrot läßt die Parentheſe hinweg;
Schölion: *inter caeteros,* [das heißt] unbeſtimmt.

6) Cajus Buch II. §. 127. *Fr. 1. Dig.* 28, 2,

„ 1)*Man kann [es] auch nach der Wissenschaft [thun]:
„ „der Grammaticus soll enterbt sein,“ und nach dem Hand-
„ werk: „der Erzarbeiter“ — und nach dem Alter: „der
„ Aeltere oder Jüngere,“ und nach der Farbe: „der Weiße.
„ oder der Schwarze;“ und mit einem Wort bewirkt jede
„ Redensart, welche deutlich die gemeinte Person bezeichnet,
„ die Exheredatio - *nominatim*.

297   [§. 1.] 2) Der Testator muß *nicht nur für die
„ schon Gebornen, sondern auch für* die 3) Postumt-
„ *Sorge tragen, und sie* entweder zu Erben einsetzen, oder
„ enterben; *weil sie, übergangen, sogleich mit der Geburt
„ das Testament ruptum machen*. Und 4) hierbei ist zwischen Sohn oder Tochter, oder Enkel, oder Enkelin kein
Unterschied zu finden. Denn sind sie präterirt, so gilt das

---

1) Cajus Buch II. §. 130. *Ulpian. lib. reg. sing.* 22, 18.

2) Scholion: für die nach des Vaters Tode, oder nach
    Errichtung des Testaments Gebornen. — Die griechisch-
    lateinische Glosse: „Postumus — der nach des Vaters
    Tode oder des Testaments Errichtung Geborne.“

3) Hieher würden die §§. 131. bis 134. von Cajus gehö-
    ren, wenn sie vorhanden wären.

4) Et in eo par omnium conditio est, quod et in filio
    postumo et in quolibet ex ceteris liberis, sive mascu-
    lini sexus sive feminei, praeterito, valet quidem te-
    stamentum, sed postea adgnatione postumi sive po-
    stumae rumpitur et ea ratione totum infirmatur. In-
    stitutionen.

Testament zwar "in Ansehung der Schrift"; aber inso= 299
fern der Postumus oder die Postuma geboren werden,
wird das Testament aufgehoben und ganz ungültig dadurch,
*das heißt durch ihre Präterition. Nicht also durch das „
Schreiben des Testaments wird es ungültig gemacht, son= „
dern durch die Geburt*; [1]) denn geschieht es, daß die „
Frau, von der man die Geburt des Postumus [2]) hoffte,
[3])unglücklich gebiert, so werden die geschriebnen Erben
ohne Hinderniß die Erbschaft antreten. Die [4])weibli= 300
chen [5]) Postuma [6])werden *nominatim* oder *inter
saeteros* enterbt. *Denn wenn der Testator sagt: „Der „
soll mein Erbe, die Uebrigen aber enterbt sein," so scheint
durch diese Worte die Postuma enterbt zu werden*. [7]) Da=
mit sie indessen nicht, *wenn sie geboren ist, einen schimpf=
lichen Proceß [8]) gegen den geschriebnen Erben beginne, „
sagend: „Der Testator dachte nicht an mich, denn er kannte „

---

[1]) Ideoque si mulier... Institutionen.

[2]) Oder einer Postuma. Institutionen.

[3]) Abortum fecerit. Institutionen.

[4]) *Ulpian. lib. reg. sing.* 22, 21.

[5]) Feminini quidem sexus personae. Institutionen.

[6]) Solebant. Institutionen.

[7]) Dum tamen.... aliquid eis legetur, ne videantur per
oblivionem praeteritae esse. Institutionen.

[8]) Nämlich inofficiosi testamenti. Vergl. *princ. Inst.*
3, 18.

26

301 mich nicht*," so muß man ihr Legate hinterlassen, so
„ daß der Testator sagt: „Der soll mein Erbe sein; die
„ Uebrigen sind enterbt; der ungebornen Postuma legire ich
„ hundert Goldstücke." Denn verhält sich Das so, dann sagen
„ wir ihr: „Der Testator hat in Ansehung Deiner die Ex-
„ heredation *inter caeteros* geschrieben, aber dir auch ein
    Legat hinterlassen*."

302   ¹) Aber es gefiel, daß die männlichen Postumi,
    das heißt Sohn, ²)*Enkel, Urenkel*, nicht anders als
„ *nominatim* enterbt werden dürften. *Und welcher Name
„ wird von dem nicht Gebornen gebraucht werden können?
„ Wir sagen, wir würden ihn auf diese Weise bezeichnen,
„ daß wir sagen*³): „Was für ein Sohn mir auch gebo-
„ ren werde, er sei enterbt," *oder daß ich sage: „Wer von
„ dieser meiner Frau geboren wird, sei enterbt."*

303   §. 2. ⁴) Es gibt auch Andre, ⁵) den Postumis
    Gleiche, ⁶) welche, wenn der [ihnen] dem Grade nach

---

1) Nepotes et pronepotes ceterique masculi postumi
    praeter filium vel nominatim, vel inter caeteros cum
    adjectione legati sunt exheredandi; sed tutius est ta-
    men nominatim eos exheredari, et id observatur ma-
    gis. Ulpian.

2) Et deinceps. Institutionen.

3) Hoc scilicet modo. Institutionen.

4) Fr. 13. Dig 28, 3. (Cajus lib. 2. Inst.). Ulpian,
    lib. reg. sing 22, §. 22.

5) Postumorum loco. Institutionen.

6) Qui in sui heredis loco succedendo, quasi agnascen-
    do sunt parentibus sui heredes. Institutionen.

vorgehende *suus* stirbt, *sui* werden. - Wie zum Beispiel
"in folgendem Fall*: Ich hab⚫ einen Sohn in Gewalt, „
und von demselben einen Enkel oder eine Enkelin. ¹) Der
Sohn war zugleich *suus* [heres], weil ihm Niemand
vorging; der Enkel aber oder die Enkelin waren zwar in
meiner Gewalt, *aber weil ihnen ihr Vater vorging, so „
hatten sie an sich nicht das *Suum*. Ich mache ein Testa= 304
ment, — auf Wen muß ich Bedacht nehmen? gewiß auf „
den Sohn, und den [muß ich] als Erben einsetzen, oder „
exherediren. Aber auch auf den Enkel oder die Enkelin? „
keineswegs. Denn da diese keine Sui sind, so machen sie, „
weder, wenn sie übergengen werden, *ipso jure*, das heißt „
durch das Recht selbst, das Testament ungültig, noch kön= „
nen sie zuwachsen; denn dieses [Beides] ist Eigenthüm= „
lichkeit der Sui*.

*Aber das würde gut [und richtig] so heißen, wenn 305
mir bis zu meinem Ende derselbe ²) Zustand bliebe. Da „
es aber wohl geschehen kann*, ³) daß bei meinem Leben „

26 *

---

1) Quia filius gradu praecedit, is solus jura sui heredis
habebat, quamvis nepos... in eadem potestate sunt. In=
stitutionen.

2) Status.

3) Sed si filius ejus vivo eo moriatur, aut qualibet alia
ratione exeat de potestate ejus, incipiunt nepos neptis=

„ *die in der Mitte stehende Person* aus [mei-
ner] Gewalt kömmt, (sei es durch den Tod, *oder
„ weil sie die patricische Würde erlangt), so wird alsdann
„ ein Enkel oder eine Enkelin gefunden* [der] *suus* oder
„ [die] *sua* [wird], gleichsam hinzu geboren, und darin
„ die Postumi nachahmend. Dann da sie vorher keine
„ Sui waren, so werden sie jetzt Sui, und so wie die
„ Postumi durch ihre Geburt, so machen diese durch das
„ Nachrücken das Testament ungültig*.

306   Damit nun nicht [1] *ein neuer Suus, — [nämlich]
„ der hinauf rückende Enkel, —* das Testament ungültig
mache, so muß ich, gleich dem Sohne, auch den Enkel oder die Enkelin[2] zu Erben einsetzen,
oder sie *nominatim* enterben. [3] Denn werden sie
übergangen, so machen sie durch das Nachrücken,
„ [4] *(wenn nämlich die Zwischenperson gestorben ist)*, das
„ Testament ungültig, *als nicht gesetzlich verschanzt*. —

---

ve in ejus loco succedere et eo modo jure suorum heredum quasi agnatione nanciscuntur. Inſtitutionen.

1) Eo modo.

2) Ex filio. Inſtitutionen.

3) Ne forte vivo eo filio mortuo succedendo in locum ejus
nepos neptisve quasi agnatione rumpant testamentum.
Inſtitutionen.

4) Diese Parentheſe hat Fabrot nicht.

Und das wird durch das [1] Julisch-Vellejische Gesetz verordnet, welches Gesetz nach Analogie der Postumi,
auch diese enterbt wissen will, [2] *das heißt den Enkel nominatim, die Enkelin aber entweder nominatim oder inter caeteros jedoch [im letztern Fall] mit Bewilligung
eines Legats*.

§. 3. [3] *Es hatte Jemand einen emancipirten 307
Sohn oder [eine emancipirte] Tochter. Wenn dieser
ein Testament macht, so wird er, so viel die bürgerliche

---

1) Schulting j. civ. antej. S. 640.b empfielt Junia. Die
   Handschrift Ulpians: Julia.

2) Die Institutionen haben: Idque lege Julia Velleja pro-
   visum est, in qua simul exheredationis modus ad si-
   militudinem postumorum demonstratur. — Cajus:
   [in qua simul cautum est, ut liberi masculini] sexus nominatim, vel inter caeteros exheredentur, dummodo iis
   qui inter caeteros exheredantur, [aliquid legetur]. Die
   Stelle im Theophilus ist offenbar verdorben; sie lautet
   eigentlich: ,,das heißt der Enkel nominatim oder inter caeteros, aber mit Bewilligung eines Legats, die Töchter und
   Enkel." — Aus der Stelle des Cajus, welche Theophilus wohl im Sinne hatte, sieht man aber deutlich,
   was es heißen soll. Wahrscheinlich gehören die vier letzten Worte des Satzes hinter nominatim, und ist dieses
   Wort zu verdoppeln.

3) Emancipatos liberos jure civili neque heredes instituere, neque exheredare necesse est, quia non sunt heredes. Institutiones. — Cajus Buch II. §. 135.

„ Gesetzgebung betrifft, nicht gezwungen, sie als Erben einzu=
„ setzen, oder zu enterben ¹). Denn sie sind dem Zwölftafel=
„ gesetz wegen der von ihnen erlittenen Capitis=Diminution
„ unbekannt*. — Aber der Prätor *berücksichtigt die natür=
„ liche Verwandtschaft, erkennt auch sie als Kinder an und*
„ befiehlt, daß ²) die Emancipirten *ebenfalls zu Erben einge=

308 setzt werden sollen. Will das der Testator nicht, so müssen
die* Männlichen *nominatim* enterbt werden, die Weiblichen
„ aber *sowohl *nominatim* ³) als auch* *inter caeteros.*
Wären sie aber weder zu Erben eingesetzt, noch [den Gese=
tzen zu Folge] enterbt, so gibt ihnen der Prätor ⁴) die
„ *[actio]* *contra tabulas,* *vermöge deren der Sohn und
„ der Enkel das ganze Vermögen des Verstorbenen erhält,
„ ⁵) die Tochter oder Enkelin aber nur so viel, als sie ⁶) durch
„ den Zuwachs erhält, wenn sie in Gewalt stände*.

309 §. 14. *— Nimm Folgendes als vorläufige Ueber=
„ sicht: Wenn ich Einen an Sohnes Statt annehme, so wird

---

1) §. 9. *Inst.* 3, 1.

2) Omnes tam feminini sexus, quam masculini, si heredes non instituantur, exheredari jubet,... Justinian.

3) Daher ist auch wohl bei Justinian zu lesen: *et inter
caeteros.* Fabrot.

4) Permittit [oft für promittit] eis Praetor contra tabulas
testamenti bonorum possessionem. Institutionen.

5) Cajus Buch II. §. 126.

6) Scholion: das heißt: die Hälfte des Vermögens, *se-
missem hereditatis.*

er nach Gesetz und Natur mein Sohn; nach Gesetz eben „
wegen der[1]) Adoption, nach Natur aber wegen des Gese- „
tzes. Denn das Gesetz umschließt die Natur in sich. In so „
weit aber werde ich nach der Natur für des Kindes Vater „
angenommen, als die Adoption bei Kräften ist. Emancipire „
ich es, so löst diese gesetzliche Handlung das Gesetz auf, wel- „
ches durch die Adoption besteht; ist aber das Gesetz nicht wei- 310
ter aufrecht, so geht auch zugleich die Natur hinweg, Dessen „
beraubt, was sie sonst hielt. —*. „

[2])*Nachdem dir dieß vorläufig bekannt ist, so achte auf „
den weitern Vortrag: ich habe dir meine Töchter zur Frau „
gegeben; es wurde ein Kind geboren; gewiß war es in dei- „
ner Gewalt; auf meine Bitte gabst du mir es in Adoption. „
Wir fragen, wer von uns beiden gehalten ist, bei'm Testiren „
auf dasselbe Rücksicht zu nehmen? und wir sagen: ich, der 311

---

1) S. Buch I. Tit. 11. *pr.*

2) Adoptivi liberi, quamdiu sunt in potestate patris,
ejusdem juris habentur, cujus sunt justis nuptiis quae-
siti. Itaque heredes instituendi, vel exheredandi sunt,
secundum ea quae de naturalibus exposuimus. Emancipati vero a patre adoptivo neque jure civili, neque
quod ad edictum praetoris attinet, inter liberos nume-
rantur. Qua ratione accidit, ut ex diverso, quod ad
naturalem parentem attinet, quamdiu quidem sunt in
adoptiva familia, extraneorum numero habeantur; ut
eos neque heredes instituere neque exheredare necesse
sit. Institutionen. — Cajus Buch II. §. 136. *Ulpian.*
lib. reg. sing. 22, 23.

„ Adoptiv-Vater; denn durch die Adoption ist dieses [Kind]
„ gleich denen, die mir aus gesetzlicher Ehe geboren sind, so
„ daß also, gleichwie ich mein [aus] gesetzlicher [Ehe erzeug-
„ tes], in meiner Gewalt stehendes Kind zum Erben einzuse-
„ ßen, oder nach dem oben Gesagten zu enterben gehalten
„ bin, auf gleiche Weise auch das adoptirte [zum Erben ein-
„ zuseßen oder zu enterben ist].   Du aber, der natürliche Va-
„ ter, bist nicht gehalten, es zum Erben einzuseßen, denn es
„ ist nicht dein gesetzliches Kind, (denn du hast es nicht in
312 Gewalt), noch der Natur nach [dein Kind], (weil durch
„ das Geseß ich der Adoptiv[vater] als sein natürlicher Vater
„ betrachtet werde, und Niemand zwei natürliche Väter zugleich
„ haben kann)*. 1)Habe ich es emancipirt, 2) so wird es
„ weder nach bürgerlichem Recht, noch nach dem Prätor un-
„ ter die Kinder mitgerechnet werden.   Also werde weder ich
„ gehalten, es zum Erben einzuseßen, noch wird der natür-
„ liche Vater gehalten werden, das zu thun.   Denn* dieses
„ Kind *wird* ganz 3) in den Verhältnissen sein, als wäre es
„ von *dir*, dem natürlichen Vater, [selbst] emancipirt.

---

1) Cum vero emancipati fuerint ab adoptivo patre,....
   Institutionen. — Cajus Buch II. §. 137.

2) Versteht sich bei Lebzeiten des natürlichen Vaters. §. 1a.
   Inst. 3, 1. Denn ist der Vater tod, so gibt der Prätor
   solchen Kindern das Recht der natürlichen Kinder wieder.

3) Eigentlich: so sein.

§. 5. Aber Das ist nach dem Alten [1]). *Es erfolgte* 313
eine [2]) Constitution unsers Kaisers, *welche* will, daß
[3]) bei dem Testament kein Unterschied zwischen
den Mannspersonen und Frauenzimmern sei.
[4]) Denn beide Personen hat die Natur auf gleiche Weise zur
Hervorbringung von Kindern erschaffen. Und *daher ist es „
offenbar, daß zwischen beiden kein Unterschied sei, weshalb* „
das [5]) Zwölftafel[gesetz] auf gleiche Weise *Mannspersonen
und Frauenzimmer* ab intestáto beruft. Auch der Prä- „
tor scheint [6]) *das Zwölftafel[gesetz]* befolgt zu haben. —
Deshalb führte [7]) er ein einförmiges und gleichartiges Recht 314
ein bei Söhnen und Töchtern, und allen durch Mannesstamm Abkommenden, nicht nur schon Gebornen, sondern
auch Ungebornen; *und nicht nur bei in Gewalt [Befind- „
lichen], sondern auch Emancipirten; und befahl*, [8]) die „

---

1) Introducebat. Institutionen.

2) C. ult. Cod. 6, 22. (Diese Constitution erläutert unsere
Stelle).

3) In hoc jure. Institutionen.

4) Quia utraque persona in hominum procreatione similiter naturae officio fungitur, et lege antiqua XII Tabularum omnes... vocantur. Institutionen.

5) C. 14. Cod. 6, 58.

6) Quod. Institutionen.

7) Aber nicht der Prätor, sondern der Kaiser.

8) Ut omnes, sive sui sive emancipati sunt. Institut.

Kinder mochten Sui sein oder emancipirt,[1] sie *nomina-*
tim zu enterben, wenn sie nicht zu Erben eingesetzt würden.
315 [2] Denn präterirt machen sie [3] auf gleiche Weise das Testament ungültig durch das [Nieder]schreiben selbst, mögen sie
nun Sui, oder emancipirt, mögen sie schon vorhanden sein,
oder auch als Postumi nachher geboren werden [*].

Bei Adoptivkindern hat unser göttlichster Kaiser [5] eine
eigenthümliche Vorschrift in einer andern [6] Constitution
ausgesonnen, welche er über die Adoptirten erlassen hat.

---

1) Aut heredes instituantur, aut nominatim exheredentur.
   Institutionen.

2) Et eundem habeant effectum circa testamenta parentum
   suorum infirmanda et hereditatem auferendam, quem
   filii sui vel emancipati habent, sive jam nati sint, sive
   adhuc in utero constituti postea nati sint. Institut.

3) Sie auf gleiche Weise, das heißt, wenn die emancipirten Söhne nicht namentlich enterbt sind, so bekommen sie die bon. poss. contra tabulas, der Uebrigen Ueber-
   gehung oder nicht-namentliche Enterbung macht das Testament ipso jure ungültig.

4) *AUTHENTICA* non licet Cod. de liber. praeter.
   vel exhered. [*Nov. 115. c. 3.* hinter *c. ult. Cod.*
   6, 28.]:
   Sed haec quidem vetustas. Non licet parenti
   aliquem ex liberis exheredare vel praeterire, ni-
   si is probetur ingratus, et ingratitudinis causa
   nominatim inferat testamento. Causae vero
   ingratitudinis nova Constitutione expressae
   sunt quatuordecim.

5) Certam divisionem. Institutionen.

6) *C. 10. Cod. 8, 48:* vergl. noch über diese Constitution
   §. 2. *Inst. 1, 11.* und §. *14. Inst. 3, 1.*

§. 6. 1) Ein in 2) Expedito befindlicher Soldat testirte, 316 und *setzte* seine Kinder, die schon geboren oder noch nicht geboren waren, *weder zu Erben ein*, noch exheredicirte er „ sie nominatim, sondern 3) vernachläßigte sie durch Präte= „ rition. *Wir fragen, ob sein Testament gültig sei? und wir „ sagen: Wenn er wußte, daß sie da waren, und doch ihrer „ nicht gedachte, so* wird sein Stillschweigen für nominatim- „ Exheredation angesehen, wie die kaiserlichen 4) Constitutionen „ wollen, *und sein Testament ist gültig. Wußte er es nicht, „ so ist sein Testament ipso jure unbeständig*. „

§. 7. Eine Mutter oder ein Großvater von der 317 Mutter her sind nicht gehalten, bei'm Testiren ihre Kinder zu Erben einzusetzen oder zu enterben, sondern sie können sie *stillschweigend* übergehen. Denn das Stillschweigen der Mutter und des [mütterlichen] Großvaters 5) gilt eben so viel, als des Vaters Enterbung. Denn weder die Mut= ter ist gehalten, den Sohn oder die Tochter, noch der Groß= vater den Enkel oder die Enkelin, durch die Tochter zu Erben einzusetzen oder zu enterben. *Daher werden sie, übergängen*, 318

---

1) *Fr.* 7. *Dig.* 29, 1.

2) Expeditione occupatus. Institutionen. — Scholion: in dem Krieg oder in dem Exercitus — vergl. oben.

3) Praeterierit. Institutionen.

4) C. 9. und 10. Cod. 6, 21.

5) Caeterorumque per matrem ascendentium. Instituta.

[1] „weder von der bürgerlichen Gesetzgebung *unterstützt*,
„noch verspricht ihnen der Prätor das Innehaben *contra
„tabulas,* *denn dieß wird bei den Sui [2] oder den aufhö-
„renden Sui traktirt*. Doch wird ihnen dazu ein andres
„Hülfsmittel sein, von welchem [3] wir in Kurzem handeln
werden.

———————

Vierzehnter Titel.

Ueber die Einsetzung der Erben.
[De heredibus instituendis].

319   *Nach der Lehre, welche wir über die Einsetzung und
„Erheredation der Kinder gegeben haben, ist es nothwendig
„zu sagen, welche andre Personen wir noch als Erben [ein]

———————

[1] Sive de jure civili quaeramus, sive de edicto praetoris, quo praetoritis liberis contra tabulas bonorum possessionem Praetor promittit. Institutionen.

[2] Vor Fabrot las man: bei den Sui, nicht aber bei
Denen, die aufgehört hatten, Sui zu sein. — Diese Lesart ist jedoch offenbar falsch; Fabrot fand in einer Handschrift (Statt οὐ μέντοι — ἤτοι) oder, und so hat auch
die Pithouische Handschrift.

[3] Paulo, post vobis manifestum fiet. Institutionen. —
Im Titel de inofficioso testamento.

schreiben können*. [1] Wir können als Erben [2] [ein]schrei-
ben sowohl Sklaven als Freie, und nicht nur unsre, sondern auch fremde Sklaven. — [3] Sonst durfte man seine
eignen Sklaven nach der Meinung der mehrsten *Rechtsgelehrten* nicht anders als *cum libertate* [ein]schreiben;
heut' zu Tage aber *gilt die Einsetzung des Sklaven* auch 320
ohne Freiheit: nach einer [4] Constitution unsers Kaisers,
*welche sie, auch sine libertate eingesetzt, zur Erbschaft
beruft*. Denn Das hat [5] seine Constitution nicht etwa nach
einer Neuerung eingeführt, sondern [6] indem *sie der Meinung von Rechtsgelehrten folgte. Denn der Rechtsgelehrte*
Atilicinus nahm an, *es könne die Einsetzung des 321
Sklaven auch ohne Freiheit gültig geschehen*, wie von ihm
der [rechts]gelehrteste Paulus sowohl in seinen Büchern *ad Masurium Sabinum*, als auch in denen *ad
Plautium* erzählt. — Als unser Sklave wird auch Der

---

1) Cajus Buch II. §. 187. *Ulpian. lib. reg. sing.* 22, 7.
   Fr. 3. *Dig.* 28, 5.

2) Instituere. — *Fr.* 1. §. 1. *Dig. h. t.: institutum autem
   heredem eum quoque dicimus, qui scriptus non est,
   sed solummodo nuncupatus.*

3) Cajus Buch II. §. 186.: *Sed noster servus simul et
   liber et heres esse juberi debet. Ulpian. lib. reg. sing.*
   22, 7. *Plin. epist.* 4, 11.

4) *C.* 5. *Cod.* 6, 27.

5) Nos. Institutionen.

6) *Sed quoniam et aequius erat, et...* Institutionen.

angenommen, deſſen Uſusfructus wir Jemandem zugeſtehend, wir an ihm das nackte Eigenthum haben.

322   [1])Doch kann man *einen ſeltſamen* Fall finden, wo Jemand den Sklaven auch nicht ein Mal *cum libertate* gültig[2]) zum Erben einſetzte, und Dieß iſt in einer [3])Conſtitution des Severus und Antoninus, der göttlichen, „ enthalten, [4])*welche bei folgendem Falle Platz findet. Es „ erhob Einer eine Klage gegen die Titia, ſagend, ſie treibe „ mit dem Stichus, [5])ihrem eignen Sklaven, Ehebruch. „ Noch vor Beendigung des Gerichts ſetzte die beſagte Titia „ ſterbend den beſagten Stichus *cum libertate* zum Erben ein. „ Nach ihrem Tode entſtand nun die Frage, ob die Einſetzung

323 gültig ſei? und die beſagten göttlichſten Kaiſer reſcribirten*: „ein [6]) in Ehebruch befangner Sklave werde nicht gültig vor Beendigung des Gerichts, im Teſtament von ſeiner Gebieterin frei gegeben, welche als dem Verbrechen unter

---

1) *Fr. 48. Dig. 28, 5.* (*Marcian. lib. II. Instit.*).

2) A domina. Inſtitutionen.

3) Jetzt nicht mehr vorhandnen.

4) Cujus verba haec sunt: Servum adulterio maculatum [*Pand.: accusatum*] non jure testamento manumissum ante sententiam ab ea muliere videri, quae rea fuerit ejusdem criminis postulata, rationis est... Inſtitut.

5) Nicht: ſeinem Sklaven.

6) Adulterio obligatum hat Theophilus wie die Griechen zum *Fr. 4, 8. h. t.* Die Inſtitutionen maculatum, die Pandekten accusatum.

worfen, angeklagt wird. Und so ist eine bei einem solchem Sklaven geschehende Einsetzung gänzlich ohne Wirkung."

Da wir gesagt haben, wir könnten auch einen fremden „ Sklaven gültig zum Erben einsetzen, so mußt du wissen, „ fremd sei auch der, an welchem der Testator den Ususfrucs tus hat.

§. 1. [1]) Wenn ich meinen Sklaven zum Erben ein= 324 setze, *cum libertate oder sine libertate, (denn es ist „ gleichgültig, wie gesagt)*, so wird er, wenn er in [2]) mei= „ nem Eigenthum bleibt, [3]) frei und *mein* nothwendiger Erbe werden. Habe ich, das Testament überlebend, ihn frei gelassen, so wird er *ein voluntascher Erbe, und* es „ in seinem freien Willen haben, zu adiren *oder nicht*. Denn er kann nicht ein necessarischer sein, [4]) weil er [nun= mehr] nicht Beides aus des Eigenthümers Testament haben kann, *das heißt die Erbschaft und die Freiheit*.   „

[5])*Habe ich ihn aber nicht frei gelassen, sondern* 325 veräussert, so [6]) erwirbt er die Erbschaft, sie auf seines=

---

1) Cajus Buch II. §. 188.: Cum libertate vero heres institutus, si quidem in ead. c. mans., fit. ex testam. liber
 et necess. heres. — *Ulpian. lib. reg. sing.* 22. 11.

2) In eadem causa manserit. Institutionen.

3) Ex testamento liber. Institutionen.

4) Cum utrumque... non consequitur. Institutionen.

5) Quodsi alienatus fuerit. Institutionen. — *Fr.* 9 §. 16.
 Dig. 28, 5

6) Jussu.. hereditatem adire debet et ea ratione per eum
 domitus fit heres. Institutionen. — Vergl. §. 3. *Inst.* 2, 9.

neuen Herrn Befehl antretend, diesem; denn er kann,
„ verdußert *und nicht in meinem Eigenthum bleibend*, we=
der frei noch Erbe sein, obschon er *cum libertate* [1]) ein=
gesetzt worden, denn der Eigenthümer scheint von der Ver=
leihung der Freiheit abgegangen zu sein, [2]) indem er ihn
verdußerte.

326   *So viel bei unserm Sklaven; [3]) habe ich* einen
fremden Sklaven zum Erben eingesetzt, so erwirbt er, wenn
[4]) er bei demselben Herren bleibt; [5]) und auf dessen Befehl
die Erbschaft antritt, selbige diesem; — ist er bei Lebzeiten
des Testators [6]) verdußert, oder auch nach dessen Tode, be=
vor er *nach seinem Willen* antritt, dann kann er auf Be=
fehl seines neuen Herrn antreten. Wenn der Sklave bei
Lebzeiten der Testators *von seinem Herrn* frei gelassen
worden, oder auch nach dem Tode, [doch] vor dem Antritt,
so wird er nach seinem Gutfinden antreten, *da er frei ge=
worden ist*.

---

1) Heres institutus fuerit. Institutionen.

2) Qui. Institutionen.

3) Cajus Buch II. §. 189. *Ulpian. lib. reg. sing.* 22, 13.

4) Si in eadem causa permanserit. Institutionen.

5) Jussu ejus [Cajus ohne ejus] domini adire haeredi=
   tem debet. Institutionen.

6) Ab eo. Institutionen.

§. 2. — *Nimm Folgendes als Vorkenntniß. [1]) Wes- 327
sen Herrn wir zu Erben einsetzen können, dessen Sklaven
[können wir auch einsetzen]. Denn der Sklave, der eine
Nicht=Person ist, wird durch seinen Herrn [2]) eine Person.
Dieß zuvor wissend, achte auf den weitern Vortrag*. [3])*Titius hatte einen Sklaven, Namens Stichus; ich setzte den
besagten Stichus zum Erben ein, mit folgenden Worten: Es
sei mein Erbe Stichus nach dem Ableben seines
Herrn Titius [4]). Wir fragen, ob nicht das Testament 328
unbeständig sei, weil Titius nach seinem Tode nicht in der
Natur ist, so daß nach ihm der Sklave personifizirt werden
könnte? Aber es gefiel, daß die Einsetzung des Testaments
gültig sei; denn obschon Titius nicht vorhanden ist, der dessen Eigenthümer war, so gehört er doch zu dem Unkörperlichen der Erbschaft, und ist ein hereditarischer Sklave*.

[5]) Mit den hereditarischen Sklaven aber haben wir te- 329
stamenti factio. Denn die noch nicht angetretene Erb-

---

1) *Ulpian. lib. reg. sing.* 22, 9.

2) Eigentlich: charakterisirt.

3) Servus alienus post domini mortem recte heres instituitur. Institutionen.

4) Wahrscheinlich so zu lesen: ich setzte den besagten Stichus zum Erben ein (mit folgenden Worten: Es sei
mein Erbe Stichus) nach dem Ableben seines Herrn
Titius; — vielleicht ist auch etwas verloren gegangen.

5) Institutionen: auch. — Fr. 31. §. 1. Dig. 28. 5.; Fr.
64. eod.

27

schaft *scheint* die Person des Gestorbenen, nicht des künf-
"tigen Erben darzustellen. *Und daß Dieß wahr sei, folgt
"daraus: wenn Jemand stirbt, ein noch nicht gebornes Kind
"hinterlassend, 1) so kann ich den Sklaven des Verstorbnen
"mit Recht zum Erben einsetzen, auch bevor der Postumus
"geboren ist, obgleich die Alten mir nicht erlaubten, einen
330 fremden Postumus (fremd ist der, welcher, geboren, mir
"kein Suus wird 2) —) als Erben einzusetzen. — Und stellte
"die 3) unkörperliche Erbschaft die Person des künftigen Er-
"ben vor, so würde der haereditarische Sklave im gegenwärti-
"gen Fall 4) nicht gültig zum Erben eingesetzt werden*.

331 §. 3. 5)Viele *waren* Eigenthümer von Einem*
Sklaven. Diesen kann ich zum Erben einsetzen, und in so
weit ich mit Allen die testamenti factio habe, wird einem
Jeden *pro parte dominica*, (das heißt nach dem Antheil
des Eigenthums) meine Erbschaft zu Theil werden.

---

1) Cum et ejus qui in utero est, servus recte heres instituitur. Institutionen.

2) Denke an den Enkel; denn die Alten gestatteten nicht,
   einen fremden Postumus als Erben einzusetzen. Heut' zu
   Tage wird es aber nicht verboten. Scholion.

3) Eigentlich: das unkörperliche [Recht] der Erbschaft.

4) Scholion: weil der Postumus noch nicht da ist.

5) Servus plurium, cum quibus test. f. est, ab extraneo
   institutus heres, unicuique dominorum, cujus jussu
   adierit, pro portione dominii adquirit hereditatem.
   Institutionen. — *Fr.* 67. *Dig.* 29, 2.

§. 4. Ich kann sowohl Einen, als Viele, *als* in's Unendliche ¹) zu Erben einsetzen.

§. 5. ²) Meistens wird die Erbschaft in zwölf 332 Unzen getheilt, und diese ganze Erbschaft wird *As* genannt. Sie enthält folgende Theile, welche eigne Namen haben, von der Unze bis zum Pfunde selbst. Es sind folgende ³): ⁴) *Uncia*, *der zwölfte Theil der Erbschaft*;

27 *

---

1) Quot quis velit. Institutionen. — Zum Beispiel eine Universitas.

2) *Fr. 50. §. 2. Dig. 28, 5. (Ulpian. lib. 6. regul.).*

		Unzen.
3) Uncia =	$\frac{1}{12}$ des As, und =	I
Sextans =	$\frac{1}{6}$ =	2
Quadrans =	$\frac{1}{4}$ =	3
Triens =	$\frac{1}{3}$ =	4
Quincunx =	$\frac{5}{12}$ =	5
Semis =	$\frac{1}{2}$ =	6
Septunx =	$\frac{7}{12}$ =	7
Bes =	$\frac{2}{3}$ =	8
Dodrans =	$\frac{3}{4}$ =	9
Dextans =	$\frac{5}{6}$ =	10
Deunx =	$\frac{11}{12}$ =	11
As =	— =	12

4) *Uncia.* In mehrern Institutionenhandschriften fehlt das Wort ganz (*A. Aug. Emend. 2, 8.*), andre lesen: sescuncia (was Augustinus empfiehlt), sextunx, sexcunx. Die Glosse: sescunx ja nicht sexcunx. — Sescuncia ist nach Volus. Maecianus, wenn das As in octo octavas getheilt wird.

„ *Sextans,* *das heißt Doppelunze, welches der sechste Theil
„ ist*; *Quadrans* *der vierte, welches drei Unzen sind*;
333 *Triens* *der dritte, welches vier Unzen macht*; *Quincunx*
„ *der dritte und zwölfte [Theil], was fünf Unzen macht*;
„ *Semis* *oder die Hälfte, was sechs Unzen macht*; *Sep-*
„ *tunx* *die Hälfte und ein Zwölftel, was sieben Unzen macht*;
„ *Be's,* *zwei Drittheile, welches acht Unzen macht*; *Do-*
„ *drans,* *zwei Drittheile und ein Zwölftheil, was neun
„ Unzen macht*; *Dextans,* *zwei Drittheile und ein Sechs-*
„ *theil, was zehn Unzen macht*; *Deunx,* *zwei Drittheile
„ und ein Viertheil, was elf Unzen macht*; *As,* *zwölf
„ Unzen*.

334   Aber nicht immer muß *das Vermögen,
„ über welches der Testator testirt*, zwölf Unzen sein;
denn so viel Unzen machen das As aus, als der Testator
will. Setzte also Jemand Einen zum Erben ein, zum
Beispiel in sechs Unzen, so besteht das ganze Pfund aus
„ den sechs Unzen. *Wir sagen nämlich nicht, daß der [ein]-
„ geschriebne Erbe die sechs Unzen nähme, und die Intestat-
„ [erben] die andern sechs*; denn[1] *der Paganus* kann
nicht zugleich aus dem Testament und *ab intestato*[2] *Er-*
335 ben haben*; sehr wohl aber der Soldat,[3] denn bei diesem

---

1) Neque enim idem ex parte... Institutionen. — *Fr.*
   7. Dig. 50, 17.
2) Decedere potest. Institutionen.
3) Cujus sola voluntas in testando spectatur. Institut.

ist der Wille, wie er auch sei, im Testament Gesetz. *Hat „
also der Soldat testirend gesagt: „Der sei mein Erbe zu drei „
Unzen,"— so bekommen die Intestaterben neun*. Auch kann „
man [umgekehrt] bei'm Testiren das As eben so gut in meh= „
rere Unzen ausdehnen, *als man es in wenige zusammen „
ziehen kann*. Zum Beispiel er kann sagen: dieser sei mein „
Erbe zu acht Unzen, und jener zu sieben.

§. 6. Wenn ich viele Erben einsetze, und will, *daß 336
sie zu gleichen Theilen mein Vermögen erhalten, so „
genügt es, sie *sine parte* einzusetzen, indem man sagt: Der „
und Der sollen meine Erben sein. Denn wenn ich keine „
Unzen angebe, werden ihnen gleiche Theile zukommen. „
Wenn ich aber will*, daß sie zu ungleichen Theilen erben, „
dann I) muß ich sie *ex certa parte* einsetzen *und sagen: Der „
soll mein Erbe sein zu vier, und Jener zu sechs [Unzen]*. „

Wie aber, wenn ich, *viele Erben einsetzend*, bei 337
einigen 2) die Unzialeintheilung aussprach, „
*und Einen *sine parte* einsetzte*, wie viel wird Der *sine* „
parte bekommen? *Und wir sagen*, wenn von dem As „
noch etwas übrig bleibt, *— (denn vielleicht setzte ich den „
Primus zum Erben ein auf fünf Unzen, den Secundus zu „
drei, den Tertius zu zwei, und ich sagte: Quartus sei mein „
Erbe, oder so: Quartus und Quintus und Sextus sollen „

---

1) Partium distributio necessaria est. Institutionen. 4*
2) Partibus — expressis. Institutionen.

„ meine Erben sein) —* dann *sagen wir, daß* [1]) jener Eine,
oder jene Drei, die *sine parte* eingesetzt worden, zu den
zwei Unzen gelangen.

338   Wenn ich aber das As schon *bei den Dreien*
„ verbraucht habe, *indem ich den Einen zu sechs, den
„ Andern zu drei, den Dritten zu zwei [Unzen] zum Erben
„ einzeichnete, und dann noch Einen oder auch Mehrere *sine*
„ *parte* hinzubrachte*, dann wird, *weil nichts von dem
„ Pfund übrig gelassen ist, wozu die *sine parte* Eingezeich-
„ ten gelangen könnten, [2]) so wird Dem *sine parte* oder De-
„ nen *sine parte* die Hälfte gegeben werden; *so daß der
„ Testator in vier und zwanzig Unzen testirt zu haben ange-
„ nommen wird. Und so empfängt Der *sine parte* entweder
„ das am As Fehlende, oder die Hälfte des As*. Und ich
„ mache keinen Unterschied, ob der *sine parte* [3]) zuerst ein-
„ gesetzt worden, *oder hinter Allen, oder in der Mitte von
„ Allen. Ueberall wird derselbe Erfolg sein*.

---

1) Ex ea parte heres fit, et si plures sine parte scripti sunt,
   omnes in eandem partem concurrunt. Institutionen.

2) In dimidiam vocantur [Einige: *ii qui nominatim ex-
   pressas partes habent*] et ille vel illi omnes in alteram
   dimidiam. Institutionen.

3) Novissimus... scriptus sit, ea enim pars data intelligitur, quae vacat. Institutionen.

§. 7. [1]) Ich habe *viele Erben ex certa parte einge: 339
setzt, aber ich habe bei ihnen* nicht das As verbraucht, *son: ,,
dern es war noch Etwas übrig. An Wen wird denn ,,
das übrig Bleibende gelangen? Und wir sagen*, das übrig ,,
Bleibende wächst den .[ein]geschriebnen Erben stillschweigend ·
zu. *Zum Beispiel: ich setzte drei Erben ein, zu je drei ,,
Unzen, so daß drei Unzen übrig sind, diese drei Unzen wer: ,,
den jedem der eingesetzten Erben* pro parte hereditaria ,,
*stillschweigend zuwachsen, und so findet sich's dann am En: ,,
de, *daß jeder zu vier Unzen eingesetzt ist*, gleich als wäre ,,
er in einen Drittheil des As eingesetzt.

Habe ich aber im Gegentheil [2]) *viele Erben eingesetzt 340
ex certa parte, und bei der Einsetzung ex certa parte ,,
die zwölf Unzen überschritten*, dann wird jedem der Ueber: ,,
schuß abgezogen. Zum Beispiel: ich habe vier Erben zu
vier Unzen eingesetzt. *Das Gesetz nimmt Jedem still: ,,
schweigend eine Unze, und so* [3]) zeigt sich's am Ende, daß ,,
[Jeder] drei Unzen hat.

---

1) Videamus ti pars aliqua vacet, nec tamen quisquam
sine parte sit heres institutus, quid juris sit. Institutionen. — *Fr. 13. Dig. 28, 5.*

2) Si plures in portionibus sint, tacite singulis decres-
cere. Institutionen.

3) Perinde habeantur, ac si unusquisque ex quarta parte
scriptus fuisset. Institutionen.

341   §. 8. ¹) Ich habe *viele Erben *ex certa parte* ein=
" gesetzt, und* zwölf Unzen überstiegen; *ich habe
" auch noch einen Andern *sine parte* hinzuge=
" fügt; wie viel* wird der *sine parte* empfangen? *Und
" wir sagen*, so viel, als zur Erfüllung der zwei Asse fehlt.
" *Zum Beispiel; ich habe so gesagt: „Primus sei mein Erbe
" zu fünf Unzen, Secundus in sechs, Tertius in acht, aber
342 auch Quartus sei mein Erbe." — Wir sagen: Quartus er=
" hält die übrigen fünf Unzen, denn neunzehn Unzen sind den
" *ex certa parte* Eingesetzten übrig*. Dasselbe ist, auch
    wenn ich *für Drei* die zwei Asse verbraucht, *und dann
    Einen *sine parte* hinzugesetzt habe; [dieser] wird ein As
    erhalten*, ²) so daß es im Ganzen sechs und dreißig Unzen
    sind, und ich vier und zwanzig oder dreißig Unzen zu einem
    As machen kann.

343   — §. 9. Man kann zum Erben pure und unter Be=
" dingung einsetzen. *Pure: „Der sei mein Erbe," —
" und unter Bedingung: „Der sei mein Erbe, *si navis*
" *ex Asia venerit**." — ³) Aber *ad certum tempus* oder
    ex certo tempore wird nicht gültig ein Erbe eingesetzt.
    Zum Beispiel; der sei mein Erbe fünf Jahre nach meinem
    Tode, — oder von den Kalenden ⁴) des Januars; — oder

---

1) *Fr. 18. Dig. 28, 5.*
2) Quae omnes partes ad assem postea revocantur, quam-
    vis sint plurium unciarum. Institutionen.
3) *Fr. 34. Dig. 28, 5.*
4) Calendis illis. Institutionen.

wenn Einer sagt: der sei mein Erbe bis zu den Kalenden des Januars. 1) Denn es wird die Zeit vor den Kalenden, oder bis zu den Kalenden hinweg genommen, und die Einsetzung wird so sein, als wäre sie pure geschehen.

§. 10. 2) *Ich setzte Jemanden unter einer unmög- 344 chen Bedingung ein: „Der soll mein Erbe sein, wenn „ er das Meer trinkt," oder ich habe auch Einem ein Legat „ unter einer solchen Bedingung hinterlassen, oder ein Fidei= „ commiß, oder dem Sklaven die Freiheit; es wird unter „ Weglassung* der unmöglichen Bedingung [diese] für nicht geschrieben angesehen, *und das dem Erben Hinterlassene für „ pur angesehen*.

§. 11. 3) Ich habe Jemanden unter vielen Be= 345 dingungen eingesetzt; *wir fragen, ob zu warten sei, „ bis alle erfüllt sind? und wir sagen*: sind sie conjunctim „ geschrieben, 4) *(denn ich sagte: der sei mein Erbe, wenn „ er auf das Kapitolium steigt, und wenn das Schiff aus „ Asien kömmt, und wenn Jener Consul wird),* 5) so muß „

---

1) Diemque adjectum haberi pro supervacuo placet, et perinde esse, ac si pure heres institutus esset. Institut.

2) Impossibilis conditio in institutionibus et legatis nec non fideicommissis et libertatibus pro non scripta habetur. — Fr. 1. Dig. 28, 7. (Ulpian. lib. 5. ad Sab.).

3) Fr. 5. Dig. eod. (Paulus lib. 2. ad Sabin.).

4) Ut puta si illud et illud factum erit, Institutionen.

5) Omnibus parendum est. Institutionen.

die Erfüllung von allen abgewartet werden; habe ich *es
„ aber *separatim* und* getrennt geſchrieben, (indem ich ſagte: „[1] Der ſei mein Erbe, wenn er auf das Kapitolium
„ ſteigt, oder wenn er dem Titius zehn Goldſtücke giebt*,"
„ [2] ſo wird er Erbe werden, wenn er eine von dieſen [Bedin-
„ gungen] erfüllt, welche er will.
„ …

346   §. 12. Gültig ſetzt man auch Solche zu Erben ein,
„ die man nie geſehen. *Zum Beiſpiel: [3] es hatte Je-
„ mand einen in der Fremde lebenden Bruder; dieſer erzeug-
„ te Kinder*; er kann gültig *die Kinder ſeines Bruders* einſetzen, die er nie geſehen. Denn des Teſtators Unbekannt-
„ ſchaft *in Anſehung der Erben* macht die Einſetzung nicht
ungültig.

---

1) Si illud *aut* illud factum erit. Inſtitutionen.

2) Cui libet [nicht cuilibet, Degen S. 55] obtemperare
satis est.

3) Veluti si fratris filios peregri natos… Inſtitutionen.
Peregri*natos* leſen auch viele Handſchriften, Peregri*nan-
tes* viele Ausgaben. Die Gloſſe: *peregrinantes 'l peregri-
natos, puta quia visitant limina sancti Jacobi vel sancti
Petri.*

Funfzehnter Titel.

Von der gewöhnlichen Substitution.
[De vulgari substitutione].

1) Es ist dem Testator unverwehrt, *sowohl eine Einse-347
tzung zu machen, als auch eine Substitution, und mit
einem Worte* viele Grade van Erben zu machen. *Ein
Grad von Erben heißt, der die zwölf Unzen hat. Denn
es ist uns erlaubt, so zu testiren*: „*Primus soll mein Erbe sein*; wenn Primus mein Erbe nicht wird, soll es Secundus sein; *wird es auch Secundus nicht, so soll es Tertius sein; und wird es auch Tertius nicht, so soll es Quartus sein.*" Und wir können 2) ins Unendliche substituiren,
und an der letzten Stelle *oder [dem letzten] Grade*, gleichsam als *äußerstes* Hülfsmittel unsere Sklaven einsetzen,
*so daß, wenn es der Fall ist, daß Alle entsagen, der Skla-
ve nothwendiger Weise Erbe wird*.

§. 1. 3) Wir können aber Einem Einen substituiren, 348
und Einem Viele, und Vielen Einen, *und Vielen Viele.

---

1) Potest autem quis in testamento suo plures gradus heredum facere, ut puta si ille heres non erit, ille heres esto. Institutionen. — Cajus Buch II. §. 174.
Ulpian. lib. reg. sing. 22, 33. — Fr. 36. Dig. 28. 6.
(Marcianus lib. 4. Instit.).

2) In quantum velit testator. Institutionen.

3) Et plures in unius locum possunt substitui vel unus
in plurium, vel singuli singulis vel invicem ipsi, qui

„ Einem Einen, zum Beispiel: „Primus soll mein Erbe
„ sein; wenn es Primus nicht wird, soll es Secundus sein;"
„ Einem Viele, so: „Primus soll mein Erbe sein; wenn
„ er es nicht wird, sollen Secundus und Tertius meine Erben
„ sein." Vielen substituiren wir Einen so: „Primus
„ und Secundus sollen meine Erben sein, werden sie es nicht,
349 so soll Tertius mein Erbe sein." Und Viele Vielen:
„ „Primus und Secundus sollen meine Erben sein, werden
„ sie es nicht, so sollen Tertius und Quartus meine Erben
„ sein*." Auch *invicem*, *das heißt: wechselseitig*, kann
„ man substituiren, *zum Beispiel: „Es sei mein Erbe
„ Primus in sechs Unzen, und Secundus in sechs Unzen;
„ wird es Primus nicht, so werde es Secundus auch in je-
„ nem Theil, und wenn Secundus nicht adirt, so soll Pri-
„ mus in des Secundus Theil substituirt sein*."
350   §. 2. [1] Wenn aber auch Einer zu ungleichen
„ Theilen Erben einsetzt, [2]*(zum Beispiel: den Ei-
„ nen zu sieben [3]), den Andern zu fünf Unzen)*, und

---

heredes instituti sunt. Institutionen. — Cajus Buch
II. §. 175. *Fr. 36. §. 1. Dig. eod.* (*Marcianus l. l.*).

1) *Fr. 24. Dig. eod.* (*Ulpian. lib. 4. disput*).

2) Die Pandekten: ut si forte unus ex uncia, secundus ex
octo, tertius ex quadrante sit institutus; repudiante ter-
tio in novem partes dividatur quadrans, feratque octo
partes, qui ex besse institutus fuerat, unam partem,
qui ex uncia scriptus est.

3) Vor Fabrot irrig: sechs.

fie *invicem* fubftituirt, ohne bei der Subftitution [1] des
Unglasmus Erwähnung zu thun, [2] so wird der Subftituirte
so viel [Unzen] empfangen, *als er empfangen hätte, wenn "
Der angetreten hätte, dem er fubftituirt war. Denn wenn "
es der Fall ift, daß diefer zu fünf Unzen Eingefeßte adirt, "
und der zu fieben Unzen [Eingefeßte] ausfchlägt, fo darf "
man nicht fagen, daß Primus aus der Subftitution fünf Un "
zen empfängt, fondern fieben, denn fo viel hätte Secundus "
erhalten, wenn er antrat*.

§. 3. [3]*Es feßte Jemand zu Erben ein den Primus 351
zu fechs Unzen und den Secundus zu fechs, und fprach fo: "
"Wenn Secundus nicht Erbe wird, fo foll Primus Erbe fein "
auch in [Anfehung des] Antheils von Secundus; wird es "
aber Primus nicht, dann fei Tertius mein Erbe." —* Se "
verus und Antoninus refcribirten, [4] Tertius könne "
indiftincte Erbe fein, *wenn auch Primus allein, oder Pri "
mus und Secundus nicht Erben würden*.

---

1) Mentionem... partium. Inftitutionen.

2) Eas videtur in substitutione dedisse [sc.? partes] quas
in institutione expressit. Et ita divus Pius rescripsit.
Inftitutionen. Diese leßtern Worte fehlen bei Theophilus und in den Contischen Inftitutionenausgaben. — Die
Conftitution ift c. 1. Cod. 6, 26.

3) Sed si instituto heredi et coheredi suo substituto dato
alius substitutus fuerit. Inftitutionen. — Fr. 27. Dig.
28.

4) Ad utramque partem substitutum admitti. Inftitut.

352 §. 4. [1] Deßen Sklaven setzte ich in der Meinung, er sei frei, zu Erben ein, und fügte dann hinzu: „wird er aber mein Erbe nicht, so soll Mävius mein
„ Erbe sein." *Nach meinem Tode* befiehlst du deinem
„ Sklaven, *welchen ich eingesetzt hatte*, die Erbschaft zu adiren. *Wir fragen, ob die Substitution Statt habe?* und
„ wir sagen*: [2] der Substituirte erhalte die Hälfte. —

353 *Aber es könnte Einer sagen, der Substituirte bekäme das
„ Ganze, denn der Testator sagte: „Der soll mein Erbe sein,
„ und wenn er es nicht wird, so sei es Mävius;" folglich muß
„ hier, weil der Instituirte oder Eingesetzte nicht Erbe sein
„ könnte, (weil er Sklave ist), der Substituirte in das Ganze
„ gerufen werden.

354 Aber hierauf muß man sagen*, jene Worte: *Si heres non erit*, *(das heißt: wenn er nicht Erbe wird)*,
„ sind, wenn der *Eingesetzte* in fremder Gewalt steht, und
der Testator Das wußte, so zu verstehen, *nämlich*: wenn
er, *der Instituirte*, weder selbst Erbe wird, noch einen
„ Andern zum Erben macht, *das heißt: [einem Andern die
„ Erbschaft] erwirbt, so daß alsdann die Substitution Statt
findet*. Aber bei der Einsetzung eines [Solchen], welchen
der Testator in eigner Gewalt stehend wähnte, bedeutet *der

---

1) *Fr. 40. Dig. 28, 5. (Julianus lib. 30. Dig.)*.
2) Substitutus in partem admittitur. Institutione. Pars
ohne weitere Bestimmung ist die Hälfte.

Ausdruck: *Si heres non erit,* so viel: „wenn er die Erb- 355
schaft sich selbst, oder Dem, in dessen Gewalt er nachher
kommt, nicht erwirbt," *so daß [alsdann] die Substitution „
in's Ganze Statt findet. Hier aber erhält der Substituirte „
deswegen die Hälfte, weil Der schon in fremder Gewalt stand, „
welcher in eigner zu stehen geglaubt wurde*. [1] Und Das „
rescribirte der göttlichste [2] Pius bei seinem Sklaven Par- „
thenius; *denn es hatte Jemand den Parthenius, des 356
Kaisers Sklaven, ihn für frei haltend, zum Erben eingesetzt, „
substituirend und sagend: „Wenn aber Parthenius nicht „
mein Erbe wird, dann soll Mävius mein Erbe seyn." Und „
es erfolgte damals eine Constitution, daß die Hälfte der Erb- „
schaft durch den Parthenius dem Cäsar erworben, in die and- „
re Hälfte aber der substituirte Mävius berufen werde*. „

---

[1] *Fr. 41. Dig. eod.* (*Pompon. l. 12. ex var. lect.*).

[2] In einer Handschrift des Theophilus: Antoninus; die
Pandekten Tiberius, wie auch die meisten Institutionenausgaben; vergl. *Jac. Gothofredus anim. juris* S.
69. Reitz im 14ten Excurs (nach Gundling), und
Löhr (in Grolman und von Löhr Magazin III.
139).

Sechszehnter Titel.

Von der Pupillar=Substitution.
[De pupillari substitutione].

357   *Nicht nur fremden eingesetzten Erben können wir sub=
„ stituiren, sondern auch unsern Kindern, indem wir sagen:
„ „Dieser mein Sohn soll mein Erbe sein; wird er es nicht,
„ so soll Jener mein Erbe sein." Und das heißt eine vulgari=
„ sche Substitution; denn sie paßt auf Jeden, sowohl Frem=
358 den, als auch Sohn. Aber bei den Fremden kann die Sub=
„ stitution in vielen Fällen Statt finden, zum Beispiel: wenn
„ der Eingesetzte vor dem Testator stirbt, oder die Erbschaft
„ repudiirt, das heißt: ausschlägt, oder, wenn er unter Be=
„ dingung eingesetzt ist, die Bedingung nicht eintritt. Bei'm
„ Sohn hat die Substitution nur [1] in dem einzigen Falle
„ Statt, nämlich: wenn der Haussohn vor seinem testirenden
359 Vater stirbt; denn stirbt der Vater vor dem Sohn, so fin=
„ det die Substitution nicht Statt, [2] denn er tritt sogleich
„ als Erbe für den Vater auf, und legt nicht einmal den un=
„ körperlichen Namen ab, wenn er sich abstinirt; [3] denn
„ der unkörperliche Name der Erbschaft, ein Mal Einem auf=
„ gelegt, geht schwerlich auf einen Andern über*.

---

1) Vergl. Nr. 368.
2) Fr. 30. §. 10. Dig. 40, 5.
3) Vergl. Nr. 433.

1)*Es gibt aber eine andere Substitution, die bei un= „
fern Kindern, und nicht nur Kindern, sondern auch sol= „
chen, die in Gewalt [stehen], und nicht nur solchen, die in „
Gewalt [stehen], sondern auch bei unmündigen Suis. Sie 360
heißt pupillarische wegen des Alters, bei dem sie traktirt wird. „
Und wir können die Pupillarsubstitution so machen: „Mein „
Sohn soll mein Erbe sein; wenn er aber, Erbe geworden, „
unmündig stirbt, dann soll Der sein Erbe sein.“ Und die „
Substitution findet Statt, wenn der, Erbe geworbne Sohn „
unmündig stirbt*.

*Es ist erlaubt, der vulgarischen die pupilla= 361
rische Substitution beizumischen, und die soge= „
nannte vulgarisch=pupillarische zu machen, so: „Mein Sohn „
soll mein Erbe sein; wenn er es nicht wird“ (das ist das Ei= „
genthümliche der vulgarischen) „oder noch unmündig stirbt“ „
(das ist das Eigenthümliche der pupillarischen Substitution) „
„so soll Der mein Erbe sein.*“ — *Und was sagst du* [in „

---

1) Liberis suis impuberibus, quos in potestate quis ha=
bet, non solum ita, ut supra diximus, substituere po=
test, i. e., ut si heredes ei non extiterint, alius ei sit
heres, veluti si quis dicat hoc modo: TITIVS FILIVS
MEVS HERES MIHI ESTO. SI FILIVS MEVS HERES MIHI
NON ERIT, ET PRIVS MORIATVR, QVAM IN SVAM TVTE=
LAM VENERIT, i. e. pubes factus sit, [diese Worte feh=
len bei Cajus und in vielen Institutionenausgaben]
TVNC SEIVS HERES ESTO. Institutionen. — Cajus Buch
II. §. 179., Ulpian. lib. reg. sing. 23. 7.

28

dem Fall, daß] ¹)der Sohn vor dem Vater stirbt? [Dann]
kommt der Substituirte herbei, in Gemäßheit der vordern
Worte, und wird Erbe des Vaters, nicht des verstorbnen
362 Sohns. — *Stirbt aber der Vater zuerst, und* stirbt der
Sohn, nachdem er Erbe geworden, noch unmündig, so *fin-
„ det die pupillarische Substitution Statt, nach den letztern
„ Worten, und* der Substituirte wird Erbe *nicht des Vaters, sondern* des verstorbenen Sohnes.

     ²)Die pupillarische Substitution ist nicht
nach einem eignen Gesetz ausgesonnen, sondern durch
eine ungeschriebene Gewohnheit eingeführt.
Denn da die Pupillen nicht testiren dürfen, so schien es billig, daß an ihrer Statt die Väter testirten.

363   §. I. Durch eine solche Ueberlegung bewogen, *sprach*
„ unser *göttlichster* Kaiser eine ³)Constitution *aus, welche
er auch* seinem Codex einzeichnen ließ, in welcher er *auch
„ für folgenden Fall* Sorge trug. *Er sagt nämlich*: wenn
„ Jemand ⁴)*rasende oder blödsinnige* Kinder,

---

1) Quo casu siquidem non extiterit heres filius, tunc
substitutus patri fit heres; si vero extiterit heres filius
et ante pubertatem decesserit, ipsi filio fit heres substitutus. Institutionen. — Cajus Buch II. §. 180.

2) Nam moribus [GL.: 'l a majoribus] institutum est,
ut cum ejus aetatis filii sint, in qua ipsi sibi testamentum facere non possunt, parentes eis faciant. Institut.

3) C. 9. Cod. 6, 26.

4) Mente captos. Institutionen.

Enkel oder Urenkel hat, wes Geschlechts oder Grades, so sei ihm gestattet, auch wenn sie mündig, nach Art 364 der pupillarischen Substitution, ihnen ¹) gewisse Personen zu substituiren, *für den Fall, daß solche Kinder in dem Zustande der Verstandesverwirrung sterben*; gelangten sie aber wieder zu Verstand, so befahl er, daß die Substitution ungültig sein solle. — *Er hat* dieses nach Analogie der pupillarischen Substitution *ausgesonnen*, welche ungültig wird, sobald der Pupill mündig wird.

§. 2. ²)*In so weit nach der vorgetragnen Form die pupillarische Substitution geformt ist*, so sind gewisser Maßen zwei Testamente da, das eine, vom Vater *auf den Sohn gemacht*; das andre vom Sohn *auf den Substituirten*, gleich als ob der Sohn sich selbst einen Erben eingesetzt hätte. ³)Oder vielmehr, *die Wahrheit zu sagen*, es ist nur ein Testament⁴), aber zwei Erbschaften, *die eine vom Vater auf den Sohn übertragen, die

28 *

---

1) Nämlich: die etwaigen Kinder des Wahnsinnigen; dessen Geschwister; und in deren Ermangelung Fremde.

2) Igitur in pup. substit. secundum praefatum modum ordinata. Institutionen. — Cajus Buch II. §. 180.

3) Aut certe. Institutionen.

4) Duarum causatum id est duarum hereditatum. Institutionen. Cajus wie Theophilus blos duarum hereditatum.

366 andre vom Sohn auf den Subſtituirten gelangend, denn
„Alles, was der Pupill vom Vater empfangen oder ſich auch
„ſelbſt erworben, geht nach des Vaters Tode über auf den
„Subſtitutus. Denn daß es nur ein Teſtament iſt, iſt dar:
„aus offenbar, daß blos ſieben Zeugen dazu genommen wer:
„den, während, wenn es zwei Teſtamente wären, vierzehn
„Zeugen zugegen ſein müßten*.

367 §. 3. ¹)*Es geſchieht oft, daß Einer, welcher ſeinem
„Kinde pupillariſch ſubſtituirt hat, in die äußerſte Be:
„ſorgniß geräth, der dem Pupill Subſtituirte
„möchte dem Unmündigen nachſtellen, da er
„weiß, daß er zugleich mit dem Tode des Vaters Subſtitut
„des Pupillen iſt; und der Pupill iſt wegen ſeines zarten Al:
„ters zur Nachſtellung geeignet*. Gäbe es *alſo* einen ſehr
„furchtſamen *Vater* ²), *und wollte er die daraus [entſtand:
„ne] Beſorgniß vermeiden*, ³)ſo möge er, den Pupillen zum

---

1) Cajus Buch II. §. 181.

2) Ut timeret, ne filius ejus, pupillus adhuc, ex eo,
    quod palam substitutum accepit, post obitum ejus pe-
    riculo insidiarum subjiceretur.... Inſtitutionen.

3) Vulgarem quidem substitutionem palam facere et in
    primis quidem testamenti partibus, debet; illam autem
    substitutionem, per quam, etsi heres extiterit pupillus
    et intra pubertatem decesserit, substitutus vocatur, se-
    paratim in inferioribus partibus scribere... (dann wie
    Theophilus). Inſtitutionen. — Cajus: Ceterum ne
    post obitum parentis periculo insidiarum subjectus vi-

Erben einsetzend, den vulgarischen Substitutus [1]) sogleich 368
nach der Einsetzung des Pupillen ohne Furcht schreiben,
[2]) dann wird er, [der Substitutus], dem Unmündigen nicht
nachstellen können, weder bei des Vaters Lebzeiten (denn
es ist unbekannt, was im Testament geschrieben ist), noch
nach des Testators Tode, (denn der Sohn, welcher schon Erbe des Vaters geworden ist, läßt den vulgarisch Substituirten nicht Statt finden), und Niemand wird ohne Gewinn
dem Pupill nachstellen.

So viel von der vulgarischen Substitution. [3]) *Will 369
aber Jemand eine pupillarische Substitution anordnen, so „

---

deatur pupillus, in usu est, vulg. qu. subst. p. facere,
id est eo loco, quo pupillum heredem instituimus, nam
vulgaris substitutio ita vocat ad hereditatem substitutum, si omnino pupillus heres non extiterit, quod accidit cum vivo parente moritur, quo casu nullum sub-
stituti maleficium suspicari possumus, cum scilicet vivo testatore omnia, quae in testam. scripta sint, igno-
rentur.

1) Vergl. Nr. 370.

2) Vergl. Cajus am angeführten Ort.

3) Cajus Buch II. §. 181. Vergl. Fr. 56. Dig. 40, 5:
Lucius Titius testamento ita cavit: SI QUOS CODICIL-
LOS RELIQUERO, VALERE VOLO: SI QUIS MIHI EX PAU-
LA, QUAE UXOR MEA FUIT, INTRA DECEM MENSES NA-
TUS NATAVE ERIT, EX SEMISSE HEREDES SUNTO; CA-
JUS SEJUS EX SEMISSE HERES ESTO; STICHUM ET PAM-
PHILUM SERVOS MEOS ET EROTEM DIPHILUM PETO,
ET FIDEI HEREDUM COMMITTO, UT CUM AD PUBERTA-

„ sage er so: „Mein Sohn soll mein Erbe sein, wird er es
„ nicht, so soll Der mein Erbe sein." Und nachdem er Vor=
„ münder, Legate, Fideicommisse, Freiheiten hinterlassen hat,
„ schreibe er in dem untern Theile des Testaments so: „Wenn
„ aber mein Sohn, Erbe geworden, unmündig stirbt, dann
„ soll Der mein Erbe seyn*." Und diesen Theil [des Testa=
ments] befestige er mit besonderm Faden und besiegele ihn
370 mit besonderm Wachs. ¹) Doch schreibe er in den obern
Theilen des Testaments folgende Worte: „Den untern Theil
des Testaments will ich nicht geöffnet wissen, so lange mein
„ Sohn lebt und noch unmündig ist." — *Denn ist die
„ Pupillarsubstitution so geschehen, so wird der Sohn die Si=
„ cherung vor Nachstellung haben, er wird nämlich weder bei
„ Lebzeiten seines Vaters von Nachstellungen angegriffen, weil
„ das ganze Testament verschlossen ist, noch nach dem Tode des
„ Vaters, weil Das unbekannt ist, was in der pupillarischen
„ Substitution geschrieben ist*.

371   ²)*Es hat Einer, testirend und seinen unmündigen
„ Sohn zum Erben einsetzend, sogleich die pupillarische Sub=

TEM LIBERI MEI PERVENERINT, MANUMITTANT. Dein-
de novissima parte ita cavit: *QUODSI MIHI LIBERI NA-*
TI NON ERUNT, AUT INTRA PUBERTATEM DECESSERINT,
TUNC HEREDES EX PARIBUS PARTIBUS SUNTO MUCIUS
ET MAEVIUS....

1) Et in priore parte testamenti cavere, no... Inſtitut.
2) Illud palam est, non ideo minus valere substitutionem impuberis filii, quod in iisdem tabulis scripta sit,

stitution aufgeführt. Nichts desto weniger gilt zwar die „
Substitution, aber Wer so handelt, und die Substitution da „
schrieb, wo er sich seinen Sohn zum Erben einsetzte, scheint „
mit Gefahr in Absicht seines Kindes zu testiren*.

§. 4. [1] Aber nicht nur den unmündigen Kindern, 372
welche zu Erben eingesetzt sind, können die Aeltern
[2] *pupillarisch* substituiren, sondern auch den
enterbten. Und so wie sie also wegen der [väterlichen]
Gewalt, und nicht weil sie zu Erben eingesetzt worden, pupillarische Substituten bekommen, deshalb substituiren wir
auch gültig den exheredirten Kindern. Aber, könnte man
sagen, was bekömmt denn der Substitut des exheredirten
Pupillen? Wir werden sagen: [3] wenn dem Pupill Et: 373
was von der [4] Erbschaft oder Legaten oder Geschenken der
Verwandten oder *väterlichen* [5] Freunde zu Theil wird,
so gelangt dieß Alles an den Substitutus.

---

quibus sibi quisque heredem instituisset, quamvis hoc
pupillo periculosum sit. Institutionen.

1) Cajus Buch II. §. 182. *Ulpian. lib. reg. sing. 23. 8.*
Fr. 1. Dig. 28, 6.

2) Ita substituere possunt, ut etsi heredes eis extiterint,
et ante pubertatem mortui fuerint, sit eis heres is,
quem voluerint ipsi, sed etiam exheredatis. Institut.

3) Itaque eo casu si.. Institutionen.

4) Hereditatibus. Institutionen und Cajus.

5) Fehlt bei Cajus.

— [1])Was von der Substitution der zu Erben einges
setzten unmündigen Kinder oder auch der enterbten gesagt ist,
das [2]) beziehen wir auch auf die Postumi. *Denn wir
„ können auch den Postumis vulgarisch substituiren auf
„ folgende Weise: „Mein Erbe sei der Postumus; wird er
„ es nicht, dann soll Der mein Erbe sein.‟ Er [der Substi
374 tutus] wird es aber nicht, wenn er [der Postumus] ent-
„ weder nicht zur Welt kömmt, oder, geboren, vor dem Vater
„ stirbt. Es kann auch pupillarisch [geschehen] auf fol
„ gende Art: „Der Postumus soll mein Erbe sein; ist er es
„ geworden, und stirbt er unmündig, so soll Der mein Erbe
„ sein.‟ Und dem vorher Gesagten entsprechend, machen wir
„ [auch] in Ansehung seiner [die] vulgarisch-pupilla
rische Substitution*.

375   — §. 5. [3])*Nimm Folgendes als Vorkenntniß: Der
„ Theil des Testaments, wo der Vater sich einen Erben
„ schreibt, heißt das principalische; aber der Theil, wo er dem
„ unmündigen Sohn substituirt, heißt das pupillarische. Das
„ pupillarische hängt ab vom principalischen, und empfängt
„ von diesem seine Kraft. Nachdem dir dieß vorläufig be
„ kannt ist, so achte auf den weitern Vortrag. —*

---

1) Cajus Buch II. §. 183.
2) Intelligimus. Institutionen.
3) *Fr.* 2. §. 1. Dig. 28, 6.

1) *Wir haben gesagt, wir könnten unsern unmündigen Kindern substituiren, aber verstehe: dann, wann wir uns Erben schreiben, das heißt: wann wir [das] principalische [Testament] machen. Denn wird dieses nicht gemacht, so hat das pupillarische nichts, woher es sich [Rechts]kraft verschaffe. Denn* das pupillarische ist ein Theil gleichsam und Folge des 2) principalischen; 3) *eine Folge aber kann man nicht finden, wenn die Hauptsache nicht vorhanden ist. — Und das pupillarische empfängt daher seine Gültigkeit* in so weit, daß, wenn 4) das principalische nicht gültig ist, auch 5) das pupillarische keine Kraft hat. *Denn stelle dir vor, er habe nicht 6) mit eigner Hand im principalischen Testament den Namen des Erben geschrieben, aber dieß im pupillarischen gethan, so hilft das dem pupillarischen [Testament] nichts, da das principalische ungültig ist*.

§. 6. 7) Wir können, 8) *wenn wir viele unmündige Kinder haben*, einem jeden *pupillarisch* substituir

---

1) Liberis autem suis testamentum facere potest nemo, nisi et sibi faciat... Institutionen.

2) Paterni testamenti. Institutionen.

3) Fr. 178. Dig. 50, 17.

4) Patris testamentum. Institutionen.

5) Nec filii quidem valebit. Institutionen.

6) Nr. 240, dieses Buches.

7) Fr. 37. Dig. 28, 6. (Florent. lib. 10, Inst.).

8) Vel singulis. Institutionen.

„ ren oder auch dem letzten *Unmündigen*, welcher stirbt.
„ Wenn ich aber keins der unmündigen Kinder will ohne Te=
„ stament sterben lassen, *so substituire ich* jedem besonders.
„ Will ich aber 1) die Nachfolge *ab intestato* unter den Kin=
„ dern erhalten haben, *dann substituire ich* dem letzten *ster=
„ benden Unmündigen einen Fremden. Und wenn einige [von
„ ihnen] sterben, dann werden die überlebenden Brüder die
„ Erbschaft *ex intestato* bekommen, stirbt aber zuletzt einer
„ von ihnen unmündig, dann kömmt der Substituirte herbei.*

378   2)§. 7. Ich kann dem Unmündigen nament=
„ lich substituiren, 3) *und sagen: „wenn mein Sohn
„ mir Erbe geworden ist und unmündig stirbt, dann soll Titius
„ mein Erbe sein.“ 4) Ich kann ihm aber auch im All=
„ gemeinen substituiren; zum Beispiel: ich setzte viele Er=
„ ben ein mit meinem Sohn, oder ich setzte viele Erben ein,
„ und enterbte meinen Sohn; ich kann ihm im Allgemeinen
„ so substituiren, indem ich sage: „Wenn Jemand mein [des
„ Vaters] Erbe wird, der soll auch meinem, unmündig ster=

---

1) Jus legitimarum hereditatum. Institutionen.

2) *Fr. 3. Dig. 28, 6. (Modestin. l. 1. Differ.).* — *Fr.
8. §. 1. Dig. eod.*

3) Veluti: *Titius.* Institutionen.

4) Aut generaliter, ut: QUISQUIS MIHI PATRI HERES ERIT.
Patri von Biener zuerst in den Text gesetzt.

henden Sohne substituirt sein*." Durch diese Worte ¹) kom= 379
men [Die] durch die Substitution zu den Gütern des Un=
mündigen, welche sowohl zu Erben eingesetzt, als es auch
geworden sind. *Denn haben sie, eingesetzt, die Principal= „
[Institution] ausgeschlagen, so werden sie auch nicht das aus „
der pupillarischen Substitution [zu Erlangende] bekömmen*. „
— ²) *Des Pupillen Güter werden aber *pro parte here=* „
ditaria vertheilt, das heißt: [nach dem Maaßstabe]*, wie „
sie *[die dem Pupillen substituirten Erben des Vaters]* „
den Vater beerbt haben.

§. 8. Den männlichen Kindern, darf man bis 380
zum vierzehnten Jahre substituiren, den weiblichen bis
zum zwölften. Ueberschreiten sie dieses Alter, dann ist die
Substitution erloschen.

§. 9. ³) Einem Fremden ⁴) oder ⁵) erwachsenen
Sohn substituirt ⁶) Niemand, wenn er [ihn] zum Erben

---

1) Vocantur ex substitutione, impubere filio mortuo,
qui et scripti sunt heredes et extiterunt.. Institutionen.

2) Pro qua parte heredes facti sunt. Institutionen.

3) Cajus Buch II. §. 184.

4) Oder erwachsenen Sohn — ist Cajus fremd.

5) Scholion: er sagt, weder einen fremden Pupill kann
man pupillarisch substituiren, noch einem erwachsenen
Kinde, sondern vulgarisch.

6) Nemo, nämlich paganus.

„einsetzt, [1] *zur Nachahmung der Unmündigen*, indem er
381 [etwa] sagte: „Der sei mein Erbe; wird er Erbe und
stirbt — zum Beispiel vor dem dreißigsten Jahre; — dann
soll Der sein Erbe sein." Nur Folgendes ist uns *zu thun*
gestattet: *Wenn wir Jemanden zum Erben einsetzen, so*
können wir ihn durch ein Fideicommiß verbindlich machen,
daß er einem Andern die Erbschaft [2] wieder gebe, entweder
ganz oder zum Theil. [3] Aber welche Wirkung das Fideicommiß habe, wird an der geeigneten [4] Stelle gelehrt
werden.

Siebenzehnter Titel.

Auf welche Weise Testamente ungültig werden.
[Quibus modis testamenta infirmantur].

382 *Wir haben gelernt, auf welche Weise die Testamente
gesetzlich gemacht werden. Ist aber etwas von Dem weg ge-

---

1) Ita…, ut si heres extiterit et intra aliquod tempus decesserit, alius ei sit heres. Institutionen.

2) Hereditatem ejus. Institutionen. Bei Cajus Statt
ejus — nostram.

3) Quod jus quale sit. Institutionen.

4) Im drei und zwanzigsten Titel.

laffen, was zur [gefeßlichen] Genauigkeit gehört, fo heißt „
das Teftament *non Jure* [1]) *civili factum*, oder: nicht „
nach bürgerlichem Rechte gemacht, oder in abge= „
kürzter Rede: *injustum*, oder gefeßwidrig. Denn viel= „
leicht ift die *legitime*, (das heißt: von den Gefeßen geord= „
nete) Zahl der Zeugen überfehen; oder es waren wohl fieben „
Zeugen da, aber fie unterfchrieben nicht alle; oder fie unter= „
fchrieben wohl alle, aber befiegelten nicht; oder fie thaten 383
das wohl, aber der Teftator fchrieb nicht mit eigner Hand „
den Namen des Erben, noch nannte er feinen künftigen Er= „
ben vor Zeugen; oder es hatte Jemand Kinder, [welche] „
Sui [waren], und er feßte fie weder ein, noch enterbte er fie. „
In allen diefen [Fällen] heißt das Teftament *non Jure ci-* „
*vili factum**.

[2]) *Ift aber nichts von diefem überfehen, fo wird das „
Teftament auch fo nicht alle Male bis zum Ende Gültigkeit „
haben*, denn es wird entweder *ruptum* oder *irritum*.

§. 1. Ruptum wird es *auf folgende Weife. Es 384
teftirte Jemand untadelhaft*; wenn der Teftator [3]) nicht „

---

1) *Civili*, im Gegenfaß des militärifchen Rechts, begreift
in fich alle Vorfchriften für Bürgerliche, Nr. 238—240.

2) *Testamentum jure factum usque adeo valet, donec*
rumpatur, irritumve fiat. Inftitutionen.

3) Wenn der Teftator nicht.... bleibt — Fabrot läßt
nicht hinweg; die Inftitutionen haben es nicht. Reiß
löft fich die Schwierigkeit fo: *Imperator fic ratiocinatur:*

in demselben Zustand [Status] bleibt, [1] so wird das Recht
des Testaments verringert. [2] Denn wenn Jemand Einen
nach Errichtung des Testaments an Kindes Statt nimmt, —
(entweder einen [in] eigner Gewalt [Stehenden] bei'm Kai=
ser, oder [3] einen in fremder [Stehenden] bei der Obrig=
keit) — so wird nach Dem, [was] in der Constitution un=
sers göttlichsten Kaisers gesagt [ist] — *(das heißt: wenn
der Großvater der Annehmende ist, denn dann zeigt die An=
nahme ihre Gewalt)* — das errichtete Testament gebrochen,
[4] *indem ein neuer Suus hinzukömmt, gleich als ob ein
Postumus geboren würde* [5].

385 §. 2. Auch ein zweites, gesetzlich vollendetes Testa=
ment kann das frühere brechen, [6] [gleichviel], ob durch das=
selbe ein Erbe war, oder nicht war [7]), wenn er nur in

---

testamentum ideo rumpitur quoniam ipsius jus vitiatur, licet
testator in eodem statu maneat. Theophilus ita: Testamentum jure factum rumpitur, id est, illius jus ideo vitiatur, quoniam testator in eodem statu non mansit. Vergl.
Fr. 28. §. 1. Dig. 28, 2.

1) Ipsius testamenti jus vitiatur. Institutionen.
2) Cajus Buch II. §. 138. Ulpian. lib. reg. sing. 23, 2.
3) Aut per praetorem secundum nostram Constitutionem
eum, qui in potestate parentis fuerit. Institutionen.
4) Quasi adgnatione sui heredis. Institutionen.
5) Eben so bricht es die Legitimation. §. 2. Inst. 3, 1.
6) Nec interest, an.... Institutionen.
7) Hoc solum spectatur, an aliquo casu existere potuerit.
Institutionen. — Aliquo casu ist Cajus fremd.

irgend einem Fall Erbe sein konnte. *Und wie wird Jemand nicht Erbe, der es sein konnte? Nimm an*, [1] der im dem zweiten Testament eingesetzte* Erbe habe repudiirt, oder er sei bei Lebzeiten des Testators gestorben oder nach des Testators Tode vor dem Antritt[3]), oder er sei unter einer Bedingung eingesetzt, und die Bedingung sei nicht eingetreten[3]). Und in diesen Fällen geschieht es, daß [4] der *Testator, nachdem er zwei Testamente gemacht hat*, ohne Testament stirbt, indem [sowohl] das erstere [Testament] durch die Errichtung des zweiten gebrochen wird, und das andre ungültig ist, weil Niemand daraus Erbe wird[5]).

§. 3. [6]) Jemand testirt *und setzt den Primus ein*: darauf entschließt er sich, nach einiger Zeit zur Errichtung eines zweiten Testaments, welches er gleichfalls gesetzlich voll-

---

1) Ideoque si quis aut noluerit heres esse. Institutionen. Cajus: ideoque si quis ex posteriore testamento, quod jure factum est, aut nol. heres esse.

2) Cajus schaltet ein: aut per exceptionem exclusus fuerit. Institutionen.

3) Derselbe: aut propter coelibatum ex lege Tullia summotus fuerit. Institutionen.

4) Pater familias intestatus moritur. Institutionen.

5) Auch der schlechte Zustand des Testaments (durch Verwischen 2c.) bricht dasselbe.

6) Fr. 29. Dig. 36, 1. (Marcianus lib. 4. Instit.). — Sed si quis priore testamento jure perfecto, posterius aeque jure fecerit. Institutionen.

5. endet ¹), *indem er den zweiten Erben so einsetzt: „Secun=
„ dus soll mein Erbe sein in diese und diese Sache*.‟– Nichts
„ desto weniger wird auch so das frühere Testament gebrochen.
„ *Denn daß der Secundus im zweiten Testament in gewisse
„ Sachen eingesetzt ist, macht die Einsetzung nicht ungültig, und
„ Dieß* haben Severus und Antoninus rescribirt, die
388 göttlichsten. ²) Die Worte dieser Constitution sind folgende:
„ *(denn es ist nicht unstatthaft, sie zu lernen*, weil man auch
„ etwas Anderes aus ihnen erklären kann). *Es hat Einer
„ ein Testament errichtet und viele Erben eingesetzt; in einem
„ zweiten Testamente setzte er einen Andern in gewisse [Sa=
„ chen] ein und fügt hinzu, er wolle nichts desto weniger, daß
389 das frühere Testament gelte. Er starb. Es kam die Sache
„ zu Severus und Antoninus, und sie rescribirten dem Coc=
„ cejus Campanus:

„   ³) „Ein errichtetes zweites Testament stürzt,
„   wenn gleich der Erbe in gewisse Sachen eingesetzt ist,

---

1) Etiamsi ex certis rebus in eo heredem instituerit, su-
    perius testamentum sublatum esse, ... rescripserunt.
    Institutionen.

2) Cujus constitutionis verba inseruimus. Institutionen.

3) IMPP. SEV. ET ANTON. COCC. CAMP. S. TESTAMEN-
    TUM SECUNDO LOCO FACTUM, LICET IN EO CERTA-
    RUM RERUM HERES SCRIPTUS SIT, JURE VALERE, PE-
    RINDE, AC SI RERUM MENTIO FACTA NON ESSET, SED
    TENERI HEREDEM SCRIPTUM .... Institutionen.

... das frühere eben so gut um, als wäre die Einse= „
zung im zweiten Testament ohne Erwähnung der [ein= „
zelnen] Gegenstände erfolgt. Es befahl, daß der im 390
zweiten Testamente Eingesetzte Erbe sei, aber den im
ersten Testamente eingesetzten Erben gehalten sei* zur „
Zurückgabe der Erbschaft, so daß er selbst mit dem Sat= „
chen zufrieden sein muß, in die er auch als Erbe ein= .
gesetzt ist. 1) *Macht dieß ihm Hinterlassene die Fal= „
cidia nicht aus, so muß ihm Das ergänzt werden, „
was an dem 2) Viertheil fehlt*.

Der Grundsatz davon ist der: 391

　[weil] 3) in dem zweiten Testament die Worte ge=
　schrieben [sind], 4) worin er sagte, daß das erste Te=
　stament gültig sein sollte.

*Der Fehler also, [daß ein Testament] rumptum „
[wird], geschieht auf viele Art; denn die Geburt eines prä= „
terirten Postumus, und ein neuer hinauf steigender 5) Suus „
und ein neuer hinzu kommender 6) Suus, und die Errich= „

---

1) *AUT SUPPLETA QUARTA EX LEGE FALCIDIA.* Institut.

2) Scholion: Heut' zu Tage ist nach einer Novelle die
　Falcidia ein Drittheil.

3) Secundo testamento fehlt in mehrern Institutionenaus=
　gaben.

4) *QUIBUS, UT VALERET PRIUS TEST. EXPRESSUM EST;
　DUBITARI NON OPORTET.* Institutionen.

5) Scholion: das heißt: der Enkel.

6) Scholion: der Adoptirte. — Vergl. III, 1, pr. Nr. 3.

29

„ tung eines zweiten Testaments macht das Testament ruptum*.
„ Aber so viel von dem Fehler des Ruptum.

392   §. 4. ¹)*Das Irritum löst ebenfalls das errichtete
„ Testament auf*. Zum Beispiel: wenn der Testator die Ca-
„ pitis-Diminution erleidet. Auf welche Art [Dieß] geschehe,
„ haben wir in der ersten ²)Institution durchgegangen.
„ *Wenn nämlich der Testator entweder die große erleidet und
„ Sklave wird, oder die mittlere, und aus dem Bürgerrecht
„ fällt, oder die kleinste, und Haussohn wird, (indem er sich
„ in Arrogation gibt), wird das Testament irritum*.

393   §. 5. ³)*Und so belästigen, wie auch schon gesagt wor-
„ den, drei Mängel die Testamente: *non jure civili fac-
„ tum, ruptum, irritum*. ⁴)Wir können auch *das
„ irritum — ruptum nennen, und* das ruptum — irritum;

---

1) Alio quoque modo testamenta jure facta infirmantur.
   Institutionen. — Cajus Buch II. §. 145. Fr. 6. §.5
   Dig. 28. 3. Ulpian. lib. reg. sing. 23. 4.

2) Institutionen: libro; Cajus: commentario.

3) Ulpian. lib. reg. sing. 23. 6.

4) Hoc autem casu irrita fieri testamenta dicuntur, cum
   alioquin et quae rumpantur, irrita fiunt. Et ea quae jure facta sunt, postea propter capitis diminutionem irrita fiunt, possumus nihilo minus rupta dicere. Sed quia
   sane commodius erat, singulas causas singulis appella-
   tionibus distingui, ideo non jure facta quaedam dicuntur, quaedam jure facta rumpi vel irrita fieri. Institutionen. — Cajus Buch II. §. 146.

*auch das vom Anfang nicht gesetzmäßig errichtete Testament „
können wir irritum* nennen, *und wir können diese Wor= „
te ohne Unterschied gebrauchen. Deswegen aber haben wir 394
jedem Fehler für sich Eigenheit der Benennung ausgedacht, „
damit wir aus dem eigenen Namen den daseienden Mangel „
erkennend, diesem entgehen können. — Aber die besagten „
drei Fehler stoßen das bürgerliche Testament um, beziehen „
sich aber nicht ¹) [immer] auf das prätorische, denn es wür= „
de thörigt sein, den Fehler des *non jure civili facti* auch „
vom prätorischen zu sagen*.

§. 6. ²)*Denn weder der [Fehler] des rupti, noch 395
des irriti läßt es auf, wenn es der Fall ist, daß der Testator „
der Capitis=Diminution entflieht, welche er erlitten hat. *
Denn der Prätor untersucht die zwei Zeitpunkte, den der „
Errichtung des Testaments und den des Todes, und findet „
er, daß derselbe zu beiden Zeiten die Testamenti factio gehabt „
habe, so hält er dafür, sein Testament sei gültig; unbesorgt „
um die Zwischenzeit, ob er [da] das Bürgerrecht oder die „

29 *

---

1) Diese Aeusserung ist durch die folgenden Paragraphen zu
erklären.

2) Non tamen per omnia inutilia sunt ea testamenta,
quae, ab initio jure facta propter capitis dim. irrita
facta sunt. Institutionen. — Cajus Buch II. §. 147.:
Non tamen p. o. i. s. ea t., q. v. ab i. *non* jure facta sunt,
vel jure facta postea irrita facta, aut rupta sunt.

396 Freiheit verloren habe. Kurz er gibt dem eingesetzten Erben
„ das Innehaben *secundum tabulas*[1] wenn nur Siegel
von sieben Zeugen darauf sind, und der [2] Testator *zu bei=
„ den Zeiten die Testamenti factio gehabt hat*, (er war näm=
lich sowahl Römer, als er in seiner eignen Gewalt stand).
[3] Starb er aber in der Capitis=Diminution, (er starb näm=
lich, nachdem er sich in Arrogation gegeben, [und] bevor
er wieder in eigne Gewalt kam), dann hält auch der Prä=
tor dafür, das Testament sei irritum, und er verständet
nicht dem scriptus [Heres] das Innehaben *secundum ta=
bulas.*

397   §. 7. *Es hat Jemand testirt, die Errichtung des
„ Testaments überlebt und gesagt: ich will nicht, daß
„ dasselbe gelte*! — Durch *diese Worte* allein wird
das Testament nicht ungültig[4]): denn das gesetzlich Errich=
tete muß auch gesetzlich umgeworfen werden. Ich sage noch

---

1) Nam si septem... Institutionen.

2) Potest heres scriptus secundum tabulas bonorum pos=
sessionem agnoscere, si modo defunctus et civis Roma=
nus et suae potestatis mortis tempore fuerit. Institut.

3) Nam si ideo irritum factum sit testamentum, quod
[Cajus postea] civitatem vel etiam libertatem testator
amiserit, aut quia in adoptionem se dederit, et mortis
tempore in adoptivi patris potestate sit, non potest
scriptus heres secundum tabulas bonorum possessio=
nem petere. Institutionen.

4) Quod postea testator noluit valere. Institutionen.

mehr: auch wenn Einer, nachdem er testirt hat, zur Errichtung eines zweiten Testaments schreitet, aber es nicht vollendet, indem er inzwischen stirbt, oder seine Meinung ändert, so besteht [1]) eine Constitution des göttlichen Perti-
nax, *welche befiehlt*, [2]) das erstere solle bestehen. *Denn 398
sie sagt, nicht anders werde das frühere, gesetzmäßig errich- „
tete Testament durch das zweite ungültig*, als wenn das „
zweite gesetzmäßig [3]) vollendet worden. Denn das unvollen-
dete Testament ist unstreitig ungültig.

§. 8. In derselben [4]) Constitution ist auch Das enthalten: [5]) es solle nicht eine solche Einsetzung gelten, wo Einer,
[6]) weil er gegen Jemand [7]) Streit hat, den Kaiser zum
Erben einsetzte, [8])*und sie erklärt solche Testamente für 399

---

[1]) D. Pertinacis oratione cautum sit, ne. Institutionen.

[2]) Tabulae priores jure factae irritae fiant. Institutionen.

[3]) Ordinatae et perfectae fuerint. Institutionen.

[4]) Oratione. Institutionen.

[5]) Non admissurum. Institutionen.

[6]) Qui litis causa. Institutionen.

[7]) Scholion: wenn ein Testament nicht gesetzmäßig errichtet wird, sondern [der Testator] nur wegen Streit und Neid
den Kaiser zum Erben einsetzt, so gilt die Einsetzung nichts.

[8]) Neque tabulas non legitime factas, in quibus ipse ob
eam causam heres institutus erat, probaturum, neque
ex nuda voce heredis nomen admissurum, neque ex ulla
scriptura, cui juris auctoritas desit, aliquid adepturum.
Institutionen.

„ nicht gültig, noch nimmt sie eine nicht schriftlich, [ohne die
„ nöthigen Förmlichkeiten] geschehene Einsetzung des Kaisers
„ an; auch sagt sie, er würde es nicht über sich gewinnen
„ können, Etwas in Gemäßheit der Niederschrift, wie aus ei-
„ nem letzten Willen, zu nehmen, wenn nicht die vollständige
„ Genehmigung des Gesetzes dabei ist*. Dieser *Constitution*
„ folgend, haben Severus und Antoninus, die gött-
„ lichsten, oft rescribirt [1]: *„obgleich wir den Gese-
„ tzen nicht unterworfen sind, so leben wir doch
„ nach den Gesetzen*. — LICET ENIM LEGIBUS
SOLUTI SIMUS, ATTAMEN [2] SECUNDUM LEGES VI-
„ VERE VOLUMUS. *Denn wir müssen das so göttliche
„ Wort bewundernd [stets] im Munde haben*.

---

1) Vergl. auch c. 3. Cod. 6. 23.; Ex imperfecto testamento nec Imperatorem hereditatem vindicare posse,
saepe constitutum est. Licet enim lex imperii solenni-
bus juris Imperatorem solverit, nihil tamen tam proprium imperii est quam legibus vivere.

2) LEGIBUS VIVIMUS. Institutionen.

Achtzehnter Titel.

Von dem pflichtwidrigen Testament.
[De inofficioso testamento].

*Wir haben im Vorhergehenden gesagt, daß die testi: 400
renden [1] Ascendenten die Descendenten nicht einzusetzen „
[brauchten], sondern sie enterben, oder durch Präterition „
züchtigen könnten, in Ansehung welcher die Präterition für „
Erheredation genommen wird. [2] Weil aber die Aeltern, „
diese Erlaubuiß benutzend, ihren Kindern Nachtheil zufüg: „
ten, indem sie sie in Armuth hinterließen, „

— denn war es either der Ascendenten von väter: 401
licher Seite, und er enterbte das Kind, so war weder „
das Testament *ipso jure* [3] unbeständig, noch konnte „
das Kind *ab intestato* [zur Erbschaft] gelangen, „
(denn wie, wenn ein Testament da ist?) noch hatte „

---

1) Scholion: Zum Beispiel: Vater, Großvater.

2) Quia plerumque parentes liberos suos sine causa vel
exheredant vel omittunt, inductum est, ut de inofficioso testamento agere possint liberi. Institutionen. —
Bei'm Testament des Soldaten findet keine Klage de inofficioso testamento Statt.

3) Scholion: [Der Großvater] enterbt den Enkel, oder
der Vater den Sohn; der Sohn kann nicht sofort ipso
jure das Testament ungültig machen, wenn der Erbe nicht
die Undankbarkeit beweist [Novelle 115. c, 3. 4.].

es vom Prätor[1] den [Besitz des Vermögens] contra tabulas, (denn dieser wurde den Präterirten,
402 nicht aber den Erheredirten gegeben). — War aber
die Testirende Mutter, so durften die durch die Mutter Abstammenden gar nicht an den [Besitz der Güter]
contra tabulas denken, denn gegen das Testament
einer weiblichen Person wird den Kindern nicht die
[bonorum possessio] gegeben[2] —,

so wurde als letztes Hülfsmittel für die Kinder die [Klage]
de inofficioso [testamento] ausgesonnen*, [so daß dieselben sich beschweren *und sagen*: sie wären[3] widerrecht-
lich enterbt oder[4] präterirt worden, [5] wobei sie den Vorwand gebrauchen, als sei der Testator[6] verstandslos gewe-
403 sen, da er das Testament errichtete. Das wird *von den
Kindern [so]* gesagt, nicht als wäre der *Verstorbene* in
der That wahnsinnig gewesen, sondern *weil* das Testament

---

1) Scholion: denn den in eigner Gewalt stehenden Präterirten nur wurde die [Klage] contra tabulas gegeben, wie
er oben bei den Erheredationen sagte [§. 7. Inst. 2, 13.].
2) Weil jene keine suos heredes haben.
3) Aut. Institutionen.
4) Aut inique. Institutionen.
5) Hoc coloro. Institutionen. Fr. 2. Dig. 5, 2. (Marcian. lib. 4 Instit.).
6) Non sanae mentis. Institutionen. — Nach der Novelle
115. c. 3. bleiben bei inofficiosen Testamenten die Legate
und andere Bestimmungen aufrecht.

zwar rechtsgültig, aber doch nicht wie es ¹) die Rückſicht der
Aelternliebe erheiſcht, gemacht worden war; denn wäre er
wirklich nicht bei Sinnen geweſen, ²) ſo hätte er nicht teſti
ren können. *Oder er war vielmehr in der Hinſicht wahnſ
ſinnig, daß er die Natur auf eine widerſinnige Weiſe
haßte*.

§. 1. ³) Aber nicht nur den Kindern iſt geſtat 404
tet, das Teſtament ihrer Aeltern, als ⁴) nicht geziemend er
richtet, anzuklagen, ſondern auch die ⁵) Aeltern *ha
ben die Befugniß, das Teſtament* ihrer Kinder *anzukla
gen*. Schweſter und Bruder *ſtoßen nur dann das Teſta
ment des Verſtorbenen um, und* werden *den eingeſetzten
[Erben]* vorgezogen, ⁶) wenn die Eingeſetzten einen ehrloſen
Stand haben, *wie ⁷) Wagenführer, Mimen, Thierkäm 405
pfer ⁸) und die aus einer entehrenden Vermiſchung Entſtanz

---

1) Non autem ex officio pietatis. Inſtitutionen.

2) Nullum est testamentum. Inſtitutionen.

3) *Fr. 1. Dig. 5, 2.*

4) Inofficiosum. Inſtitutionen.

5) Inſonderheit auch die Mutter.

6) Turpibus personis scriptis heredibus ex sacris Constitutionibus praelati sunt; non ergo contra omnes heredes agere possunt. Inſtitutionen.

7) C. 4. Cod. 11, 40.

8) Scholion: das heißt die außer der Ehe und aus einem
unerlaubten Umgang. — Vergl. Buch 3. Nr. 119. *Putt-
mann var. opusc. syll.* S. 30 und 227.

„ denen. Denn das ist in den heiligen Constitutionen enthalten.
„ Es werden also Ascendenten und Descendenten, wenn sie
„ nur gegen den Verstorbenen nicht undankbar waren, gegen
„ jeden geschriebenen [Erben] die [Klage] *de inofficioso* er-
„ heben; der Bruder und die Schwester [1]) nur gegen
„ ehrlose Personen*. Entferntere Cognaten als Bruder
„ und Schwester, [2])*haben keinen Zutritt zur [Klage] *de*
„ *inofficioso*, sondern sie verlieren, wenn sie sie erheben*.

406　　　　§. 2. Sowohl natürliche als auch [3]) adoptirte Kin-
„ der werden *nach dem Inhalte der Constitution unsers Kai-
„ sers die [Klage] *de inofficioso* erheben. Sie werden, wenn
„ sie die *de inofficioso* erheben*, dann jene [Klage] [4])mit
„ Erfolg gebrauchen, [5]) wenn sie jeder Hülfe beraubt sind.
„ *Denn das aus der [Klage] *de inofficioso* ist das letzte
„ Hülfsmittel*; Wem nämlich noch ein andres Mittel übrig
„ ist, wodurch er das ganze Vermögen des Verstorbenen oder
„ einen Theil desselben erlangen könnte, [6]) der hat keinen Zu-
„ tritt zur [Klage] *de inofficioso*.

---

1) Nicht aber blos Geschwister von der Mutter her.

2) Nullo modo aut agere possunt, aut agentem vincere.
　　Institutionen.

3) Quam secundum nostrae constitutionis [c. 10. Cod.
　　8, 48.] divisionem adoptati. Institutionen.

4) Possunt agere. Institutionen.

5) Si nullo alio jure ad bona defuncti venire possunt.
　　Institutionen.

6) De inofficioso agere non possunt. Institutionen.

¹) Das iſt nicht nur von den in der Natur [vorhand-
nen] Kindern zu verſtehen, ſondern auch von den Poſtumis.

§. 3. Doch, nehmen wir Das [nur dann] ſo, wenn ih- 407
nen überhaupt nichts vom ²) Verſtorbnen hinterlaſſen iſt.
Denn *auch* Dieß iſt durch eine, ³) Conſtitution unſers, ⁴)
*die Rückſicht, welche der Natur zukömmt, ehrenden gött-
lichen* Kaiſers ausgeſonnen worden. *Denn vormals wurde, wenn nicht das ganze Schuldige hinterlaſſen war, der
[Klage] de inofficioso Statt gegeben. Zum Beiſpiel: es
hatte Einer ein Vermögen von vier hundert Goldſtücken; er
mußte allerdings hundert hinterlaſſen, das heißt: den vierten [Theil] ſeines Vermögens, damit nicht die [Klage] de
inofficioso erhoben würde. Heut' zu Tage aber* fällt die 408
Beſchwerde de inofficioso hinweg, wenn ⁵) *dem Enterbten* auch *ein [einziges] Goldſtück oder* irgend ein Antheil
der Erbſchaft, oder was auch für eine Sache hinterlaſſen iſt,
indem *die Conſtitution* das an dem ⁶) vierten Theil der

---

1) Postumi quoque, qui nullo alio jure venire possunt,
   de inofficioso agere possunt. Jnſtitutionen.

2) A testatoribus testamento. Jnſtitutionen.

3) C. 30. Cod. 3, 28.

4) Ad verecundiam naturae. Jnſtitutionen.

5) Eis. Jnſtitutionen.

6) AUTHENTICA novissima. Cod. de inoff. test.
   [Nov. 18. c. 1. eingeſchaltet hinter c. 6. Cod.
   3, 28.]:

Inteſtat-Portion Fehlende erfüllt; wenn ſchon *der Teſta-
„ tor* nicht *mit eigner Hand* hinzu geſügt hat: .*„wenn ſich
„ zeigen ſollte, daß etwas fehlt, ſo will ich*, daß es nach dem
Ermeſſen eines braven Mannes ergänzt werde. *Denn
„ wenn Dieß auch nicht hinzu geſetzt iſt, ſo nimmt es die Con-
„ ſtitution [aus] natürlich [em Grunde] an, das heißt: als
„ etwas der Natur [ſelbſt] Angemeſſenes* 1).

409 §. 4.2) *Hat Jemand den Willen ſeines Vaters an-
„ erkannt, ſo kann er ihn nicht durch die [Klage] de inoffi-
„ cioso umſtoßen. Daher achte auf folgende Frage. 3) Mein
„ Hausſohn war Vormund eines Pupillen. Bei meinem En-

---

*Novissima lege cautum est, ut si quatuor filii
sint vel pauciores ex substantia deficientis
triens, si plures sint semis debeatur iis, quoquo
relicti titulo, ex aequo scilicet inter eos divi-
dendus.*

1) *AUTHENTICA [Nov. 115. c. 3.]:*
*Hodie non licet parenti debitam portionem liberis
relinquere, nisi jure institutionis, nec praeterire
liberos, nec exheredare, nisi causas ingratitudinis probandas ab herede nominatim inserue-
rit testamento quae XIV sunt . . . .*

2) *Fr. 30. Dig. 5. 2.* — Die Condictio iſt perpetua, und
geht über auf die Erben; die Klage de inoff. teſt. dauert
nur fünf Jahre.

3) *Si tutor nomine pupilli, cujus tutelam gerebat, ex testamento patris sui legatum acceperit, cum nihil erat
ipsi tutori relictum a patre suo,...* Inſtitutionen,

de habe ich einen Andern zum Erben eingesetzt und meinen „
Sohn enterbt; aber ich habe dem Pupillen, dessen Vor- „
mund er war, ein Legat hinterlassen. Mein Sohn nahm „
das dem Pupillen hinterlassene Legat [für diesen] in An- „
spruch. Dann will er *de inofficioso* klagen, als habe er 410
nichts aus dem väterlichen Vermögen. Kann er Das, und „
tritt es ihm nicht in den Weg, daß er des Verstorbenen Wil- „
len anerkannte, dadurch daß er das Legat in Anspruch nahm? „
Und wir sagen, er leide keinen Nachtheil [deswegen], daß „
er, ein vormundschaftliches Officium erfüllend, das Legat „
annahm, und* so wird er ungehindert *suo nomine* die
[Querela] *de inofficioso* erheben.

§. 5. Und umgekehrt *wird auch Folgendes gefragt:* Ich 411
hatte einen unmündigen Sohn, [der noch] in meiner Ge- „
walt [stand]. Ich setzte einen Andern zu Erben ein und ent- „
erbte jenen, indem ich ihm nichts hinterließ. Ferner legir- „
te ich hundert Goldstücke einem gewissen Titius, welchen ich „
dem Unmündigen zum testamentarischen Tutor gab, (oder „
[vielleicht] gab ihn der Prätor, oder er ward auch nach dem „
Gesetz berufen). Titius* 1) klagte im Namen des Unmünd- 412
gen *de inofficioso*, und ward besiegt, denn vielleicht war
der Unmündige mit Recht enterbt. Hierauf klagt Titius ge-

---

1) Sed et si e contrario pupilli nomine, cui nihil relictum fuerit, de inofficioso egerit et superatus est, tutor quod sibi in eodem testamento legatum relictum
   est, non amittit. Institutionen.

gen den eingesetzten Erben, und fordert von ihm das Legat, welches ihm hinterlassen war; er wird es ohne Widerrede erhalten.

413 §. 6. Es schließt die]Klage] *de inofficioso* aus, wenn dem Intestaterben, sei es ¹) durch Legat, oder durch Fideicommiß oder Schenkung *mortis causa* das Viertheil hinterlassen wird. ²) Aber die Schenkung *inter vivos* „ *wird nicht dazu gezählt, wenn sie nicht eben so gegeben „ wird, wie* in den Fällen, deren die ³) Constitution unsers göttlichen Kaisers gedenkt. Auch auf andre, in den *alten „ Gesetzen, und eben so den* göttlichen Constitutionen enthalt„ ne Arten *erlöscht die [Klage] *de inofficioso*, wenn der „ vierte Theil dem Sohne gewährt wird*.

414 [§. 7.] ⁴)*Und wenn es ein Sohn ist, so muß ich „ ihm den vierten Theil meines Vermögens hinterlassen, sind „ es aber zwei oder auch mehrere, so macht der vierte Theil, „ unter alle nach Verhältniß und gleich getheilt, die [Querel] „ *de inofficioso* ruhen. Zum Beispiel: ⁵)sind es zwei, so

1) Sive jure hereditario, sive jure legati. Institutionen.
2) Aut inter vivos in iis tantummodo casibus. Institut.
3) C. 35. Cod. 3, 28.
4) Quod autem de quarta diximus, ita intelligendum est, ut, sive unus fuerit, sive plures, quibus agere de inofficioso testamento permittitur, una quarta eis dari possit, ut pro rata eis distribuatur, id est pro virili portione [Viele setzen hinzu quarta].
5) Scholion: In der ersten Novelle, das heißt: über den Falcidischen [Theil], heißt es, daß bei vier Kindern der

muß von ihnen je[der] eine und eine halbe Unze hinterlassen; „
wenn es drei sind, so muß man ihrer je[dem] eine Unze „
hinterlassen*. „

Neunzehnter Titel.

Von der Beschaffenheit und dem Unterschied der Erben.

[De heredum qualitate et differentia].

1)*Der Name Erbe ist ein allgemeiner, aber er theilt 415
sich in drei [Theile]. Denn* von den Erben heißen einige „
necessarii *oder nothwendige*, andre sui necessarii, noch andre extranei *oder fremde*.

2)§. 1. *Und welcher* ist der necessarius? der 416
zum Erben eingesetzte Sklave; deswegen so genannt, weil er, wollend oder nicht wollend, 3)nach dem
Tode seines Herrn sogleich frei und nothwendiger Erbe wird.

Vater ihnen den dritten [Theil] hinterlasse[n müsse],
sind es aber fünf und noch mehr, die Hälfte seines Vermögens. — Vergleiche die Novelle 18.

1) Cajus Buch II. §. 152.

2) Cajus Buch II. §. 153. *Ulpian, lib. reg. sing. 22, 24.*

3) Omnino. Justitutionen.

¹) Wer nämlich Verdacht hat wegen seines Vermögens, *und glaubt, daß Niemand sein Vermögen wegen der Unzulänglichkeit übernehmen werde*, pflegt seinen Sklaven, in der ersten oder zweiten *oder dritten* Stelle, oder noch

417 weiter ²) zum Erben einzusetzen. *Zum Beispiel: „Stichus, mein Sklave, soll mein Erbe sein," das ist im ersten Grade, oder im zweiten so: „Primus soll mein Erbe sein; wird er es nicht, so soll Stichus mein Erbe sein," oder noch weiter. Wagt es nun Niemand, die Erbschaft anzutreten, so wird Stichus gezwungener Weise kommen

418 und Erbe werden. Und wenn den Gläubigern die Schulden des Verstorbenen nicht berichtigt, und sie wegen ihrer Forderungen nicht befriedigt werden, so bleibt der Verstorbene zwar frei von Schimpf, aber die Erbschaft wird verkauft*, ³) so daß jene [Gläubiger] nun nicht sagen, die Besitzungen dieses [ihres Schuldners] würden verkauft, sondern die des Erben Stichus. Die Creditoren werden in Besitz

---

1) Unde qui. Institutionen. — Cajus Buch II. §. 154.

2) Cajus: liberum et heredem instituere.

3) Ut si creditoribus satis non fiat, potius ejus [Cajus: hujus] heredis bona, quam ipsius testatoris a creditoribus possideantur et vel distrahantur vel inter eos dividantur. Institutionen. — Cajus: quam ipsius testatoris bona veneant, id est ut ignominia quae accedit ex venditione bonorum hunc potius heredem, quam ipsum testatorem contingat.

gesetzt und verkaufen sie entweder oder theilen sich in dieselben.

*¹) Zum Lohne dieser Schande wird er [Stichus] *erhält 419 ten erstens die Freiheit, das Schätzenswertheste was es giebt; und dann* ²) kömmt ihm auch noch Das zu Gute: *³) Was sich, nämlich nach dem Ableben seines Patrons Stichus *aus andern Ursachen* erwirbt, *als vermittelst [jener] Erbschaft*, das wird ihm bleiben ⁴) und nicht von den Creditoren angefeindet werden, wenn gleich das Vermögen des Verstorbnen nicht hinreicht, die Schulden zu erfüllen. — *Und das sind die necessarii*.

⁵) §. 2. *Was für Welche nun die sui necessarii 420 sind, wollen wir sehen*. Sui necessarii sind zum Beispiel Sohn, Tochter, Enkel und Enkelin durch den

---

1) Pro hoc tamen incommodo. Institutionen. — Cajus
Buch II. §. 155.

2) Illud ei commodum praestatur. Institutionen.

3) Cajus: ut ea quae post mortem patroni sibi adquisierit, sive ante bonorum venditionem, sive postea, ipsi reserventur.

4) Et quamvis non sufficiunt bona defuncti creditoribus, iterum [was auch Cajus hat] [tamen] ex ea causa res ejus, quas sibi adquisierint [Cajus: hereditaria], non veneant. Institutionen. — Cajus setzt hinzu: nisi si quid ei ex hereditaria causa fuerit adquisitum. Und diese Stelle hatte Theophilus wohl im Sinne.

5) Cajus Buch II. §. 156.

30

¹) Sohn, und sodann alle ²) Kinder, die zur Zeit des Todes
„ in Gewalt sind. *Der Sohn und die Tochter haben
„ immer das Suum bei sich*; aber der Enkel und die
„ Enkelin nicht nur, wenn sie in Gewalt des *verstorbnen*
421 Großvaters ³) sind, sondern sie haben, *um dieses Recht zu
erwerben*, nöthig, ⁴) daß ihr Vater, seitdem sie geboren
sind, aufhöre in der Gewalt seines Vaters zu sein, indem
er vielleicht durch Tod *oder Emancipation* oder auf irgend
eine andere Weise von der väterlichen Gewalt los gekommen
ist⁵): denn dann werden der Enkel oder die Enkelin die
Stelle ihres Vaters einnehmen.

422 ⁶) Und sui heißen sie deswegen, weil sie ⁷) Hauserben
sind, das heißt: auch bei'm Leben des Vaters gewisser Maa-

---

1) *SCHOLION:* Id est, qui ex masculis nascuntur, qui et
in avi potestate sunt tempore mortis ejus. Qui autem
ex filia nascuntur, non sunt in patris ejus potestate, nisi eos adoptaverit, et sui non fiunt, sed sunt in patris
eorum potestate. *Fabrotus.*

2) Kinder ist Cajus fremd.

3) Mortis tempore fuisse. Institutionen.

4) Ut pater ejus vivo patre quo desierit suus lieres esse,
aut morte interceptus [*GL.: 'l interemtus*]... Institut.

5) Vergl. §. 2. *Inst.* 2, 3.

6) Cajus Buch II. §. 157.

7) Domestici haredes. Institutionen. — Domesticum testimonium, oben §. 9. *Inst.* 2, 10.

ßen für Herrn gehalten werden, [1] weshalb auch *das Zwölf-
tafelgeſetz* ihnen den erſten Rang einräumt, wenn es die
Inteſtat[erbfolge] anordnet. Und Sui-Erben heißen ſie we-
gen der beſagten Urſachen, neceſſarii aber, weil ſie auf jeden
Fall, ſie mögen wollen oder nicht wollen, ſowohl durch das
Teſtament als auch *ab intestato* [2] Erben werden.

*Nach dem Civilrechte gibt es keinen Unterſchied zwi- 423
ſchen dem necessarius und dem suus necessarius*; [3] aber
der Prätor gibt ihnen, *das natürliche Recht beachtend*,
die Erlaubniß, ſich der *väterlichen* Verlaſſenſchaft zu
enthalten, *wenn ſie ſie verdächtig glauben. Denn von
zwei Freigebornen iſt es beſſer, daß der verſtorbne beſchimpft
werde, als der lebende, welcher auch die daraus [entſtehende]
Schmach fühlt. Enthält er ſich daher [der Erbſchaft]*, [5] ſo

3Q

---

[1] Unde etiam, si quis intestatus mortuus sit, prima causa est in successione liberorum. Inſtitutionen. — §. 2.
Inst. 3, 1. Vergl. jedoch die Nov. 118. b. 1. wegen des
neueſten Rechts.

[2] Einige Inſtitutionenausgaben: ex lege XII Tabularum,
was die Gloſſe nicht geleſen zu haben ſcheint, und den beſ-
ſern Handſchriften fremd iſt.

[3] Cajus Buch II. §. 158. Ulpian. lib. reg. sing. 23, 24.

[4] Volentibus. Inſtitutionen.

[5] Ut potius parentis quam ipsorum bona similiter a creditoribus possideantur. Inſtitutionen. — Cajus: ut
potius parentis bona veneant.

Werden die Gläubiger die Güter des Verstorbnen bekommen,
„ aber nicht *unter dem Namen* des Sohnes.

424 §. 3. 1)Extranei sind 2)*im Allgemeinen* Alle auſſer Denen, welche der Gewalt des Verstorbnen unterworfen
sind. So werden auch unsere *emancipirten* Kinder 3) extranei genannt werden. 4)Auch das Kind wird seiner
Mutter extraneus [6)genannt und] Erbe werden, denn ein
Frauenzimmer kann seine Kinder nicht *in potestate* haben.

425 6)*Ein Testator setzte seinen Sklaven zum Erben ein;
„ die Errichtung des Testaments überlebend, befreite er ihn
„ *vindicta*, und starb, ohne das Testament zu ändern. Wir
„ fragen, ob der eingesetzte Erbe ein necessarius oder extraneus
„ sei? und wir sagen, er sei ein extraneus, weil ihm aus dem
„ Testament des Verstorbnen nicht die zwei [Sachen] zu Theil
„ werden, nämlich die Freiheit und die Erbschaft*.

---

1) Cajus Buch II. §. 161.

2) Ceteri, qui testatoris juri subjecti non sunt. Instit.

3) Qui in potestate nostra non sunt. Institutionen.

4) Qua de causa et qui heredes a matre instituuntur, eodem numero sunt. Institutionen.

5) Die eingeklammerten Worte hat Fabrot nicht, wohl
mit Recht.

6) Servus quoque a domino heres institutus et post testamentum factum ab eo manumissus eodem numero habetur. Institutionen. — Cajus daselbst: Servi quoque
qui liberi et heredes instituti sunt.

§. 4.　¹) Aber bei den extraneen Erben muß man, das 426
beobachten, daß man mit ihnen die Testamenti factio
habe, mögen sie nun selbst eingesetzt seyn, oder die, welche
in ihrer Gewalt stehen. Wir fordern, daß sie diese *Testamenti factio* zu ²) zwei Zeiten haben: wann wir testiren,
damit *vor allen [Dingen]* die Einsetzung gelte, und wann
wir sterben, damit die *gültig geschehene Einsetzung* einen
guten Erfolg habe. ³) *Untersucht man aber genauer, so 427
findet man auch eine dritte Zeit, wo er die Testamenti factio
gehabt haben muß, nämlich*, wenn er die Erbschaft antritt,
ohne Unterschied, ob er pure oder unter Bedingung eingesetzt ist. Denn das Recht des Erben, *das heißt: ob er
Erbe werden könne*, wird hauptsächlich nach der Zeit beurtheilt, wo ⁴) die Erbschaft anzutreten ist.

In der Zwischenzeit, *welche* zwischen ⁵) der Testa- 428
menti factio und dem Tode des Testators oder dem Eintreten
der Bedingung ist, *(wenn Jemand bedingt zum Erben eingesetzt ist)*, bringt eine Veränderung des Rechts *des Erben*, ihm keinen Nachtheil, *wegen der Nachfolge. Geschieht es also, daß der von mir eingesetzte Erbe ein Römer

---

1) Fr. 49. §. 1. Dig. 28, 5. (Florentin. lib. 10. Inst.).

2) GL.: tribus — 'l tribus et 'l duobus.

3) Hoc amplius: Institutionen.

4) Adquirit hereditatem. Institutionen.

5) Inter factum testamentum. Institutionen.

„ ift, und darauf, nach Errichtung des Teſtaments das Bür
429 gerrecht verlierend, es aber por meinem Tode, oder, wenn
„ er bedingt zum Erben eingeſetzt iſt, vor dem Eintritt der
„ Bedingung wieder erhält, ſo wird er ohne Hinderniß Erbe
„ werden. — [1]) Wir forſchen alſo — und das iſt der Inbe
„ griff oder das Hauptſächliche — nach* drei Zeiten, *wo der
„ Erbe die Teſtamenti factio haben muß: die Teſtamenti fac
„ tio, des Teſtators Tod und die Zeit des Antritts. Vor
„ nämlich aber die Teſtamenti factio und die Adition*.

430 Die Teſtamenti factio zu haben wird nicht nur Der an
genommen, wer teſtiren kann, ſondern auch, wer aus einem
fremden Teſtament [ſelbſt] empfangen, oder einem Andern
erwerben kann, wenn er gleich ein Teſtament nicht machen
kann. Deshalb ſagt man auch von dem Wahnſinnigen und
„ dem Stummen, *und dem [2]) Pupillen* und dem [3]) In
„ fans, *und dem Poſtumus*, und dem Hausſohn und dem
fremden Sklaven, ſie hätten die Teſtamenti factio, denn
431 obſchon ſie nicht teſtiren können, ſo können ſie doch aus ei
nes Andern Teſtament entweder ſich oder einem dritten er
„ werben. *Bei'm Furioſus muß man aber annehmen, er ſei

1) Quia, ut diximus, tria tempora inspicimus. Inſtitut.

2) Postumus, et infans. Inſtitutionen. — Die Worte
„und dem Pupillen" fehlen in einigen Handſchriften des
Theophilus.

3) Scholion: ſiebenjährigen.

vom Vater zum Erben eingesetzt; denn von einem Andern „
eingesetzt, wird er weder sich, noch einem Andern die Erb: „
schaft erwerben können, bis er wieder genest*.

§. 5. 1)*Die extranei Heredes heißen auch vo: 432
luntarii, da sie die Willkühr haben, Erben zu werden „
oder nicht; die andern heißen necessarii, weil sie durch „
Zwang zur Erbschaft berufen werden. Und nicht blos hierin „
ist der Unterschied, sondern auch darin, daß die Uebernahme „
der Erbschaft bei dem Extraneus Adition oder Antretung „
heißt, bei dem Necessarius *immixtio* oder Einmischung, „
und das Zurückweisen der Erbschaft bei dem Extraneus Re: „
pudiation oder Verschmähung, bei'm Necessarius Ab: „
stination [genannt wird]. — Aber der repudiiren: „
de Fremde ist eben so, als sei er nie zur Erbschaft beru: „
fen; der abstinirende Suus necessarius hat, weil er unmit: 433
telbar nach des Vaters Tode Erbe wird, nichts desto weniger „
in sich das körperlose [Rechtsverhältniß], — wie 2)schon oft „
gesagt wurde, daß der unkörperliche Name der Erbschaft, Ein „
Mal Jemandem angeheftet, schwerlich auf einen Andern „
übergehe, — in sofern ihn nicht der Prätor, welcher die „
Abstination ersonnen, Sicherheit vor den Gläubigern ver: „
schafft. — Und hierin sind sie verschieden; darin aber sind 434

---

1) Cajus Buch II. §. 162. — Extraneis autem heredibus deliberandi potestas est de adeunda hereditate vel
non adeunda. Institutionen.

2) Oben Nr. 359. und unten 566.

„ fie gleich, daß, [1]) mag der Neceffarius fich eingemifcht, oder
„ der Extraneus angetreten haben, fie hernach nicht von der
„ Erbfchaft abftehen können, wenn fie nicht vielleicht jünger
„ als fünf und zwanzig Jahre find*; denn den in diefem Al-
„ ter Stehenden kömmt der Prätor, (gleich wie wenn fie in je-
„ dem andern Gefchäfte betrogen find, fo auch hier, wenn fie
„ unbefonnener Weife eine nachtheilige Erbfchaft übernommen
„ haben), zu Hülfe, *indem er ihnen die Wiedereinfetzung
„ gibt, fo daß fie von der Erbfchaft abftehen [können]* [2]).

435   §. 6. *Wie aber, wenn ein mehr als fünf und
„ zwanzig Jähriger, in der Meinung, des Verftorbnen
„ Vermögen fei in gutem Stande, adirte, und nachher
„ eine unvorhergekannte Schuld fich zeigt, wel-
„ che die Erbfchaft unverhältnißmäßig überfteigt*? — [3]) Es
„ erfolgte eine Conftitution des Kaifers Hadrianus, *wel-
„ che ihm zu Hülfe kömmt, wenn dem erften Scheine nach

---

1) Sed five is, cui abstinendi potestas est, immiscue-
rit se bonis hereditatis, five extraneus [Cajus: five
is] cui de adeunda hereditate deliberare licet, adierit, postea relinquendae hereditatis facultatem non habet, nisi sit minor XXV annis. Inftitutionen. — Cajus Buch II. §. 167.

2) C. 1. Cod. 2, 40.

3) Sciendum autem est, D. Hadrianum etiam majori XXV
annis veniam dedisse, cum.... Inftitutionen. — Cajus: Scio quidem, D. Hadr.:.... dedisse. — Die
Conftitutionen von Hadrian und Gordian find nicht mehr
vorhanden.

die Erbschaft reich schien*, sich aber nachher eine unvorher=
gesehene Schuld zeigte, welche zur Zeit der Adition verbor=
gen war. Doch gab Hadrianus diese *Vergünstigung* nur
aus besonderem Wohlwollen einer gewissen Person; und der
göttliche Gordianus erstreckte diese Vergünstigung nach=
her blos auf die Soldaten.

Allein die Gnade unsers Kaisers hat [alle] unter seiner 436
Herrschaft Lebenden mit dieser Hülfe gemeinschaftlich be=
schenkt. Denn er erließ eine [1]) Constitution — [2]) eine eben
so ausgezeichnete als sehr gerechte — über die Errich=
tung eines Inventariums und das Antreten,
welche mehrere Förmlichkeiten enthält; und wenn Je=
mand [3]) diese beobachtet, [4]) so wird er, wenn *gleich* er zu
einer *nachtheiligen* Erbschaft kömmt, [doch nur] so weit
[zum Bezahlen der Erbschaftsschulden] verbindlich, als die
Beschaffenheit des Erbschaftsvermögens reicht, so daß in Zu=
kunft die Bedenk[zeit] nicht weiter nöthig ist. *Denn die 437
Bedenk[zeit] wurde ausgesonnen, um vorher zu untersuchen,
ob die Erbschaft annehmlich sei und so angetreten werde[n
könne], daß nicht Jemand unversehens eine nachtheilige

---

1) C. 22. Cod. 6, 30.

2) Tam aequissimam quam nobilem. Institutionen.

3) Cujus tenorem. Institutionen.

4) Licet eis adire hereditatem, et in tantum teneri, in
quantum valere bona hereditatis contingit. Institut.

Erbschaft übernehme*. ⁷) Verschmäht aber Jemand Das, was in der heiligen Constitution unsers Kaisers enthalten ist; sondern fordert Bedenk[zeit], und tritt alsdann die Erb-
„ schaft an, *so wird er die Unterstützung von der Constitution
„ nicht genießen, sondern es wird [von ihm] die ganze Schuld
  gefordert werden*.

438   §. 7. *) Der Extraneus, zum Erben eingesetzt, oder
       ³) ab intestato wie ein Legitimus erbend, kann pro - He-
„ rede - gerere; *das heißt: wie ein Erbe sich benehmen,
„ thätig sein, handeln*, ⁴) oder durch den blosen Willen die
  Erbschaft [zu] übernehmen, *und* Erbe werden. Er scheint
  aber pro Herede - gerere ⁵), wenn er die Gegenstände der
  Erbschaft als ⁶) Eigenthümer behandelt, indem er entweder

439 ⁷) verkauft, oder Aecker bebaut, oder sie verpachtet, und
  überhaupt auf jede Art, wenn er seinen Willen durch That
  oder Wort erklärt, daß er die Erbschaft annimmt: voraus

---

1) Nisi, omissa observatione constitutionis nostrae et de-
   liberandum existimaverint, et sese veteri gravamini
   aditionis supponere maluerint. Institutionen.

2) Cajus Buch II. §. 166. 167.

3) Ad legitimam hereditatem vocatus. Institutionen.

4) Im Griechischen fehlerhaft: Statt: oder — das heißt: so.
   wie das und am Schluß des Satzes wohl überflüssig ist.

5) Ulpian. lib. reg. sing. 22, 26. Fr. 20. Dig. 29, 2.

6) Heres. Institutionen.

7) Res hereditarias. Institutionen.

gefegt [^1]) jedoch, daß er weiß, ob er durch Testament oder
ab intestato erbe: denn wenn er zum Erben eingesetzt wurde,
und antrat, als sei er ab intestato berufen, oder umgekehrt,
so wird er nicht Erbe werden. [Denn] pro-Herede-gerere
ist *pro domino gerere*; denn die Alten brauchten das
Wort *heres* für *dominus*.

[^2]) So, wie aber der Fremde durch blosen Willen * — in 440
dem er sagt: „ich übernehme die Erbschaft" —* Erbe wird, „
eben so fällt er durch die entgegen-gesetzte Antwort * — indem er sagt: „ich mag die Erbschaft nicht" —* alsbald aus „
der Erbschaft.

[^3]) Der Stumme oder Taube (so geboren oder nachher
durch Unfall so geworden) kann unbehindert pro-Heredes-
geriren, und sich die Erbschaft erwerben, voraus gesetzt jedoch, [^4])*daß er weiß, er thue Das in Bezug auf die Erb „
schaft*.

---

[^1]) Dummodo sciat eum, in cujus bonis pro herede gerit,
testato intestatove obiisse, et se ei heredem esse. Institutionen.

[^2]) Cajus Buch II. §. 169. *Ulpian. lib. reg. sing.* 22, 29.

[^3]) *Fr. 5. Dig.* 29, 2.

[^4]) Si tamen intelligit, quid agitur. Institutionen.

Zwanzigster Titel.

Von den Vermächtnissen.
[De Legatis].

441 1) *Nach der Lehre von den Testamenten [ist] es nothwendig, auch* von den Legaten zu reden.

„ *Aber es könnte Jemand sagen, Wer Dieß thue, zer-
„ schneide den Zusammenhang der Lehre*, (2) denn es war die
„ Absicht, nach der Reihe von den Erwerbungen im Ganzen
„ zu reden), *und es wäre nöthig, daß Der, welcher von
„ Uebertragung der Erbschaft durch das Testament gesprochen,

---

1) Post haec videamus de legatis, quae pars juris extra
   propositam quidem materiam videtur.. Institutionen.
   Cajus Buch II. §. 191.

2) Nam loquimur de iis juris figuris, quibus vel univer-
   (sitatem rei nobis acquiruntur. Institutionen.

sogleich auch über die *ab intestato* handle, und auf diese
Weise nach [Maasgabe] der Rückstände zum Legat gelange,
welches eine einzelne Erwerbung ist*. — Aber *die Antwort 442
liegt nahe: denn* nachdem wir ¹) über die Erbschaft aus
dem Testament gesprochen haben, *im Testament aber auch)
Legate verlassen werden*: ²) so ist es nicht gegen einigen
Grund, hierauf auch von den Legaten zu handeln.

§. 1. *Und zuerst muß erklärt werden, was Legat ist? —* 443
³) Legat ist ein von dem Verstorbnen hinterlassenes Ge-
schent ⁴).

§. 2. ⁵)*Aber der Name des Legat selbst ist ein ur-
sprünglicher, und gleichsam Stamm. Von ihm gehen vier
Arten hervor*: ⁶) *Vindicatio*, *oder Herausforderung*;
Damnatio, *oder Verdammung*; *sinendi modo*; *prae-
ceptio*, *oder Vorwegnehmen*. — Es gibt gewisse be-

---

1) De testamentis, deque heredibus, qui testamento instituuntur. Institutionen.

2) Non sine causa sequenti loco potest haec juris materia
tractari. Institutionen.

3) Fr. 36. Dig. 31.

4) Ab herede praestanda setzen fälschlich manche Institutionenausgaben hinzu.

5) Sed olim quidem erant legatorum genera quatuor. Institutionen. — Cajus Buch II. §. 192. Ulpian. lib.
reg. sing. 24, 3 — 6.

6) Per vindicationem, per damn., sin. m.; per praecept.
Institutionen.

stimmte Worte, welche jeder Art des Legat eigen sind, und durch welche die Art bezeichnet wird:

444 ¹)*Und die Worte der **Vindication** sind folgende: "²)"ich gebe Diesem hundert Goldstücke." "³) Diese Vindication machte den Legatarius zum Herrn zu‐ "gleich mit dem Antritt des Erben, so daß er gegen Jeder‐ "mann die [Klage] *in rem* erheben konnte, und deshalb "wurde sie auch unter den einzelnen Arten aufgezählt, welche "uns Eigenthum erwerben, wie wir oben erwähnten. — Sie "hieß Vindication von *vindicare*, das ist: die Sache durch "die [actio] *in rem* herausfordern*.

445. ⁴)*Die Worte der **Damnation** sind folgende: "ich "verdamme dich, Erbe, Jenem hundert Gold‐ "stücke zu geben." ⁵)Hieraus entstand für den Legatar "gegen den Erben eine persönliche Klage, welche *ex testa‐* "*mento* hieß*.

"   *Sinendi modo: "ich verdamme dich, Erbe, "daß du Jenem gestattest, diese Sache zu neh‐

---

1) Cajus Buch II. §. 193.

2) Cajus! HOMINEM STICHUM DO LEGO.

3) Cajus Buch II. §. 194. 195.

4) Cajus Buch II. §. 201.: HERES MEUS STICHUM SER-VUM MEUM DARE DAMNAS ESTO.

5) Cajus Buch II. §. 204.

6) Cajus Buch II. §. 209.: HERES MEUS DAMNAS ESTO, SINERE, LUCIUM TITIUM HOMINEM STICHUM SUME-RE SIBIQUE HABERE.

men." [1]) Hieraus entstand auf gleiche Weise die [Klage]
ex testamento.

   [2]) Die Worte der Präception: "Jener Erbe 446
zum Theil nehme zum Voraus dieses Stück."
Nämlich, wir hinterlassen Dem, der nicht zum Theil Erbe
ist, nicht gültig durch Präception. Denn der römische Ausdruck: *Praecipito*, das heißt: er nehme zum Voraus, deu-
tet einen voraus gesetzten Theil der Erbschaft an, das heißt:
außer dem Theil, welchen ich ihm hinterlassen habe, will
ich, daß er auch Das zum Voraus habe. — [3]) Die Prä-
ceptio wurde aber durch das [Judicium] *familiae hercis-
cundae* gefordert.

   Aber *Das [war] sonst so; denn* [4]) die Constitutionen
der [5]) neuern Kaiser haben die feierlichen Worte aufgehoben,
wodurch die Art bezeichnet wurde.

   Auch erfolgte eine [6]) Constitution unsers göttlichen Kai- 447
sers, welche er mit vielem [7]) Nachtwachen verfertigte, darauf denkend, daß die Willen[smeinungen] der Sterbenden

---

1) Cajus Buch II. §. 219. folgende.

2) Cajus Buch II. §. 216. ff.: *Lucius Titius hominem Stichum praecipito*.

3) Cajus Buch II. §. 219.

4) C. 21. *Cod.* 6, 37.

5) Divorum principum. Institutionen.

6) C. 1. *Cod.* 6, 43.

7) Lucubratione. Institutionen.

„ kräftiger *und gültiger* würden [1]). *Er befahl in derſel=
„ ben*, daß man nicht auf die Worte, ſondern die Mei=
„ nungen [2]) der Sterbenden* achten ſollte, [3]) ſo
daß [nunmehr] alle *Arten der* Legate einerlei Natur ha=
„ ben, und wenn *es der Fall iſt, daß*, mit welchen Worten
[es auch ſei], Etwas hinterlaſſen iſt, [ſo ſollte] es den Lega=
tarien erlaubt ſein, es zu erlangen, ſie mögen nun perſön=
liche Klagen erheben, oder die in rem, oder auch die hypo=
„ thekariſche. *Auch vieles Andere ſehr Nützliche lehrt die be=
„ ſagte Conſtitution; aber* [4]) ihre ausnehmende Wirkſamkeit
zu lernen, wird Dem leichter ſein, der ihre Worte lieſt.

448   §. 3. Nicht nur hierbei blieb die Conſtitution ſtehen,
„ *ſondern ſie fügte auch noch ein Größeres hinzu*. Denn da
ſie ſah, [5]) daß die Legate viele Schwierigkeit enthielten,
aber [6]) in den Fideicommiſſen der Wille des Teſtators mehr
begünſtigt [würde, und [ſie] deswegen eine umfaſſendere
Natur hätten, ſo hielt ſie es für nöthig, alle Legate
den Fideicommiſſen gleich zu ſetzen, ſo daß zwi=

---

1) Et non verbis. Inſtitutionen.

2) Eorum. Inſtitutionen.

3) Disposuit. Inſtitutionen.

4) Cujus constitutionis perpensum modum. Inſtitutionen.

5) Antiquitatem.. legata.. strictę concludentem. Inſtitut.

6) Fideicommissis autem, quae ex voluntate magis des-
cendebant defunctorum, pinguiorem naturam indulgen-
tem. Inſtitutionen.

ſchen ihnen kein Unterſchied Statt finden, ſondern, was dem
Legaten abgeht, aus der Natur des Fideicommiſſe ergänzt
werden [ſoll], und wenn in einem [Punkt] das Legat mehr
wäre, ſo ſolle es dieſen mit dem Fideicommiß theilen.

Damit wir aber nicht zerſtreut *und durch einander 449
von [den] Legaten und Fideicommiſſen* in [1] der Einleitung „
zu den Rechten ſelbſt handelnd, [2] *die noch allzuzarten „
Ohren der Jünglinge bei der Einführung in die ſchwierigere „
Lehre verwirren*, ſo haben wir es für zweckmäßiger gehalten, [3] zuvor von den Legaten beſonders, und darauf von den
Fideicommiſſen zu handeln, damit, wenn [ihnen] die Natur
[4] beider *getrennt* bekannt geworden iſt, ſie, *ſodann unterrichtet und ausgebildet*, [5] die feinere und ſchwierigere „
Lehre ohne Verlegenheit aufnehmen mögen.

§. 4. [6] Nicht nur die Sachen des Teſta- 450
tors oder des Erben können legirt werden, ſondern auch fremde, *nicht* alſo, daß *der Eigenthümer „
ſeiner eigenthümlichen Sachen beraubt werde: denn* der Er- „

---

1) In primis legum cunabulis. Inſtitutionen.

2) Studiosis adolescentibus quandam introducamus diffi-
cultatem. Inſtitutionen.

3) Interim. Inſtitutionen.

4) Utriusque juris. Inſtitutionen.

5) Facile possint permixtionem eorum eruditi subtiliori-
bus auribus accipere. Inſtitutionen.

6) Cajus Buch II. §. 202. — *Fr. 39. §. 7. Dig. 30.*

„ be. ist gehalten, ¹)*sich an den Eigenthümer zu wenden,
„ und mit ihm über den Verkauf zu reden, und wenn der
„ Eigenthümer verkaufen will, so gibt der Erbe, [die Sache]
„ kaufend, sie dem Legatar*; kann er [sie] aber nicht [kaufen],
„ *indem der Eigenthümer nicht will*, so wird er *dem Legatar* den Werth der Sache abgeben.

451 ²)*Hat Jemand bei seinem Ableben eine solche Sache
legirt*, ³)an welcher ich kein Commercium habe,
das heißt: Recht sie zu besitzen, so wird mir [der Erbe]
jene [Sache] nicht nur nicht schuldig sein, sondern ich werde nicht einmal ihren Werth fordern können. *Denn wie,
„ wenn mir Jemand den Campus Martius legirte (es ist ein
„ öffentlicher Ort bei Rom)*, oder die Basilica, oder der
Tempel, oder [Gegenstände], die zum öffentlichen Gebrauch
„ bestimmt sind, *als Theater, Amphitheater, Circus*?
Denn *alle* solche Legate sind ungültig.

452 Was wir aber *kurz zuvor* gesagt haben, ich könne
eine fremde Sache gültig legiren, ist so zu verstehen:
⁴)wenn ich bei'm Testiren wußte, sie sei

---

1) Redimere eam et praestare. Institutionen.

2) Sed si talis res sit. Institutionen. — Fr. 39. cit. §. 8.
und 9

3) Cujus non est commercium nec adipisci potest ['l on
adipisci non potest], [nec ipsa] nec aestimatio ejus debetur. Institutionen.

4) Si defunctus sciebat. Institutionen.

fremd; [1] wüßte ich es nicht, so besteht das Legat nicht.
Denn hätte ich es gewußt, daß es meine Sache nicht wäre,
so hätte ich sie vielleicht nicht hinterlassen, und Dieß [2] ist
in einer Constitution des göttlichen Pius enthalten.

*Wenn mir Jemand eine fremde Sache legirt, und der　453.
Erbe sie nicht kaufen und [mir] geben oder den Werth ver- „
güten will, und [deswegen] sagt, das Legat sei ungültig, „
denn der Testator habe nicht gewußt, daß sie eine fremde sei, „
ich aber, der Legatar [darauf] beharre und behaupte, es　[453]
sei gültig, weil der Verstorbne gewußt, daß sie einem An- „
dern angehöre: — [3] Wer wird mit dem Beweise beschwert? „
der Erbe, welcher sagt, der Testator, habe es nicht gewußt, „
oder der Legatar, welcher angibt, er habe es gewußt? Und „
wir sagen, der Legatar werde mit dem Beweise beschwert, „
und der Erbe werde nicht angehalten, den Beweis zu füh- „
ren. Denn da der Legatar Kläger ist, so wird er billig mit „
dem Beweis belastet*.

3/ *

---

1) Nam ei ignorabat. Institutionen.

2) Et ita D. Pius rescripsit. Institutionen.

3) Et verius est, ipsum qui agit — id est legatarium —
   probare oportere, scisse alienam rem legare defunctum,
   non heredem probare oportere, ignorasse alienam, quia
   semper necessitas probandi incumbit illi, qui agit. Institutionen. — Fr. 21. Dig. 22. 3. (Marcianus lib.
   6. Instit.).

454   §. 5.   [2])*Titus hat vom Primus Geld geborgt, und
"   ihm seinen Acker verpfändet oder eingesetzt wegen der
"   Schuld. Titus starb, bevor er die Schuld zurück gezahlt,
"   und vermachte mir diesen Acker. Der Erbe wird ge=
"   halten sein, dem Primus die Schuld zu be=
"   zahlen und mir denselben pfands=frei zu über=
"   geben*. Und hiebei hat derselbe *Unterschied* Statt, wie
"   im *vorigen Falle, wenn [nämlich]* eine fremde Sache
455 *legirt würde*: denn [nur] in dem Falle ist der Erbe ver=
"   bunden, *die Schuld* zu bezahlen *und das Legat vom Pfande
"   frei zu machen*, wenn der Verstorbne gewußt hat, daß die
Sache verpfändet war; und so haben auch Severus und An=
toninus rescribirt, die göttlichsten.   Hat aber der Verstorbne
"   gewollt, daß der Legatar *das Legat von der Bürde des
Pfandes* befreie, und dieß *ausdrücklich* ausgesprochen, so
braucht der Erbe es nicht frei zu machen.

456   §. 6.   Ich habe dir eine fremde, [nicht
mir zugehörige] Sache legirt, [2])ich überlebe die
Errichtung des Testaments, und du, der Legatar, bist
Eigenthümer jener Sache [noch während meines Le=

---

1) Sed et si rem [einige Ausgaben: suam] obligatam creditori aliquis legaverit, necesse habet heres luere. Institutionen. — *Fr. 57. Dig. 30.* (*Ulp lib. 33. ad Sab.*).

2) Et ejus vivo testatore legatarius dominus factus fuerit. Institutionen.

bens] geworden [1]). *Daß du die Sache selbst nicht vom „
Erben fordern kannst, ist ausgemacht, — denn wie, wenn sie „
in deinem Eigenthum sich befindet? — wirst du aber auch nicht „
den Werth derselben erlangen können? Und man muß so un- 457
terscheiden*: Hast du sie durch Kauf[2]) erlangt, dann wirst .
du, [3]) aus dem Testament *gegen den Erben klagend*, den „
Werth dieser Sache erlangen; — *bist du* aber durch eine
Schenkung [4]) *oder ein Vermächtniß* ihr Eigenthümer ge- „
worden, [5]) dann wirst du den Werth nicht in Anspruch nehmen [können], [6]) in Rücksicht auf die Regel, welche sagt:
Duas lucrativas causas in eundem hominem et ean-
dem rem concurrere non posse, *das heißt: es kön- „
nen zwei Gewinn-bringende Ursachen nicht „
bei derselben Person und derselben Sache zu- „
sammen kommen*.

[7]) Aus diesem Grunde *fragen wir*, wenn Primus 458
und Secundus mir dieselbe Sache vermacht ha-

---

1) *G. L.: vivo testatore* — item et si post mortem ut i §.
   si cui (vergl. *Fr. 17. Dig. 44. 7.*).

2) Oder auf eine andere onerose Weise, *Fr. 19. Dig. eod.*

3) Ex testamento actione. Institutionen.

4) Si vero ex causa lucrativa, veluti ... Institutionen.

5) Agere non potest. Institutionen.

6) Nam traditum est. Institutionen.

7) Hac ratione si ex duobus testamentis eadem res iidem
   debeatur, interest, utrum rem an aestimationem ex testamento consecutus est. Institutionen.

„ ben, *und nachher gestorben sind, ob ich das Legat; von

„ den Erben Beider fordern könne? und wir sagen*: wenn

„ ich die Sache *schon in Gemäßheit des Testaments des Ei-

„ nen* erlangt habe, [1]) dann werde ich aus des Andern Testa-

„ ment weder die Sache erlangen, *— denn wie, da sie in

459 meinem Eigenthum ist? — noch den Werth*, — denn ich

„ habe die Sache auf eine gewinnbringende Weise *[ohne alle

„ Kosten von meiner Seite]* erworben. Habe ich aber *aus

„ dem einen Testament* den Werth *zuvor empfangen*, dann

„ werde ich *ohne Hinderniß die Sache aus dem andern* for-

dern [können] [2]).

　　　§. 7. [3]) Wir vermachen gültig [4]) *nicht nur

„ die Dinge, die in der Wirklichkeit vorhanden sind, sondern*

auch die, welche nicht vorhanden sind, [5]) deren

Entstehung man noch erwartet: zum Beispiel die Früchte,

welche von jenem Acker erzeugt werden, oder Was von je-

ner Sklavin geboren werden wird.

460　　§. 8.　[6]) Wenn ich Zweien eine und dieselbe

[7]) Sache vermacht, entweder conjunctim oder dis-

---

1) Agere non potest. Institutionen.

2) Fr. 34. §. 2. Dig. 30.

3) Cajus Buch II. §. 203. Fr. 24. Dig. eod.

4) Per damnationem legari potest. Cajus.

5) Si modo futura est. Institutionen.

6) Cajus Buch II. §. 199. c. un. §. 11. Cod. 6, 51.

7) Cajus: per vindicationem.

junctim, *das heißt: [beiden zusammen], ungetrennt, oder
[jedem] abgesondert*, und beide zum *Anspruch auf das* Le=
gat gelangen, so wird das Legat zwischen ihnen *in zwei
Theile* [1]) getheilt. Fällt der Eine aus, *entweder absichtlich
oder durch Zufall. — absichtlich*, weil er das Testament von
der Hand wies; *zufällig*, [2]) weil er bei Lebzeiten des Tes=
tators starb, [3]) oder er auf irgend eine andere Weise aus=
fiel, *indem er vielleicht das Bürgerrecht verlor*. — dann
wird das ganze *Legat* an den Mitlegatar gelangen.

— Und [4]) conjunctim ist es, wenn ich so hinterlasse: 461
„Dem Titius und Sejus [5]) gebe und vermache ich meinen
Sklaven Stichus." [6]) Disjunctim aber so: „Dem Ti=
tius gebe und vermache ich meinen Sklaven Stichus; dem
Sejus gebe und vermache ich den Sklaven Stichus." —

---

1) Scinditur. Institutionen.

2) Aut. Institutionen.

3) Dieser dem Institutionentexte angepaßte Zusatz (.... al=
ter deficiat, quia aut spreverit... aut vivo test. deces=
serit, aut alio.. modo defecerit) entspricht dem von
Theophilus aufgestellten Unterschiede zwischen absichtlich
und zufällig nicht, und ist Folge des mündlichen Vor=
trags.

4) Fr. 142. Dig. 50, 16.

5) Do, lego. Institutionen.

6) Cajus: disjunctim ita: LUCIO TITIO HOMINEM
STICHUM DO, LEGO. SEIO EUNDEM HOMINEM DO
LEGO.

Habe ich auch hinzu gesetzt: *„dem Sejus* denselben Skla=
ven," so wird auf gleiche Weise das Legat *disjunctim* [1]);
» *ich sagte nämlich: „dem Titius vermache ich den Sklaven
» Stichus, dem Sejus vermache ich denselben Sklaven."
» Und so macht also das beigesetzte Bindewort Und das Legat
» *conjunctim*, ist das Und nicht hinzugesetzt, so macht es
» das Legat *disjunctim*.

462 §. 9. [2]) Du hast mir *bei deinem Ableben* des Titius
» Acker legirt. *Noch bei deinen Lebzeiten* habe ich diesen
» Acker *vom Titius* *deducto usufructu* gekauft, *das
» heißt: ich habe das nackte Eigenthum, mit Ausnahme des
» Ertrags empfangen, und der Ususfructus blieb bei dem Ti=
» tius. Nach Verlauf kurzer Zeit starb Titius*, und der Usus,
» *welchen er sich vorbehalten hatte*, kehrt *— durch seinen
463 Tod erlöscht —* [3]) zur Proprietas zurück [4]). *Nach dei=
» nem Tode* will ich die Klage aus dem Testament gegen dei=
» nen Erben erheben. Julianus sagt: [5]) *ich fordere mit
» Recht durch die persönliche Klage den Werth der Proprietas
» des Ackers*. Denn der Ususfructus ist [6]) hier an Statt

---

1) Intelligitur. Institutionen.
2) Fr. 82. §. 2, Dig. 30.
3) Ad eum. Institutionen.
4) Et postea ex test. agat. Institutionen.
5) Recte eum agere et fundum petere. Institutionen.
6) In petitione. Institutionen.

der Dienstbarkeit, und es *) ist Officium des Richters, zu
befehlen, daß der Erbe *deducto usufructu* den Werth er-
setze. *Zum Beispiel: wenn der Acker mit dem Ususfructus hundert und funfzig Goldstücke gilt, und ohne den
Usus hundert; wenn ich nun eine Klage anstelle und hundert und funfzig Goldstücke fordere, so bewirkt jedoch das
Officium des Richters, daß ich den Werth des blosen Eigenthums erhalte, das ist hundert Goldstücke. Denn [es wäre]
ganz unstatthaft, wenn ich den Werth des Ususfructus er-
hielte, weil der Ususfructus auf eine lucrative Weise an mich
gelangt war*.

§. 10. ²) Es legirte mir Jemand meinen
Acker: das Legat ist erfolglos, denn das Meine kann nicht
noch weiter mein werden. Wenn ich auch den Acker veräuß-
serte, so wird weder er selbst, noch sein Werth durch mich
gefordert werden können.

§. 11. ³) *Titius besaß einen Sklaven; er
legirte mir ihn, in der Meinung, [er] gehöre
dem Primus. Das Legat ist gültig*, denn mehr gilt⁴)
die Wahrheit als die Meinung. Hat er auch *den Sklaven* für *mein*, des Legatarius, [Eigenthum] gehalten, so

---

1) Continetur; Biener nach *Fr. 82. cit.* contineri.

2) *C. 13. Cod. 6. 37.*

3) Si quis rem suam quasi alienam legaverit, valet legatum. Institutioren. — *Fr. 4. Dig. 40. 2.*

4) Quod in veritate est, quam quod in opinione. Instit.

gilt [1]) es nichts desto weniger, [2]) denn das Legat hat einen
„ günstigen Erfolg *(denn der Verstorbne war Eigenthümer,
„ und ich bin es nicht, und das Eigenthum kann ungehindert
„ auf mich übertragen werden)*.

466　　§. 12. [3]) Du hast mir eine dir zugehörige Sache le-
„ girt; *du überlebst [das Testament]* und ver-
„ äußerst sie [4]). Celsus sagt, *man wäre mir das Le-
„ gat nicht schuldig, in so fern du es abimirend und die gegen
„ mich [bewiesne] Freundschaft aufhebend, sie veräußert
„ hast [5])*; hast du sie *aber* [6]) ohne eine solche Absicht veräus
„ sere *(denn vielleicht lag der Drang öffentlicher oder Privat-
„ Schulden auf dir, und du verkauftest sie, weil du des Geldes
„ bedürftig warst)*, [7]) so werde ich das Legat von deinem
„ Erben fordern, und so haben auch Severus und Anto-
„ ninus rescribirt [8]).

---

1) Valere constat. Jnstitutionen.

2) Quia exitum voluntas defuncti habere possit. Jnstitut.

3) Cajus Buch II. §. 198. Fr. 11. §. 12. Dig. 3. 2.

4) Cajus: Plerique putant, non solum jure civili inutile esse legatum, sed nec ex Scto. confirmari!

5) Wenn also der Testator den Gegenstand verschenkt hat,
so kann der Legatar ihn nicht fordern.

6) Non adimendi animo. Jnstitutionen.

7) Nihilo minus deberi. Jnstitutionen.

8) C. 3. Cod. 6, 37. Paul. sent. rec. 3, 6, 16.

Es hat mir Jemand sein Gut vermacht. *Länger 467 lebend* verpfändete er es; von denselben Kaisern ist rescribirt worden, der Verpfändende scheine *Dieß* nicht *in der Absicht*, das Legat hinweg zu nehmen, *zu thun*, weshalb der Legatar den Erben zwingen [1]) wird, *dem Gläubiger das Geld zu bezahlen*, [2]) die Besitzung pfandfrei zu machen [3])*und sie dem Legatar zu geben*.

[4]) Wenn mir Jemand einen Acker legirte, und *län 468 ger lebend* einen Theil desselben veräußert, so wird mir der nicht veräußerte Theil auf jeden Fall zu leis sten sein, der veräußerte aber [erst] dann, wenn er ihn nicht [5]), *der Freundschaft gegen mich entsagend*, veräuß sert hat.

§. 13. [6])*Du warst mir hundert Goldstücke schuldig, ich legirte dir* die Liberation von der Schuld, das heißt: die Befreiung von der Rückzahlung, und den Nachlaß [derselben]. Das Legat ist gültig, und mein Erbe kann weder dich noch deinen Erben, in Anspruch nehmen, noch sonst Jemanden, der die Stelle eines Erben vertritt,

---

1) Posse. Institutionen.

2) Ut praedia a creditore luantur. Institutionen.

3) Der Schluß dieses Satzes fehlt bei Fabrot.

4) Si vero quis partem rei legatae alienaverit. Instit.

5) Adimendi animo. Institutionen.

6) Si quis debitori suo liberationem legaverit. — Fr. 8. Dig. 34, 3.

469 *zum Beispiel den allgemeinen Fideicommissarius oder den
    Bonorum Possessor*. ¹) Aber du kannst *umgekehrt* gegen
  „ meinen Erben *die Klage ex testamento erheben und ihn
  „ dazu zwingen, daß er dich durch die Acceptilation befreie*.

  „   ²)*Aber nicht blos auf ewige Zeiten kann ich meinem
  „ Schuldner die Einforderung der Schuld erlassen, sondern
  „ auch auf eine [gewisse] Zeit, und sagen: „ich erkläre dich
  „ schuldig, Erbe, daß du binnen zehn Jahren die Schuld nicht
  „ von meinem Schuldner einforderst*.

470   §. 14. *Wie aber*, wenn umgekehrt der Debitor
  „ bei seinem Ableben* eine Schuld, *die er schul-
  „ dig war*, dem⁴) Creditor legirte? *Wir fragen,
  „ ob [Das] gültig sei? und wir sagen*, das Legat sei ungül-
  „ tig, ⁴) *wenn weiter nichts in dem Legat [inbegriffen] ist.
  „ Denn wenn er Hundert schuldig war und Hundert vermachte,
  „ so gilt es nichts; ⁵) es wird also wie eine Schuld eingefor-
  „ dert, und wenn die *Falcidia* Statt hat, nicht gemindert,
  „ wie die übrigen Legate; wenn aber Hundert und funfzehn,

---

1) Sed et potest a debitore conveniri, ut liberet eum.
   Institutionen.

2) Potest autem quis vel ad tempus jubere, ne heres petat. Institutionen.

3) Creditori suo. Institutionen.

4) Si nihil plus est in legato quam in debito, quia nihil
   amplius habet per legatum. Institutionen.

5) Die Worte, bis... nicht gemindert, hat Fabrot
   als Scholion.

[dann] gilt es wegen der Vermehrung. Sind aber nur „
Hundert im Legat, dann gilt es deswegen nichts, weil das „
Legat erfolglos ist*.   „

Bin ich dir *in diem* schuldig, *(denn vielleicht hattest 471
du bedungen, daß ich dir Hundert Goldstücke nach funfzehn „
Jahren geben sollte)*, oder *ich war dir* unter einer Be- „
dingung *schuldig, (zum Beispiel: *si navis ex Asia ve-* „
nerit), [1]) und habe ich dir diese Schuld legirt,
so *fragen wir, ob das Legat gelte? und man muß sagen, „
es* gelte, [2]) wegen der Vergegenwärtigung, *das heißt: weil „
es nun sogleich abgetragen wird; denn der Creditor gewinnt, „
indem er nun sogleich empfängt, was ihm erst nach zehn „
Jahren zu zahlen war oder nach der Erfüllung der Be- „
dingung oder vielleicht gar nicht zu zahlen war, wenn die „
Bedingung nicht eintrat*.   „

Wie aber bei einem solchen Legat, wenn *es sich 472
trifft, daß* beim Leben des Testators, *der schul- „
dig ist*, der Termin kömmt oder die Bedingung
eintritt? Papinianus sagt[3]): das Legat sei nichts desto
weniger nützlich, [4]) *weil es vom Anfang gültig war und „
Nutzen bei sich hatte*. Und Das ist auch wahr; denn die „

---

1) Dieses und hat Fabrot.
2) Repraesentationem. Institutionen.
3) Ir. 25. Dig. 34, 3. (*Paul. lib. 10. quaestion.*).
4) Quia semel constitit. Institutionen.

Meinung der *Rechtsgelehrten* hat nicht Oberhand behalten, welche sagten, das Legat sei erloschen, weil es in solche Verhältnisse gekommen sei, unter denen es nicht anfan-
473 gen konnte; *denn siehe, wenn der Termin kömmt,
„ oder die Bedingung eintritt, so findet sich nachmals die
„ Schuld zur Zeit des Todes des Testators pur. Hat aber
„ Jemand eine [Schuld, die] vom Anfang an pur [war],
„ vermacht, so sagen wir, das Legat gelte nichts; dort aber
„ gilt es, weil es vom Anfange an gültig war*.

474 §. 15. [1] *Ich habe von meiner Frau eine Mit-
„ gabe erhalten; noch während der Ehe sterbend, vermachte
„ ich ihr die Mitgift*. Das Legat ist gültig, [2] denn die
„ Frau gewinnt mehr, wenn sie die Sache als legirt, als
„ wenn sie sie wegen der Mitgift zurück fordert, denn — wie
„ wir lernen können — die Mitgift wird nicht immer sogleich
„ bei Auflösung der Ehe zurück gegeben, aber das Vermächt-
„ niß daher wird sogleich abgetragen*. [3] Wie aber, wenn
„ ich keinen *Brautschatz* erhalten, meiner Frau aber einen
475 Brautschatz vermache? — Severus und Antoninus

---

[1] Sed si uxori maritus dotem legaverit, Institutionen.

[2] Quia plenius est legatum, quam de dote actio. Institutionen.

[3] Nec modo propter commodum repraesentationis utile
est hoc legatum, sed etiam quod sic tolluntur pacta, si
quae doti adjecta sint, mulieri incommoda. J. Do-
jat. — vergl. Ulpian. lib. reg. sing. 6, 5. mit c. un.
§. 7. Cod. 5, 13.

reſcribirten: wenn ich [1] unbeſtimmt legirte *(ich ſagte näm= „
lich: „ich vermache meiner Frau die Mitgabe, „
die ſie mir zugebracht")*, ſo iſt das Legat unnütz. „
*denn ſie hat mir nichts zugebracht, und die Summe iſt „
unbeſtimmt*. [2] Wenn ich aber eine beſtimmte Summe „
genannt *und geſagt habe: „Die hundert Goldſtücke, welche „
ſie mir als Brautſchatz zugebracht, legire ich ihr*," oder „
vielleicht auch: *„Den Acker, welchen ſie mir zugebracht, „
legire ich ihr," ſo iſt das Legat gültig*; oder ich habe auch „
geſagt: „Was in dem Brautſchatz=Vertrag enthalten iſt, „
legire ich ihr," ſo iſt auch hier das Legat gültig. „

§. 16. [3] *Ich habe dir einen Sklaven ver= 476
macht; dieſer Sklave iſt ohne ein Faktum oder einen „
Dolus meines Erben umgekommen: den hieraus entſte= „
henden Schaden trägt der Legatar*. Wenn auch ein frem= „
der Sklave legirt, und dieſer *von ſeinem Herrn*, [4] nicht nach „
dem Willen des Erben, freigelaſſen wird *oder auch geſtör= „

---

1) Simpliciter. Inſtitutionen.

2) Si vero certa pecunia, vel corpus certum, aut inſtru-
     mentum dotis in praelegando demonstrata sunt, vale-
     re legatum. Inſtitutionen. — Denn: falsa demonſtra-
     tione legatum non perimitur, §. 30.

3) Si res legata sine facto heredis perierit, legatario de-
     cedit. Inſtitutionen. — Fr. 26. §. 1. Dig. 30. Paul.
     sent. rec. 3, 6, 9.

4) Sine facto heredis. Inſtitutionen.

ben* iſt, ſo iſt der Erbe ¹) verantwortungslos. ²) Habe ich

477 dir des Erben Sklaven vermacht, und der Erbe ſelbſt hat
ihn freigelaſſen, ſo ſagt Julianus, der Erbe werde *zur
Zahlung des Werthes* angehalten, ³) ohne daß wir unter⸗
ſcheiden, ob er es gewußt habe oder nicht, ⁴) *daß dieſer
Sklave [dir] von mir legirt worden*. *Daſſelbe gilt*,
wenn er auch den Sklaven *nicht ſelbſt manumittirt, ſon⸗
dern* einem Andern geſchenkt ⁵), und der ihn geſchenkt Er⸗
haltende ihn freigelaſſen hat; ⁶) *denn auch hier wird ſein
Werth vom Erben gefordert werden*, wenn er auch nicht
gewußt hat, ⁷) daß er legirt worden.

478 §. 17. ⁸) Es hat Jemand ſeine Sklavin ⁹) mit
ihren Kindern vermacht¹⁰); die Sklavin ſtarb *noch
bei'm Leben des Teſtators*; ¹¹) das Legat *iſt in [Anſe⸗

---

1) Non tenetur. Inſtitutionen.

2) Fr. 112. §. 1. Dig. 30. (Marcian. lib. 6. inſtitut.).

3) Nec intereſt. Inſtitutionen.

4) A ſe legatum eſſe. Inſtitutionen.

5) Fabrot ſetzt hinzu: „bona fide, das heißt: nicht zum
Betrug des Legatars.‟

6) Tenetur heres. Inſtitutionen.

7) A ſe eum legatum eſſe. Inſtitutionen.

8) Fr. 62. Dig. 30.; Fr. 63. eod. Fr. 3. Dig. 33. 8.

9) G.L. ſuis natis 'l ſuo partu; — Andere liberis.

10) Fabrot ſetzt hinzu —: „indem er ſagt: ich vermache
dem Titius dieſe meine Sklavin.‟

11) Partus legato cedunt. Inſtitutionen.

hung] der Sklavin selbst erloschen, aber es* gilt in [Anse: „
hung] der Kinder, *und das Legat geht in [Rücksicht] der Kin: „
der nicht mit ihr zugleich verloren*. „

¹)*Mein Sklave heißt Ordinarius; der Sklave meines „
Sklaven heißt Vicarius. Es hat nun Jemand einen Skla: „
ven, der Stichus heißt, und welcher Vicarios hatte*²); er „
[der Eigenthümer] legirte mir den Ordinarius „
mit den Vicariis; es geschieht, daß der Ordinarius ✚
stirbt: ³)*auch hier gilt das Legat, welches in [Ansehung] „
des Ordinarius ungültig wurde, in [Ansehung] der Vi: „
carien*. „

*—Nimm Folgendes als Vorkenntniß: Es gibt gewisse 479
Hauptsachen, und es gibt von diesen Nebensa: „
chen. Und so lange die Hauptsachen bei Kräften sind, so „
lange bestehen auch die von ihnen [herkommenden Neben: „
sachen]; hören jene auf, so erlöschen diese zugleich mit. Zum „
Beispiel: eine Hauptsache ist der Sklave, eine Nebensache „
ist das Peculium. So lange der Sklave besteht, besteht „
auch das Peculium, stirbt aber der Sklave, oder wird er „
freigelassen oder veräußert, [dann] erlöscht das Peculium. „
Denn wie kann das Peculium bei mir vorhanden sein, wenn „
[dessen Urheber und] Hauptsache nicht vorhanden ist? Weiter 480

---

1) Fr. 4. Dig. 33, 8. (Cajus lib. 8. ad Ed. prov.).

2) Idem est, si... Institutionen.

3) Tamen vicarii legato cedunt. Institutionen.

„ist der Acker eine Hauptsache, die Nebensache das Instru-
„mentum desselben [1]. Instrumentum des Ackers ist Alles,
„was zu der Früchte Erzeugung, Einsammlung, Hein-
„führung und Aufbewahrung gehört. Zur Erzeugung:
„zum Beispiel die Ackerbauenden Sklaven, die Stiere,
„Pflüge, Karsten und was dergleichen ist; zur Ein-
„sammlung: zum Beispiel Sicheln und dergleichen;
„zur Aufbewahrung: irdene Fässer, Töpfe, [2] Schüs-
„seln und dergleichen. —*

481 *Da dir Dieß zuvor bekannt ist, so achte nun auf den
„Vortrag*. [3] Ich habe dir meinen Sklaven mit
„seinem Peculium legirt; ich *überlebe die Errich-
„tung des Testaments, und* lasse den Sklaven frei, oder
„veräußere ihn, oder er stirbt *vielleicht*: so geht *nicht nur
„in [Ansehung] seiner, sondern* auch in [Ansehung] des
„Peculium das Legat verloren [4], *denn wenn die Haupt-
„chen nicht mehr vorhanden sind, dann können auch die Ne-
482 „bensachen nicht bestehen*. Dasselbe gilt, wenn ich dir
„auch meinen Acker instructum legirt (oder mit

1) Fr. 8. Dig. 33. 7. (Ulpian. lib. 20. ad Sabin.).
2) Φαχοι; Linsen[förmige Geräthschaften].
3) Sed si servus.. Institutionen. — Fr. x. Dig. 33. 8. (Paul. lib. 4. ad Sab.).
4) Fr. 2. Dig. 33. 8. (Gajus lib. 8. ad Ed. prov.).

¹) den Instrumenten) ²) *und ihn länger lebend veräußert „
habe; hier wird, weil das Instrumentum eine Nebensache „
des Ackers ist, auch das Legat in [Ansehung] der Instru- „
mente erlöschen*.

§. 18. ³) Ich habe dir meine Schafheerde le- 483
girt; darauf geschah es, daß die *ganze Heerde* bis auf
ein Schaf schmolz: der Legatar kann das übrig gebliebne
Schaf fordern.

Ich habe dir meine Heerde vermacht, *welche aus hun- „
dert Schafen bestand; während meines Länger-Lebens ge- „
schieht es, daß andre nachgeboren werden, und sie hundert „
und funfzig [Stück] beträgt.* Auch *diese* nach Errich- „
tung des Testaments Nachgebornen werden der Heerde ⁴) zu- „
gerechnet, *und der Legatar wird sie alle erhalten*, wie Ju- „
lianus sagt. Denn die Heerde ist ein [einziger] Körper,
⁵) welcher aus verschiednen Theilen besteht.

32 *

---

1) Cum instrumento. Institutionen. Ohne oder. — Scholion: Instructum ist eigentlich, was in Ordnung ist;
dasselbe ist auch das Instrumentum.

2) Nam fundo alienato et instrumenti legatum extingui-
tur. Institutionen.

3) Fr. 21. Dig. 30.

4) Cedere. Institutionen.

5) Ex distantibus partibus. Institutionen.

[§. 19.¹)]. So wie auch das Haus Ein Körper ist, der aus zusammen gebrachten Steinen oder Baustoffen besteht. Wenn ich dir also das Haus legirt, aber nach dem Testament noch Säulen oder Marmor hinzugefügt habe, so wirst du auch das Nachgeschaffte erhalten.

484   [§.²)20]. Ich habe dir das Peculium *meines Sklaven* legirt, ³) welches aus zehn Goldstücken bestand; mögen es nun, so lange ich lebe, zehn oder fünf werden, so geht das dich, den Legatar, an, sei es Gewinn oder Verlust.

⁴)§.20. *Nimm Folgendes als Vorkenntniß. ⁵)Uebergang ist der noch nicht in Empfang genommenen Legate Ueberlieferung an die Erben. Dann: was dem in eigner Gewalt Stehenden der Erbe, das ist dem Sklaven
485 der Herr, denn was ich, der in eigner Gewalt Stehende, vor der Empfangnahme auf meinen Erben übertragen kann, das erwirbt der Sklave dem Herrn; was aber nicht

---

1) Das Paragraphenzeichen hat hier Biener nicht; wohl mit Recht.

2) Biener §. 19.

3) Sine dubio quidquid peculio accedit vel decedit vivo testatore, legatarii lucro vel damno est. Institutionen.

4) Nach Biener würde hier §. 20. beginnen.

5) Cessio.

1) übergehen und an die Erben gelangen kann, das wird „
[auch] dem Herrn nicht erworben. Nun gehen die Legate „
über, sobald sie uns angefallen sind; angefallen aber sind „
sie, wenn uns die Klage zusteht, und dieses Zustehen ist „
bei puren [Legaten] *a morte testatoris*, das heißt von „
dem Tode des Testators an, bei bedingten vom Eintritt der „
Bedingungen. Sonst standen die Legate *ab adita here-* 486
ditate [den Legatarien] zu; weil Dieß aber den Legatarien „
nachtheilig war, (denn die Erben verschoben, da sie sahen, „
daß einige der Legatarien gefährlich krank waren, den Antritt, „
damit denselben die Legate nicht zukämen, und auch nicht „
auf ihre Erben übergingen), so gefiel es deswegen, daß der „
Uebergang oder der Anfall *a morte testatoris* Statt finden „
sollte, weil dieser Zeitpunkt nicht in der Willkühr der Erben „
beruht. Doch kann man auch noch heut' zu Tage Legate fin- 487
den, welche wegen der eintretenden Regeln nach der alten „
[Weise] den Uebergang erst *ab adita hereditate* haben*. „

*Da dir Dieß vorläufig bekannt ist, so achte auf den „
weitern Vortrag. 2) Ich habe dir das Peculium „
3) meines Sklaven Stichus legirt*. 4) Nach meinem „

---

1) Scholion: er sagt so wegen der Sacra, Sancta und
Religiosa; denn wenn ich Jemanden das Forum legire, so
erhält er es nicht, weder er, noch sein Erbe.

2) *Fr. 8. §. 2. Dig. 33. 8.* (*Ulpian. lib. 25. ad Sabin.*).

3) Fabrots Handschriften: Ich habe das Peculium meinem Sklaven.

4) Quod si post mortem testatoris. Institutionen.

Tode, vor dem Antritt hat Stichus Einiges erwor-
„ ben: *wessen Gewinn wird Das sein? wird es bei dem
488 Erben bleiben oder dem Legatar zufallen? Und* Julianus sagt, wenn der Stichus im Testament freigelassen und
ihm selbst sein Peculium legirt würde, dann wird *ihm* Alles, was er vor dem Antritt der Erbschaft erworben, [1]) ge-
„ geben werden. *Aus welchem Grunde? — werden wir sagen*, weil [nämlich] der [Verfall]tag eines solchen Legats
nach dem Antritt des Erben [2]) vor sich geht; *würde das
„ Legat aber *a morte testatoris* übergehen, so würde es
489 dem Legatar zu Gute kommen. Was ist nun der Grund
„ dieser Verschiedenheit? Du weißt, daß der Uebergang [die
„ Cession] die Ueberlieferung von noch nicht erworbnen Lega-
„ ten auf die Erben ist; auf Wen soll nun dieser Stichus das
„ ihm legirte Peculium vor dem Antritt überliefern? Auf
„ [seine] Erben kann er nicht, denn ein Sklave kann [3]) keine
„ Erben haben; — aber [könnte man sagen] er wird es dem
„ Herrn erwerben. Allein wer ist sein Herr vor dem Antritt
490 [der Erbschaft]? Auf jeden Fall bleibt also das Legat unüber-
„ lieferbar. Nach der Adition wird das Legat, weil er nun

---

1) Legatario cedere. Institutionen.

2) Cedit. Institutionen. — *Cedere diem significat, inci-
pere deberi pecuniam.* Fr. 213. Dig. 50, 16.

3) Scholion: denn in der Zwischenzeit war der Erbe der
Herr des Sklaven; es ist aber gewiß, daß er Demjenigen
erwerben müsse, welcher vor der Adition Herr war.

frei geworden ist und einen Erben haben kann, auch eine[r] „
Ueberlieferung [fähig sein]. Sieh' also einen Fall, welcher „
noch heut' zu Tage nach altem Recht die Ueberlieferung *ab* „
adita hereditate hat. Folglich wird auch, weil das Legat „
vor dem Uebergange vermehrt worden, Alles hinzu Erworb= „
ne dem Legatarius Stichus zu Theil werden. —* 491

   Habe ich aber einem Fremden das Peculium *des Skla=* „
ven Stichus legirt, 1) so wird das *nach meinem Tode,* „
vor der Adition Erworbne bei dem Erben bleiben, *denn* „
ein solches Legat geht *a morte testatoris* über. Daß aber „
das nach meinem Tode Erworbne nicht dem Legatar gegeben „
würde, dieß sage ich [außer den Fall]*, 2) wenn nicht etwa „
das Hinzugekommene aus den ursprünglichen Sachen, die „
in dem Peculium befindlich sind, entstanden ist. *Zum „
Beispiel: es war in dem Peculium eine Sklavin, und sie „
gebar, [oder] ein Acker, und es wuchsen da Früchte*. „

   Du mußt aber wissen, 3) dem *im Testament* frei= 492
gegebnen Sklaven folgt das Peculium nicht; habe ich ihn
aber *inter vivos* freigelassen, *so wird der Freigelassene „

---

1) Non cedere legato. Institutionen.

2) Nisi ex rebus peculiaribus auctum fuerit peculium.
Institutionen.

3) Peculium autem, nisi legatum fuerit, manumisso non
debetur, quamvis si vivus manumiserit, sufficit, si
non adimatur, et ita D. Sev. et Ant. rescripserunt. In=
stitutionen.

„ das Peculium erhalten*, wenn ich es ihm nicht ausdrücklich
„ abimirt habe, *denn das haben die göttlichsten Severus und
„ Antoninus rescribirt*.

„   [1])*Mein Sklave hat nicht nur Das im Peculium,
„ was er aus irgend einer Ursache erwirbt, sondern auch,
„ Was er um meinet=, seines Herrn, Willen,
493 aufwendet, wird das Peculium vermehren. Zum Beis
„ spiel, es hatte Einer ein Peculium von tausend Goldstücken,
„ und ich war ihm hundert Goldstücke schuldig, die er meinet=
„ wegen ausgegeben hatte: das Peculium wird also ein Taus
„ send ein Hundert Goldstücke ausmachen. Habe ich also dies
„ sen Sklaven im Testament freigelassen, und ihm das Pecu=
„ lium legirt, so ist ausgemacht, daß er die tausend Goldstücke
„ empfängt. Aber auch die Hundert, die er auf mich gewen=
„ det?* Dieselben Kaiser rescribirten, er habe keinen Anspruch,
„ *denn es wird angenommen, als hätte ich ihm legirt, was
„ gerade zur Hand und da ist, nicht was er auf meine Rech=
„ nung aufgewendet*.

494   [2])Wenn ich den *Verwalter meines Vermö=
„ gens im Testament unter der Bedingung* freigegeben habe,

---

1) Iidem rescripserunt, peculio legato, non videri id
   relictum, ut petitionem habeat pecuniae, quam in rationes dominicas impendit. Institutionen.

2) Iidem rescripserunt, peculium videri legatum, cum
   rationibus redditis liber esse jussus est, et ex eo reliqua inferre. Institutionen. — GL.: reliqua 'l reliquas
   — — Fr. 8. §. 7. Dig. 33. 8.

wenn er die Rechnung *seiner Verwaltung* abgelegt, so wird angenommen, ich hätte ihm das Peculium legirt und — wie denselben Kaisern gefiel — gesagt, er müßte *aus dem Peculium, welches als ihm legirt angenommen wird, „ das Fehlende ersetzen, *denn woher sollte er, da er Sklave „ ist? Das was er schuldig ist, berichtigen, als aus dem Pecu- „ lium? aus welchem er es] auch berichtigt hätte, wenn sein „ Herr, [noch] lebend, die Rückstände von ihm gefordert „ hätte*.?

---

§. 21.   ¹) Nicht nur körperliche Sachen, sondern auch 495 unkörperliche können wir legiren. ²) Wenn mir also Jemand *tausend Goldstücke* schuldig ist, so kann ich *diese Klage gegen ihn* einem Andern legiren, ³) und der Erbe „ ist gehalten, sie dem Legatar abzutreten. ⁴) Wenn ich ⁵)*aber das Testament überlebe und* die Schuld eingefor- „ dert habe, ⁶) dann erlöscht das Legat. *Siehe also, hier ist „ das Hinterlassene unkörperlich; denn es ist eine Klage legirt*.

---

1) *Fr. 41. Dig. 30.*
2) Et ideo, quod... Jnstitutionen.
3) Ut actiones suas heres legatario praestet. Jnstitutionen.
4) Nisi. Jnstitutionen.
5) Vivus. Jnstitutionen.
6) Nam hoc casu... Jnstitutionen.

Es gilt ein auf folgende Weise *hinterlassenes* Legat: „Ich verdamme dich, Erbe, das Haus von Jenem wieder herzustellen, oder 1)*den Titius* von den Schulden zu befreien, *die ihn drücken*".

496 §. 22. 2)Es hat Jemand im Allgemeinen einen Sklaven oder eine andere Sache legirt *und gesagt: „ich gebe und vermache diesem einen Sklaven," oder: „ich gebe und vermache diesem ein Pferd." Wir fragen, „Wem die Auswahl gegeben wird, ob dem Erben, abzuliefern „was er will, oder dem Legatar, zu nehmen, was ihm gefällt? „und wir sagen*: der Legatar habe die Auswahl, wenn der „Testator nicht 3)*ausdrücklich das Gegentheil* gesagt hat.

497 §. 23. Das Legat der Option *oder der Auswahl* — das heißt: wo der Verstorbne aus seinen Sklaven „oder 4)*seinen Kleidern oder Büchern* dem Legatar die Auswahl überließ — 5)enthält in sich eine 6)Bedingung. Wenn also der Legatar nicht bei seinem Leben noch gewählt hat, „*sondern vor der Auswahl gestorben ist*, 7)so geht das Le-

---

1) Illum. Institutionen.

2) *Fr. 32. §. 1. Dig. 30.*

3) Aliud. Institutionen.

4) Aliis rebus. Institutionen.

5) Habebat. Institutionen.

6) *Tacitam* conditionem haben einige Institutionenhandschriften; aber nicht Theophilus, nur die Uebersetzung von Curtius.

7) Non transmittebat. Institutionen.

gat nicht auf seine Erben über, *wegen der Regel, welche „
sagt: „Ein bedingtes Legat geht, wenn der Legatar vor dem Eintritt der Bedingung stirbt, „
nicht über auf die Erben."*

*Option oder Auswahl ist es aber, wenn der Testator 498
so sprach: *Optato Titius* [1) *de familia mea servorum* „
unum 2), das heißt: „Titius wähle sich aus meiner Familia Einen Sklaven."*

Doch *das war sonst so; denn* eine 3) Constitution unsers göttlichsten Kaisers hat auch Dieß schöner eingerichtet,
4) denn er hat auch dem Erben des Legatars die Erlaubniß
gegeben, *den Sklaven* zu wählen, 5) welchen der Legatar
sich nicht bei seinem Leben ausgesucht hatte.

Diesen [Gegenstand] mit der größten Sorgfalt traktit 499
rend, hat er seiner Constitution auch Folgendes beigefügt:
weil nämlich ehedem, wenn *Zwei* oder* Mehrern die „
Option hinterlassen war, und *es sich traf, daß* sie 6) in „
Ansehung der Auswahl nicht einig wurden, *sondern der Ei- „
ne den Stichus wählte, der Andre den Pamphilus, nach „

---

1) Fabrot: ex tota mea familia.

2) Fabrot hat die griechische Erklärung nicht.

3) C. ult. Cod. 6, 43.

4) Et. Institutionen.

5) Licet... hoc non fecit. Institutionen.

6) In corpore eligendo. Institutionen.

„ Einigen unter den Rechtsgelehrten die Einforderung des Le-
„ gats so lange ruhete, bis sie einig geworden waren, nach
500 Andern es durch ihre Uneinigkeit erlosch, so hat er in dersel-
„ ben Constitution befohlen*, es möchten viele Erben Eines
„ Legatars *sein, die* über die Auswahl nicht einig werden,
„ oder viele Legatare 1), *die nicht denselben Sklaven auswäh-
„ len und nicht einstimmig werden*, 2) so sollte das Legat nicht
„ verloren gehen, —3) *obgleich Dieß den meisten der Rechts-
„ gelehrten nicht so geschienen, welche [vielmehr] 4) der natür-
„ lichen Billigkeit widerstreben —, sondern* 5) eine solche Op-
„ tion oder Auswahl dem Zufall überlassen werden, 6) und da-
501 her ihre Entscheidung erhalten, — (es wird zum Beispiel
„ geloost oder gewürfelt), — und Wen das Loos trifft, der
„ [soll] die Option oder Election haben, *und die andern Col-
„ legatarien oder Miterben diesem folgen, und 7) Das erhal-
„ ten, was der vom Loos Begünstigte sich ausgesucht*.

------

1) Alio aliud corpus eligere cupiente. Institutionen.

2) Ne pereat legatum. Institutionen.

3) Quod plerique prudentium contra benevolentiam in-
   troducebant. Institutionen.

4) Eigentlich dem sich schön Verhaltenden.

5) Fortunam esse hujus optionis judicem. Institutionen.

6) Ut ad quem sors veniat, illius sententia in optione
   praecellat. Institutionen.

7) Das, Fabrot; den [Sklaven] Reiz.

§. 24. [1] Wir können nur Denen legiren, mit welchen *wir* die Testaments=faction [2] *haben*.

§. 25 [3] Personis incertis kann man [4] weder Legate noch Fideicommisse hinterlassen [5]. *Und Das findet nicht nur bei den Paganen Statt, sondern es ist auch* den Soldaten nicht erlaubt, *wie der göttlichste Hadrianus rescribirte*.

Eine incerte Person [6] ist, welche der Testator ohne 502 deutliche [7] Verstellung sich vorgesetzt hat, aber die gefragt, er nichts Deutliches sagen konnte*; zum Beispiel: wenn Jemand *so* sagte: [8] Wer meinem Sohn seine Tochter zur Ehe [9] verlobt, soll von meinem Erben jenen Acker empfan=

---

1) *Ulpian. lib. reg. sing.* 24, 23. 24.

2) Est, Institutionen.

3) Cajus Buch II. §. 238. — *Ulp. lib. reg. sing.* 24, 18.

4) Olim. Institutionen. — Cajus: inc. pers. legatum innutiliter relinquitur. — Vergl. Cajus Buch II. §. 287.

5) Nam neque miles incertae personae poterat relinquere. Institutionen.

6) Videbatur; Institutionen. Videtur; Cajus.

7) Opinione. Institutionen.

8) Cajus: QUI PRIMUS AD FUNUS MEUM VENERIT, EI HERES MEUS X MILLIA DATO... Dann das Folgende der Institutionen.

9) DEDERIT, ID EST COLLOCAVERIT. Die letzten drei Worte fehlen in vielen Ausgaben. Cajus und Ulpianus: COLLOCAVERIT.

„ gen." ¹)*Oder so: „Den zuerst nach meinem Ableben er=
„ wählten Consuln soll mein Erbe zehn Goldstücke geben"*.
503 ²)Auch hier ist eine ungewisse Person, *denn es ist unge=
„ wiß, Wer seine Tochter dem Sohne des Testators verloben
„ wird, oder Wer nach dem Testament zum Consul designirt
„ oder bezeichnet werden wird, denn der Testator kann, hier
„ aber befragt, nichts Bestimmtes sagen*.   Und ³)*man
kann* noch viele andre Fälle ⸗ersinnen*.

⁴)Auch die Freiheit, einer unbestimmten
Person hinterlassen, [⁵)war] ungültig; ⁶)denn es
ward beliebt, daß die Sklaven namentlich im Testament frei
gelassen werden [sollen ⁷)].

504   ⁸)Unter einer bestimmten Demonstration
⁹)legire ich aber einer nicht bestimmten Person gültig.

---

1) *ILLUD QUOQUE, QUOD IIS RELINQUEBATUR, QUI POST*
TESTAMENTUM SCRIPTUM PRIMI CONSULES DESIGNATI
ERUNT. Institutionen.

2) *Aeque incertae personae legari videbatur.* Institut.

3) Sunt. Institutionen.

4) Cajus Buch II. §. 239.

5) Videbatur. Institutionen.

6) Cajus: Quia lex Furia Caninia jubet, nominatim
servos liberari. S. oben I, 7.

7) Einige Handschriften schalten ein: Tutor quoque incer=
ta persona dari non potest *GL.* s. Nr. 507.

8) *Ulpian. lib. reg. sing.* 24, 18.

9) Id est ex certis personis incertae personae recte lega=
batur. Institutionen.

Wenn ich zum Beispiel sage: „Wenn von meinen jetzigen Cognaten Einer meine Tochter zur Gattin nimmt, der soll von meinem Erben diesen Gegenstand erhalten." *Denn hier ist zwar die Person unbestimmt, aber die Demonstration das heißt: der Inbegriff gewiß. Denn ich sagte: „von den Cognaten, die ich jetzt habe." Diese Zahl ist aber bestimmt*.

Ich hinterließ einer unbestimmten Person ein Legat; es ist klar, daß das hinterlassene nicht bestehen könne. [1] Hat es aber *der Erbe* aus Irrthum entrichtet, so wird er es nicht repetiren können, denn das ist in der göttlichen Constitution enthalten.

§. 26. [2] Ein fremder Posthumus *ist gleich den incerten Personen, deshalb* legiren wir ihm ungültig. Ein fremder Posthumus ist aber der, welcher geboren [3] kein suus Erbe wird; es wird also ein von meinem emancipirten Sohn empfangner *und geborner* Enkel, [4] mein extraneus Posthumus sein.

§. 27. [5] *Aber das Alles [war] nach altem Rechte so*: Denn eine Constitution unsers Kaisers, in

---

1) Incertis autem personis legata vel fideicommissa relicta et per errorem soluta. Institutionen.

2) Cajus Buch II. §. 241.

3) Inter suos heredes [sonst falsch heres] testatoris futurus non est. Institutionen.

4) Avo. Justitutionen.

5) Sed nec hujusmodi species penitus est sine justa emendatione relicta. Institutionen.

„ seinem [1]) Coder enthalten, [2]) *hat Alles Das von den neuern Personen auffallend geändert*, nicht nur bei Erbschaften, sondern auch bei Legaten und Fideicommissen; [3]) die besagte Constitution erläutert sich, wenn man sie liest, selbst am deutlichsten.

[4]) Aber ein un bestimmter Vormund wird nicht einmal nach der besagten Constitution gegeben werden können; *denn er muß bestimmt sein*, [5]) denn der Testator muß seinen Kindern deutlich einen Vormund hinterlassen. *Unnütz wird also die Bestellung eines Tutors sein, wenn der Testator sagt: „Meines Sohnes Vormund soll Der sein, der zuerst zu meiner Bestattung kömmt.‟*

§. 28. [6]) Ein fremder Postumus konnte sowohl sonst *zum Erben* eingesetzt werden, als er auch jetzt *unbedenk-

---

1) Dem ältern Coder. Scholiaft: Die Constitution ist Buch 6 des Coder, Titel 48, die erste. — Neuere Ausgaben des Coder ergänzen sie nach Contius.

2) Per quam et huic parti medebimur. Institutionen.

3) Quod evidenter ex ipsius constitutionis lectione clarescit. Institutionen.

4) Cajus Buch II. §. 240.

5) Quia certo judicio debet quis pro tutela suae posteritatis cavere. Institutionen.

6) Cajus Buch II. §. 242.: Ac ne heres quidem potest institui postumus alienus; est enim incerta persona. Vergl. princ. I. 3, 9 [10]. woraus obige Stelle zu erklären ist.

lich eingesetzt werden* kann; [1] er müßte denn von der Frau
zu erwarten sein, welche ich [2] gesetzlich nicht zur Ehefrau
haben kann.

§. 29. *Zur Bezeichnung der gemeinten Personen ha- 508
ben die Alten viele Benennungen ausgesonnen. Denn [3] es
gibt ein *Nomen*, das ist der Eigenname, wie *Titius*; *Cog-*
nomen, der Beiname, was von einem Tadel oder Lob entlehnt wird: von einem Tadel, wie *Superbus*, der Stolze,
von einem Lobe, wie *Pius* oder der Fromme; auch gibt
es ein *Praenomen*, das heißt einen Geschlechtsnamen. Dieser wird angenommen entweder von Vorfahren oder von
Wohlthätern. Von Vorfahren, wenn Jemand den 509
Achilles [4] Aeakiden nennt; von Wohlthätern, so wie wir
die [5] Vorsteher der Provinzen ihren Namen die Namen
Derjenigen beisetzen sehen, durch welche sie es geworden sind,
zum Beispiel Strategius oder Constantinus*. — [6] Hat

---

1) Nisi in utero ejus sit. Institutionen; wahrscheinlich
　im §. 241. bei Cajus. — Scholion: Er meint die
　aus einem unerlaubten Umgang Gebornen.

2) Jure nostro. Institutionen.

3) Vergleiche die Basiliken 35, 2, §. 3. Das Bekannte
　über die Namen bei den Römern wird hier billig über-
　gangen.

4) Die Manuscripte Aeacus.

5) C. 25. Cod. Theod. 6, 4.

6) Si quis in nomine, cognomine, praenomine. Institu-
　tionen. Einige Handschriften und Ausgaben setzen hinzu
　agnomine; was auch die Glosse zu haben scheint.

„ also der Legirende *in Ansehung des Namens des Lega=
„ tars geirrt, (und während er hätte sagen sollen Titius,
„ Sejus genannt), und* sich in Ansehung des *Nomen* geirrt,
oder *in Ansehung* des *Cognomen*, *(denn da er sagen
sollte: *Superbus*, hat er *Pius* gesagt)*, oder *in Anse=
„ sehung* des ¹)Geschlechtsnamens, *(denn da er sagen sollte:
510 Strategius, sagte er Primus), so fragen wir, ob das Legat
„ ungültig sei²)? Und wir sagen*: wenn man³) einig
„ *darüber* ist, *wen er gemeint hat*, so gilt das Legat
nichts desto weniger. Dasselbe wird bei den Erben beobach=
„ tet, *denn wenn ich, Jemanden zum Erben einsetzend, in
„ Ansehung eines der vorbenannten [Namen] irre, so wird
„ darum die Einsetzung nicht ungültig*. Und mit Recht:
denn die Namen sind zur [genauen] Bezeichnung der Men=
schen erfunden, wenn also die *gemeinte Person* auf irgend
„ eine andere Art gefaßt werden kann,⁴) *so wird aus dem
„ Irrthum im Namen kein Anstand oder Nachtheil entstehen*.

511   §. 30. ⁵) Dieser ⁶)Ansicht entspricht die Regel, *wel=
che sagt*, *Falsa demonstratio legatum non perimit,*

---

1) Praenomine. Institutionen.

2) Const. 4. Cod. 6, 23.

3) De persona. Institutionen.

4) Nihil interest. Institutionen.

5) Fr. 17. Dig. 35, 1. (Cajus lib. 2. de legat. ad Ed.
praet.). Ulp. lib. reg. sing. 24, 19.

6) Huic proxima est illa juris regula. Institutionen.

Das heißt eine irrige Bezeichnung macht das Legat nicht „ ungültig. Denn du mußt wissen, daß zuweilen den Legaten „ eine Demonstration, zuweilen eine Causa beigefügt werde. „

Demonstration ist Bezeichnung der Sache, wel- „ che legirt wird, zum Beispiel: es legirte Einer mit folgen- §12. den Worten: „Meinen im Hause gebornen Sklaven Stichus legire ich *dem Titius*.“ Das Legat ist gültig, wenn gleich Stichus nicht in [meinem] Hause geboren ist, sondern [1]) ich ihn durch Kauf besaß. Oder ich sagte auch so: „Den Sklaven Stichus, welchen ich vom Sejus gekauft habe, *legire ich dem Titius*,“ ich hatte ihn aber [2]) vom Primus „ gekauft. Auch so ist das Legat gültig *wegen der besagten „ Regel, welche lautet: *falsa demonstratio legatum non „ perimit* [3]).

§. 31. [4]) Auch das Hinzufügen einer falschen Veran- §13 lassung macht das Legat nicht ungültig. *Causa ist die „ Bezeichnung der Veranlassung, aus welcher legirt wird*. „ Es hat zum Beispiel Jemand so [5]) legirt: „ich gebe und.

33 *

---

1) Emtus sit, si tamen de servo constat. Institutionen.

2) Alio. Institutionen.

3) Si de servo constat. Institutionen.

4) Longe magis legato falsa causa non nocet. Institutionen. — Fr. 17. §. 2. Dig. eod. (Cajus h. l.).

5) Dixerit. Institutionen.

legire dem Titius ¹) *meinen Sklaven* Stichus, ³) weil er
während meiner Abwesenheit meine Geschäfte besorgt hat.“
Oder so: „ich legire ³) *einen Sklaven* dem Titius, weil
ich durch seinen [rechtlichen] Beistand der ⁴) Kapital-Unter-
514 suchung entgangen bin.“ Wenn schon Titius ⁵) meine Geschäfte nicht besorgt hat, oder ich durch seinen Beistand nicht
„ *von der Kapital-Gefahr* befreit worden bin, so ist doch
„ das Legat gültig, *wegen der Regel, welche sagt: *Falsa*
„ *causa legatum non perimit**. ⁶) Habe ich aber die Ver-
„ anlassung bedingungsweise ausgesprochen, ⁷) *und die Ver-
„ anlassung erweist sich irrig, so wird der Legatar nichts erhal-
ten*. ⁸) Ich habe nämlich so gesagt: „Ich legire dem Titius *diesen* Acker, *wenn er meine Geschäfte besorgt hat.“
„ *Denn hat er sie besorgt, so erhält er [das Legat], weil die
„ Bedingung eingetreten ist; hat er [sie] nicht besorgt, so
„ wird, weil die Bedingung nicht Statt gefunden hat, auf
„ diese Weise dem Legatar keine Klage gegeben werden*.

---

1) **Meinen** fehlt bei Fabrot.

2) Qui. Institutionen.

3) Stichum. Institutionen.

4) Capitali crimine. Institutionen.

5) Testatoris. Institutionen.

6) Vergleiche die Pandektenstelle.

7) Aliud juris est. Institutionen.

8) Veluti hoc modo. Institutionen.

§. 32. [1]) *— Nimm [2]) Folgendes als Vorkenntniß: 515
Wenn in einer und derselben Person die Rechte des Klägers „
und des Beklagten zusammen kommen, so erlöscht die auf „
solche Weise entstandene Confusion die Klage, denn Nie= „
mand kann gegen sich eine Klage erheben. Ferner mußt du „
auch Das wissen, was kurz zuvor gesagt wurde, daß der „
Uebergang bei den Legaten, und zwar bei den puren der Tod „
des Testators, bei den bedingten der Eintritt der Bedingung „
ist. —*

*Da dir Dieß zuvor bekannt ist, so achte auf den wei= 516
tern Vortrag. Sterbend hat Jemand mich zum Erben ein= „
gesetzt, und nachher dem Stichus, meinem Sklaven, ein „
Legat von mir hinterlassen. Wir fragen, ob das Legat gül= „
tig hinterlassen sei, weil die Rechte des Klägers und des Be= „
klagten in Einer Person sich vereinigen, denn ich werde Be= „
klagter als Erbe, und ich werde wiederum Kläger als Eigen= „
thümer. Weil also das Recht des Beklagten und des Kla= „
genden sich bei mir vereinigen, so fließt die Klage zu= „
sammen*.

*Aber es sagen einige [3]) Rechtsgelehrte, man müsse 517
auf den Uebergang achten, (das heißt: wann die Klage des „

---

1) Cajus Buch II. §. 244. An ei, qui in potestate sit
ejus, quem heredem instituimus, quaeritur.

2) An servo heredis recte legamus quaeritur. Institut.

3) Cajus: Servius.

„ Legats zusteht), und wenn zu der Zeit die Personen des Er
„ ben und des Legatars verschieden sind, (denn ich habe viel-
„ leicht noch bei Lebzeiten des Testators meinen Sklaven Sti-
„ chus freigelassen oder veräußert), so gilt dasselbe, weil die
518 Personen verschieden sind; ist es aber der Fall, daß ich zur
„ Zeit des Todes des Testators den Sklaven, der zugleich Le-
„ gatar ist, in meiner Gewalt habe, so ist das Legat wegen
„ desselben Grundes erloschen*.

„　　　*Dieß, wenn pure hinterlassen ist; wenn aber beding-
„ nißweise, so beachten wir nicht mehr den Tod des Testators,
„ sondern den Ausgang der Bedingung; und hat die in Erfül-
„ lung gehende Bedingung den Stichus frei oder als eines
„ Andern Sklaven gefunden, so ist das Legat gültig; befindet
„ er sich aber, wann sie eintritt, in meiner Gewalt, dann ist
„ das Legat ungültig.

„　　　So Einige; was aber gültig[es Recht] ¹) geworden ist,
„ verhält sich so*;

519　　　²)*Bei den bedingten ist das [eben] Gesagte wahr, daß
„ man den Ausgang der Bedingung beachten müsse*; bei den
„ puren ist das Legat zugleich mit der [Nieder]schrift ungültig.

---

1) Cajus; Sabinus et Cassius.

2) Et constat pure inutiliter legari, nec quidquam pro-
　　ficere, si vivo testatore de potestate heredis exierit,
　　quia quod inutile foret legatum si statim post factum
　　test. decessisset testator, non hoc ideo debet valere,
　　quia diutius testator vixerit. Institutionen.

1)*wegen der Regel des K a t o, welche lautet: Alle Legate, „
die ungültig gewesen wären, wenn der Testator sogleich nach „
Errichtung des Testaments gestorben wäre, diese würden „
auch dadurch nicht gültiger, wenn es sich trifft, daß er noch „
lange die Errichtung des Testaments überlebt, so daß dem 520
Erben Zeit wird, seinen Sklaven Stichus entweder zu ver= „
kaufen oder freizugeben; denn wäre der Testator sogleich ge= „
storben, als er das Testament errichtete, so wäre der Sklave „
[dennoch] in des Erben Gewalt gefunden worden*²). „

§. 33.³) *Wie aber*, wenn umgekehrt Jemand
sterbend meinen Sklaven zum Erben einsetzt,
⁴)*und mir von ihm ein Legat vermacht? Hier „
gilt ohne allen Zweifel das Vermachte*. Denn wenn [auch] 521
nach des Testaments Errichtung der Testator sogleich gestor=
ben wäre, so wäre der Termin [der Zahlung] des Legats
⁵) bei'm Erben noch nicht eingetreten. *Oben, wo der „

1) Cajus: quia quod nullas vires habiturum foret, si
    statim post testam. factum decessisset testator, hoc ideo
    valere, quia vitam longius traxerit, absurdum esset.

2) Institutionen: sub conditione vero recte legatur, ut
    requiramus, an, quo tempore dies legati cadit, in po-
    testate heredis non sit.

3) Cajus Buch II. §. 245.: ab eo, qui in potestate tua
    est, ...

4) Quin domino recte etiam sine conditione legetur, non
    dubitatur. Institutionen.

5) Apud eum qui heres sit. Institutionen.

„ Herr Erbe war, und der Sklave Legatar, wurde freilich das
„ auf den Sklaven gekommene Legat sofort dem Erben erwor-
„ ben; aber im jetzigen Fall kann noch nicht gesagt werden:
„ das dem Herrn vermachte Legat käme dem Sklaven als ein
522 gesetzten Erben,, zu Gute*. Denn hier ist die Erbschaft
vom Legat getrennt, [1]) und ein Anderer kann durch diesen
[2]) Stichus Erbe werden; wenn er nämlich, [3]) noch ehe ich
„ ihn die Erbschaft anzutreten *und mir zu erwerben* heiße,
„ in eines Andern Gewalt gekommen *ist, so erwirbt er die
„ Erbschaft dem neuen Herrn; ist er* [4]) aber freigelassen, *so*
„ erwirbt er sich die Erbschaft selbst, *indem er sie antritt*; in
523 diesen Fällen ist das Legat *also* gültig, *denn die Person
„ des Erben und des Legatars ist verschieden; denn ich kann
„ gegen den Freigelassenen und Antretenden, oder gegen den
„ neuen Herrn klagen und das Legat einfordern*. Bleibt er
aber noch [5]) in meiner Gewalt und tritt auf [6]) meinen Be-
„ fehl an, so erlöscht das Legat, *denn ich erscheine als Legatar
„ durch die Einsetzung, und als Erbe durch die Erwerbung*.

---

1) Si vero *filius emancipatus* aut servus manumissus orit.
     Cajus.

2) Servum. Institutionen.

3) Quam jussu domini adeat. Institutionen.

4) Vel manumissus ipse heres efficiatur. Institutionen.

5) In eadem causa. Institutionen.

6) Jussu legatarii. Institutionen.

§. 34. 1) *Ante heredis institutionem,* *oder vor 524
der Einsetzung des Erben* 2) legiren wir ungültig; *und mit
Recht*, weil die Testamente ihre Gültigkeit von der Einsetz=
zung der Erben erhalten, weshalb auch die Einsetzung des
Erben für das Haupt und die Grundlage des ganzen Testa=
ments angesehen wird. *Was also vor der Einsetzung des
Erben hinterlassen wird, das scheint [ganz] außerhalb des
Testaments zu sein*. 3) Aus diesem Grunde 4) kann auch
nicht einmal die Freiheit vor der Einsetzung gegeben werden.

Weil es aber unser göttlicher Kaiser für 5) unstatthaft 525
hielt, daß man 6) die Ordnung der Niederschrift bei'm Tes=
tament aufrecht erhalte, (was von den Alten selbst getadelt
worden ist 7), aber den Willen der Sterbenden gering schätze,
so hat er eine Constitution 8) *erlassen*, durch welche er auch
den gegenwärtigen Mangel verbesserte, so daß es erlaubt
ist, sowohl *ante heredis institutionem* als auch

---

1) Cajus Buch II. §. 229. *Ulp. lib. reg. sing. 24, 15.*

2) Inutiliter antea legabatur, Institutionen.

3) Cajus Buch II. §. 230,

4) Poterat. Institutionen.

5) Incivile. Institutionen.

6) Quidem. Institutionen.

7) Scholion: nämlich der Umstand, vor der Einsetzung
  des Erben ein Legat zu hinterlassen. [Fabrot: wahr=
  scheinlich: nicht zu hinterlassen].

8) Sie ist verloren.

inter medias heredum institutiones ein Legat und noch
, vielmehr die Freiheit zu hinterlaffen, [1] welche *Freiheit der
,, meiften Sorgfalt [und Begünftigung] gewürdigt worden
526 ift [2]). — Und *ante heredis institutionem*, wenn ich
,, vielleicht im Anfange des Teftaments gefagt habe: ,,ich le-
,, gire Dem hundert Goldftücke,'' oder ,,Jener foll frei fein,''
,, und fodann hinzufüge: ,,Der foll mein Erbe fein;'' und in-
,, ter *medias heredes institutiones* ift es, wenn ich fage:
,, ,,Der foll mein Erbe fein zu fechs Unzen; ich legire Dem
,, und [3]). Jenem hundert Goldftücke.'' (oder: ,,der Sflave
,, Stichus foll frei fein''), und [4]) dann den zweiten Erben zu
,, den andern fechs Unzen hinzufüge.

527   §. 35. [5]) *Post mortem* [6]) *heredis* oder *post mortem* legatarii [7]) wird das Legat ungültig hinterlaffen;

---

1) Ejus usus favorabilior est. Inftitutionen.

2) S c h o l i o n: welche Freiheit auch fonft vor der Einfetzung des Erben verliehen wurde, und nun werden nach
der kaiferlichen Conftitution, in Analogie derfelben, auch
die Legate vor der Einfetzung des Erben gegeben. — In
dem erften Satze fehlt nach C a j u s und U l p i a n *lib. reg.
sing. 1, 20* ein N i c h t!

3) Und Jenem fehlt bei F a b r o t.

4) F a b r o t: und dann fage: ,,Secundus foll mein Erbe
fein zu den andern fechs Unzen.

5) C a j u s Buch II. §. 232. Post mortem quoque heredis
inutiliter legatur...; *ita autem recte legatur:* CVM HE-
RES MORIETVR, *quia non post mortem heredis relinquitur,
sed ultimo vitae ejus tempore. Rursus ita non potest legari. Ulp. 24, 16,* eben fo.

6) Inftitutionen: Quoque.

7) Simili modo inutiliter legabatur. Inftitutionen.

zum Beispiel: wenn Einer sagt: Nach dem Tode [1] meines „
Erben [2] vermache ich *Dem hundert Goldstücke.'' Denn „
so lange der Erbe am Leben ist, wird das Legat nicht gefor- „
dert, nach seinem Tode aber wird es auch nicht vom Erben „
gefordert werden, wegen der Regel, welche lautet: e i n e „
g e g e n u n s n i c h t b e g o n n e n e K l a g e g e h t n i c h t „
ü b e r g e g e n u n s r e E r b e n. Dasselbe ist auch bei Le- 528
gaten. Denn wenn ich gesagt habe: „dem Primus legire „
ich hundert Goldstücke, wenn er gestorben sein wird,'' so „
kann das Legat nicht bestehen. Denn weder er kann wegen „
der Worte des Testators einfordern, noch sein Erbe, wegen „
der Regel, welche sagt: e i n e v o n u n s n i c h t b e g o n- „
n e n e K l a g e g e h t n i c h t ü b e r a u f u n s r e E r b e n*.' „

Auch das: *Pridie quam heres aut legatarius mo-* 529
rietur, *(das heißt: ein Legat auf den Tag vor dem Tode „
des Erben oder Legatars) ist ungültig; zum Beispiel: wenn „
ich sage: „Den Tag zuvor, ehe mein Erbe sterben wird,' „
oder: „ehe Titius sterben wird, legire ich dem Titius hun- „
dert Goldstücke. Denn der Tag war [3] vor dem Tode des „
Titius unbestimmt, denn nach dem Tode gehen wir auf die „
Vergangenheit zurück und sagen: der gestrige Tag war der „
[Tag] vor dem Tode, und weil derselbe nach dem Tode[s- „

---

1) Rests des Erben.
2) Do *lego.* Institutionen.
3) War hat F a b r o t, mit Recht.

" tag] beurtheilt wird, so kömmt es auf Eins mit dem [Legat]
" *post mortem hinaus*.

530   Aber auch Dieß hat unser göttlicher Kaiser [1] derselben
Berichtigung gewürdigt, indem er dem [2] so Hinterlassenen
Kraft bewilligte nach Analogie der Fideicommisse, *(denn
" die auf solche Weise hinterlassenen Fideicommisse ließen die
" Alten zu, die Legate verwerfend)*, [3] so daß also in diesen
[Punkten] zwischen Legaten [4]) und Fideicommissen kein Un-
terschied ist, sondern sie sind beide gültig [5]).

531   §. 36. [6]) Auch das *poenae nomine* hinterlassene oder
abtimirte (das heißt: hinweg genommene) oder *transla-*
" *tirte* *(das heißt: übertragne)* Legat ist ungültig. Aber
Poenae nomine, nimmt man an, werde Das legirt, was

---

1) Correximus. Institutionen.

2) Hujusmodi legatis. Institutionen.

3) Ne vel in hoc casu deterior causa legatorum, quam
fideicommissorum inveniatur. Institutionen.

4) Scholion: Dieses Beispiel hat mehr die Form des
Fideicommissum als des Legats.

5) C. 11. Cod. 8, 38.

6) Poenae quoque nomine inutiliter legabatur... Institutionen. — Cajus Buch II. §. 235. Ulp. 24, 17.
Vergl. Gschen Observ. j. Rom. 1811. S. 47 ff. (vergl.
mit Gött. G. Anz. 1812. S. 120) und Thibauts Ver-
suche Th. 2. S. 166 und dessen Civil. Abhandl. S. 55
Anm. 16.

¹) zur Strafe des Erben hinterlassen wird, damit er um so

eher Etwas thue, oder nicht thue. *Denn da viele Ster- „

bende ihren Erben Etwas zu thun befahlen, und ihnen²) für „

immer eine Art vorzeichneten, nach welcher sie sich beneh- „

men sollten; die Erben aber solche Willensäußerungen in „

der Folge ohne Strafe vernachlässigten, so erfanden deßwe- 532

gen die Menschen — als sie sahen, ³) daß ihre Befehle ver- „

vernachlässigt wurden, — späterhin eine Geldstrafe, durch „

welche der Erbe genöthigt wurde, Etwas auch ⁴) gegen „

seine Absicht zu thun*.   „

*Wir wollen zum Beispiele ein *legatum poenae no-* „

mine angeben*. ⁵) Also: „Der soll mein Erbe sein, aber

er muß seine Tochter dem Titius zur Frau geben,“ oder

---

1) Coercendi heredis causa. Inſtitutionen. — Hoc...
    spectant leges... incolumem esse civium conjunctio-
    nem quam qui dirimunt, eos morte... coercent. *Ci-*
    cero de offic. 3, 5, 23.

2) Fabrot: βεβαιον ewig, lebenslänglich, (eine Anord-
    nung des Erben, deren Eintreten unbeſtimmt war: das
    soll ein Mal geſchehen). Reiß: βιαν: „und ihnen mit
    Gewalt eine Art vorſchrieben...“; offenbar minder gut,
    da das Legat poenae nomine erſt eben dieſe Gewalt ent-
    hielt.

3) Daß .. würden fehlt bei Fabrot.

4) Παρὰ σκοπόν, wie Cajus (unten Seite 527, Note
    5) contra propositum suum.

5) Veluti si quis ita scripserit: heres meus si filiam suam...
    Inſtitutionen.

„ umgekehrt: [1]*[er darf seine Tochter dem Titius] nicht [zur
„ Frau] geben. Handelt er wider meinen Willen*, so soll er
: dem Sejus zehn Goldstücke geben." — Oder auch [2] so:
„ „Wenn mein Erbe meinen Sklaven Stichus verkauft,"
533 oder umgekehrt: „nicht verkauft, so soll er dem Titius zehn
„ Goldstücke geben."

„ *Dieses Legat ist ungültig aus zwei Gründen, ein
„ Mal, weil das Gesetz das in der Willkühr des Erben lie-
„ gende Legat haßt, (hier aber steht es bei ihm, [es] schul-
„ dig zu sein und nicht schuldig zu sein; denn wenn er das
„ vom Testator-Gesagte erfüllt, so zahlt er nichts; handelt
„ er dagegen, so ist der Legatar schuldig), — und dann muß
„ man die Legate aus Wohlwollen und Freundschaft gegen den
„ Legatar hinterlassen, nicht aus Haß gegen den Erben*.

534   Diese Regel, *welche sagt, die *poenae nomine* hin-
„ terlassenen Legate seien ungültig*; [3] ist so sehr gültig, daß
„ es auch [4] viele kaiserliche Constitutionen gibt, in welchen
„ erklärt wird, auch der Kaiser [5] *vermöge es nicht über sich*,
„ das *poenae nomine* hinterlassene Legat *anzunehmen*. —
„ Auch nicht einmal [6] das Soldatentestament kennt das *poe-*

---

1) Si non collocaverit. Institutionen.
2) Ita scripserit. Institutionen.
3) Observabatur. Institutionen.
4) Perquam plurimis. Institutionen.
5) Nec .. quidem agnoscere. Institutionen.
6) Ex .. testamento talia legata valebant. Institutionen.

nae *nomine* hinterlassene Legat als gültig, obschon übrigens die Willensäußerungen der Soldaten bei Testamenten [1] gleich Gesetzen gelten. — [2] Ja auch nicht ein Mal die *poenae* 535 *nomine* hinterlassene Freiheit ist gültig.

[3] Auch setzt Niemand gültig einen Erben *poenae no-mine* ein, wie Sabinus sagt. Wenn Jemand zum Bei-spiel so sagte: „[4] Titius soll mein Erbe sein, wenn er seine Tochter dem Sejus zur Frau gibt; *hat aber Titius seine „ Tochter dem Sejus nicht zur Frau gegeben*, so soll Sejus „ sein Miterbe sein,“ — *so ist die Einsetzung des Sejus un- „ gültig. [5] Denn so wie das Geben eines Legats dem Erben „ Schaden thut, so ist es ihm auch nachtheilig, einen Miter- „

---

1) Valde observantur. Institutionen.

2) Cajus Buch II. §. 236, mit dem Zusatz: quamvis de ea re fuerit quaesitum.

3) Eo amplius nec heredem poenae nomine adjici pos-se... Institutionen. — Cajus Buch II. §. 243: Quanquam non immerito quibusdam placeat, poenae nomine heredem institui non posse.

4) Titius heres esto; si Titius filiam suam Sejo in ma-trimonium collocaverit, [die *G.L.* erläutert dieß: *quod fieri nolo*], Sejus quoque heres esto. Institutionen. Fabrot hat die Worte: wenn er seine Tochter... gibt, — nicht.

5) Nihil enim interest, qua ratione Titius coerceretur, utrum legati datione, an coheredis adjectione. Insti-tutionen. Cajus: quia tam heredis adjectione quam le-gati datione compellitur, ut aliquid contra propositum suum faciat.

„ben zu bekommen, denn es wird ihm dann die Hälfte der
Erbschaft entzogen* ¹).

536   Aber solche ²) Härte hat unser göttlicher Kaiser, da sie
ihm nicht gefiel, ³) in einer allgemeinen Constitution ⁴) aufgehoben, *sagend*: Wenn auch manche [Legate] *poenae
nomine* hinterlassen oder adimirt oder auf Andre transla-
tirt werden, so sollen sie doch von den andern Legaten nicht
verschieden sein, in welchen, ohne Pöna, ein Geben, oder
eine Ademtion, oder eine Translation ist; mit Ausnahme,
versteht sich, derer, welche entweder unmöglich, oder durch
die Gesetze verboten, oder sonst ⁵) anstößig *oder schmach-
537 voll* sind. Denn daß solche Verordnungen der Testatoren
gültig seien, ⁶) hielt er für unverträglich mit den tugendhaf-
ten Zeiten seiner Regierung.

„   *Und unmöglich ist das Legat, wenn ich zum Bei-
„ spiel sage: „ich gebe und legire dem Titius hundert Gold-
„ stücke, wenn er bis in den Himmel steigt; steigt er aber

---

1) Wenn nämlich der Miterbe auch zur Hälfte eingesetzt ist.

2) Scrupulositas. Institutionen.

3) Generaliter ea, quae relinquuntur, licet poenae nomine fuerint relicta, vel ademta, vel in alios translata,
nihil distare a ceteris legatis constituimus, vel in dan-
do vel in adimendo vel in transferendo. Institutionen.

4) C. un. Cod. 6, 41.

5) Probrosa. Institutionen.

6) Secta meorum temporum non patitur. Institutiones.

nicht bis dahin, so legire ich sie dem Primus;" denn hier „
bekömmt sie Titius. — Oder ich habe so gesagt: „dem „
Titius legire ich hundert Goldstücke, wenn er mit Jenes „
Frau die Ehe bricht, bricht er [sie] aber nicht, dann legire „
ich sie dem Primus," auch hier wird sie Titius bekommen; „
— oder so: „dem Titius legire ich hundert Goldstücke, wenn „
er seine Mutter geschlagen hat; hat er sie aber nicht geschla. „
gen, so gebe ich die hundert Goldstücke dem Primus." — „
Oder ich adimire auch so: „Wenn er aber nicht in den Him. 538
mel steigt," oder „mit dessen Frau nicht die Ehe gebro. „
chen," oder „seine Mutter nicht geschlagen hat," so legire „
ich ihm die hundert Goldstücke nicht. Denn die Ademtion „
ist hier ungültig, so wie im vorhergehenden Fall die Trans. „
lation*.

*Ist aber das dem Legatar Auferlegte nicht unmöglich „
und nicht den Gesetzen entgegen und nicht schimpflich (was „
probrosa heißt), dann gilt auch die poenae nomine gesche. „
hene Gebung und Ademtion und Translation*. „

34

Zweites Buch.

Ein und zwanzigster Titel.

Von dem Zurücknehmen der Legate.
[De ademtione et translatione legatorum].

539

[1]) Sowohl in demselben Testament kann man das Wegnehmen der Legate bewirken, als auch in Codicillen, und es ist gleichgültig, ob die Ademtion mit entgegengesetzten[2]) Worten geschieht,

— [3]) *wenn ich nämlich gesagt habe: „dem Titius gebe und legire ich hundert Goldstücke,“ und dann in demselben Testament kurz nachher, oder im Codicill mit Hinzufügung des *non* [: [4]) „dem Titius gebe ich die hundert Goldstücke nicht“], oder wenn ich so sage: „die hundert Goldstücke, von denen ich sagte, sie sollen dem Titius gegeben werden, *non do nec lego*, statt: [die] gebe ich nicht, legire ich nicht.“ Siehe, das sind entgegengesetzte [Worte], denn durch dieselben [Worte] nehme ich wieder zurück,

---

1) Ademtio legatorum, sive eodem testamento adimantur sive codicillis, firma est. Jnstitutionen. *Fr. 5. Dig. 34, 4. Ulp. lib. reg. sing. 24, 29.* (Letzterer: vel codicillis, testamento confirmatis, dum tamen eodem modo adimatur, quo modo datum est).

2) Fabrot schaltet ein: oder andern.

3) Veluti si quid ita quis legaverit: *Do lego,* ita adimatur: *non do, non lego.* Jnstitutionen.

4) Dieser zweckmäßige Zusatz gehört Reiz.

durch welche ich gab, indem ich das *Non* hinzufügte, „
denn das *Do* ist dem *non do* entgegengesetzt*. — „
[1]) auch wenn sie mit andern Worten [geschieht], ist sie
eben so gültig; *wenn ich nämlich vorher gesagt habe: „
„dem Titius legire ich hundert Goldstücke,“ und sodann „
sage: „ich will nicht, daß dem Titius hundert Goldstücke „
gegeben werden*.“

Wir können auch von Einem auf den Andern[2]) trans= 540
latiren, *das heißt: übertragen*; zum Beispiel: *ich hinter= „
ließ meinen Sklaven Stichus dem Titius*; ich kann *nun* „
so sagen: [3]) „den Stichus, welchen ich dem Titius legirte, „
[4]) legire ich dem Sejus.“ Und das kann ich in demselben
Testament oder in Codicillen sagen. [5]) Die Translation
schließt in sich eine stillschweigende Ademtion, denn das Le=
gat, welches ich vom Titius auf den Sejus übertrage, das
nehme ich stillschweigend dem Titius hinweg.

34 *

---

1) Sive non contrariis sed aliis quibuscunque verbis.
   Institutionen.

2) Legatum. Institutionen.

3) *Hominem Stichum.* Institutionen.

4) *Do lego.* Institutionen.

5) Quo casu simul Titio adimi videtur et Sejo dati. In=
   stitutionen.

Zwei und zwanzigster Titel.

Von dem Falcidischen Gesetze.
[De Lege Falcidia].

541　　Nun ist es noch nöthig, von dem Falcidischen Gesetze zu sprechen, durch welches, [1]) gleichsam am Ende, den Legaten ein Maas gesetzt worden ist. [2]) Denn [3]) vorher konnte man das ganze Vermögen durch Legate erschöpfen, oder doch fast das ganze; indem Dieß das Zwölftafelgesetz zugab, welches sagte: „*UTI* [4]) *QUISQUE LEGASSIT SUAE REI, ITA JUS ESTO*," *das heißt: Wie Einer legirt und über sein Vermögen verfügt* 542 *hat, das soll Gesetz sein*. — Späterhin wurde jedoch beliebt, diese Freiheit zu legiren einzuschränken; und das ist zu Gunsten der Testatoren [selbst] ersonnen worden, weil die Testatoren meistens ohne Erben starben, indem die eingesetzten Erben die Adition ausschlugen, [5]) weil ihnen dadurch kein oder ein sehr geringer Gewinn zuwuchs.

---

1) Novissime.　Institutionen.

2) Cum enim olim lege XII. Tabularum libera erat legandi potestas, ut liceret vel totum patrimonium legatis erogare.　Institutionen.

3) Cajus Buch II. §. 224.　*Ulp. lib. reg. sing.* 11, 14.

4) *QUISQUE* ist Cajus und der Institutionenausgabe von Cujas fremd.

5) Pro nullo aut minimo lucro.　Institutionen.

1) "Und es wurde darauf das Furische Geſetz ge- 543
geben, welches verordnete, es ſolle 2) nicht geſtattet ſein,"
Jemandem 3) über tauſend Aſſe 4) zu legiren. Hatte aber
Jemand ein größeres Vermächtniß angenommen, ſo erſetzte
er das Vierfache Deſſen, was darüber war. Hatte zum
Beiſpiel Einer ein Tauſend zwei Hundert Goldſtücke anges-
nommen, ſo mußte er das Vierfache von zwei Hundert, das
heißt: acht Hundert, zurück geben. Doch konnte Das leicht
umgangen werden. Denn wenn Einer ein Vermögen von
fünf Tauſend Goldſtücken hatte, und fünf Legataren, jedem
tauſend [Goldſtücke] legirte, ſo ſtieß er nicht gegen das Geſetz, und doch fand man, daß der Erbe die Erbſchaft von ſich
wies, weil er keinen Gewinn hatte; und ſa wurden die Teſs
tamente abermals umgeſtoßen.

---

1) Et cum super hoc tam lex Furia quam lex Voconia latae
sunt, quarum neutra sufficiens ad rei consummationem
videbatur.. Inſtitutionen. — Cajus Buch II. §. 225.
Ulpian. princ. §. 1.

2) Exceptis quibusdam personis. Cajus.

3) Legatorum nomine mortisve causa. Cajus. Von
dem vierfachen Erſatz ſagt Cajus nichts.

4) Tauſend Aſſe.) Theophilus braucht hier' das-
Wort Nomismata, womit er ſonſt den Aureus oder Soli-
dus, eine Goldmünze bezeichnet. Aber in der obigen
Stelle muß es für Aſſe genommen werden, wie man aus
Cajus, Ulpian und andern Schriftſtellern zuverläſſig
erſieht.

544   [1]) Aber es ward [2]) drittens das Voconische
„ Gesetz gegeben, welches sagte, der Legatar sollte nicht
„ mehr bekommen, als der Erbe; aber auch dieses [Gesetz]
„ war leicht zu umgehen. Denn wenn Jemand ein Vermö-
„ gen von hundert Goldstücken hatte, und mich zum Erben
„ einsetzte, und neun und neunzig Legataren, jedem ein Gold-
„ stück vermachte, so überschritt er das Gesetz nicht, und er
„ gab doch Gelegenheit zur Repudiation. Denn wegen eines
„ Goldstücks wagte der Erbe nicht die Last der Erbschaft zu
„ übernehmen*.

545   [3]) Wie am Schlusse wurde also das Falcidische
„ Gesetz [4]) gegeben, welches *des Verstorbnen Vermögen

---

[1]) Cajus Buch II. §. 226.

[2]) Fabrot liest zweitens, so daß er vom Furischen, und
nicht vom Zwölftafelgesetz zu zählen anfängt. — Vergl.
Hugo Rechtsgeschichte §. 169. [den andern Inhalt siehe
bei Ascon. in III. c. Verrem.: ne quis census h. e.
pecuniosus heredem relinqueret filiam. Cajus II. §.
274. Augustin. de civ. Dei 3, 21: ne quis 100,000 HS.
pecuniosior heredem ex asse Virginem neve mulierem
faceret, nec unicam filium: Ausnahmen gestattete Augustus. Dio Cass. LVI. — Kind D. de L. Voc.
Leipzig 1820. 4.].

3) Novissime. Institutionen. — Cajus Buch II. §. 227.
mit dem Zusatz: et hoc nunc jure utimur. Ulp. 24, 32.

4) Scholion: „Das Falcidische Gesetz ist die Hinwegnahme
des vierten Theils vom reinen Vermögen des Verstorbnen, welches Vermögen in zwölf Unzen getheilt wird;

in zwölf Unzen theilte und* festsetzt, es solle Niemandem „
erlaubt sein, mehr als [1]) neun Unzen des ganzen Vermögens „
zu legiren, [2]) möge nun ein oder mehrere Erben eingesetzt
sein; *sondern [es befahl]*, der vierte[3]) Theil des Vermö= „
gens solle bei dem *Erben* oder den *Erben*[4]) verbleiben.

§. 1.[5]) *Es hatte Jemand ein Vermögen von vier 546
hundert Goldstücken, und setzte zwei Erben, den Titius und „
den Sejus zu gleichen Theilen ein, legirte aber namentlich „
vom Titius, mit den Worten: „ich verdamme dich, Titius, „
Dem und Dem den Werth von zwei Hundert Goldstücken „
zu geben,“ aber vom Sejus legirte er entweder gar nichts „
insbesondere, oder er legirte so viel, als die Hälfte seiner „

---

nach der Novelle aber der dritte.“ Vergleiche jedoch die
Novelle 18.

1) Dodrantem. Institutionen. — Vergl. Seite 419.

2) Id est, ut.. Institutionen.

3) Scholion: „Jetzt setzt die Novelle 18. den dritten Theil
fest.“

4) Im Texte stehn die Worte: des Vermögens am
Schlusse:.... den Erben des Vermögens.

5) Et cum quaesitum esset, duobus heredibus institutis,
veluti T. et S., si Titii pars aut tota exhausta sit legatis, quae nominatim ab eo data sunt, aut supra modum
onerata, a Sejo vero nulla relicta sint legata, aut quae
partem ejus duntaxat in partem dimidiam minuant, an,
quia is quartam partem hereditatis aut amplius habet,
Titio nihil ex legatis, quae ab eo relicta sunt, retinere
liceret. Institutionen. — Fr. 77. Dig. 35, 2; c. 2.
Cod. 6, 50.

„ Einſetzung ¹) ausmachte, ²) oder bis zu hundert Goldſtücken,
547 ſo daß ihm hundert Goldſtücke ganz verblieben. Es kamen
„ die Legatare, um gegen den Titius zu klagen, und von die-
„ ſem die ganzen Legate zu fordern. Aber dieſer hatte nach
„ Abzug der Legate entweder nichts oder ſehr wenig übrig,
„ und wollte den vierten Theil ſeiner Einſetzung behalten, das
„ heißt: funfzig Goldſtücke. Die Legatare widerſprachen und
„ behaupteten, der Teſtator habe dem Falcidiſchen Geſetz ge-
„ nügt, und das Vermögen nicht über neun Unzen durch Le-
„ gate angegriffen; — Titius aber, (wie geſagt), verlangte
548 den vierten Theil ſeiner Einſetzung zu behalten. Als nun
„ ein ſolcher Streit entſtand*, ward für gut befunden, daß
„ *ein Jeder* ein Viertheil ³) ſeiner Einſetzung behalten ſollte;
„ *und Titius wird darum, weil bei dem Sejus ſechs Unzen
„ oder drei Unzen unangetaſtet bleiben, nicht gehindert wer-
„ den, den vierten Theil ſeiner Einſetzung zurück zu behalten*;
⁴) denn ein jeder Erbe muß den vierten Theil
ſeiner Einſetzung erhalten ⁵).

---

1) Das heißt: Deſſen, wozu er eingeſetzt war.
2) Die Worte: oder .. Goldſtücken waren vor Reiz
hinter: der Werth .... Goldſtücken, und wurden
deshalb emendirt.
3) Quartam partem suae partis. Inſtitutionen.
4) Etenim in singulis heredibus ratio legis Falc. ponen-
da est. Inſtitutionen.
5) *AUTHENTICA* sed cum testator Cod. ad leg.
Falc. [*Nov.* I. c. 2. und 3., hinter c. 7. Cod.
6, 50.]:

Sed cum testator hoc expressim vetuit non igna-
rus, quis modus sit sui patrimonii, cessat Fal-
cidia, et si heres defuncto in hoc non paruerit,
defertur hereditas personis enumeratis sub ti-
tulo: de legatis et fideicommissis. [Sub eo titulo autem talis est *AUTH.: h o c a m p l i u s. Hoc*
amplius, qui defuncti judicium lege non reprae-
sentatum monitus a judice intra annum non im-
plet, excluditur eo, quod praeter debitum na-
turale perceperit ex eodem judicio: hoc autem
cum onere suo danda super hoc cautione, defer-
tur primo substitutis, mox ordine servato co-
heredibus adeuntibus, vel generali fideicommis-
sario, vel legatario soli, vel ex pluribus in par-
te potiori, vel speciali fideicommissario, vel le-
gatario majoris emolumenti, vel omnibus, vel
volentibus, vel libertate in testamento donatis;
pro ut quisque eorum prior nominatus est; ex-
heredatis ne hic quidem respectis, postremo de-
fertur extraneo vel fisco: ex n o v e l l. I. c. I.].
Item si heres quaedam legata substantiae suae
mensuram subtiliter agnoscens, praestat in so-
lidum, neque ex his repetitio, nec ex aliis per-
mittitur retentio, nisi inopinatum quid emer-
gat. His cessantibus locus est Falcidiae, si
fiat inventarium secundum modum tempusque
statutum in aditione: hac quoque adhibita ob-
servatione, ut in praesentia omnium ipsius ci-
vitatis, in qua fiat, legatariorum, aus pro eis
agentium, si personae ratio sit habenda perfi-
ciatur, vel si quis absit ex ipsis, aut interesse

549   §. 2. *Da wir aber gesagt haben, es müsse dem Er=
„ ben der vierte Theil des Vermögens des Verstorbenen unver=
„ kümmert bleiben, [so fragt es sich], in welcher Zeit
„ man die Größe des Vermögens des Verstorbnen
„ beachten müsse, wie groß es sei [1])? ob zur Zeit des To=
„ des oder zur Zeit des Antritts? — und es gefiel*, [2]) man
     müsse vielmehr die Zeit des Todes des Testators beach=
„ ten. *Mag nun also bis zum Antritt irgend ein Schaden,
550 oder eine Verminderung des Vermögens eintreten, oder das
„ Vermögen wachsen, so schadet und nützt das den Legataren
„ in Bezug auf die Falcidia nicht, sondern den Erfolg von
„ Beidem, der Verminderung nämlich oder der Vermehrung,
„ trägt der Erbe. Zum Beispiel in folgendem Falle*: Es
     hatte Jemand ein Vermögen von hundert Goldstücken; er

---

noluerit, succedat praesentia trium testium iti-
dem ipsius civitatis locupletum et bonae opi-
nionis, absque praejudicio tamen veritatis in-
quirendae per servorum quaestionem, et here-
redis testiumque jusjurandum: quo non obser-
vato, solida legata praestet, etsi fines hereditarios excedant. Nulla autem quaestionum ta-
lium et vel litium excedat annum. Anno enim
culpa heredis transacto cadet a relictis.

1) Oder: welchen Zeitpunkt man bei Beurtheilung des Ver=
mögens des Verstorbenen annehmen müsse?

2) Quantitas autem, ad quam ratio L. Falc. redigitur mortis tempore spectatur. Institutionen.

legirte hundert Goldstücke, *und es ist klar, daß der Erbe »
nach dem Falcidischen [Gesetz] fünf und zwanzig zurückbe= »
halten könnte, das heißt: ein Viertheil. Die Adition wur= »
de aber verschoben und* [1]) es geschah, daß der Erbschaft Et= »
was durch Erbschafts=Sklaven erworben wurde, [oder] es ..
gebahren entweder Sklavinnen, oder Hausthiere warfen, und 551
die Erbschaft erhielt solchen Zuwachs, daß der Erbe den vier= »
ten Theil bekommen könnte *und der Falcidia nicht bedurfte. »
Da aber angenommen ist, daß die Zeit des Todes beachtet »
werden sollte, und damals [dem Erben] das Falcidische [Ge= »
setz] zustand, so hilft auch die seitdem erfolgte Vermehrung »
der Sachen dem Erben. Dieser wird also ein Viertheil von »
den hundert Goldstücken zurückbehalten, und das Hinzuge= 4
» kommene nächst Dem gewinnen*. »

Behandeln wir Das auch von der Gegenseite: Es hat 552
Jemand *ein Vermögen von hundert Goldstücken, und* le= »
girte fünf und siebzig; *es ist gewiß daß der Erbe des Zu= »
rückbehaltens nach dem Falcidischen [Gesetz] nicht bedarf, da »
er den vierten [Theil ohnehin] nach dem Willen des Testa= »
tors hat. Aber nach dessen Tode und* vor dem Antritt [der »

---

1) Nihil legatariis prodest, si ante aditam hereditatem
per servos hereditarios, aut ex partu ancillarum here=
ditariarum aut ex foetu pecorum tantum accesserit
hereditati, ut C aureis legatorum nomine erogatis, he=
res quartam partem hereditatis habiturus sit, sed neces=
se est, ut nihilominus quarta pars legatis detrahatur.
Institutionen.

„ Erbschaft] sind — durch Abbrennen *[eines]* zur Erbschaft
„ gehörigen Hauses* oder durch *erfolgten* Schiffbruch —
„ *Erbschaftssachen zu Grunde gegangen*, oder es sind Erb-
553 schaftssklaven gestorben, so daß *sich* die Erbschaft *um
„ fünf und zwanzig Goldstücke vermindert hat, und* auf fünf
„ und siebzig oder auch auf weniger, *das heißt: siebzig Gold-
„ stücke*, gekommen ist: ¹)*der antretende Erbe wird genö-
„ thigt*, die Legate ungekürzt zu berichtigen, *denn zur Zeit
„ des Todes des Testators besaß er nach dessen Willen den
„ vierten Theil, und bedurfte der Hülfe des Falcidischen [Ge-
„ setzes] nicht; so daß er also in einem solchen Falle nichts ge-
„ winnt, sondern zuweilen noch Schaden leidet.* ²) Und Das
554 befremde ihn nicht! denn er konnte, wenn er nicht antrat,
„ diesem Schaden entgehen ³), *und das hätte die Legatare,
„ (die wohl wußten, daß ihnen nichts von den Legaten würde
„ gegeben werden, wenn Jener die Erbschaft ausschlug), bewo-
„ gen, sich mit dem Erben abzufinden, so daß sie [nur] einen Theil
„ der hinterlassenen Legate erhielten. Und was das Falcidische
„ [Gesetz] nicht verschaffte, das hätte das Vorbringen [und die
„ Erlistung] erreicht, weil er mit der Repudiation drohete*.

---

1) Solida legata debentur. Institutionen. — *GL.* de-
     bentur. (wie auch die Pandekten) Υ dentur.
2) Nec ea res damnosa est heredi, cui liberum est non
     adire hereditatem. Institutionen.
3) Quae res efficit, ut necesse sit legatariis, ne destituto
     testamento nihil consequantur, cum herede in portio-
     nem pacisci. Institutionen.

§. 3. ¹)*Der Betrag des Vermögens wird 555
aber so angeschlagen*: Man muß nämlich Das ab= „
ziehen, was der Verstorbne schuldig war, [ingleichen] ²) den
Aufwand auf das Begräbniß, und den Preis der freigelaß
senen Sklaven, und dann sehen, wie viel noch übrig ist,
*denn Das wird als das reine Vermögen betrachtet, und „
³) davon [ist] der vierte Theil abzuziehen. Zum Beispiel: 556
Es starb Einer mit einem Vermögen von acht Hundert Gold= „
stücken; er legirte vier Hundert, an Creditoren war er schuldig „
zwei Hundert; die freigelassenen Sklaven waren hundert „
und funfzig [werth]; auf das Begräbniß wurden gewendet „
funfzig, so daß vier Hundert, ⁴) oder gerade das Legat, übrig „
blieben. Er muß also nach Verhältniß von vier Hundert — „
hundert zurückbehalten, nicht zwei Hundert nach Verhältniß „

---

1) Cum autem ratio legis Falcidiae ponitur. Institut.

2) *Fr. 45. Dig. 11, 7.: c. 6. Cod. 6, 50.*

3) Ut ex eo quarta pars apud heredes remaneat, tres vero
   partes inter legatarios distribuantur pro rata scilicet
   portione ejus, quod cuique eorum legatum fuerit. Itaque si fingamus CCCC aureos legata esse, et patrimonii quantitatem, ex qua legata erogari oportet, CCCC
   esse, quarta pars singulis legatariis debet detrahi.
   Quodsi D legaverit, initio quinta, deinde quarta detrahi debet. Ante enim detrahendum est quod extra bonorum quantitatem est, deinde quod ex bonis apud heredem remanere oportet. Institutionen. — *Fr. 73. §. 5.
   Dig. 35. 2. (Cajus l. 18. ad Edict. prov.).*

4) Oder gerade das Legat hat Fabrot nicht.

„ von acht Hundert, wegen der wie gesagt geschehenen Abzüge.
„ Es werden also drei Theile den Legatarien nach Verhältniß
„ gegeben werden, dem Erben selbst wird der vierte [Theil],
„ das ist hundert, bleiben.*

557 *Es hatte Einer ein reines Vermögen von vier Hun-
„ dert Goldstücken, und legirte vier Hundert; der vierte Theil
„ muß zurückbehalten werden, nämlich hundert Goldstücke.
„ Wie aber, wenn er drei Hundert und funfzig legirte? so
„ muß der achte Theil [1] zurückbehalten werden; der achte
„ [Theil] von vier Hundert ist aber funfzig. Der Erbe hat
„ also nach dem Willen des Testators funfzig, und nach dem
„ Gesetz andere funfzig, die zugleich den Betrag des vierten
„ Theils ausmachen. Hat er fünf Hundert legirt, und nur
„ vier Hundert im Vermögen — (er legirte aber die fünf
„ Hundert so: dem Primus hundert, dem Secundus hundert,
558 dem Tertius, Quartus, Quintus, jedem hundert) — so
„ muß zuvörderst der Ueberschuß abgezogen, (das heißt: von
„ jedem Legat der fünfte Theil gekürzt werden, so daß jedem
„ Legatar achtzig Goldstücke bleiben), dann behält der Erbe
„ nach dem Falcidischen [Gesetz] von jedem Legatar zwanzig
„ Goldstücke zurück; er selbst wird also hundert [Goldstücke],
„ das heißt: den vierten Theil vom Vermögen des Verstorb-

---

1) Der achte Theil vom Vermögen, (zu 400 = 50), oder
der siebente Theil von den Legaten, (zu 350 = 50).

nen, bekommen, die fünf Legatarien aber, denen je hundert [1]) vermacht sind, werden sechzig bekommen [2]).*

Drei und zwanzigster Titel.

Von den Fideicommissarischen Erbschaften.
[De fideicommissariis hereditatibus].

Nachdem wir von den Legaten gehandelt haben, [3]) gehen wir zu den Fideicommissen über. — *Von den Fideicommissen sind einige specielle, andere generelle. [4]) Zuerst muß man von den allgemeinen handeln, und so zu den einzelnen übergehen.*

559

---

1) Statt 'Εκατὸν las man in den ersten Ausgaben 'Εκτὸν.

2) *AUTHENTICA* sed in ea re Cod. ad leg. Falc.
[*Nov. 119. c. 11.* hinter *c. 7. Cod. 6, 5a*]:
Sed in ea re cessat Falcidia, quae ita relicta est, ne alienetur, sed permaneat apud successores ejus cui relicta est. — *AUTHENTICA*
similiter Cod. eod. [*Nov. 131. c. 12.*, hinter der vorigen]: *Similiter Falcidia cessat in his, quae ad pias causas relicta sunt.*

3) Cajus Buch II. §. 246. — Vergl. oben II, 9. 6. 226.

4) *Et prius de hereditatibus fideicommissariis videamus.*
Institutionen. — Cajus Buch II. §. 247.

560 §. 1. Zuvörderst [1] *wollen wir den Ursprung derselben betrachten.* Vormals waren alle Fideicommisse ungültig, denn Niemand [2] zahlte sie wider seinen Willen *Denen, welchen er sie abgeben sollte. — So aber wurden die Fideicommisse erdacht. [3] Es geschah oft, daß ein Römer starb, der Peregrinen [4] zu Verwandten hatte, welchen er weder die Erbschaft noch Legate hinterlassen konnte, weil sie zu einem andern Staate gehörten. Dieser berief also einen Römer, der sein Testamentserbe sein konnte, einen wohlgesinnten und zuverlässigen [Mann], und setzte ihn

561 zum Erben ein, ersuchte ihn aber außer dem Testament, daß er entweder die ganze Erbschaft, oder einen Theil derselben, oder auch gewisse Gegenstände jenem Peregrinus erstatten möchte, und es war dem eingesetzten Erben anheimgestellt, ob er es geben wollte oder nicht; denn* [5] es gab keine gesetzliche Verbindlichkeit, *die es thun gezwungen hätte, son-

---

1) Sciendum est. **Institutionen.**

2) Cogebatur praestare id, de quo rogatus erat. **Institutionen.**

3) Quibus enim non-poterant hereditatem vel legata relinquere, si relinquebant, fidei committebant eorum, qui capere ex testamento poterant. **Institutionen.**

4) **Cajus Buch** II. §. 285. — Peregrinen, auch vielleicht Deportirte c. 1. Cod. 6, 24.

5) Et ideo *fid.* appellata sunt, quia nullo vinculo juris, sed tantum pudore eorum qui rogabantur. **Institutionen.**

denn es hing blos von der Zuverlässigkeit und dem Ehrgefühl
der [darum] Gebetenen ab*, deshalb nannte man es auch
fidei commissa, das heißt: dem Ehrgefühl anvertraut.

Aber das war so in den ältesten Zeiten.* Nach- 562
mals[1]) aber befahl Augustus ein und das andere Mal
[entweder] (bewogen aus Gunst[2]) *gegen Die, denen „
es vermacht war, [3]) wenn es nämlich Peregrini waren, — „
(denn zuweilen waren ihm solche Personen bekannt, oder sie „
verdienten auch entweder wegen der ihnen beiwohnenden Ge- „
lehrsamkeit Ehre oder wegen eines sonstigen Vorzugs), — * „
[oder] auch, weil[4]) die *Erben vielmal* bei seinem „
Wohl geschworen hatten *und den Eid verachteten;* [oder] „
wegen allzugroßer Treulosigkeit, *— (denn vielleicht war ein „
Reicher gebeten worden, dürftigen und ganz unerwachsenen „
Kindern, oder auch hochbejahrten Aeltern des Verstorbenen „
[das Vermögen] zu erstatten, und hatte nachher das Ver- „
trauen getäuscht) —,* den Consuln ihr Ansehen einzulegen 563
und den [darum] Ersuchten zum Ersatz anzuhalten. Und „
als Dieß für billig und [5]) dem ganzen Volk angenehm er-

---

1) Primus. Institutionen.
2) Gratia personarum. Institutionen.
3) Wenn . . . waren hat Fabrot nicht.
4) Per ipsius salutem rogatus quis diceretur. Institut.
5) Populare erat. Institutionen.

kannt wurde, gelangte es allmählig ⁴) ~~...~~
„ und zur Nothwendigkeit, ⁺ und die Begünstigung ⁴) der ~~...~~
deicommisse wurde so groß, daß im ⁸) ~~...~~
„ auch ein eigner Prätor ⁺für die Ansprüche auf Fi~~...~~
commisse⁺ geschaffen wurde, ⁴) welcher ~~...~~
scher ⁵) hieß. ~~...~~

---

564   §. 2. ⁶)⁺Nach dem Ursprung der Fideicommi~~...~~
„ wir von den allgemeinen Fideicommiſſe~~...~~
„ aber ein allgemeines Fideicommiß gelte,⁺ ⁷)~~...~~
der st Jemand da sein, der directe im Testamen~~...~~
eingesetzt und ersucht ist, die Erbschaft einem ~~...~~
zugeben; denn ein solches Testament ist ungültig ~~...~~

---

1) In assiduam jurisdictionem. Institutionen. — ~~...~~
lion: zur Jurisdiction, das heißt: zur ~~...~~
setz. — Fr. 3 §. 1. Dig. 4. 8.: haec res libera et soluta est, et extra necessitatem jurisdictionis posita.

2) Eorum. Institutionen.

3) Paulatim. Institutionen.

4) Qui de fideicommissis jus diceret. Institutionen.

5) Ulpian. lib. reg. sing. 25. 12.

6) Cajus Buch II. §. 248.

7) In primis igitur sciendum est, ut aliquis recto jure
testamento heres instituatur ejusque fidei committatur.
Institutionen. — Scholion: recte für directe.

... Erbe eingesetzt ist. [1] Habe ich also Jemanden mit den
Worten zum Erben eingesetzt: „Lucius Titius[2]) sei mein 565
Erbe, so kann ich auch hinzufügen *und sagen:* „Ich er=
suche dich, Lucius Titius, daß du, so bald du meine Erb=
schaft antreten kannst, sie dem Cajus Sejus wiedergibst
und erstattest.“ —

1. Ich kann ferner den Erben auch wegen eines Theils
der Erbschaft ersuchen, daß er sie zurückerstatte, *nicht blos
wegen des ganzen.*

[3]) Es wird sowohl pure als auch unter Bedingung hin=
terlassen und von einem gewissen Termin, *zum Beispiel
zwei Jahre nach meinem Tode.*

§. 3. [4]) Wenn aber *Jemand, der zum Erben einge= 566
setzt und ersucht ist,* die Erbschaft *zu erstatten, sie* heraus=
gegeben hat, so bleibt er [5]) nichts desto weniger Erbe,
weil ihm das Unkörperliche angeheftet ist. Und Der,
welcher *sie* empfing, [7]) wurde *in den ältesten*

35 *

---

1) Cajus Buch II. §. 250.

2) Scholion: denn die Römer haben zwei Namen.

3) Fideicommissum. Institutionen.

4) Cajus Buch II, §. 251.

5) Qui restituit. Institutionen.

6) Nummer 359 und 433 dieses Buchs.

7) Cajus: aliquando heredis loco est, aliquando legatarii. §. 252. Oken?

„ Zeiten als Käufer, dann aber* [1]) als Erbe, zuweilen als
„ Legatar angesehen.

567 [2]) *Und reden wir zuerst von dem Käufer. Weil
„ es für unstatthaft erachtet wurde, daß der Erbe die Last der
„ Erbschaft anerkennen, der Fideicommissar aber den Nutzen
„ derselben genießen sollte, deshalb gefiel es, daß [3]) ein
„ Scheinverkauf Statt finden sollte. Der Erbe verkaufte um
„ ein Goldstück die ganze Erbschaft, und es geschahen gewisse
„ Fragen [4]) zwischen dem Erben und dem Legatar oder Fidei-
„ commissar, und diese Fragen hießen: emptae et venditae
„ hereditatis. Der Erbe [5]) fragte nämlich den Fideicom-
568 missar so: [6])„Versprichst du mir, Fideicommissar, wenn
„ ich von dem hereditarischen Creditor um Etwas angegriffen
„ werde, daß du mir das geben oder mich auch vertheidigen
„ und mich vor Schaden sicher stellen willst?“ und der Fidei-
„ commissar sagte: „ich verspreche es.“ Der Fideicommissar
„ fragte aber den Erben so: „Versprichst du mir, Erbe, wenn

---

1) Aliquando. Institutionen.

2) Cajus Buch II. §. 252. Olim autem nec heredis loco erat, nec legatarii, sed potius emtoris.

3) Cajus: dicis causa hereditatem venire.

4) Stipulationen.

5) Stipulabatur. Cajus.

6) Cajus: ut quidquid hereditario nomine condemnatus
fuisset, sive quid alias bona fide dedisset, eo nomine
indemnis esset, et omnino si quis cum eo hereditario
nomine ageret, ut recte defenderetur.

du den herebitarischen Schuldner ausklagst, mir das zu ge= „
ben, oder auch mir die Klagen abzutreten, damit ich sie 569
¹)procuratorio ²)nomine erheben kann?" — (was „
procurator ist, werden wir künftig ³)lernen); — und je= „
ner sagte: „ich verspreche es."*   „

§. 4. ⁴)*Da aber bei so bewandten Umständen der „
Erbe, indem er sich bemühte, einem Proceß auszuweichen, „
in zwei Rechtsstreite verfiel, (denn er wurde gezwungen, mit „
dem Erbschaftsgläubiger zu streiten, und dann wieder mit „
dem Fideicommiffarius zu proceffiren, nämlich nach der „
Stipulation, daß jener annähme, was er abtrug), so* wurde „
⁵)zur Zeit Nero's unter den Consuln Trebellius Ma= 570
rimus und Annäus Seneca ein Senatsschluß gefaßt, „
welcher sagte, daß wenn Einem eine Erbschaft ⁶)durch Fi= „
deicommiß *hinterlaffen und* erstattet würde, alle Klagen, „
welche nach dem Civil[rechte] *und der Strenge des Gesets „

---

1) Scholion: das heißt: diese Klagen auf seinen Namen
   erheben.

2) Cajus: procuratorio *aut cognitorio* nomine. Ueber
   die im Justinianischen Rechte verschwundnen Cognitoren
   s. Schulting zu *Paul. sent. rec. 1, 2.* Seite 221.

3) Im zehnten Titel des vierten Buchs.

4) Cajus Buch II. §. 253. *Paul. sent. rec. 4, 3. Ulpian. 25, 14. 15.* — *Fr. 1. Dig. 36, 1,* wo die Worte
   des Senatsschluffes angegeben find.

5) Cajus: posterioribus temporibus.

6) Ex fideicommissi causa. Institutionen.

zes* bem Erben und gegen den Erben zuständig, und auf
„ den Fideicommiſſar und gegen den Fideicommiſſar übergehen
571 hen ſollten. ²) Und ſeitdem gab der Prätor in Folge dieſes
„ Schluſſes utile Klagen *das heißt: erdichtete ³)* dem Fi-
„ deicommiſſar und gegen den ⁴)*Fideicommiſſar, gleich als ob
„ er ſelbſt Erbe, ſo daß der Kläger ſagt, eben ſo als wenn
„ dieſer Erbe wäre: „Wenn es erhellt, daß er geben muß,
„ Siehe, hier vertritt er die Stelle des Erben.*

572   §. 5. ⁵)Da aber *unter dieſen Umſtänden* die eingeſetzten Erben — meiſtens erſucht, die ganze Erbſchaft,
⁶)[oder] beinahe [die ganze] wieder heraus zu geben, ſi
ſich weigerten wegen des gar keinen oder nur geringen Ge-
„ winnes ⁷) anzutreten, *und deshalb repudiirten,* und ſo

---

1) Ei et in eum. Inſtitutionen.

2) Cui ex fideicommiſſo restituta sit hereditas. Inſti-
tionen. — Cajus weiter: post quod SC. desierunt il-
lae cautiones, in usu haberi.

3) In den Ausgaben des Theophilus heißt es πλαγιαστι-
καὶ, eigentlich: von der Seite her; die Handſchrift von
P. Pithou lieſt indeſſen deutlicher: πλαστικαὶ, erdichtete.

4) Ei et in eum qui recipit hereditatem, quasi heredi et
in heredem dare coepit. Inſtitutionen. — Cajus:
eaeque in edicto proponuntur.

5) Cajus Buch II. §. 254.

6) Totam hereditatem aut pene totam plerumque. Inſtitutionen.

7) Hereditatem. Inſtitutionen.

durch die Fideicommisse erloschen, so entstand nachmals
zu den Zeiten ¹) des Vespasianus, unter dem Consulat
des Pegasus und Pusio ²)*der Pegasianische
Schluß, welcher anordnet,* daß dem um die Herausgabe „
der Erbschaft an einen Andern ersuchten *Erben* gestattet
sein soll, den vierten Theil zurück zu behalten, eben so wie 573
es erlaubt ist, nach dem Falcidischen [Gesetz] *den vierten „
Theil*. ³) der Legate inne zu behalten; *und nicht nur bei „
unmäßigen Universalfideicommissen, sondern* auch bei ⁴) ein- „
zelnen ward dieselbe Innebehaltung ausdrücklich erlaubt; *denn
was bei unmäßigen Legaten das Falcidische [Gesetz] ist, das „
ist bei unmäßigen Fideicommissen der Pegasianische [Raths- „
schluß.]*

Seit diesem Schlusse war der Erbe allein den Lasten 574
der Erbschaft unterworfen, *nicht aber der Fideicommissar. „
Nachher aber wurde beliebt, daß ⁵)* der Fideicommissar „
die Stelle eines partiarischen Erben, ⁶) *das heißt: eines „

---

1) Die Angabe des Kaisers fehlt bei Cajus wie oben.
2) Senatus censuit. Institutionen.
3) Ex legatis. Institutionen. Cajus: in legatis.
4) Singulis.. rebus, quae per fideic. relinquuntur, eadem
   retentio permissa est. Institutionen.
5) Ille autem qui ex fideic. recepit partem hereditatis.
   Institutionen.
6) Id est ejus legatarii, cui pars bonorum legabatur. Die
   eingeschalteten Worte fehlen in den Pariser Handschriften
   des Theophilus.

„ halbtheiligen, oder die Hälfte empfangenden

„ Denn es gab vormals eine fünfte Art Legat

„ *Partitio* *oder das getheilte* hieß *und auf

„ hinterlassen wurde:" „ *TITIUS MIHI*

„ *ET CUM SEJO HEREDITATEM DIVIDITO*

375 *DIA PORTIONE*, das heißt: Titius soll meine Erbe

„ und mit dem Sejus die Erbschaft zur Hälfte theilen

„ brigens fanden zwischen ihnen folgende Stipulationen

„ der Erbe fragte den Legatar so: „Versprichst du

„ tar, wenn ich belangt zwanzig Goldstücke bezahle

„ du mir davon die Hälfte geben willst?" und er sagte

„ verspreche es;" dann fragte wieder der Legatar den

576 „Versprichst du mir, wenn du vom Erbschaftsschuldner

„ zig Goldstücke empfängst, daß du mir davon die Hälfte, das

„ heißt zehn, geben willst?" und er sagte: „ich verspreche es"

„ Und eine solche Stipulation hieß *partis et pro parte*

„ Nach dem Beispiel* 2) des Partiar-Legatars fand die Sti

„ pulation Statt zwischen dem Erben und dem Fideicommissar.

Er frug den Fideicommissar so: „Versprichst du mir, Fidei

---

1) Quae species legati partitio vocabatur, quia cum Herede legatarius partiebatur hereditatem. Institutionen.
Cajus spricht im Präsens.

2) Unde quae solebant stipulationes inter heredem et
partiarium legatarium interponi, eaedem interpone-
bantur inter eum qui ex fideio. recepit hereditatem et
heredem, i. e. ut lucrum et damnum hereditarium pro
rata parta inter eos commune sit. Institutionen.

commiſſar, wenn ich wegen vierzig Goldſtücke vom Erb=
ſchaftsgläubiger belangt werde, daß du mir dreißig geben
willſt?" und der Erbe wurde vom Fideicommiſſar gefragt: 577
„Verſprichſt du mir, Erbe, wenn du vom Erbſchaftsſchuld=
ner vierzig Goldſtücke erhältſt, mir dreißig zu geben?" Und
er ſagte: „ich verſpreche es." Und auf dieſe Weiſe vertrat
der Univerſalfideicommiſſar die Stelle eines Legatars. Ge=
winn und Verluſt mußten verhältnißmäßig zwiſchen dem Fi=
deicommiſſar und dem Legatar gleich ſein, [1] und es hießen
ſolche Stipulationen *ex parte et pro parte.*

§. 4. *Man muß alſo kurzgefaßt ſagen:* wenn der 578
Erbe [2] neun Unzen oder eine geringere Sum=
me dem Fideicommiſſar zu erſtatten gebeten wird, *und
nach des Teſtators Willen den vierten Theil oder auch mehr
als den vierten Theil für ſich hat,* dann [3] geſchieht die
Erſtattung in Gemäßheit des Trebellianiſchen Schluſſes,
[4] *und in Anſehung dreier Theile klagt der Fideicommiſſar*

---

1) Scholion: So daß der Erbe von dem ausgeklagten
   Schuldner ein Viertheil bekömmt, und der Fideicommiſſar
   das Uebrige; ſo iſt das verhältnißmäßig zu er=
   klären. Und ſo auch den Schaden zu dem Viertheil, wel=
   ches er bekömmt, und der Fideicommiſſar nach dem Theil,
   welchen er hat.

2) Non plus quam dodrantem. Inſtitutionen.

3) Restituebatur. Inſtitutionen.

4) §. 4. Et ſin utrumque actiones hereditarias pro rata
   parte dabantur, in heredem quidem jure civili, in

„ unk und wird verklagt; in Ansehung des vierten
579 Erbe direkt und wird verklagt. — * ¹) Wenn aber die Erbe
„ gegeben war, mehr als neun Unzen, *(zum vierten
„ zehn oder elf)* oder auch das ganze Vermögen dem Fidei-
„ commiſſar zu erſtatten, und nach dem Willen des Teſtators
„ nicht den vierten Theil hatte, * ſo ward dem Pegaſiſchen
„ Schluß ſtatt gegeben; ²) und der Erbe, wenn er nicht
„ mit ſeinem Willen antrat *(warum ich aber geſagt habe
„ mit ſeinem Willen, werden wir in der Folge lernen), er mochte
„ er den vierten Theil zurückbehalten oder nicht zurückbehalten
„ wollen, *.... er, der Erbe,* trug alle hereditariſche Laſten.
580 Hatte er den vierten Theil zurückbehalten, ſo fanden zwi-
„ ſchen ihm und dem Fideicommiſſar* die Stipulationen par-
„ tis und pro parte Statt, nach Analogie des Erben und
„ des partiariſchen Legatars; — hatte er aber die ganze Erb-
„ ſchaft erſtattet, *ſo trat der Trebellianiſche [Beſchluß] nicht
„ ein, weil er ſah, daß der vierte Theil des Vermögens nicht,
„ wie der Teſtator gewollt hatte, bei'm Erben war; und es
„ fiel auch der Pegaſianiſche hinweg, denn er wollte [ihn]
„ nicht zurückbehalten, und deswegen geſchehen auch nicht die
„ Stipulationen partis und pro parte. Und da nun jedes

---

sum vero, qui recipiebat hereditatem ex SCto Trebell.
Inſtitutionen.

1) Cajus, welcher im Präſens ſpricht, Buch II. §. 256.

2) Cajus Buch II. §. 257.

Hülfsmittel wegfiel,* so geschahen die Stipulationen *emtae und venditae hereditatis.¹)

Soviel, wenn Jemand mit freiem Willen die Erb- 581 schaft antritt, wenn aber²) Jemand die Erbschaft aus- schlägt, — indem er sagt: die Erbschaft sei wegen der Ge- fahr des Schadens verdächtig, — so ist im Pegasianischen Beschluß enthalten: daß³) der Fideicommissar sich an den Prätor wende, und der Prätor den Erben antreten und die ganze Erbschaft dem Fideicommissar erstatten hieße, und es gehen die Klagen vom Erben auf den Fideicommissar und gegen den Fideicommissar im Ganzen über,⁴) *gleich als ob „ die Erstattung nach dem Trebellianischen [Beschluß] erfolgt „ wäre.*⁵) Und in solchem Falle *findet ein Zusammentreffen 582 beider Beschlüsse Statt; der Pegasianische nöthigt den Er- „ ben, anzutreten, der Trebellianische aber trägt die Klag-

---

1) Scholion: Sie geschehen, wie auch vormals die Sti- pulationen des Kaufs und Verkaufs; denn der Fideicom- missar stellte den Käufer vor, so daß der Erbe ihm die Erbschaft für eine Münze verkaufte.

2) Scriptus heres. Institutionen. — Cajus Buch II. §. 258.

3) Desiderante eo, cui restituere rogatus est, jussu prae- toris adeat. Institutionen.

4) Ac si juris est ex Trebell. SCto. Institutionen.

5) Scholion: Oben sagte er, der Trebellianische [Schluß] nöthige den Erben, dem Fideicommissar die Erbschaft und die Klagrechte abzutreten.

„ rechte Aber; und es ist übrigens dabei kein ▓▓▓▓
„ nothwendig, denn Dem, welcher die Erbschaft ▓▓▓▓
„ [jetzt] Freiheit von Besorgniß zu Theil ▓▓▓▓ nicht
„ mehr belangt wird. * [1]) und auch der Fideicom▓▓▓▓
sicher gestellt, weil er alle Klagerechte hat. ▓▓▓▓

583 §. 7. Weil indessen die nach dem Pegasani▓▓▓ [▓▓-
schlusse] erfundenen Stipulationen den Alten ▓▓▓▓▓
[namentlich] der [2]) vorzüglichste Rechtsgelehrte Pa▓▓▓▓
nus sie in einigen Fällen [3]) nachtheilig nannte, ▓▓▓▓
her Kaiser auch darauf bedacht ist, [4]) daß die ▓▓▓▓
sach als voll von Schwierigkeiten sind, — so hat es ihm ▓▓▓
dem ihm alle Uebereinstimmungen und Verschiedenheiten der
[Senats]schlüsse [5]) vorgelegt worden, gefallen, den ▓▓▓▓
tern Zeiten ersonnenen Pegasanischen [Schluß] auf▓▓▓▓

584 und dem Trebellianischen Schluß alle Gültigkeit beizulegen,
so daß nach ihm die Fideicommissarischen Erbschaften erstattet werden, mag nun der Erbe nach dem Willen des Testators den vierten Theil haben, oder mehr oder weniger, oder

---

1) Et actiones hereditariae ei et in eum transferuntur qui
   recipit hereditatem, utroque SCto hac specie concur-
   rente. Institutionen.

2) Homo excelsi ingenii. Institutionen.

3) Captiosas. Institutionen.

4) In legibus magis simplicitas quam difficultas placet.
   Institutionen.

5) Suggestis. Institutionen.

auch gar nichts. Denn wenn der Eingesetzte gebeten wird, die
ganze Erbschaft oder mehr als drei Viertheil herauszugeben, so
mag es ihm freistehen, das ganze Viertheil, oder was an dem
Viertheil fehlt, nach der Verordnung [1]) unsers Kaisers zu-
rückzubehalten oder auch das [bereits] Abgetragne zu [2]) repetiren, so daß die Klagrechte verhältnißmäßig [3]) nach dem
Trebellianischen Schluß zwischen dem Erben und dem Fideicommissar [4]) zu theilen sind. Hat der Erbe die ganze Erbschaft erstattet, so werden alle Klagen dem Fideicommissar
und gegen den Fideicommissar gegeben werden.

Und Das, was hauptsächlich im Pegasianischen [Ver-   586
schluß] enthalten ist, hat unser frömmster Kaiser in seiner
Constitution auf den Trebellianischen übergetragen. Denn   882
du hast soeben gelernt, und weißt, wenn der Erbe die
Erbschaft *als verdächtig* anzutreten sich weigert, daß er
dann *durch das Pegasianische Senatusconsultum* [2] genöthigt wird, *anzutreten und* [5]) alle Klagen auf den Fideicommissar übergehen. *Das* soll *also nach dem bloßen*

---

1) Die eben in dieser Stelle, nicht aber in einer einzelnen
   Constitution, die verloren wäre, zu suchen ist. — Institutionen: ex nostra autoritate.
2) Vor Gahrot las man: repudiren.
3) Scholion: das heißt: [er kann] auf ein Viertheil klagen
   und verklagt werden; der Fideicommissar auf das Uebrige.
4) Competentibus. Institutiones.
5) Totam hæreditatem volenti fideic. restituate et omnes
   ad eum et contra eum transire actiones. Institutionen.

„ ▓▓▓▓▓▓ ▓▓▓▓▓ geschehen ▓▓▓▓▓▓▓▓▓
der ▓▓▓▓ Willen anitrten und die Erbschaft ▓▓▓▓▓
miſſar wieder abgeben; ▓) wenn ▓▓▓▓▓▓▓▓▓
bei dem Erben einiger Schaden oder ▓▓▓▓▓▓▓▓▓

187 §. 8. ▓) Alles, was ▓▓ von dem in ▓▓▓▓▓▓▓▓
mögen] eingeſetzten Erben geſagt iſt, ▓▓▓▓▓▓▓▓▓▓
ſage, wenn ▓▓ zu einem Theil, zum ▓▓▓▓▓▓▓▓
▓▓▓▓▓▓ erſucht iſt, den ganzen Theil, oder ▓▓▓▓
▓▓ Theils, zum Beiſpiel ein ▓) ▓▓▓▓▓▓, ▓▓▓▓▓▓▓
▓) Denn hier ▓▓▓▓▓ unſer göttlicher Kaiſer, ▓▓▓▓▓▓▓
▓▓▓▓ werden ▓▓▓▓▓, was wie bei der ganzen ▓▓▓▓▓▓▓
▓▓▓▓▓ ▓▓▓▓▓▓▓▓▓▓▓▓▓

588 §. 9. ▓) ▓▓ ▓▓▓▓▓ bei ſeinem ▓▓▓▓▓▓ ▓▓▓▓▓
Gebet eingeſetzt und ſo geſagt: ,,ich erſuche dich ▓▓▓▓▓▓
▓▓▓▓▓▓▓▓▓▓▓▓▓▓▓ als.''

1) Si ... fideic. desiderat restitni sibi hereditatem. Institutionen.

2) Caſus Buch II. §. 259.: Nihil autem interest, ▓▓▓▓
aliquis ex ▓▓▓ heres institutus, ▓▓▓▓▓▓ heredi▓▓▓▓
aut pro parte restituere, an ex parte heres institutus,
aut totam eam partem aut partis partem restituere ro-
gatur. Inſtitutionen.

3) Nämlich, wenn es zu einer Hälfte eingeſetzt ▓▓▓▓ ge-
beten wird, davon eiſen Theil, etwa die Hälfte einer
Hälfte herauszugeben, — Man will an der ▓▓▓▓ ohne
Noth ändern.

4) Cajus: nam et hoc casu de quarta parte ejus partis
ratio ex Pegas. SCto haberi solet.

5) Si quis una aliqua re deducta sive praecepta quae
quartam continet, veluti fundo vel alia re rogatus sit

stoßen, Acker) oder eine andere Sache heraus nimmst oder
vorweg nimmst — (stelle dir aber vor, der Acker enthalte
den Viertheil des ganzen Vermögens) — und dann die Erbschaft an Seien herausgibst." Auch in diesem Fall hat der
Trebellianische Beschluß Statt, eben so als hätte er gesagt:
„Ich bitte dich, daß du ein Viertheil der Erbschaft zurückbe-
haltend, den Rest heraus gibst."

Doch ist ein Unterschied darin: 1) *wo der vierte Theil 589
bei dem Erben in einem [wirklichen, bestimmten] Gegenstand beruht, da gehen die Klagen nach dem Trebellia-
schen [Beschlusse] des Ganzen auf den Fideicommissar und
gegen den Fideicommissar über, und der Gegenstand verbleibt
dem Erben, ohne alle 2) Beschwerung, gleich als sei er ihm
vermacht; 3)*wo er aber den vierten Theil am Rechte hat
— (der Testator sagte nämlich: „behalte den vierten Theil
zurück und gib die Erbschaft heraus,") — da werden die

restituere hereditatem, simili modo ex Trebell. SCto
restitutio fiat, perinde ac si quarta parte retenta rogatus esset reliquam hereditatem restituere. Institutionen.

1) Quod altero casu, id est, cum deducta sive praecepta
aliqua re [vel pecunia setzen Einige hinzu] restituitur hereditas… Institutionen — Fr. 30. §. 3. Dig. 36, 1.

2) Onere hereditario. Institutionen.

3) Altero vero casu, i. e. cum quarta parte retenta rogatus est heres, restituere hereditatem et restituit. Institutionen.

590 Klagen enthält, und zu drei Theilen [...]
„ [...] erbschaftlicher Weise klagen und verklagt [...]
„ vierten Theile [...] klagt aber der Erbe gültig und [...]
„ [...] Und hat auch der eingesetzte Erbe, der [...]
„ nen Gegenstand zurück zu behalten oder [...]
„ und kann die Erbschaft heraus zu geben, sei denn [...]

591 haltnen Gegenstand den größten Theil der Erbschaft [...]
„ vielleicht hatte die ganze Erbschaft vier hundert [...]
„ und der Pränum darauf zurück behalten sollte, mag [...]
„ hundert und fünfzig Goldstücke werth), [...] so geben [...]
„ Klagen ihm Ganzen auf den Fideicommissar und [...]
„ Fideicommissar, aber und es ist nöthig, daß der Fideicom-
„ missar, sich vorsehe. Daß ihm die Annahme des [...]
„ müssen [...]

592 Den [...] Daßelbe [...], wenn auch der Erbe, aufgefordert
„ ist zwei oder auch mehr Gegenstände oder eine gewisse Sum-
„ me zurück zu behalten und so die Erbschaft zu erstatten.
„ Denn auch hier gehen die Klagen nach dem Trebellianischen

---

1) Transferuntur ad fideicomm. Institutionen.

2) Remanent apud heredem. Institutionen.

3) An expediat sibi restitui. Institutionen.

4) Eadem scilicet interveniunt, et si duabus pluribusve
deductis praeceptisve rebus, restituere hereditatem rogatus sit. Sed et si certa summa deducta praeceptive,
quae quartam vel etiam maximam partem hereditatis
continet, rogatus sit aliquis hereditatem restituere,
idem juris est. Institutionen.

[Geschluß] im Ganzen über auf den Fideicommissar, mag
nun in den bezeichneten Gegenständen oder der bezeichneten
Menge ein Viertheil oder auch mehr als ein Viertheil sein.* 593

Was gesagt worden ist von dem in das Ganze Eingesetzten, der ersucht ist, eine gewisse oder mehrere bestimmte
Sachen zurück zu behalten und einem Andern die Erbschaft
zu erstatten;* das verstehen wir auch, wenn ein zu einem
[gewissen] Theil eingesetzter Erbe gebeten ist, nach Zurück-
behaltung von einer gewissen Sache oder [gewissen] Sachen
seine Einsetzung abzutreten. Denn auch in diesem Fall gehen die Klagen auf das Ganze dieses Theils über auf den Fideicommissar.*

...ung: 20. 4) *Nicht bloß den eingesetzten Erben können 594
wir mit einem allgemeinen Fideicommiß beschweren, sondern
auch den, der unser Vermögen ohne Testament nach Civilrecht oder durch den Prätor erhalten wird 2), (vielleicht war
es ein Cognat),* wenn wir sagen: „Mein gesetzlicher Erbe

---

1) Praeterea intestatus quoque moriturus potest rogare
eum, ad quem bona sua vel legitimo jure vel honorario pertinere intelligit, ut.. Institutionen. — Cajus
Buch II §. 270. Fr. 1. §. 5. Dig. 36, 1. Ulpian.
lib. reg. sing. 25, 4.

2) Scholion: legitim, denke den Bruder oder des
Bruders Kinder; als prätorische Nachfolge denke
die Cognaten oder Verwandten durch das weibliche Geschlecht.

36

„ oder prätorischer Erbnehmer, ich bitte dich, *daß du Jenem
„ die ganze oder einen Theil der Erbschaft, oder [1]) den und
595 den Acker oder Sklaven, oder so viel Geld heraus gibst,"* indeſſen Legate *im Teſtament,* nicht *aber* ohne Teſtament
„ hinterlaſſen werden können. *So daß also zwiſchen Legaten
„ und Fideicommiſſen der Unterſchied iſt, daß die Legate blos
„ im Teſtament verlaſſen werden, die Fideicommiſſe aber auch
„ bei der Inteſtat [=Erbfolge].*

„   §. 11. [2]) *Ich kann ferner den Primus zum Er-
„ ben einſetzen, ihn bitten, daß er die Erbſchaft
„ dem Secundus heraus gibt, und dann wieder den Se-
„ cundus bitten, daß er die ganze ihm gegebne Erbſchaft oder
„ einen Theil derſelben dem Tertius heraus gebe, oder auch,
„ daß er jene Sache dem Tertius überlaſſe.*

596   §. 12. Und weil, *wie im Anfang des gegenwärtigen
„ Titels geſagt wurde,* die Fideicommiſſe anfänglich auf der
Zuverläſſigkeit der Erben beruhten, (woher ſie ſowohl Namen als Daſein erhielten), und der göttliche Auguſtus,
„ *(während ſie vorher der Willkühr anheim geſtellt waren),*
ſie zur Nothwendigkeit [3]) *der Erfüllung* brachte, ſo erließ

---

1) Aut rem aliquam. Jnſtitutionen.

2) Eum quoque, cui restituitur, potest rogare, ut id rur-
   sum alii aut totum aut pro parte vel etiam aliquid aliud
   restituat. Jnſtitutionen.

3) Juris. Jnſtitutionen.

unser Kaiser vor nicht langer Zeit — bemüht, den bei
sagten "göttlichen" Augustus zu übertreffen — [bei Gelegen:
heit] als ein Factum sich zutrug, welches zu seiner göttli:
chen Kunde. Tribunianus, der herrlichste Quästor[1], s. 597
brachte, eine Constitution[2] in welcher er verordnete, daß[3]
[3] wenn Einer von seinem Erben ein nicht schriftliches (all:
gemeines oder einzelnes) Fideicommiß hinterließe[4], und dieß
weder durch Urkunden noch durch das Zeugniß von fünf Zeu:
gen, [4] deren Anwesenheit zum Dasein des Fideicommisses
genügt, darzuthun wäre — (denn zuweilen waren weniger
als fünf Zeugen zugegen, zuweilen gar keiner), — dann soll:
— (mag [6] es nun ein Vater sein, der von seinem Sohn s. 598
als Erben ein Fideicommiß hinterlassen hat, oder irgend ein
Andrer) —, wenn der Erbe sich treulos erweist, und wet

36 *

---

1) Sacri palatii. Institutionen.

2) C. ult. Cod. 6, 42.

3) Si testator fidei heredis sui commisit, ut vel hereditatem vel speciale fideic. restituat. Institutionen.

4) Qui in fideic. legitimus esse noscitur. Institutionen.

5) Sive pater heredis sive alius quicunque, qui fidem
 heredis elegerit, et ab eo restitui aliquid voluerit. Institutionen.

„ gert, [1] Das zu erfüllen, *was seiner Rechtlichkeit anvertraut
„ war,* — (indem er [den Vorgang] leugnet *und behaup-
„ tet,* so etwas sei nicht erfolgt), — *Dem aber der Fideicom-
„ missar widerspricht,* [dann soll] dem Fideicommissar erlaubt
„ sein, (wenn er zuvor den Eid vor Gefährde geleistet hat,
„ *daß er nicht aus Verläumdung den Eid zuschiebe)*, den
    Erben dahin zum Eide zu treiben: [2] daß kein
    Fideicommiß hinterlassen sei. Weigert nun der Erbe
599 *den Eid,* so soll er angehalten werden, das allgemeine oder
    einzelne [Fideicommiß] zu erstatten, damit der letzte Wille
    des Testators nicht umgestoßen wird, weil der *Mann*
    Alles seinem Erben anvertraut hat.

    Und wenn auch vom Legatar oder Fideicommissar auf
    die besagte Weise [3] *ein Fideicommiß* hinterlassen ist, so
„ soll dasselbe gelten, *und der Legatar — welcher leugnet, es
„ sei etwas hinterlassen — soll beschwören, daß nichts hinter-
„ lassen sei, oder wenn er sich weigert, so soll das Fideicom-
„ miß von ihm beigetrieben werden.*

600   Räumt ferner der mit einem Fideicommiß Beschwerte
    ein, es sei von ihm ein Fideicommiß hinterlassen, nimmt
    aber seine Zuflucht zu der Schärfe der Gesetze, *indem er
„ sagt, es wären keine fünf Zeugen zugegen gewesen, als das

---

1) Fidem. Institutionen.

2) Quod nihil talo a testatore audivit. Institutionen.

3) Aliquid. Institutionen.

Fideicommiß hinterlassen worden,* so soll er ohne Widerrede, *da eine solche Streiterei tadelhaft ist,* angehalten werden, das Fideicommiß abzutragen.

Vier und zwanzigster Titel.

Von einzelnen, durch das Fideicommiß hinterlassenen Sachen.

[De singulis rebus per fideicommissum relictis].

1) *Nicht nur im Ganzen* können wir, *wie wir schon 601 oben gesagt haben,* Fideicommisse hinterlassen, *sondern* auch im Einzelnen, zum Beispiel einen Acker, Sklaven, Anzug, Silber, 2) [baar] Geld, und entweder den Erben selbst bitten, daß er es einem Andern heraus gebe, oder auch den Legatar, obschon vom Legatar 3) keine Legate hinterlassen werden können.

§. 1.   4) Durch das Fideicommiß hinterlassen wir nicht 602 nur unsre Sachen, sondern auch die des Erben, und

---

1) Cajus Buch II. §. 260.

2) Institutionen: pecuniam numeratam. — Cajus: pecuniam.

3) Das heißt: auf Kosten des Legatars.

4) Cajus Buch II. §. 261. vergl. §. 271.

Legatars und Fideicommiſſars. Und man kann ihn nicht
nur bitten, Jemanden einen ſolchen Gegenſtand heraus zu
geben, der ihm hinterlaſſen iſt, ſondern auch irgend einem
andern, mag er ihm gehören oder fremd ſein. *Denn habe
„ ich dir einen Acker hinterlaſſen, ſo kann ich dich bitten, ent
„ weder den Acker ſelbſt oder ein Haus ſtatt des Ackers ei
„ nem Andern zu geben, und es iſt gleichgültig ob das Haus
„ dir oder einem Dritten gehört.*

§ 603   Doch iſt Das zu beobachten, daß Niemand gebeten
wird, einem Andern mehr heraus zu geben,
als er ſelbſt 1) Gewinn hat. Denn das Mehr
„ *bei'm Fideicommiſſar* iſt ungültig, *zum Beiſpiel: ich
„ habe dir hundert Goldſtücke hinterlaſſen, und dich mit einem
„ Fideicommiß von hundert und zehn Goldſtücken belaſtr: das
„ Fideicommiß iſt ungültig in Anſehung des Mehrbetrags.*

     Iſt eine fremde Sache durch Fideicommiſſe verlaſſen, ſo
muß die erſuchte Perſon ſie *gewähren;* entweder kauft
ſie dieſelbe und gibt ſie dem Fideicommiſſar, oder ſie gibt
„ gibt den Werth *wenn ſie es nicht kann.*

604   §. 2. 2) *Nicht bloß Fideicommiſſe von Geld [welch]
„ können wir hinterlaſſen, ſondern wir* können auch
die Freiheit durch Fideicommiſſe bewilligen.

---

1) Ex testamento. Inſtitutionen.

2) Cajus Buch II. §. 263. Ulp. lib reg. sing 2. 7.

Denn ich kann meinen Erben oder Legatar oder Fideicommiſſar bitten, daß er jenen *meinen Sklaven* freigebe. ¹)[Dabei] iſt es gleichviel, ob ich ſie wegen meines Sklaven erſuche oder wegen des dem Erben oder Legatar oder ſonſt Jemanden zugehörigen. *Denn ich kann ſagen: „ich erſuche dich, Erbe oder Legatar, jenen deinen Sklaven, oder den Sklaven des Mävius freizugeben;"*²) Er³) iſt alſo verbunden, dieſen zu kaufen und mit der Freiheit zu beſchenken. Verkauft ihn der Herr nicht, *(denn er wird dazu 605 nicht gezwungen),* ſo ſage Niemand, die fideicommiſſariſche Freiheit erlöſche: ſondern ſie *ruht nur einſtweilen und* erleidet Aufſchub; ⁴) kann es aber je geſchehen, ſo wird [ihm] doch die Freiheit bewilligt. Denn wenn jener [um die Freilaſſung] Erſuchte auf irgend eine Weiſe Herr dieſes Sklaven wird, ſo wird er gezwungen ihn freizugeben. *Das iſt [der Fall], wenn des Sklaven Herr nichts durch des Teſtators [letzten] Willen hat; denn erlangt er Etwas durch den Willen des Teſtirenden, ſo iſt er jeden Falls gehalten, den Sklaven freizugeben.*

---

1) Cajus Buch II. §. 264. *Ulp. lib. reg. sing. 2, 16.*

2) Si modo nihil ex judicio ejus, qui reliquit hereditatem, recepit. Inſtitutionen.

3) Cajus Buch II. §. 263.

4) Quia possit.... praestari libertas. Inſtitutionen.

606　　1) Wenn ich meinem Sklaven die fideicommissa=
rische Freiheit gegeben habe, so wird der Freigegebne
nicht mein Freigelassener, 2) sondern [der Freigelassene] Des=
sen, der ihn los gab, *das heißt: der das Factum der Frei=
sprechung vornimmt;* 3) habe ich aber meinem Sklaven
die directe Freiheit gegeben, (denn ich sagte: „ich
will daß mein Sklave Stichus frei sei,“ oder: „mein
Sklave Stichus sei frei“), so wird Stichus mein Freigelas=
sener sein, und ein solcher heißt dann 4) *bei den Juristen:*
Orcinus libertus, *das heißt: Charontanischer Freigelas=
sener.*

607　　— 5) Nur Dem von meinen Sklaven kann ich aber die
directe Freiheit hinterlassen, der an beiden Zeitpunk=
ten in meinem Eigenthum 6) ist, zur [Zeit der]
Testamentserrichtung und meines Todes. Und die Freiheit
wird für directe hinterlassen erachtet, wenn der Testator
nicht einen Andern bittet, die Freiheit zu gewähren, sondern

---

1) Cajus Buch II. §. 266. e. 7. Cod. 7. 4.

2) Etiam si testatoris servus sit. Institutionen.

3) Cajus Buch II. §. 267.

4) Ulpian. 2, 8. Die Glosse meint auch orthinus, von
orthos (recht); Cujas horcinus u. dergl.

5) Fr. 35. Dig. 40, 4.

6) Ulpian. 1, 23.

wenn er will, daß die Freiheit gleichsam [unmittelbar] aus seinem Testament [1]) auf ihn übergehen soll.

---

§. 3. [2])*Es gibt auch viele Redensarten, die zur 60§ Verleihung der Fideicommisse geschaffen sind;* vorzüglich sind aber die in Gebrauch und Uebung: *peto, rogo, vo-lo, mando,* [2]). *fidei tuae committo,* *das heißt; ich begehre, ersuche, will, trage auf, überlasse deiner Rechtlichkeit;* welche sowohl einzeln gebraucht, als auch [4]) zusammen, die gleiche Kraft haben.

---

1) *Ei competere.* Institutionen.

2) Cajus Buch II. §. 249. *Paul. sent. rec. 4, 1, 6,*

3) *Mando* hat Cajus nicht.

4) Si omnia in unum congesta essent, Institutionen.

Fünf und zwanzigster Titel.

Von den Codicillen. [1]
[De Codicillis].

609　　*Handeln wir weiter von dem Codicill. Codicill ist
„ die Ergänzung [einer] mangelhaften Willensmeinung im [2]
„ Testament.

„　　Und es ist nicht unstatthaft, vom Ursprung der
„ Codicille zu reden.* Vor des Augustus Zeiten war
die Abfassung von Codicillen nicht üblich. Zuerst erfand sie
„ Lucius Lentulus und führte sie ein *in den Staat.*
„ [3] *Lentulus hatte zu Rom ein Testament errichtet, seine
„ Tochter, den Kaiser Augustus und Andre zu Erben eingesetzt

---

1) Zu bemerken ist der Sprachgebrauch, daß die Griechen
meistens vom Codicill in der einfachen Zahl reden. Basiliken 36, 1. Harmenopulus 5, 7.

2) Harmenopulus a. a. O.: „Hat Jemand ein Testament gemacht und Einiges übersehen, was er hineinsetzen
wollte, sich aber später wieder daran erinnert, dann schreibt
er es auf ein andres Papierchen, und faßt [διαλαμβανων]
Das zusammen, was er im Testament zu sagen vergessen
hatte. Und das heißt Codicillus, oder kleines Papierchen; so daß Codex das ganze Buch bedeutet und das
ganze Papier, Codicillus das kleinere bezeichnet.

3) Nam cum discederet in Africam (oder decederet in
Africa), scripsit codicillos testamento confirmatos.
Institutionen.

und [dann] im Testament so gesagt: „Sollte ich nachher dira
noch einen Codicill machen, so sei derselbe gültig,“ das　„
heißt: er hatte seinen künftigen Codicill bestätigt. [1])　Er　„
reiste nach Africa und machte dort sterbend einen Codicill,*　„
in welch:m er den Augustus; *der ihm zu einem Theil Erbe　„
war,* bat, daß er Etwas thun möchte, *zum Beispiel: Je=　„
mandem ein Haus bauen, oder irgend etwas Anderes der　„
Art thun; auch hinterließ er von seiner Tochter namentlich　„
einige Fideicommisse und Legate.　Nach des Lentulus Tode 611
ward sein Testament gelesen und auch der Codicill beiges=　„
bracht,* und der Kaiser Augustus erfüllte *für seine Person*　„
den Willen des Lentulus; und die andern Miterben ahmten
den Augustus nach und gaben die Fideicommisse ab; ja des
Lentulus Tochter zahlte die von ihr namentlich hinterlassenen
Legate an Personen aus, [2]) die sie gar nicht erhalten [das
heißt: fordern] konnten.

---

1) Wie zum Beispiel im Fr. 56. Dig. 40, 5.

2) Quae jure non debebat.　Institutionen. — Scholion
　　[nach einer nöthigen Verbesserung]: „das heißt: Sama=
　　ritern oder Juden; denn solche kann ein Christ nicht zu
　　Erben oder Legataren einsetzen; durch Fideicommisse kann
　　er ihnen aber wohl verlassen.“ [Beruhe auf sich]. — Die
　　Glosse: Quia legata non debentur nisi ex testamento
　　jure antiquo. — Will man mit Theophilus an die Per=
　　sonen der Legatare denken, so nimmt man wohl am natür=
　　lichsten Latini oder Peregrini an.

612　　*Da dieß so geschehen war,* heißt es, habe der göttliche Augustus die *damaligen*[1] [Rechts]gelehrten zusammen gerufen, (unter denen auch Trebatius, dessen Ansehn damals wegen seiner Rechtsgelehrsamkeit* sehr groß war,) und habe *im Beisein der Rechtsgelehrten* gefragt, ob man die [Sache] *mit dem Codicill* aufnehmen solle und ob [2] es nicht abweiche von den Rechtsgrundsätzen. *Auf diese Frage des Augustus* soll Trebatius zum Augustus gesagt haben: [3] die [neue Einrichtung] mit dem Codicill sei den Römern sehr nützlich und nothwendig wegen ihrer großen und

613 langwierigen Abwesenheiten, (die bei den Alten *wegen der ausbrechenden Kriege* ununterbrochen waren), damit Jemand, wenn er *der dazu nöthigen [Personen und Sachen] ermangelnd,* kein Testament machen könnte, einen Codicill machen möchte. Seit jener Zeit, und da auch der Rechtsgelehrte Labeo mit Hinterlassung eines Codicills starb, war es Niemanden zweifelhaft, daß die Codicille [4] ein rechtliches Dasein hatten.

614　　[5] §. I. Nicht nur nach Errichtung eines Testaments kann Jemand einen Codicill schreiben, sondern er kann

---

1) Siehe Seite 41 die Note.

2) Codicillorum usus. Institutionen.

3) Quod diceret utilissimum et necessarium hoc civibus esse. Institutionen.

4) Jure optimo admitterentur. Institutionen.

5) Cajus Buch II. §. 270.

auch, wenn er ohne Testament stirbt, ihnen «
commissse der ihr Hinterlassen. Hat Jemand Codi «
cille gemacht, und nachher sie überlebend noch ein Testa «
ment errichtet, so will Papinianus,[1] daß die zuvor «
errichteten Codicille nichts gelten, wenn man sie nicht im «
Testament ausdrücklich bestätigt hätte »mit den Worten: «
„ich will, daß die vor meinem Testament gemachten Codi 615
cille gültig sind." So viel Papinianus;* aber die «
göttlichen Severus und Antoninus haben rescribirt, «
[2]*die in den, vor dem Testament niedergeschriebenen Codi «
cillen, hinterlassenen Fideicommisse [könnten] ohne Anstand «
eingefordert werden, wenn auch keine Bestätigung erfolgt «
sei;* wenn nicht etwa dargethan würde, daß der Testator «
[3])von dem im Codicill Niederschriebnen abgewichen wäre. «

   §. 2.[4]) *Eine allgemeine Regel gibt es, welche sagt: 616
Non possum codicillos faciens dicere, illa mihi sit

---

1) *Fr. 5. Dig.* 29, 7. Cajus scheint dieser Meinung
   ebenfalls zu sein, so auch Plinius Briefe 2, 16.

2) Ex iis codicillis, qui testamentum praecedunt, possa
   fideic. peti. Institutionen.

3) Eum, qui postea testamentum fecerat. Institutionen.

4) Codicillis autem hereditas neque dari neque adimi
   potest. Institutionen. — Cajus Buch II. §. 273. mit
   dem Zusatz: quamvis testamento confirmati sint. — *Fr.*
   6. Dig. 29, 7.

„ *heres,"* das heißt: „ich kann nicht, wenn ich ein Codicill
„ mache, sagen: der sei mein Erbe," oder schreiben: „mein
„ Sohn soll enterbt sein;"* so daß eine Verwechselung zwi-
„ schen Testament und Codicillen geschieht *und sie nicht zu
„ unterscheiden sind; denn Das geschieht im Testament. —
„ Man darf also wie gesagt im Codicill weder enterben noch
„ einen Erben einsetzen;* ¹) wohl aber eine fideicommiß-
„ sarische Erbschaft hinterlassen.

617   *Diese Regel gilt in soweit, wenn ich den Primus erst
„ zum Erben pure eingesetzt habe, so* kann ich im Codicill
„ keine Bedingung ²) hinzusetzen *und sagen: „Er sei mein
„ Erbe, *si navis ex Asia venerit.*" Denn lassen wir die
„ Bedingung zu, so zeigt es sich sodann, wenn sie nicht ein-
„ tritt, daß der Testator durch die dort gegebne Bedingung
„ dem Primus die Erbschaft entzogen habe. —* Eben so
    wenig kann man dem im Testament direct eingesetzten Erben
„ *im Codicill substituiren *und sagen: „wenn Primus, den
„ ich im Testament zum Erben einsetzte, mein Erbe nicht
„ wird, so soll Secundus mein Erbe werden.*

---

1) *Nam per fideic. hereditas codicillis jure relinquitur.*
    Institutionen. — In der Bien erschen Institutio-
    nenausgabe steht wohl durch einen Druckfehler statt
    nam .. nes.

2) *Heredi instituto.* Institutionen.

§. 2. Wir können *so gut einen als* viele Cobi- 618
cille machen. ¹)*Bei der Abfassung der Cobi-
cille erfordern wir bei der Niederschrift derselben keine
Ordnung (so wie wir gesagt haben, daß bei den Testamenten die Einsetzung [des Haupterben] vorangehe), und
[wir sagen] daß schon fünf Zeugen hinreichen.* ²)

----

1) Et nullam solennitatem ordinationis desiderant. Institutionen.

2) C. 8. §. 3. Cod. 6, 36.

Verbesserungen zum ersten Band.

Seite 5 Zeile 13 „und brachte mit Gottes Gnade ein" —
S. 14 Z. 2 nach Erde: „noch schloß sie die im Meere Gebornen
von ihrer Fürsorge aus". — S. 26 Z. 19 nach Beispiel: „als
Zinsen". — S. 30 letzte Z. statt spätern lies schlechtern. — S. 52
Z. 11 statt Wille — Eigenthum. — S. 53 Z. 15 nach beschimpft:
sich ihrer unwürdig zeigend. — S. 56 dritte Z. v. Ende, nach
gesagt: wegen des falschen Sklaven. — S. 58 Z. 9 lies [Men-
schen]. — S. 59 Z. 20 nach Freunden „welches heißt inter amicos. — S. 61 Z. 12 nach: waren — etwas Herrschsüchtiges gegen die Römer beabsichtigend. — S. 65 Z. 15 l. jure Quirita-
rio. — S. 68 Z. 2 nach er — jedesmal. — S. 90 Z. 8 nach
glauben: wenn sie etwas gegen ihre Herrn sagen. — S. 97
Z. 23 nach Schwester: Oheim, Tante, Brudersohn, Bruderstochter. — S. 101 Z. 17 lies: denn die Adoption, die civilrechtlich ist, enthält nun nicht mehr in sich die ... — S. 104 Z. 18
nach Sohn: nahm ein Mädchen in Adoption. — S. 109 Z. 1.
statt ein Sohn oder eine Tochter l.: Bruder oder eine Schwester", wornach auch Note 4 der vorherg. S. zu verbessern ist. —
S. 117 Z. 2 l. Dieß ist aber [so] gesagt, weil. — S. 119 Z. 10
nach Emancipirter: nachher Kinder erzeugt. — S. 125 Z. 5
statt alt — älter. — S. 126 Z. 17 statt in eigner — fremder. —
S. 141 Z. 6: Töchter, oder Enkel, oder Enkelinnen. — S. 151
Z. 4 l. Schenkung der fideicommissarischen Freiheit. — S. 154
Z. 5 statt oder — das heißt. — S. 161 Z. 5 statt am Meisten
meisten Theils. — S. 165 Z. 15 statt [zugleich] — zugleich. —
S. 171 Z. 6 statt fideicommissarischer — fiduciarischer. — S. 172
Z. 6: alsdann zu den vorbesagten Tutelen. — S. 173 Z. 17 l.
welcher [Vormund] nach d. Ges., der ihn ersonnen. ...
S. 183 Z. 17 statt vierzehnten — zwölften. — S. 187 Z. 16
statt besitzen — wahrnehmen. — S. 191 Z. 8 statt Krankheit
lieber: Fehler. — S. 194 Z. 4 l. pupillarische Vermögen. —
S. 208 Z. 14 statt angenommen — gegeben. — S. 223 Z. 4
st. Besitzer — Eigenthümer. — S. 225 Z. 20 st. Nutzen —
Fruchtgenuß. — S. 228 Z. 2 l. in das Eigenthum. — S. 228
Z. 7. l. [auch]. — S. 229 Z. 11 st. jedem — jenem. — S. 233
Z. 19 l. bleibt, mein Eigenthum. — S. 234 Z. 1 nach nennen:
d. h. wilde Hühner, und eben so andere Gänse, die wir wilde
nennen, und sie heißen wilde Gänse. — S. 234 Z. 11: daß das
sogleich. — S. 235 Z. 12 l. Angesetzte. — S. 237 Z. 18 Nach
Breite: der aber zur Linken von 70 Fuß Breite. — S. 246 Z. 6
nach: der Güte — und dem Gemäße. — S. 247 Z. 15 st. Zufall
besser Grund. — S. 248 Z. 3 und 4 S. 253 Z. 9 st. Besitzer —
Eigenthümer. — S. 254 Z. 11 streiche man: nicht. — S. 257
Z. 4 streiche man: und die jungen Schweine. — S. 261 Z. 10
statt Uebergabe — die vom Eigenthümer übergebne Sache. —
S. 262 Z. 5 vergl. Olympiod. in Platonis Alcibiad. 1. Com.

ed. *Creuzer* S. 163 und Note. — S. 263 Z. 11: zwischen ita=
lischen, und. — S. 267 Z. 2 besser: was das für eine Person
ist. — S. 272 Z. 8 lese man: [Hadrians]. — S. 273 Z. 9 l.
vollständiger Eig. — S. 275 Z. 15 l. Habitation oder Woh=
nung. — S. 276 Z. 11 l. denn dieser zu meinem Acker. — S. 276
Note 4 Z. 2 statt 18 — 17 und statt iter — ire. — S. 277
Z. 17 st. bringen — leiten. — S. 292 Z. 10 l. den Usus der
Schaafe. — S. 297 Z. 19: ein . . . . gehöriges Haus oder —
S. 304 Z. 2 st. nimmst — maaßt. — S. 306 Z. 7 st. Wird —
Ist. — S. 307 Z. 17 streiche man: kaiserlichen. — S. 310
Z. 1 besser: ohne Nachfolger. — S. 310 Z. 5 statt fände — fin=
det. — S. 324 Z. 14 nach geschah: und vor der Ehe genannt
wurde, was nach der Ehe geschah. — S. 330 Z. 1 nach zu: sie
gab auch einen Acker. — S. 336 Z. 5 statt volljährig — mann=
bar. — S. 350 Z. 1. st. Eigenthümer — [Usufructuar]. —
S. 351 Z. 14 st. Willen — Wissen. — S. 351 Z. 16 nach Wis=
sen: in unserm Namen. — S. 360 Z. 7: einige feierliche (so=
lenne) Worte. — S. 361 Z. 3 st. gewiß — wissend. — S.
364 Z. 7 l. daß vor Zeugen — ausgesprochen werde. — S. 373
Z. 1 st. mißbrauchen — gebrauchen. — S. 385 Z. 4 nach Et=
was: z. B. eine Waffe. — S. 393 Z. 16 l. Wahnsinns. —
S. 398 Z. 4 l. durch das später Geschehene keine. — S. 406
Z. 12 st. [actio] l. [bonorum possessio]. — S. 406 Note 5)
st. §. 126 — §. 136. — S. 413 Z. 8 nach eingesetzt: — ohne
Hinderniß. — S. 416 Z. 12 besser: nach jenes [des Herrn]
Willen. — S. 423 Z. 15 nach Ueberschuß: stillschweigend. —
S. 432 Z. 11 l. die vulgarische der pupillarischen. — S. 433
Z. 15 l. „oder, Erbe geworden, unmündig stirbt". — S. 440
Z. 11 st. mein — sein. — S. 442 Z. 8 l. ab intestato. —
S. 442 Z. 13 st. mein, l. sein. — S. 446 letzte Z. des Textes:
oder nicht war, wenn er nur es sein konnte, denn darauf allein
sehen wir, ob er in irgend. — S. 448 Z. 4 l. Testament [ex
certa parte oder in gewisse S. — S. 448 Z. 9 l. etwas ande=
res Nützliches. — S. 456 Z. 8 l. [bon. poss.] contra tabu=
las. — S. 463 Z. 1 l. muß man ihrer jedem. — S. 464
Z. 16 l. Sachen des Verstorbnen würden verkauft. — S. 465
Z. 6 st. seitdem — von dem. — S. 467 Z. 2 st. wenn, besser:
indem. — S. 468 Z. 3 Extr. sind außer diesen im Allgemeinen
Alle, welche nicht der Gew. — S. 473 Z. 11 l. vor dem An=
treten.

CPSIA information can be obtained
at www.ICGtesting.com
Printed in the USA
BVHW04*1134081018
529412BV00005B/3/P